高等学校测绘工程系列教材

房地产测量

（第二版）

刘权　主编

WUHAN UNIVERSITY PRESS
武汉大学出版社

图书在版编目(CIP)数据

房地产测量/刘权主编. —2版.—武汉:武汉大学出版社,2021.1
高等学校测绘工程系列教材
ISBN 978-7-307-21385-2

Ⅰ.房… Ⅱ.刘… Ⅲ.房地产—测量学—高等学校—教材 Ⅳ.F293.3

中国版本图书馆 CIP 数据核字(2019)第 290681 号

责任编辑:鲍　玲　　　责任校对:李孟潇　　　版式设计:马　佳

出版发行:**武汉大学出版社**　（430072　武昌　珞珈山）
　　　　　（电子邮箱:cbs22@ whu.edu.cn 网址:www.wdp.com.cn）
印刷:武汉图物印刷有限公司
开本:787×1092　　1/16　　印张:20.75　　字数:489 千字
版次:2009 年 7 月第 1 版　　　2021 年 1 月第 2 版
　　 2021 年 1 月第 2 版第 1 次印刷
ISBN 978-7-307-21385-2　　　　定价:45.00 元

前　言

　　本教材自出版以来，经过多年教学与实践应用，在房地产测量教学中得到全国各高校同行教师们的欢迎和肯定，在房地产测量业界也受到同行人士的高度认可。这一点使作者深感欣慰，备受鼓舞。

　　2007年《中华人民共和国物权法》(以下简称《物权法》)的颁布实施，突出了对私人财产的保护。我国第一部《中华人民共和国民法典》(以下简称《民法典》)，将于2021年1月1日起实施，更加完善了物权制度。届时，《物权法》废止。《国家新型城镇化规划(2014—2020年)》提出解决三个一亿人住房问题，今后十至十五年是房地产业发展的关键时期，城镇化率将从现在的57%提高到70%左右，每年将有近2 000万新增城市人口，新型城镇化为房地产业提供了持久发展的动力，为房地产业提供了无限广阔的发展空间。

　　十九大报告指出，步入新时代，中国住房市场的主要矛盾已经转化为人民对美好住房的需要与房地产发展不均衡不充分之间的矛盾。房地产发展不均衡主要表现为我国房地产目前呈现出一二线城市供不应求、地王频生、住宅价格飞涨，三四线城市"去库存"问题严重，新进城农民工超大住房需求与农村宅基地闲置浪费现象并存。房地产发展不充分主要表现为多主体供应和多渠道保障的住房供应体系还未形成，人民日益增长的对更宜居、更健康的高品质改善型住房需求供给不足，对新市民的住房供应体系尚未建立。在全面建成小康社会、实现现代化建设进程中，房地产业仍将发挥重要作用。

　　房地产测量作为界定房地产权属、权界、位置和面积的新型学科，为房地产业主确权发证提供具有法律效力的数据和图件，具有较强的技术性和鲜明的政策性。

　　本书的创新之处主要表现在以下几个方面：

　　1. 房地产测量是实操性很强的技术工作，关系到千家万户，涉及百姓的切身利益，测绘成果一经确权发证即具有法律效力，是处理产权纠纷的依据，责任重大。鉴于此，本书在以下三个方面进行了探索：(1)面积计算的可操作性；(2)面积分摊的合理性；(3)面积计算的准确性。针对第一方面，本书作者根据多年的工作经验结合各地普遍采用的测量细则，在不会引起歧义的情况下对此方面进行了较细致的界定。针对第二方面，对共有建筑面积分摊原则重新进行了总结。针对第三方面，本书提出了两种分摊模型，传统模型方法简单易学，计算成果准确；现代模型易于理解，便于计算机编程，各有其特点。

　　2. 房地产测量具有鲜明的政策性。房地产测量的主要依据是《房产测量规范》、各地房产测量细则、住房和城乡建设部关于房屋建筑面积的补充说明等。同时，房地产测量是房地产产权产籍管理的一部分，同房地产政策与法律、建筑物区分所有权理论、物权理论等密不可分。尤其《民法典》中关于建筑物区分所有权有明确规定：建筑区划内的其他公共场所、公用设施和物业服务用房，属于业主共有。建筑区划内的整个房屋建筑面积当中，有一部分

1

面积如为小区服务的物业用房、设备用房、管理用房,地下人防工程,消防避难层(间)是不被分摊的建筑面积,在以往的测量当中这部分面积到底有多大,产权归谁所有都是未知数。《民法典》明确规定:公共场所、公用设施属于业主所有。那么既然权属非常明确,面积有多大、应不应该发放权利证书是广大业主非常关注的问题。鉴于此,本教材在此方面进行了探索和创新:把建筑区划内所有的公用建筑面积分为两部分,一部分是能被分摊的公用建筑面积,称为共有建筑面积,为本栋业主共有。另一部分是不能被分摊的公用建筑面积,称之为公有建筑面积,为小区全体业主共有。这样原来被忽略了的公有(业主共有)建筑面积不但明确了归属,而且对于面积的大小业主也非常清楚。根据《民法典》,如果以后这一部分公有建筑面积经过业主大会同意改变其用途,也便于变更测量和操作。

3. 建筑区划内容积率是一项非常重要的控制性指标,是规划部门、开发商、业主都非常关注的问题,涉及各方面的利益。容积率的大小与变更直接涉及建筑面积多少。有两个问题需要说明:(1)容积率的预算、容积率的核算是以哪个部门测算的建筑面积为依据。(2)计入容积率的建筑面积是否包括:地下室的面积、为小区服务的公有(业主共有)建筑面积等。本书也试图在这两个方面作一些说明。

4. 工程概预算中建筑面积的计算以哪个规范为标准?《建筑工程建筑面积计算规范》(GB/T 50353—2013)已颁布实施,那么2013年版的《建筑工程建筑面积计算规范》与2005年版相比有哪些区别?本书试图对这个方面进行一些说明。

5. 房屋建筑面积的应用涉及三个领域,包括产权面积确权(房地产测量)、容积率计算、工程概预算,三个领域中的房屋建筑面积的技术规范及计算方法都不尽相同,容易引起歧义和纠纷,本书也试图在这个方面进行一些探索。

第二版教材主要对以下几个方面进行补充和完善:

1. 对部分章节内容进行了润色和完善。

2. 每一章后增加了思考与练习题,内容丰富,学习针对性更强。

3. 对附录中房地产测量实习实践内容进行了修改,删掉了小平板测量部分,增加了数字房产图测绘。

第二版教材由刘权担任主编,刘俊志、余杰任副主编。其中第3章、第4章、第8章由北京理工大学珠海学院刘俊志博士编写。第5章、第6章由江西经济管理干部学院建筑工程管理系余杰教授编写。刘权编写其余部分,并负责全书的统稿、定稿和校稿等工作。书中的文字编辑和图形绘制由谭君烨、张正琪等同学完成,在此表示衷心的感谢。由于编者水平有限,书中定有不妥,敬请专家和读者指正。

此外,本课程配套的数字资源有房产测量小软件和计算案例,请扫一扫下方的二维码下载;本书配套的课件可与出版社联系获取,联系方式:(027)87215535。感谢您对本书的阅读,并希望您就本书的有关问题及时与我们联系,E-mail:jluliuquan@163.com。

刘 权

2020年8月于珠海

目 录

第 1 章　房地产测量概论

测绘学是研究如何对地球表面自然地理要素或者人工设施的形状、大小、空间位置及其属性等进行测定、采集、表述以及对其获取的数据、信息、成果进行处理的科学。按其研究的对象和应用的范围不同，测绘学包括大地测量学、摄影测量学、工程测量学、地图制图学、海洋测量学、地籍测量学以及房地产测量学等。

§1.1　房地产测量的定义

房地产测量应属于按专业分类的范畴，它是专业测绘中的一个很具有特点的分支，它测定的特定范围是房屋以及与房屋相关的土地。房地产测量就是采取测绘科学技术，按照房地产业管理要求和需要，对房屋及房屋用地的权属、权界、位置、数量、质量及利用现状进行表述的一门学科，是测绘技术与房地产产籍管理业务相结合的专业测量，具有较强的技术性和鲜明的政策性及法律效力。

简单地讲，房地产测量就是完成 4 个方面的工作，即对房屋及其用地测定位置（定位），调查其产权性质（定性），测定其范围和界线（定界），测算其面积（定量）。以权属为核心，以权界为基础，以房屋的平面位置和面积为重点。

房地产测量又分为房地产基础测量和房地产项目测量两种。

房地产基础测量是指在一个城市或一个地域内，大范围、整体地建立房地产的平面控制网，并测绘房地产的基础图纸——房地产分幅平面图。

房地产项目测量是指在房地产权属管理、经营管理、开发管理以及其他房地产管理过程中，需要测绘房地产分丘平面图，房地产分层分户平面图，各产权单元的套内建筑面积，共有分摊面积，建筑面积等，以及相关的图、表、簿、册等各种图表开展的测绘活动。房地产项目测量与房地产权属管理、交易、开发、拆迁等房地产活动紧密相关，工作量大。

根据目前我国的法律法规规定，没有取得房地产测绘资质的机构不能从事房地产测量。目前世界上一些国家只有经过官方机构审查和特别许可，并取得房产测量资质和测量工程师执业资格才能从事这一神圣而具有法律效力的工作。

§1.2　房地产测量的目的和任务

房屋是人民生产和生活的场所，房屋和房屋用地是人民生产和生活的物质要素，这一要素信息的采集和表述，必须经过房地产测量。所以房地产测量是房地产管理的重要基础

1

性工作，它为房屋权属登记和产权产籍管理提供准确有效的房地产测量数据，准确而完整的房地产测绘成果是审查确认房屋的产权、产籍，保障产权人合法权益的重要依据。

房地产测量的目的和任务：

①主要是通过调查和测绘工作来确定房屋及其房屋用地的坐落、权属、权界、权源、数量、质量和利用现状等，并以文字、数据及图集的形式表述出来。

②为房地产管理，尤其是房屋的产权、产籍管理提供准确可靠的成果资料。

③同时，它也是国家基础空间数据库的重要组成部分，为城市规划、土地利用规划、城镇建设、市政工程，为房地产开发、交易、评估、拆迁、征收税费、金融、保险等提供基础资料。

§1.3   房地产测量的作用

房地产测量成果是房地产管理工作必不可少的基础资料和数据。房地产测量成果提供了房地产商品量的量度依据，为企业决策、销售、核算提供了数量方面的参考依据，也为房地产消费者选择、购置房地产提供了必要的信息。当买卖双方以合同的形式约定以产权登记面积作为销售面积且销售价格按单位面积售价来核定时，房地产面积就与房地产价值挂上了钩，房地产面积就成了房地产权属信息中重要的属性信息，直接体现出房地产价值量的大小。同时房地产测量的成果具有法律效力，是为房产产权、产籍管理，房地产开发利用，交易征收税费，以及为城镇规划建设、权属纠纷处理提供数据和资料。因此具有地理、法律、经济社会、房地产管理等功能。主要可归纳为以下几个方面：

1. 在地理方面的作用

房地产测量为房屋和房屋用地及有关信息提供准确的、具有统一坐标系统的地理位置数据资料，包括各种图形、图件。

2. 在法律方面的作用

房地产测量为房地产的产权、产籍管理提供房屋和房屋用地的权属界址、产权面积、权源等信息资料。房地产测量是房屋产权面积和房产图形成的必要途径，房屋产权面积直接涉及所有权人的合法权益和房屋价值量的大小，而房产分户图是房屋主管部门审核并发放房屋所有权证书的附图，具有法律效力。依据房产测量和登记成果形成的不动产登记簿是保障所有权人合法权益的重要依据，《民法典》明确规定，不动产物权的设立、变更、转让和消灭，自记载于不动产登记簿时发生效力。不动产权属证书记载的事项，应当与不动产登记簿一致，记载不一致的，除有证据证明不动产登记簿确有错误外，以不动产登记簿为准。同时，不动产登记簿是进行产权转移和处理产权纠纷的重要依据。

3. 在经济和社会管理方面的作用

为了适应现代房产管理的需要，各地房产管理信息系统已由传统的 MIS(管理信息系统)升级为 MIS+GIS(管理信息系统+地理信息系统)，实现了传统的属性信息管理到属性信息和空间信息的图属管理的过渡。房地产测量提供的大量准确、现势性的房产簿册、房产数据、房产图集等资料，是现代房产管理信息系统重要的信息源。通过现代房产管理信息系统可以及时掌握本市房屋和土地的现状及其变化，准确掌握国有、集体、个人等各类权属房屋的现状，准确掌握住宅、商业、商务、工业、公共服务等各类房屋的总体情况及其变化，统计各类房屋(商品房、经济适用房、共有产权房、公租房、廉租房、农民住宅及各类租赁房)的数量和比例等，对于房地产管理部门和规划管理部门全面掌握本市房屋和土地的总数量、总质量、人均数量、增长速度等指标，更好地配置土地资源，有计划地调整土地结构和出让数量，保障各类建设用地需要和供需平衡，保持城市和房地产健康发展起到非常重要的作用。

现在全国房产信息系统联网工作基本完成，届时全国性的房产各类信息一览无余、一清二楚，为国家宏观调控和微观管制提供了有力保障。

4. 在房地产管理中的作用

房地产的核心业务包括房地产测量、房产预售、房产现售、产权登记、存量房交易管理、房产档案管理等，它们之间具有紧密的关系，如图1-1所示。

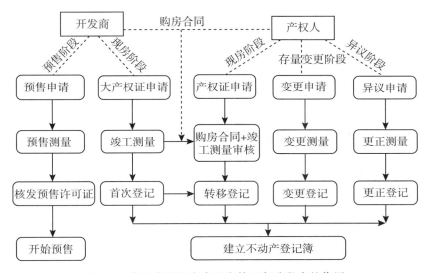

图1-1 房地产测量在房地产管理各阶段中的作用

在图1-1中，可以看出房地产管理的业务分为三个阶段：预售管理阶段、现房管理阶段、存量房管理阶段。相应的房地产测量业务分为三个阶段：预售管理阶段的预售测量、现房管理阶段的竣工测量、存量房变更管理阶段的变更测量。在房产预售阶段，房地产管理部门主要进行商品房预售审批，核发商品房预售许可证，并对预售合同进行备案管理。房地产开发商要领取商品房预售许可证，必须先申请进行预售测量，有了房屋预售建筑面积，才能申请预售许可证，否则不能进行房产预售。在现房管理阶段，房地产开发商在房屋竣工后，需要申请竣工测量，房地产管理部门审查确权后，发放大不动产证书(产权人为开发商)，完成首次登记。至此，房屋由预售管理阶段进入到现房管理阶段，购房人可申请个人产权证办理(现实情况是开发商帮助办理)，登记中心经对购房合同和竣工测量资料审核后，发放个人不动产权证，完成转移登记。存量房变更管理阶段，如果日后房产权属和现状发生变化(只发生权属变化不需要变更测量(此种情况称转移登记，也称过户登记））时，还需要申请变更测量，进行变更登记，对房产重新确权发证。如果对房屋面积有异议，还可以申请更正测量，办理更正登记。由此可见，房地产测量在房地产管理各环节中的重要作用。

5. 在建筑工程工程款结算中的作用

在建筑工程施工过程中，建设单位与施工方签订房地产施工合同时，经常以房屋建筑面积为施工款结算的面积依据，一旦定下单价后，最重要的就是房屋建筑面积的多少。可是在实际中，经常发生由于房屋建筑面积而引起的纠纷，究其原因是产权登记使用的房屋建筑面积的计算标准和建筑工程造价中使用的房屋建筑面积的计算标准不同，前者执行《房产测量规范》（GB/T 17986—2000），后者执行《建筑工程建筑面积计算规范》（GB/T 50353—2013）（《建筑工程建筑面积计算规范》（GB/T 50353—2005）已停止使用），不是测量技术和精度问题，而是依据标准不同。《房产测量规范》适用于城市、建制镇的建成区和建成区以外的工矿企事业单位及其毗连居民点的房产测量，依据它所确定的面积是用于确定房屋产权的面积。而《建筑工程建筑面积计算规范》虽然适用于工业与民用建筑的面积计算，但它的目的是为计算建筑工程的造价，不能作为房产确权的面积。可是房屋建筑面积测量的权威机构是房地产测量部门，别的部门测量的房屋建筑面积由于缺少严格的审核很难得到认同，这就出现一个矛盾，建设单位相信房地产测量部门提供的房屋建筑面积，而此面积的作用是用来在产权登记时确认产权面积，而不是用来工程造价结算价款使用。但现实生活中却很少有人明白其中道理，也很少有人关注两个规范之间的区别。实际上，这两个规范存在较大的不同，主要表现在对房屋层高的计算不同、阳台面积的计算不同、室外楼梯的计算不同、飘窗面积的计算不同等。

6. 在面积纠纷司法鉴定中的作用

近几年，房屋权属纠纷、面积纠纷经常发生，随着百姓法律观念的不断提高，国家法制建设的不断完善，现在很多省、自治区、直辖市等都成立了仲裁委员会，仲裁委员会可以对房屋权属纠纷、面积纠纷等进行仲裁，但仲裁委员会由于缺乏相应的执行力，对仲裁的结果难以执行。现实生活中房屋权属纠纷、面积纠纷又屡见不鲜，业主需要强有力的诉讼途径来解决此类纷争。近几年各地高级人民法院司法鉴定中心承担起了解决此类纠纷的责任，为房地产纠纷提供了一条司法诉讼的渠道。

在房地产司法鉴定中常遇到房地产测量以下几种情形：

①根据《民法典》，权利人对房屋的产权面积有异议时可以申请更正登记，更正登记需要对房地产进行更正测量，可以通过司法诉讼来解决。

②权利人将房地产进行抵押后，又在该宗土地上新建了若干房屋，新建房屋没有登记，如发生抵押人无法偿还贷款，需要对该宗房地产一并拍卖处理时，需对新建房屋进行现状测量。

③被查封的房屋和土地如果没有办理登记需要进行现状测量。

④因法院判决、司法仲裁等法律行为需要对房地产进行分割时，需要进行分割测量。

⑤工程款纠纷中，拖欠工程款的数目小于被查封楼房的价值时，需要对该楼房进行分割测量，以分割出的房屋受偿或通过拍卖后以价款受偿。

7. 在城市规划容积率计算中的作用

建设用地规划设计条件是实施项目建设的最重要的控制依据，在整个规划建设活动中起着承上启下的作用，它是规划工作的中心，规划验收的根据，也是开发商和政府博弈的焦点。提高建筑容积率，增加建筑面积是利益最大化的核心指标。而改变容积率则导致其他技术指标的改变，造成绿化面积减少、房屋间距缩小、楼层增高、密度加大等，影响生存空间质量，所以容积率必须严格控制。

容积率指建设用地内计算容积率的总建筑面积与可建设用地面积的比值，地下建筑面积不包括其中，超出地面1.50m的半地下室计入自然层，计入地上层数，计算容积率面积。容积率的建筑面积计算依据各地《城市规划技术标准与准则》和《建筑工程建筑面积计算规范》（GB/T 50353—2013）。有的城市出台了《规划管理容积率指标计算办法》，如广州市的计算依据是《广州市规划管理容积率指标计算办法》和《建筑工程建筑面积计算规范》（GB/T 50353—2013）。容积率的建筑面积预算是根据建筑施工图，由建筑设计院利用建筑设计软件直接计算而得，最终核算容积率的建筑面积是由规划测量部门在规划验收阶段完成的。

§1.4 房屋建筑面积在房地产领域中的应用分析

房屋建筑面积涉及房地产领域的3个方面，是一项非常重要而复杂的工作，主要涉及《房产测量规范》《建筑工程建筑面积计算规范》《城市规划技术标准与准则》（或《规划管理容积率指标计算办法》）三个规范，各自适应不同领域。

《房产测量规范》（GB/T 17986—2000）适用于房屋产权面积确权，《建筑工程建筑面积计算规范》适用于工程造价计算，而容积率的面积计算使用《城市规划技术标准与准则》和《建筑工程建筑面积计算规范》。三者既有相同之处，也有不同之点，甚至有时对房屋同一部位的认定标准都不同，造成了房屋面积计算在不同领域使用不同的规范，有不同的计算标准，产生不同的面积大小，显得非常混乱。房屋面积计算的三个领域，两个领域用到《建筑工程建筑面积计算规范》，适用范围更广，所以2013年颁布实施《建筑工程建筑面积计算规范》（GB/T 50353—2013）。《城市规划技术标准与准则》（或《规划管理容积率指标计算办法》）也在逐步完善过程中。《房产测量规范》（GB/T 17986—2000）是2000年颁布实施的，时隔20年之久，也没有修订过，不尽合理。为此，各地只能纷纷出台各自的房产测量实施细则，又不尽相同。

下面对三个规范进行初步总结：

1. 三个规范大方向上（总体）的不同之处

主要体现在对层高的认定标准不同。规划容积率面积计算中，因有特殊鼓励政策而不同。《房产测量规范》中有建筑面积、套内面积、公摊面积之分，《建筑工程建筑面积计算规范》和规划容积率面积计算中，只有建筑面积，无套内面积和公摊面积之说。

（1）对房屋层高的规定

《房产测量规范》中，只有层高概念，没有结构净高之说。具体规定：层高在2.20m以上计算全面积，2.20m以下不计算面积。

《建筑工程建筑面积计算规范》中，既有层高概念，也有结构净高之说。总体而言，规定：层高在 2.20m 以上计算全面积，2.20m 以下计算半面积。对个别部位，还有结构净高 1.20m 以下限制规定。如对于形成建筑空间的坡屋顶，结构净高在 2.10m 及以上的部位应计算全面积；结构净高在 1.20m 及以上至 2.10m 以下的部位应计算 1/2 面积；结构净高在 1.20m 以下的部位不应计算建筑面积。对于场馆看台下的建筑空间，结构净高在 2.10m 及以上的部位应计算全面积；结构净高在 1.20m 及以上至 2.10m 以下的部位应计算 1/2 面积；结构净高在 1.20m 以下的部位不应计算建筑面积。围护结构不垂直于水平面的楼层，应按其底板面的外墙外围水平面积计算。结构净高在 2.10m 及以上的部位，应计算全面积；结构净高在 1.20m 及以上至 2.10m 以下的部位，应计算 1/2 面积；结构净高在 1.20m 以下的部位，不应计算建筑面积。

《城市规划技术标准与准则》或《规划管理容积率指标计算办法》中指出：为避免增建夹层、一层变两层来偷面积，城市规划中各地都对层高进行严格控制，尽管各地控制指标不同，但都对建筑层高进行了详细的规定。如珠海市，对住宅层高限制指标是标准层为 2.8~3.3m（底层或别墅为 3.9m），超过 3.3m（底层或别墅为 3.9m）按 1.5 倍计算；超过 4.4m 按 2 倍计算。对大型商业建筑层高超过 6.0m 按 2 倍计算；超过 8.0m 按 3 倍计算。对商住楼底层的商业层高超过 4.5m 按 2 倍计算。对办公建筑标准层层高应控制在 3.6~4.6m。非标准层应小于等于 5.0m。层高超过 5.0m 按 2 倍计算；超过 8.0m 按 3 倍计算。工业厂房超过 8.0m，按 2 倍计算。

尽管各地对层高的控制标准不尽一致，但为防止偷面积，对层高的控制越来越严格。

（2）容积率的计算

《城市规划技术标准与准则》规定：为鼓励开发商提供更好的公共活动生活空间，下列面积不计入计容建筑面积。

①城市公共通道：建筑楼层（包括首层）内全天候可通行的城市公共通道，同时满足车行通道净宽不小于 4.0m 且梁底净高不小于 5.0m，或人行通道净宽不小于 3.0m 且梁底净高不小于 3.6m。

②架空公共空间：办公、商业、酒店等公共建筑首层或与城市公共通道连通的建筑楼层架空作为城市公共空间，全天候开放，开放空间不小于 $150m^2$，架空层梁底净高不小于 3.6m。

③骑楼：建筑沿街或沿城市公共通道开辟骑楼满足下列条件的城市公共空间不计算建筑面积：净宽不小于 3m，梁底净高不小于 3.6m；骑楼地坪高与周边城市人行道一致；骑楼空间范围内不得设置结构连梁或连板。

④住宅建筑架空绿化或架空休闲空间：建筑首层或裙房屋顶层塔楼底部架空作为公共绿化或公众休闲、活动场所，不封闭、可达性强，满足水平投影面积不小于 $150m^2$，同时满足梁底净高不小于 3.0m。其余位置的架空层应计算计容建筑面积。

（3）最主要的区别

《房产测量规范》有建筑面积、套内面积、公摊面积的计算。依据《房产测量规范》计算的产权面积不包括不被公摊的共有建筑面积。依据《建筑工程建筑面积计算规范》计算的建筑面积包括全部建筑面积。依据《规划管理容积率指标计算办法》计算的计容建筑面积不包括不计容积率的鼓励建筑面积。

2. 三个规范对同一部位(结构)面积规定的不同之处

(1)阳台面积的计算

《房产测量规范》中规定:封闭阳台计算全面积,半封闭阳台计算半面积。《建筑工程建筑面积计算规范》规定:外阳台计算半面积,内阳台计算全面积。

(2)室外楼梯的计算

《房产测量规范》中规定:有顶盖楼梯计算全面积,无顶盖楼梯计算半面积。《建筑工程建筑面积计算规范》规定:室外楼梯应并入所依附建筑物自然层,并应按其水平投影面积的1/2计算建筑面积。

(3)飘窗面积的计算

《房产测量规范》中没有界定,各地标准基本上规定:落地飘窗,且飘窗高度在2.20m及以上的凸(飘)窗,计入室内部分,应按其围护结构外围水平面积计算面积。《建筑工程建筑面积计算规范》规定:窗台与室内楼地面高差在0.45m以下且结构净高在2.10m及以上的凸(飘)窗,应按其围护结构外围水平面积计算1/2面积。各地《城市规划技术标准与准则》规定不尽相同,例如,广东省珠海市规定:当飘窗高度不超过2.20m,进深不超过0.60m时,飘窗部分不计算建筑面积,否则按投影面积计算建筑面积。凸出外墙的落地窗,当其进深不大于0.60m且窗体高度小于2.20m时,落地窗按投影面积计算一半建筑面积,否则计算全部建筑面积。

(4)架空层的计算

《房产测量规范》中规定:建筑物架空层及加以利用的坡地建筑物吊脚架空层计算全面积。《建筑工程建筑面积计算规范》规定:建筑物架空层及坡地建筑物吊脚架空层,应按其顶板水平投影计算建筑面积。结构层高在2.20m及以上的,应计算全面积。各地《城市规划技术标准与准则》规定不尽相同,如广东省珠海市规定:符合下列条件的架空公共空间和住宅建筑架空绿化或架空休闲空间不计算建筑面积。其余位置的架空层应计算计容建筑面积。

①办公、商业、酒店等公共建筑首层或与城市公共通道连通的建筑楼层架空作为城市公共空间,全天候开放,开放空间不小于150m²,架空层梁底净高不小于3.6m。

②住宅建筑架空绿化或架空休闲空间:建筑首层或裙房屋顶层塔楼底部架空作为公共绿化或公众休闲、活动场所,不封闭、可达性强,满足水平投影面积不小于150m²,同时满足梁底净高不小于3.0m。

(5)架空通(走)廊的计算

《房产测量规范》中规定:有顶盖封闭的计算全面积;有盖不封闭的计算半面积;无顶盖的不计算建筑面积。《建筑工程建筑面积计算规范》规定:对于建筑物间的架空走廊,有顶盖和围护设施的,应按其围护结构外围水平面积计算全面积;无围护结构、有围护设施的,应按其结构底板水平投影面积计算1/2面积。

(6)无柱雨篷的计算

《房产测量规范》中规定:无柱雨篷不计算建筑面积。《建筑工程建筑面积计算规范》规定:挑出宽度在2.10m以下的无柱雨篷和顶盖高度达到或超过两个楼层的无柱雨篷不计算建筑面积。

　　3. 三个规范，三个领域，三个房屋建筑面积之间的联系

　　《民法典》规定：建筑区划内的其他公共场所、公用设施和物业服务用房，属于业主共有。这就为房屋公用建筑面积的分摊作出了明确规定。建筑区划内的整个房屋建筑面积当中，有一部分面积如为小区服务的物业用房、设备用房、管理用房，地下人防工程，以及消防避难层(间)是不被分摊的建筑面积，在以往的测量当中这部分面积到底有多大，产权归谁所有都是未知数。那么既然现在权属非常明确，面积有多大就应该准确测量。

　　但传统的房产测量理论存在一定的局限性，在解决上述几个问题时难以为继。

　　鉴于此，本教材在此方面进行了探索和创新：

　　①《建筑工程建筑面积计算规范》(GB/T 50353—2013)，是建设部2013年新颁布实施的，适用于新建、扩建、改建的工业与民用建筑工程建设全过程的建筑面积计算。规范中对一些部位根据新的认识重新进行了定义，对面积计算标准重新进行了界定，更规范、科学、准确。建议《房产测量规范》在新修订时，尽量与现行《建筑工程建筑面积计算规范》一致，各地出台新的《房产测量实施细则》也要与现行《建筑工程建筑面积计算规范》一致，做到对房屋同一部位的面积认定标准要一致，这是基础和前提，两个规范(《房产测量规范》与《建筑工程建筑面积计算规范》)基础要统一。《房产测量规范》在此基础上再进行套内面积和公摊面积计算。计容面积计算也是在此基础上，再根据城市规划要求计算出计容建筑面积。

　　②把建筑区划内的建筑面积分为专有建筑面积和公用建筑面积，公用建筑面积又分为两部分，一部分是能被分摊的公用建筑面积，称之为共有建筑面积，为本栋业主共有。另一部分是不能被分摊的公用建筑面积，称之为公有建筑面积，为小区全体业主共有。

　　这样新构建的房地产测量理论即可解决以下几个瓶颈问题：

　　①为规范房地产市场建筑面积计算和使用标准，现有的两套建筑面积计算规范《建筑工程建筑面积计算规范》和《房产测量规范》对同一部位的认定(不考虑层高时)应该一致。

　　②为健全房地产市场，规范房地产市场建筑面积计算和使用标准，三个领域的建筑面积测量由房产规划测量部门完成，在不同的领域使用不同的计算方法，三者之间的关系如图1-2所示。

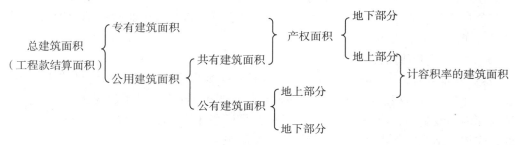

图1-2　建筑面积构成及其作用

　　③2016年1月1日起实施的《不动产登记暂行条例》(以下简称《条例》)规定，办理房

屋所有权首次登记时，申请人应当将建筑区划内依法属于业主共有的道路、绿地、其他公共场所、公用设施和物业服务用房及其占用范围内的建设用地使用权一并申请登记为业主共有。业主转让房屋所有权的，其对共有部分享有的权利依法一并转让。这样原来被忽略了的公有建筑面积(业主共有)不但明确了归属，而且对于面积的大小业主也清清楚楚。根据《民法典》，如果以后这一部分面积经过业主大会同意改变其用途，也便于变更测量和操作。

④建筑区划内的总建筑面积可以直接用于工程概预算工程量结算中的建筑面积。

⑤专有建筑面积加上共有建筑面积即为房屋产权面积。产权面积不包括不被分摊的公有建筑面积。即房屋产权面积=总建筑面积-公有建筑面积，用于房屋确权使用，这也是传统的房测理论。

⑥建筑区划内的地面以上的总建筑面积可直接用于核算建筑容积率的建筑面积。如果建筑区划内有符合规划规定的鼓励不计容面积，则计容建筑面积=总建筑面积-地下建筑面积-鼓励不计容面积。

§1.5 房地产测量的特点

为了更好地开展房地产测量工作，必须准确把握房地产测量的独特之处，清楚地认识它与普通测量之间的区别。

房地产测量的特点主要体现在：

1. 房地产测量具有确定的法律效力

房地产测量提供房屋及房屋用地的权属、权界、位置和面积等信息资料，经房地产管理部门审查确权发证即具有法律效力。依据房产测量和登记成果形成的不动产登记簿是保障产权人合法权益的重要依据。同时，不动产登记簿也是进行产权转移和处理产权纠纷的重要依据。

2. 房地产测量具有鲜明的政策性

房地产测量是房地产产权、产籍管理的重要组成部分，依据《民法典》中关于建筑物区分所有权理论，建筑区划内的其他公共场所、公用设施和物业服务用房，属于业主共有。

房产测量主要的依据是《房产测量规范》，但各地为了更好地开展房地产测量工作，纷纷出台房产测量细则，由于各地房产测量细则不尽相同，所以房地产测量政策性更加鲜明。

3. 房地产测量精度要求更高

地形测量，图根点相对于起算点的点位中误差不超过图上 0.1mm。以最大比例尺 1/500 地形图为例，即图根点相对于起算点的点位中误差不超过 0.05m，如果是 1/1 000 比例尺地形图，则图根点相对于起算点的点位中误差不超过 0.10m。而对相邻控制点的相对中误差没有限制。

房地产测量，不仅在平面控制测量方面特别强调保证相邻控制点之间的相对精度，要求末级相邻基本控制点的相对中误差不超过±0.025m，即末级基本控制点的点位中误差不超过 0.018m。同时要求房地产要素点和地物点，相对于邻近控制点的中误差不超过 ±0.05m。房产界址点和房角点相对于邻近控制点的点位中误差和相邻界址点（房角点）点间距中误差分别不超过 ±0.02m（一等），±0.05m（二等），±0.10m（三等）。并对房屋面积测量限差要求为，一级：$0.02\sqrt{S} + 0.0006S$，二级：$0.04\sqrt{S} + 0.002S$，三级：$0.08\sqrt{S} + 0.006S$。

由此可见，房地产测量精度要求明显高于地形测量精度要求，而且对房产要素（界址点、房角点）间的相对精度要求更高。

4. 房地产测量现势性更强

地形测量的周期较长，根据各国国情，一般为 5~10 年不等。

城市新建房屋预售需要预售测量；房屋竣工后需要竣工测量；如果之后房屋及用地现状变化还需进行变量测量。城市房屋开发和建设日新月异，为了保证产权、产籍的动态管理，保持图的现势性和房产档案的真实性，房地产测量必须及时。及时的程度不能用周期来确定，只能按需要随时随地地以变更为周期进行测量。

§1.6 房产测量的程序

1. 申请

房屋的权利人书面申请房屋测绘，房屋测绘部门接受申请人的申请后，审查申请人提交的各种证明文件，并与房屋权利人签订测绘合同，同时与相关的房地产管理部门及有关部门取得密切的配合与协作，查找、收集有关房屋的街路号、丘号、不动产权号等资料。测绘队伍要做到合同在前、测在后，如有设计和施工变更应及时通知测绘部门，并提供变更图纸，这是房地产测量的重要内容之一。

2. 资料提供

合同签订后，由房屋权利人及时提供有关房屋的总平面图、建筑施工图的平面、立面、剖面图和各种结构详图。如有变更，及时提供变更图。尤其注意共有建筑面积的部位和权界线。调查每一产权单元的权属状况，同时要调查一栋房屋内哪些是备案房屋，哪些是回迁房屋，哪些是权利人自留房屋，哪些是不被分摊的公用建筑即公有建筑面积，划清权界线，并在一览表里注明。在预售测量中，由于设计变更而没有及时提供变更说明和变更图所造成的影响由测绘申请人负责。

3. 控制测量

为测绘分幅图做好总体技术设计，进行控制测量，实施碎部测量，绘制分幅图。

4. 房产测量

房产测量按阶段划分为预售测量、竣工测量、变更测量、更正测量。

存量房管理阶段的变更测量、更正测量不是常态测量程序，是特殊情形下的测量。

预售测量就是房屋主体没有完工以前，开发商为了取得销（预）售许可证并提前进行销（预）售而需要进行的房产测量，目的是进行预销售面积测量。这一时期测量以设计施工图为标准。

竹工测量就是房屋主体完工以后，测绘部门要对房屋的各部位尺寸进行实地测量。这一时期测量以实测尺寸为准。测量两次取中数作为边长值，经过边长误差配赋以后的边长为实测边长，直接参与房屋面积计算。

《商品房销售管理条例》中明确规定要取得"商品房预售许可证"必须得经过有资质的房产测量公司进行"房产测量"。房产测量提供具有法律效力的测绘数据、图表、簿册。房地产开发商拿到房产测量成果，附具"国有土地使用证"、"建设工程规划许可证"、"建设工程施工许可证"到城市房地产管理部门办理"商品房预售许可证"，才可进行预售。这一阶段的房产测量属于"预售"测量，是按建筑施工图计算，此时签订合同面积为"合同约定面积"。待商品房竣工后再进行竣工测量。竣工测量是到现场实地进行勘丈测量。按照《房产测量规范》规定：二级精度的房产面积限差应为 $0.04\sqrt{S}+0.002S$，只有当竣工测量的面积与预售测量的面积之差小于该值时，才能以"预售面积"作为产权面积，合同无须改变，即房价款不退不补。否则应以"竣工测量"的面积作为产权面积。此种情况则需要增加补充合同，根据"竣工"测量的产权登记建筑面积重新计算房款。《商品房销售管理条例》中规定，如商品房买卖合同以套内建筑面积或者建筑面积为计算价格，实际交付与合同约定面积不符，合同有约定按约定处理；合同没约定或约定不明确，按照以下原则处理：

①面积误差比绝对值在3%以内(含3%)，按照合同约定的价格据实结算，买受人请求解除合同的，不予支持；

②面积误差比绝对值超出3%，买受人请求解除合同、返还已付购房款及利息的，应予支持。买受人同意继续履行合同，房屋实际面积大于合同约定面积的，面积误差比在3%以内(含3%)部分的房价款由买受人按照约定的价格补足，面积误差比超3%部分的房价款由出卖人承担，所有权归买受人；房屋实际面积小于合同约定面积的，面积误差比在3%以内(含3%)部分的房价款及利息由出卖人返还买受人，面积误差比超过3%部分的房价款由出卖人双倍返还买受人。

由此可见房产测量在法律方面的严肃性和在精度方面的准确性，从而最大限度地保障了消费者的权益。

例如，广东各城市商品房买卖合同还额外规定，面积误差比绝对值在0.6%以内(含本数)的，房价款不退不补；面积误差比绝对值在0.6%以上(不含本数)至3%以内(含本数)的，房价款多退少补；面积误差比绝对值超出3%(不含本数)的，与上述规定一致。

5. 绘图

绘制分丘图、分层分户图。

6. 提交房产测绘报告书

提交房产测绘报告书，对项目概况、测绘依据、使用仪器、测量结果进行说明。

7. 提交审核

最后，将房产测量资料汇报到房产行政管理部门进行审核，一经确认既具有法律效力，同时划归为房地产档案统一管理。

§1.7　房产测量的内容

房产测量的内容包括以下几个方面：

1. 已有资料的收集、分析与利用

其主要工作内容有：收集测区内已有的大比例尺地形图、地籍图、影像平面图及近期的航摄像片等图件，并对这些图件和可利用价值进行分析；收集测区内已有的控制点成果资料，包括控制点的成果数据及一切与控制点有关的的文字说明资料，并对控制点成果精度进行分析；收集测区内最新的与行政区划有关的资料、房屋普查资料等；收集测区内的标准化地名资料等。

2. 测区踏勘和技术设计

在收集、分析已有资料的基础上，首先对测区进行实地踏勘，其主要工作内容有：标注工作底图，将测区范围线，主、次要街道，已有控制点及房产控制点的选点位置标绘在适当比例尺的地形图上；了解测区的自然、交通、人文等方面的情况；了解和掌握测区有关房产要素和必要的地形要素的基本状况；实地调查已有控制点的完好情况和房产控制点点位情况等。在测区踏勘的基础上，根据《房产测量规范》及有关的技术标准编写技术设计书，制定出具体的技术要求、实施方案及经费预算等。

3. 房产控制测量

房产测量的第一步是在测区建立一个高精度的，有一定密度的，可以长期使用的，覆盖全区的控制网，这是保证房产测量的基础。控制点可以利用自己已有的符合房产测量规范要求的现有成果，必要时则可自行布测房产控制网。

4. 房产调查

房产调查的目的是通过实地详细调查，查清测区内所有房屋及其用地的位置、权属、权界、数量、质量和利用现状等基本情况以及地理名称、行政境界、政府机构名称和大的企事业单位名称等情况，获得真实可靠的第一手资料。这些资料既是测绘与编制房地产图件必不可少的基础资料，也是房地产档案的重要组成部分。

5. 房产图测绘

房产图测绘主要规定了分幅图、分丘图、分层分户图三种图件的规格和标准，同时也给出这些房产图的绘制方法和要求，全国各地要求也并不一致，按各市登记发证中心监制规格和标准测绘。

6. 房产勘丈与分摊计算

房产勘丈是对房屋及其附属设施边长进行测量，如有必要，可用房角点反算边长代替实测边长。

计算指边长误差经配赋、平差后进行房屋面积的计算。

房屋面积的测算包括房屋建筑面积测算、房屋使用面积测算、房屋套内面积测算、房屋共有建筑面积计算与分摊、房屋公有建筑面积测算等。

7. 检查、验收、审核

房产测量成果在测绘部门内部"二检一验"合格后，由房地产行政管理部门实施最终审核，即实行审核制度。

§1.8 房产测量与地籍测量

所谓房地产就是指房产、地产、房地合产的统称。它具有实物性、经济性、不动性等特点，也称它为"不动产"。在国际上，房地产测量是一种政府行为的官方测量。

在我国，由于机构设置关系把房地产测量划分为房产测量和地籍测量，这两门学科具有一定的交叉和重叠。房产测量偏重于房屋，地籍测量偏重于土地。图上的要素也是这样，一个是房屋要素多，一个是土地要素多。二者合二为一，即称为不动产测量。

§1.9 房产测量术语

1. **房屋面积测量**

房屋面积测量是指房屋各层水平投影面积的测量与计算。包括房屋建筑面积、套内建筑面积、共有建筑面积、公有建筑面积、产权面积等的测量与计算。房屋建筑面积测量计算分栋进行。

2. **房屋建筑面积**

房屋建筑面积是指房屋外墙(柱)勒角以上各层的外围水平投影面积之和，包括阳台、挑廊、地下室、室外楼梯等，有上盖、结构牢固的永久性建筑。

3. **专有建筑面积**

专有建筑面积是指在构造上能明确区分，具有排他性，可独立使用的单元房屋，是套门范围内单个产权人占有或使用的建筑面积，一般情况下，对应于套内建筑面积。

4. **共有建筑面积**

共有建筑面积是指各栋内产权人共同占有或共同使用的建筑面积。

5. **公有建筑面积**

公有建筑面积是指小区业主共同占有或共同使用的不进行分摊的建筑面积。

6. **房屋产权面积**

房屋产权面积是指产权人依法拥有房屋所有权的房屋建筑面积。房屋产权面积由市、县房地产行政主管部门登记确权认定。

7. **套内建筑面积**

套内建筑面积是指房屋套(户)四周围护结构中线以内的建筑面积，包括房屋使用面积、套内墙体面积及套内阳台面积。

8. **共有分摊面积**

共有分摊面积是指整栋房屋的共有建筑面积通过分摊计算分摊到各产权单元的面积。

9. **房屋使用面积**

房屋使用面积是指房屋套内全部可供使用的空间面积，按房屋内墙面水平投影面积计算。内墙面装饰厚度计入使用面积。

10. 套内墙体面积

套内墙体面积是指套内使用空间周围的围护或承重墙体或承重支撑体所占的面积。其中各套之间的分隔墙和套与公共建筑空间的分隔墙以及外墙（包括山墙）等共有墙，均按墙体中线内半墙水平投影面积计入套内墙体面积；套内自有墙体按水平投影面积全部计入套内墙体面积。

11. 阳台面积

阳台面积是指阳台外围与房屋外墙之间的水平投影面积，阳台面积计入套内面积。

12. 预售测量

房屋竣工前，依据经政府行政主管部门核准的建筑施工图纸所进行的房屋建筑面积测量。用于房地产项目的预售审批及销售。与业主签订预售合同后即称为合同约定面积。

13. 竣工测量

房屋竣工后，利用测绘仪器对房屋所进行的实际测量，从而确定房屋建筑面积的工作就是竣工测量。用于房屋产权首次登记和转移登记、建设工程的规划验收、地价核算。登记确权后即为房屋产权面积。

14. 现状测量

因旧城改造、征地拆迁、土地评估、补办用地或规划手续的需要，依据房屋现状进行的房屋建筑面积测量计算，出具的建筑面积为现状面积。

15. 变更测量

变更测量一般指一栋建筑在完成第一次房屋建筑面积测量之后，因建筑的改建或扩建、建筑功能的改变、建筑内部空间划分修改、一户或多户专有面积的权属界线变更，以及建筑的相关属性更改等涉及权界调整和面积增减变化而重新进行的房屋建筑面积测量。

16. 分割测量

依据市政府行政主管部门核准的分割平面图或房屋现状，将一个产权单位划分为多个产权单位而进行的房屋建筑面积的测量计算。分割测量属于变更测量的一种。

17. 更正测量

房屋确权发证后，如果所有权人对房屋面积有异议，可以向各地高级人民法院司法鉴定中心申请更正测量，如果房屋产权面积确有错误，不动产登记中心可以更正并重新办理更正登记。

18. 功能区

根据房屋的使用功能和各共有建筑部位的服务范围而划分的区域称为功能区。上一级功能区下可再分为几个下一级功能区，各功能区之间可能相互包含、交叉、并列。

19. 总建筑面积

总建筑面积是指建设用地范围内单栋或多栋建筑物地面以上及地面以下各层建筑面积之总和。

20. 房屋占地面积

房屋占地面积是指房屋底层外墙(包括柱、廊、门、阳台)外围水平投影面积。

21. 建筑容积率

建筑容积率是指建设用地内计算容积率的总建筑面积与可建设用地面积的比值，地下建筑面积不包括其中，半地下室计入计容建筑面积。

22. 建筑密度

建筑密度是指建设用地范围内所有房屋占地面积之和与建设用地面积的比率。

23. 期房

期房是指房地产开发商从取得商品房预售许可证开始至取得不动产大产证为止，所出售商品房称为期房。消费者在购买期房时应签订商品房预售合同。

24. 现房

现房是指消费者在购买时具备即买即可入住的商品房，即开发商已办妥所售的商品房的大产证的商品房，与消费者签订商品房买卖合同后，立即可以办理入住并取得房屋产权证。

25. 增量房

增量房俗称一手房，指房地产开发商投资新建造的商品房。通俗易懂的说法就是能增加现有房屋数量的房产。

26. 存量房

存量房是指已被购买或自建并取得所有权证书的房屋。

27. 商品房

商品房是指由房地产开发企业开发建设并出售、出租的房屋。

28. 房改房

房改房是指城镇职工根据国家和县级以上地方人民政府有关城镇住房制度改革政策规定，按照成本价或者标准价购买的已建公有住房。按照成本价购买的，房屋所有权归职工个人所有，按照标准价购买的，职工拥有部分房屋所有权，一般在 5 年后归职工个人所有。

29. 廉租房

廉租房是指政府和单位在住房领域实施社会保障职能，向具有城镇常住居民户口的最低收入家庭提供的租金相对低廉的普通住房。

30. 经济适用住房

经济适用住房是指根据国家经济适用住房建设计划安排建设的住宅。由国家统一下达计划，用地一般实行行政划拨的方式，免收土地出让金，对各种经批准的收费实行减半征收，出售价格实行政府指导价，按保本微利的原则确定。

31. 限价房

简单理解限价房就是限房价、限地价的"两限"商品房。土地的供应应在限套型、限房价的基础上，采取竞地价、竞房价的办法，以招标的方式确定开发建设单位。

32. 共有产权房

地方政府让渡部分土地出让收益，然后低价配售给符合条件的保障对象家庭所建的房屋。保障对象与地方政府签订合同，约定双方的产权份额以及保障房将来上市交易的条件和所得收益的分配比例。

33. 公租房

公租房又称公共租赁房，指由国家和政府作为供应主体，通过新建或者其他方式筹集房源、专门面向中低收入群体出租的保障性住房，是一个国家住房保障体系的重要组成部分。公租房归政府或公共机构所有，用低于市场价或者承租者承受得起的价格，向新就业职工出租，包括一些大学应届毕业生，还有一些从外地迁移到城市工作的群体。

34. 社会租赁房

社会租赁房是指由国家提供政策支持，各种社会主体通过新建或者其他方式筹集房源、面向社会出租的保障性住房，是准公共住房，也是一个国家住房保障体系的组成部分。

社会租赁住房不同于公租房，是由社会机构所有，包括机构租赁、企业租赁、集体租赁和农民宅基地房租赁，国家提供政策支持，向年轻人包括一些新的大学毕业生、新就业职工、从外地迁移到城市工作的群体出租。

35. 勒脚

勒脚是指在房屋外墙接近地面部位设置的饰面保护构造。如图 1-3 所示，分别为砂浆勒脚和石材勒脚。

砂浆勒脚　　　　　　　　　　　　　　　　石材勒脚

图 1-3　勒脚

36. 裙楼、塔楼

在建筑群中，低楼层部分的建筑结构至高楼层部分发生转换，且结构转换的相邻楼层水平投影面积的差值超过低楼层部分水平投影面积的 1/3 时，低楼层部分为裙楼，高楼层部分为塔楼，如图 1-4 所示。

37. 多功能综合楼

多功能综合楼是指一栋楼内，综合了多种使用功能，其共有建筑面积的功能和服务对象不同。只有商业和住宅两部分功能的综合楼称为商住楼。

38. 复式住宅

复式住宅是指套内跨跃两楼层以上（含两楼层）、居室内厅高为两楼层或两楼层以上的住宅，如图 1-5 所示。

39. 跃层住宅

跃层住宅是指房屋套内空间跨跃两个自然层以上的住宅，没有中空部分，如图 1-6 所示。

图 1-4　裙楼、塔楼

图 1-5　复式住宅

图 1-6　跃层住宅

40. 错层住宅

错层住宅是指套内部分地面与其余部分形成高差，但该套内空间水平投影仍为一层，无重叠面积的房屋，如图 1-7 所示。

图 1-7 错层住宅

41. 住宅开间

住宅开间就是住宅的宽度。在建筑规范中，对住宅的开间在设计上有严格的规定。砖混结构住宅建筑的开间常采用下列参数：2.1 米、2.4 米、2.7 米、3.0 米、3.3 米、3.6 米、3.9 米、4.2 米。

42. 住宅进深

住宅进深就是指住宅的实际长度。在建筑规范中，明确规定了砖混结构住宅建筑的进深常用参数：3.0 米、3.3 米、3.6 米、3.9 米、4.2 米、4.5 米、4.8 米、5.1 米、5.4 米、5.7 米、6.0 米。为了保证住宅具有良好的自然采光和通风条件，进深不宜过长。图 1-8 为住宅进深示意图。

43. 房产测量号

街路号、丘号、栋号、层号、户号及不动产权号都称之为房产测量号，是产权产籍管理中非常重要的属性要素。

44. 不动产权号

不动产权号是不动产权证的唯一标识号，它由市代码+市辖区(县)代码+街路号+丘号+栋号+层号+户号共同构成。

45. 街路号

街路号是房产区和房产分区的简称，街路号由房产区 2 位数字和房产分区 2 位数字共 4 位数组成。

46. 丘

丘指地表上一块有界空间的地块。一个地块只属于一个产权单元时称独立丘，一个地块属于几个产权单元时称组合丘。

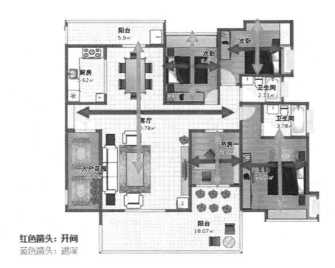

图 1-8　住宅进深示意图

47. 栋

栋是指一座独立的，包括不同结构和不同层次的房屋。

48. 自然层

自然层是指按楼地面结构分层的楼层。

49. 结构层高

结构层高是指楼面或地面结构层上表面至上部结构层上表面之间的垂直距离。

50. 结构净高

结构净高是指楼面或地面结构层上表面至上部结构层下表面之间的垂直距离。

51. *房屋总层数*

房屋总层数是指房屋的地下层数与地上层数之和。假层、夹层、插层、阁楼、装饰性塔楼以及突出屋面的楼梯间、水箱间不计房屋层数。

52. *地上层数*

地上层数是指房屋±0.00 以上的自然层数，采光窗在室外地坪以上的半地下室，计入自然层数。地上层数用整数表示。

53. *地下层数*

地下层数是指房屋±0.00 以下，其室内层高在 2.20m 以上的地下室层数。地下层数用负数表示。

54. *房屋要素*

房屋要素包括栋号、产别、结构、层数、建成年代、房屋边长、阳台尺寸、房屋用途、建筑面积等。

55. *房产要素*

房产要素包括行政境界、房产区号、房产分区号、丘号、丘支号、不动产权号、用地分类代码、房屋要素等。

56. 地下室

地下室是指房间地面低于室外地平面的高度，且其高度超过该房间净高 1/2 的建筑物，如图 1-9(a)所示。

57. 半地下室

房间地面低于室外地平面的高度，且其高度超过净高的 1/3 且不超过 1/2，采光窗在地坪以上的建筑物，如图 1-9(b)所示。

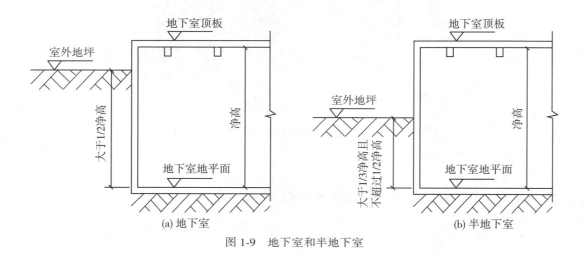

图 1-9　地下室和半地下室

58. 架空层

底层架空一定的高度，仅以结构体作为支撑，无围合外墙，作为入口、存车、储藏、公共活动使用的开敞空间层，如图 1-10 所示。

图 1-10　架空层

59. 入户花园

入户花园是指至少有一面不封闭的入户过渡空间。

60. 会所

会所就是以所在物业业主为主要服务对象的综合性高级康体娱乐服务用房。

61. 红线

红线是指在城市规划中确定的建筑用地和道路用地的界线。任何建筑物、构筑物都不得超出这个界线。图纸上常以红色线条表示，故称"红线"，如图 1-11 所示。建设项目施工前，需请规划部门去现场画红线，然后才能正式动工。

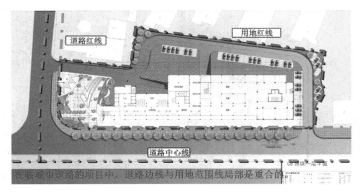

图 1-11　红线

62. 消防避难层

消防避难层，简称避难层，是指作消防避难用的楼层，如图 1-12 所示。

图 1-12　消防避难层

63. 夹层

夹层是位于两自然层之间的楼层，指房屋内部空间的局部层次，如一栋房屋从外部看是两层楼房，从内部看局部是三层，这三层中间的一层就叫做夹层。

64. 挑楼

挑楼是指楼房向外悬挑的封闭楼层房屋。

65. 骑楼

骑楼是建筑底层沿街面后退且留出公共人行空间的建筑物，如图 1-13 所示。

66. 过街楼

过街楼是跨越道路上空并与两边建筑相连接的建筑物，如图 1-14 所示。

图 1-13　骑楼

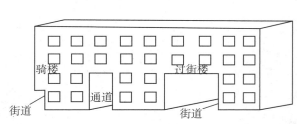

图 1-14　过街楼

67. 阁楼

阁楼是指对坡形屋顶(人字梁顶)的上方空间(闷顶部分)加以利用的非正式层，如图 1-15 所示。

68. 老虎窗

为了增加阁楼的采光和通风，在屋顶上开设的天窗，称之为"老虎窗"，如图 1-16 所示。

69. 过道

套内使用的水平交通空间即为过道。

70. 连廊

位于地面一层的两建筑物之间的有盖走廊即为连廊。设在二层以上的称为架空通廊或架空连廊，如图 1-17 所示。

图 1-15 阁楼

图 1-16 老虎窗

图 1-17 连廊

71. 走廊

建筑物内设置的水平交通空间即为走廊，图 1-18 为有柱走廊。

图 1-18 有柱走廊

72. 檐廊

檐廊是建筑物挑檐下的水平交通空间，如图 1-19 所示。

73. 挑廊

挑出建筑物外墙，有围护结构、无支柱、有上盖的外走廊即为挑廊。现多用于称呼较长而通向多个房间的阳台，作用同阳台，如图 1-20 所示。

图 1-19　檐廊

图 1-20　挑廊

74. 回廊

在建筑物门厅、大厅内设置在二层或二层以上的回形走廊即为回廊，如图 1-21 所示。

75. 架空通廊

专门设置在建筑物的二层或二层以上，作为不同建筑物之间水平交通的空间即为架空通廊，如图 1-22 所示。

76. 门廊、门斗

建筑物门前有顶盖，有支柱或围护结构的进出通道。门廊、门斗必须具备与房屋相连通，有永久性的、结构牢固的顶盖，支撑顶盖的是柱称为门廊，支撑顶盖的是实体墙称为门斗，是起分割、挡风、御寒等作用的过渡性建筑空间。

图 1-21　回廊

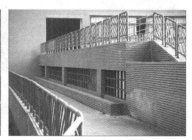

图 1-22　架空通廊

77. 雨篷

建筑出入口上方为遮挡雨水而设置的部件即为雨篷。

78. 门厅

门厅是指建筑物中位于入口处，用于接待和分配人流、物流及联系各主要使用空间、辅助使用空间和其他交通空间的交通枢纽空间。

79. 大堂

具有休息、会客、接待、登记、商务等功能的较大的门厅即为大堂。

80. 阳台

有永久性上盖、有围护结构、有台面、与户室开门连通、可以供人活动或利用的房屋附属设施，根据其围护情况可分为封闭阳台和半封闭阳台。

81. 封闭阳台

封闭阳台指采用实体栏板作围护，栏板以上用玻璃等物全部围闭的阳台。房屋在规划、设计等环节都已确定为封闭的，才能视为封闭。

82. 非封闭阳台

原设计或竣工时不封闭的阳台即为非封闭阳台。

83. 露台

与建筑衔接供人们活动的无顶盖室外平台，在二层或二层以上建筑利用下层的屋顶作

25

为上层的户外活动的无顶盖平台也视为露台，如图 1-23 所示。

84. 飘窗（凸窗）

凸出建筑物外墙面的窗户即为飘窗（凸窗），如图 1-24 所示。

图 1-23　露台

图 1-24　飘窗（凸窗）

85. 幕墙

幕墙是指突出于建筑主体结构以外，用玻璃、金属板等材料形成的围护结构。

86. 围护性幕墙

直接作为建筑物外墙起围护作用的幕墙即为围护性幕墙。

87. 装饰性幕墙

设置在建筑物墙体外起装饰作用的幕墙即为装饰性幕墙。

88. 剪力墙

剪力墙亦称结构墙、抗震墙，即由钢筋混凝土、预应力混凝土构成的承受水平作用力的墙。

89. 管道井

建筑物中用于布置竖向设备管线的井道。

90. 核心筒

核心筒是建筑物中解决垂直交通、布设设备电气垂直管线、联系其他建筑空间的结构体系。就是在建筑的中央部分，由电梯井道、楼梯、通风井、电缆井、公共卫生间、部分设备间围护形成的中央核心筒，与外围框架形成一个外框内筒结构，以钢筋混凝土浇筑。此种结构十分有利于结构受力，并具有极优的抗震性。这种结构的优越性还在于可争取尽量宽敞的使用空间，使主功能空间占据最佳的采光位置，并达到视线良好、内部交通便捷的效果。

91. 中庭

中庭是建筑物中设置的用于休闲、人流汇聚的超过一个层高的有盖建筑空间。

92. 天井

天井是四面有房屋，或三面有房屋另一面有围墙，或两面有房屋另两面有围墙时中间的空地，一般面积不大，主要用于房屋采光、通风。

93. 楼梯

楼梯是指由连续行走的梯级、休息平台和维护安全的栏杆（或栏板）、扶手以及相应的支托结构组成的作为楼层之间垂直交通使用的建筑部件。

94. 室外楼梯

室外楼梯即指依靠房屋外墙体搭建在房屋外侧的，位于房屋主体外，通达房屋各层的固定楼梯，如图 1-25 所示。

图 1-25　室外楼梯

95. 梯间

梯间是用以容纳楼（电）梯，并由墙面或竖向定位平面限制的空间。

96. 前室

设于楼、电梯间与走廊之间用于分配、缓冲人流的过渡性建筑空间即为前室。

97. 屋顶梯间

突出房屋天面，有顶盖，有围护结构，供房屋维修、消防安全出口用的梯间即为屋顶梯间。

98. 屋顶水箱间

房屋天面上设置水箱的房间即为屋顶水箱间。

◎ 思考与练习题

一、单选题

1. 房地产测量可分为(　　　)。

　A. 房地产基础测量和房地产项目测量

　B. 房地产基础测量和房地产变更测量

　C. 农村房地产测量和城市房地产测量

　D. 房地产管理测量和房地产开发测量

2. 从行政管理的角度来说,房地产测量的首要目的是为了(　　　)。

　A. 综合管理、规划　　　　　　　　　B. 登记、发证

　C. 房地产税收　　　　　　　　　　　D. 查清房地产数量

3. 房地产测量就是对土地和房屋的(　　　)等相关信息进行调查和测量。

　A. 权属、权界、位置、数量　　　　　B. 权属、权界、用途、坐落

　C. 坐落、权属、权界、位置　　　　　D. 编号、坐落、权属、权界

4. 房地产测量以(　　　)为核心。

　A. 宗地　　　　　B. 利用　　　　　C. 面积　　　　　D. 权属

5. 房地产测量的重点是(　　　)。

　A. 权属界址　　　B. 产权面积　　　C. 权属来源　　　D. 测绘精度

6. 房地产测量的土地单元是(　　　)。

　A. 地块　　　　　B. 房地产开发项目　C. 市辖区　　　　D. 丘

7. 《商品房销售管理条例》中明确规定,产权登记建筑面积与合同约定建筑面积误差比在(　　　)之内(含),此合同生效,以产权登记建筑面积为准,房价款多退少补。

　A. 3%　　　　　　B. 5%　　　　　　C. 1%　　　　　　D. 2%

8. 《商品房销售管理条例》中明确规定,要取得"商品房预售许可证",必须得经过有资质的房产测绘公司进行(　　　)测量。

　A. 大地　　　　　B. 工程　　　　　C. 房产　　　　　D. 地籍

9. 房产测量按阶段划分为(　　　)。

　A. 预售测量、竣工测量

　B. 现房测量、竣工测量、变更测量

　C. 预售测量、竣工测量、变更测量

　D. 现房测量、竣工测量、期房测量

10. 房地产测绘成果是指在房地产测绘过程中形成的数据、图、表、卡、册等信息和资料,一般不包括(　　　)在内。

　A. 房产簿册　　　B. 房产数据　　　C. 建筑施工图　　　D. 房产图集

11. 下列关于商品房销售的表述中,正确的是(　　　)。

　A. 商品房买卖合同中约定的面积误差不得超过3%

　B. 按何种面积计价,就按何种面积登记发证

　C. 按套内建筑面积计价的,商品房买卖合同中应当注明建筑面积和分摊的共有建筑面积

D. 商品房买卖合同对面积误差无约定的，应据实计算房价款

12. 某房地产开发商销售给张某一套商品房，合同约定建筑面积 $100m^2$，售价 1 万元/m^2，张某交付了全部价款。买卖双方对面积误差的处理方式未作约定。若该商品房产权登记的建筑面积为 $90m^2$，张某选择不退房，则该房地产开发商应当返还张某购房款（   ）万元。

    A. 14   B. 3   C. 10   D. 17

13. 商品房买卖合同约定面积为 150 平方米，价格为 4 000 元每平方米。交付使用时，产权登记面积为 155 平方米，买卖双方未对面积误差的处理方式作出约定。根据有关规定最后结算的房价款应为（   ）万元。

    A. 60.0   B. 61.0   C. 61.8   D. 62.0

二、论述题

  1. 房地产测量的定义。

  2. 房地产测量的目的与任务。

  3. 房地产测量的作用。

  4. 论述房屋面积测量在三个领域（房产测量、规划计容、工程概预算）的重要作用。三个领域中各适用哪些规范以及三者之间有何关系？三个规范之间有哪些相同与不同之处？

  5. 房地产测量的特点。

  6. 房地产测量的程序与内容。

第2章　不动产产权产籍管理基础

不动产产权产籍管理是国家为了发展不动产市场、规范不动产交易、保护权利人权利而实施的国家不动产行政管理手段，不动产产权产籍管理已逐步成为一项政策性、法律性、经济性和技术性的不动产综合管理措施。

不动产产权管理是国家依法对不动产产权的确认和变更，以及由此而发生的各种产权关系的协调和处理所采取的一系列措施，如产权调查、确认、登记等方面措施的总和。产籍管理是国家为取得和系统研究产籍诸项内容和建立、完善产籍制度而进行的调查、测量、统计及信息管理等方面措施的总和。

§2.1　不动产登记制度类型

《民法典》规定，我国实施不动产统一登记制度。不动产权属登记发证制度是权属管理的首要核心内容。

不动产权属登记管理是用法律的手段对不动产进行登记，审查确认产权，核发权属证书，办理权属的转移变更的行为，建立准确、完整的权属档案资料等，从而建立正常的产权登记秩序，更好地保护权利人的合法权益。

根据权属登记的内容和方式的不同，各国不动产权属登记制度分为契据登记制和产权登记制两大类型。

1. 契据登记制(又称登记对抗主义)

契据登记制的理论基础是登记对抗主义，是意思主义登记模式。不动产产权的设立、变更、转让在当事人订立合约时即可生效，以契约为生效条件，不以登记为生效条件。契据登记只有公示力而无公信力，登记仅作为对抗第三人的要件。不经登记，只能在当事人之间产生效力，不能对抗第三人。政府设专门机构，对经当事人订立的不动产转让契约所载内容，在专设的簿册上进行登记。登记机关对登记的申请只采取形式审查，即契约和申请登记的手续是否完备，对登记的内容，即契约内容是否完整，不作实质性的审查。登记无强制性，不发权利证书。

此制施行于法国、意大利、比利时、西班牙、挪威、日本、丹麦、葡萄牙、巴西等国家，中国香港也施行此制。

2. 产权登记制(又称登记要件主义)

产权登记制的理论基础是登记要件主义，是形式主义登记模式。当事人订立的合同效力只是一种债的效力，即当事人在法律上只能得到债权的保护，而不能得到物权的保护。不动产物权的设立、变更、转让和消灭，经依法登记，发生效力。未经登记，不发生效力。将登记作为不动产成立的要件，所以又称登记要件主义。产权登记制又分为权利登记制和托伦斯登记制两种。

（1）权利登记制

权利登记制是国家设专门机构，对不动产的权利取得及变更进行登记。登记机关对登记的申请采取实质审查，即除对申请登记程序、手续是否完备进行审查外，还要对发生不动产权利的得失变更原因，是否能有效成立，要经核查认定后，方可登记。不动产权利的取得，未经登记不产生效力，不仅不能对抗第三人，即使在当事人之间也不发生效力。权利登记制是强制性登记，具有公信力，一经登记，具有确定之效力。不发权利证书。该项登记制度发源于德国，故又称为"德国登记制"。此制以德国和瑞士为代表。但德国与瑞士又有所区别，德国实施的是"无因管理"，即不管原因（合同）是否成立，只要登记，结果具有确定之效力，不可更改。而瑞士实施的是"要因管理"，即使登记，只要原因（合同）不成立，结果即无效，这一点与我国相同。

（2）托伦斯登记

登记机关对登记的申请采取实质性审查。凡经登记，政府发给权属证书，确认产权。权利状态明确地记载在权利证书上，权利人可以凭证行使不动产权利。已登记权利如发生转移，必须在登记簿上加以记载，登记簿分为两份，权利人取得副本，登记机关保留正本。首次登记不强制，但经登记后则强制，具有公信力，一经登记，国家保障，具不可推翻之效力。在澳大利亚、新西兰、加拿大和美国的部分州实行。

我国（未含港澳台地区）与其他国家、地区不动产登记的比较见表2-1。

表2-1　　　　　　　　　我国（未含港澳台地区）与其他国家不动产登记比较

	中国（未含港澳台地区）	德国	法国	澳大利亚
登记类型	权利与托伦斯制	权利登记制	契据登记制	托伦斯制
物权状况	静态（总登记）动态（变更）	静态（总登记）动态（变更）	动态（权利变更）	静态（总登记）动态（变更）
登记性质	强制	强制	任意	先任意登记后强制
效力发生	登记	登记	契据	登记
公信力	有	有	无	有
登记审查	实质（原因/事实）	实质（原因/事实）	形式（书面/手续）	实质（原因/事实）
登记簿	不动产物	不动产物	人（申请次序）	人（申请次序）
权利证书	有	无	无	有
登记赔偿	有	无	无	有（保险基金）
申报地价	有	无	无	无

〔注：对照表中纵栏各项，中国台湾省有两项与中国大陆存在差别，"登记性质"栏为"土地强制，建筑物先任意后强制"，"登记赔偿"栏为"有（登记储备金）"。〕

§2.2　我国不动产登记制度

1. 中国大陆(内地)、台湾、香港、澳门不动产登记制度

我国大陆采取的是登记要件主义的模式,即我国不动产登记采行权利登记制,兼采托伦斯登记制,是国家用以确定或认可不动产所有者或使用者拥有土地或房屋所有权和使用权的一项法律措施。

香港特别行政区土地注册处的登记并不保证登记簿上的记载之人就一定是不动产的真正属主或业主,而只是在对抗第三人时起到一种确认和证明的作用,故香港特区在不动产登记效力方面采取的是登记对抗主义的模式。

澳门特别行政区对于不动产抵押权,登记是抵押的生效要件,不登记则抵押权不发生法律效力;而对于抵押权以外的他项不动产物权,即使不登记,亦在当事人之间产生法律效力,登记只不过构成对抗第三人的条件。可见,澳门特区采取以登记对抗主义为原则、以登记要件主义为例外的做法。

台湾地区的不动产物权依"法律"行为而取得、设定、丧失及变更,非经登记不发生效力,即台湾地区不动产登记采行权利登记制与托伦斯登记制,台湾地区在不动产登记方面与大陆一样采取了登记要件主义的模式。

2. 中国大陆不动产登记特点

中国大陆不动产产权登记的主要任务是确认产权,明确产权关系和保护产权人的合法权益。

当事人之间订立有关设立、变更、转让和消灭不动产物权的合同,除法律另有规定或者合同另有约定外,自合同成立时生效;未办理物权登记的,不影响合同效力。

中国大陆不动产登记的特点:

(1)登记具有强制性

《民法典》明确规定:"不动产物权的设立、变更、转让和消灭,经依法登记,发生效力;未经登记,不发生效力,但法律另有规定的除外。依法属于国家所有的自然资源,所有权可以不登记。"由此,登记成为我国大陆不动产权利设立、变更、转让和消灭的生效要件,除依法属于国家所有的自然资源外,其他自然资源和不动产所有权均应依法登记,才能受到法律的保护。

(2)实行统一登记制度

根据《民法典》、《不动产登记暂行条例》规定,我国的不动产登记,由不动产所在地的登记机构办理。国家对不动产实行统一登记制度。之前,我国的不动产登记专门机关包括国土资源行政管理部门和房屋行政管理部门,前者对土地权属进行登记,后者对房屋权属进行登记,由此我国的不动产登记可以分为土地登记和房屋登记两种类型。目前全国性的以国土为核心的统一登记制度基本建立,资源整合基本完成,统一颁发不动产权证。

(3)登记实行实质审查

当事人申请不动产权属登记,应当根据登记事项的要求提供权属证明和不动产界址、面积等必要材料。登记机构应当查验申请人提供的权属证明和其他必要材料,并就有关登

记事项询问申请人，如实、及时登记有关事项。申请登记的不动产的有关情况需要进一步证明的，登记机构可以要求申请人补充材料，必要时可以实地查看。

可见，我国对不动产登记实行的是实质审查，不仅审查申请文件是否齐备和符合形式要求，还要审查登记的原因是否真实有效。

（4）登记后发放证书

不动产登记机关对申请人的登记申请进行审查后，不仅在登记簿上做好记载，对符合发证条件的申请人发放不动产权属证书。不动产权属证书是权利人享有该不动产物权的证明。

（5）登记具有公信力

物权登记的公信效力是物权公示制度的法律效果。所谓公信效力是指，登记的不动产物权的权利人在法律上推定为真正的权利人，对于信赖该登记而从事交易的人，即使后来证明该登记是错误的，法律仍然承认其具有与真实的物权相同的法律效果。不动产物权登记的公信力包括两层含义：一是登记的权利推定效力；二是不动产物权的善意取得制度。

①物权推定效力。登记记载的权利人，在法律上可以推定其为真正的权利人。即使他不是真正的权利人，法律也认为他是权利人，除非有相反证明。

②善意取得制度（无权处分）。任何人因为相信登记记载的权利而与权利人从事了移转该权利的交易，该项交易应当受到法律保护。即使公示有瑕疵，善意受让人也不负返还义务。善意取得制度的完成必须符合三个要件：一是当事人是善意第三人（不知情）；二是给付合理对价（市场价）；三是不动产必须完成过户登记，动产完成交付。

（6）房产与地产权利主体相一致

房产与地产权利主体相一致，是指房屋所有权的主体应与土地使用权（而非所有权）的主体保持一致，同属一人，就是俗称的"房随地走"或"地随房走"，即遵循共同流转、同时抵押原则。

§2.3 我国不动产登记种类

《不动产登记暂行条例》规定，房屋等建筑物、构筑物和森林、林木等定着物应当与其所依附的土地、海域一并登记，保持权利主体一致。不动产登记，由不动产所在地的登记机构办理。不动产登记机构应当配备专门的不动产登记电子存储设施，采取信息网络安全防护措施，保证电子数据安全。任何单位和个人不得擅自复制或者篡改不动产登记簿信息。

《不动产登记暂行条例》规定，不动产登记包括集体土地所有权登记、国有建设用地使用权及房屋所有权登记、宅基地使用权及房屋所有权登记、集体建设用地使用权及建筑物、构筑物所有权登记、土地承包经营权登记、海域使用权登记、地役权登记、抵押权登记，还包括更正登记、异议登记、预告登记、查封登记。

《民法典》新增居住权登记。《民法典》明确要求设立居住权的，应当向登记机构申请居住权登记。居住权自登记时设立。居住权消灭的，应当及时办理注销登记。

不动产权属登记分为首次登记、转移登记、变更登记、抵押权登记和注销登记五类。在日常管理中，大量的是首次登记、转移登记和抵押权登记。

1. 首次登记

不动产权利人就新取得的不动产权利第一次向登记机关提出申请而进行的登记，称为首次登记。开发商申请国有建设用地使用权及房屋所有权首次登记的，发放不动产权证大照。

首次登记作为一种登记类型，是《不动产登记暂行条例》的首创，在《不动产登记暂行条例》出台之前，存在着土地总登记、土地初始登记和房屋初始登记、设定登记等相关类型，由于不同的部门对初始登记、设定登记的内涵理解不一致，因此《不动产登记暂行条例》将其统一归纳规定为首次登记。

2. 转移登记

转移登记是指因房屋买卖、交换、赠与、继承或者受遗赠、人民法院或者仲裁委员会裁决、有批准权的人民政府决定等原因致使其权属发生转移后所进行的房屋所有权登记。转移登记只有房屋权属发生变化，作为物质实体的房屋没有变化。

3. 变更登记

变更登记是指作为物质实体的房屋发生变化。包括以下四种情形之一的房屋所有权登记：①房屋坐落的街道、门牌号或房屋名称发生变更；②房屋面积增加或减少的；③房屋翻建的；④房屋分割、合并。

4. 抵押权登记

抵押权登记是指抵押权人向法律规定的有关部门将其在特定物上所设定的抵押权的事项予以记载的事实。以不动产抵押的，应当办理抵押登记。抵押权自登记时设立。

抵押权登记有利于保护抵押权人的合法权益。当抵押人不能履行约定义务，抵押权人依照规定可以变卖抵押物的价款优先受偿。通过不动产登记机关对抵押事实进行登记可以对抵押人任意处分抵押物的权利进行限制。

5. 注销登记

注销登记是因某种原因而导致产权人登记的权利消灭，登记机关依法注销其登记簿上的权利的一种登记。注销登记是不动产登记制度的重要组成部分。在不动产登记制度中从首次登记，到变更登记，再到注销登记，是本次登记的完整过程。其他登记是这期间的特殊登记形式。

6. 更正登记

更正登记是对不正确的登记行为或内容进行更正的登记程序。在繁复的登记过程中，由于受到各种客观环境和主观因素的影响，不正确记载经常会出现，当登记簿上记载的权利状态或其他内容与实际状态不相符合时，登记簿上的登记即为不正确登记。更正登记就是针对不正确登记所设立。权利人或利害关系人可申请更正登记，或登记机关依法直接更正。

7. 异议登记

异议登记是指利害关系人对不动产登记簿上有关权利主体、内容的正确性提出不同意见的登记。异议登记的目的是限制不动产登记簿上的权利人的权利，以保障提出异议登记的利害关系人的权利。申请人在异议登记之日起 15 日内不起诉，异议登记失效。

8. 预告登记

预告登记是为了保全一项请求而进行的不动产登记。当事人签订买卖房屋或者其他不动产物权的协议，为保障将来实现物权，按照约定可以向登记机构申请预告登记。预告登记后，未经预告登记的权利人同意，处分该不动产的，不发生物权效力。

预告登记后，债权消灭或者自能够进行不动产登记之日起 90 天内未申请登记的，预告登记失败。

9. 查封登记

查封登记是作为被执行人的房地产权利人因继承、判决或者强制执行等原因，而当事人尚未向权属登记机关办理登记手续，而由执行法院向登记机关提供被执行人取得财产所依据的继承证明、生效判决书或者执行裁定书及协助执行通知书，由登记机关对该房屋的权属直接进行登记，然后再予以查封。

§2.4 物权及其公示

1. 物权定义

物权是指自然人、法人直接支配不动产或者动产的权利，包括所有权、用益物权和担保物权。物权是产权的一种，它们之间的关系如图 2-1 所示。《民法典》对明确物的归属，充分发挥物的效用，维护经济秩序，促进社会主义现代化建设，具有重要意义。

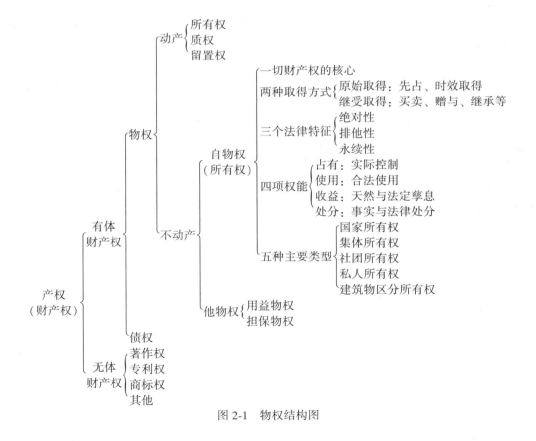

图 2-1 物权结构图

所有权：所有权人对自己的不动产或者动产，依法享有占有、使用、收益和处分的权利。

用益物权：指在法律规定的范围内，对他人所有的不动产，享有占有、使用和收益的权利。包括土地承包经营权、建设用地使用权、宅基地使用权、地役权和居住权。

担保物权：指在借贷、买卖等民事活动中，债务人或者第三人将自己所有的财产作为履行债务的担保。债务人未履行债务时，债权人依照法律规定的程序就该财产优先受偿的权利。担保物权包括抵押权、质权和留置权。

抵押权：指债务人或者第三人不转移财产的占有，将该财产作为债权的担保，债务人未履行债务时，债权人依照法律规定的程序就该财产优先受偿的权利。债务人或者第三人为抵押人，债权人为抵押权人，提供担保的财产为抵押财产。如某人向银行申请贷款，并以自己的住房作抵押，这时银行即为抵押权人。

质权：分为动产质权和权利质权。动产质权指债务人或者第三人将其动产移交债权人占有，以该动产作为债权的担保，债务人未履行债务时，债权人依照法律规定的程序就该动产优先受偿的权利。债务人或者第三人为出质人，债权人为质权人，移交的动产为质押财产。出质人也可以将法律规定可以转让的股权、仓单、提单等财产权利出质，这时质权称为权利质权。

留置权：指债务人未履行债务时，债权人扣留已经合法占有的债务人的动产，并依照法律规定的程序就该动产优先受偿的权利。如顾客不向裁缝店支付服装加工费时，裁缝可以留置加工的服装，待顾客支付加工费后再归还做成的服装。

2. 物权公示制度

《民法典》规定：权利人、利害关系人可以申请查询、复制登记资料，登记机构应该提供。房屋权属登记信息的查询是物权公示原则的具体要求和体现。物权在设立和变动时，必须将物权设立和变动的事实通过一定的公示方式向社会公开，从而使第三人知道物权变动的情况，以避免第三人遭受损害并保护交易安全。物权的设立和变动之所以要公示，是由物权的性质本身所决定的。物权为具有绝对排他性效力的权利，如果某一物上已经成立物权，则不得再成立内容完全相同的物权。物权具有排他性，物权的变动也产生排他效果，如果没有让他人知悉变动的表现方式，则可能损害第三人的利益。因此，发挥物权的排他作用，防止对物的争夺、对他人财产的侵犯，法律必须设立物权公示制度及公示方法。根据公示制度，当事人及第三人可以直接从外部认识物权的存在及现象，使物权法律关系清晰透明。总之，物权公示制度对于维护物的占有秩序和交易安全，具有重要意义。

公示制度的内容包括物权的公示方法与物权的公示效力两项。

（1）物权的公示方法

不动产物权以登记作为权利享有与变更的公示方法，动产物权以占有作为权利享有的公示方法，以交付作为变更的公示方法。

（2）公示效力

物权公示是为了让他人清楚地知道谁是权利人，以维护权利人、与交易有关的人的合法权益。除有相反证据证明的以外，记载于不动产登记簿上的人是该不动产的权利人，动产的占有人是该动产的权利人。物权法定与公示制度相结合，确立了一个简单而又明确的所有权规则，简明了法律关系，从而大大降低了交易中的信息搜集和传递费用，维护了交易的安全与稳定。

3. 公信原则

公信原则是以提高公示方法的信用，提高交易效率，保障交易安全和维护交易秩序为价值目标。根据公信原则，参与交易活动的善意相对人，可以充分信赖公示所表明的物权状况并据此进行交易，而不必再费时费力地去考察交易不动产的实际权利状态，也不必担心有公示内容以外的物权状态存在而使自己遭受不测之损害，因而交易相对人的利益可以得到最大限度的满足，交易安全也受到了充分的保障。

§2.5 不动产产权产籍及其管理

房地产就是指房产、地产、房地合产的统称。地产，在物质形态上是地表上某一特定的地块。房产，在物质形态上是建立某一特定地产之上的房屋。二者在经济意义上是一种资源和生产要素，在法律意义上是一种财产权利。一般而言，地产可以独立存在，房产却不可能离开地产而独立存在，两者之间联系密切，具有不可分割性。正因为如此，人们将二者相提并论，合称为"房地产"。它具有实物性、经济性、不动性等特点，在法律术语上又称它为"不动产"。

2.5.1 不动产产权及管理

不动产产权，是权利人依法对所有的不动产享有的占有、使用、收益和处分的权利。不动产产权是一种具有严格排他性的绝对权，产权人对其所有的不动产具有完全的支配力。

不动产产权管理实行权属登记制度，确权发证即具有法律效力。不动产权属证书是权利人享有该不动产物权的证明。不动产权属证书记载的事项，应当与不动产登记簿一致；记载不一致的，除有证据证明不动产登记簿确有错误外，以不动产登记簿为准。

我国的土地制度是公有制，即城市土地的国家所有与农村土地的集体所有，实行"所有权和使用权相分离"的政策。改革开放以来，我国的土地使用制度有了质的变化，其中最主要的就是实现了"土地无偿使用到土地有偿使用"的根本转变，城市土地由全部"划拨"转为部分"出让"。出让采取"招拍挂"的方式，即为国家增加了大量税收，加快了城市建设步伐，也避免了政府腐败和暗箱操作。

在两种土地所有权中，只有属于国家所有的土地才能被依法用于房地产的开发经营，属于集体所有的土地是不能被用于房地产开发经营的。集体所有的土地被国家依法征收后，便可以用于房地产开发经营。

国家所有的土地被用于房地产的开发经营是有条件的，即开发商必须向国家支付土地使用出让金，才能从国家取得该片土地在一定期限内的使用权。目前，我国从事房地产开发的单位，可以通过两种途径从国家取得土地的使用许可权，一是行政划拨，二是有偿出让。两种途径的主要区别在于，取得土地使用权是有偿还是无偿的。房地产开发商用于商品房开发的土地都必须是有偿的，即必须是向国家交付了土地使用权出让金的土地。否则，开发商对在该土地上建造的商品房不能取得所有权，购房者即使支付了房价款，也不能取得所有权。经济适用房、廉租房、公租房、政策性商品房、共有产权房等保障性住房的用地是划拨的。

国家实行土地用途管制制度。根据土地利用总体规划，将土地用途分为农用地、建设用地和未利用土地。土地用途变更须经有批准权的人民政府核准。国家还实行耕地保护制度。

目前土地管理的主要内容有：地籍管理、权属管理、土地利用管理(核心是土地利用计划管理、关键是做好"土地利用总体规划")、土地市场管理(土地供需、土地交易、土地价格、土地市场优化配置)。其中地籍管理是土地管理的基础，是国家为取得有关地籍资料而建立的以地籍调查(含权属调查和地籍测量)、土地登记和土地统计、土地分等定级(土地评价)、地籍档案管理为主要内容的工作体系。地籍管理的主要任务是为土地管理提供基础的地籍信息资料。地籍管理不仅是土地管理的基础，而且在很大程度上已成为土地管理工作的主要内容。

房屋根据性质可分为国有房产、集体房产、私人房产，根据房屋取得形式分为商品房、经济适用房、廉租房、公租房，近几年有些城市又推出政策性商品房、共有产权房等。房产管理中和百姓关系较为密切的是房产测量、产权、产籍管理。其中房产测量管理是基础，房产测量成果是确权发证的基本依据。根据《房产测绘管理办法》，房产测量审查工作由房地产行政管理部门实施，实行审核制度。各测绘公司作为独立的法人实体对测绘成果负责。

2.5.2　不动产产籍及管理

不动产产籍是以记载不动产产权性质、权源、产权取得方式、界址，以及土地和房屋的使用状况等为主要内容的专用图簿册的总称。不动产产籍是城镇不动产管理的基础性资料，是进行城市规划与建设、房地产经营管理，以及处理产权纠纷、保护产权人合法权益的依据。不动产产籍由以下几类组成：

①不动产产权档案。即在登记中形成的各种产权证明文件和历史资料等，如"国有土地使用权证"、"不动产权证"、"不动产共有权证"、"不动产他项权证"和其他证明，以及以后发生的产权变更登记、产权转移登记过程中取得的各种证件、证明等。产权档案主要记录的是产权的原始取得和以后的历史变更情况等。

②图纸。反映不动产的地理位置、占地面积、建筑面积、内部结构等的专题地图。主要包括地籍图、宗地图、分幅平面图、分丘平面图、分层分户平面图等。

③簿册、表卡。即登记中所涉及的各种有关登记簿册与图表、卡片等，如登记申请书、产权登记收件簿、权属调查表、归户卡、登记卡等。这些簿册、表卡设计合理，记载有丰富的内容。

不动产产籍管理是对不动产档案、图纸、图表等反映产权现状和历史情况的资料进行管理，管理的含义是经过加工整理分类，运用科学方法进行综合管理。产权是产籍组成的核心内容，产籍又是确认产权的依据和凭证，不动产产权的认定及其法律关系的确认，都要通过产籍管理来实现。随着科学和技术的发展，计算机的普及和应用，产权产籍管理也由传统的手工登记发证、人工档案管理(纸质产籍图、纸质图表、纸质档案资料)向 OA(办公自动化)、MIS(管理信息系统)、WFS(工作流技术)、GIS(地理信息系统)方向发展，信息化管理已是不可阻挡的趋势。

房地产产权产籍管理中产权管理和产籍管理是密切联系、互为依存、互相促进的两项工作。产权管理是产籍管理的基础，没有产权调查、产权登记、产权确定，就不可能形成完整、准确的产籍资料。产籍资料记录了各类房地产的权属及其基本情况，这些资料是审查权属、房地产权界、处理各类产权纠纷的重要依据。因此，产权管理和产籍管理是一个有机的整体，两者不可分割，不可偏废。

2.5.3 不动产产权产籍管理的任务

不动产产权产籍管理的任务主要有以下三个方面：

1. 做好不动产权属登记、确权、发证工作

权属登记、确权、发证工作是产权产籍管理主要的经常性的工作。在全国性不动产总登记工作的基础上，主要的经常性的任务就是做好首次取得的土地使用权、新建房屋所有权、房地产产权的转让、变更、他项权利等的登记、核实、确权和发证工作，以及房地产灭失、土地使用权年限届满、他项权利终止等的注销工作。

2. 做好房地产测量工作

房地产测量是根据不动产产权管理的需要，应用测绘技术绘制出以权属为核心、权属的单元界址为基础，以房屋及房屋所占用的平面位置、房屋状况、面积为重点的房地产图、表。用于房屋权属登记等房地产管理的房地产图、表须经房地产行政管理部门审核后，方具有法律效力。审核后的房地产图、表纳入不动产档案统一管理。房地产测量应严格执行有关的测量技术规范。不动产的权属关系、自然状况发生变化时，应及时、准确地进行变更测量，使房地产图和实际情况保持一致。

3. 做好不动产产籍和档案管理工作

首先要做好现有产籍资料的管理，要针对资料的收集、整理、鉴定、立卷、归档、制订目录索引和保管等各个环节建立一整套制度，以便档案的科学管理和方便查阅利用；其次是在初始产籍的基础上，根据产权管理提供的权属转移、变更、不动产的变化情况，对产籍资料进行不断修正、补充和增籍、灭籍工作，以保护产籍资料的完整、准确，使图、档、卡、册与实际情况保持一致。

除了以上三种任务外，产权产籍管理工作还要为征地、拆迁房屋、落实私房政策的房产审查和处理权属纠纷提供依据。

2.5.4 不动产产权产籍管理的目的

保护不动产权利人的合法权益。保护不动产权利人的合法权益是产权产籍管理的根本目的和出发点。加强产权产籍管理工作，就是要及时、准确地对不动产权属进行登记、审查、确权、发放不动产权属证书。凡经不动产管理部门确认并颁发了不动产权属证书的不动产，其权利人在不动产方面的权利，如房屋所有权、土地使用权、房地产租赁和抵押

权、公民合法继承权等，都受到国家法律的保护。

　　不动产产权产籍管理是不动产管理的基础工作。不动产的发展离不开产权产籍管理的工作。房地产开发和住宅建设，首先需要产权产籍管理部门提供建设区域内的土地和原有房屋的各种资料，以便合理地规划建设用地，妥善安置原有住户，并依法按有关规定对拆迁的房屋给予合理补偿。此外，房屋的买卖、土地使用权的转让、房地产租赁、抵押等不动产交易活动，都涉及不动产权属和房屋的自然状况，这就要求产权产籍管理部门提供该不动产的位置、权界、面积、建筑年代等准确的资料，以便对交易的不动产进行评估，征收有关税费，为不动产保险业务提供依据，办理产权过户手续，从而防止不动产交易后产生各种产权纠纷。再有，不动产服务，如住宅小区管理服务、房屋的管理和修缮服务，需要产权产籍管理部门提供不动产权属性及不动产的有关资料以便根据不同的产权性质、不同的地段、面积、结构、用途等具体情况，确定修缮范围和收取的费用，保证不动产的正常管理和服务。可以这样说，产权产籍管理贯穿房地产开发、建设、使用的全过程。产权产籍管理工作能全面、完整、及时、准确地提供上述资料，从而使城市规划和建设更加科学化。产权产籍管理资料所提供的各种信息对旧城改造、新区建设、市政工程、道路交通、环保、绿化等城市建设和管理都是不可缺少的科学依据。

2.5.5　不动产产权产籍管理的原则

　　房屋所有权与该房屋所占用的土地使用权实行权利主体一致的原则。不动产是一个有机的不可分割的统一体。因此，房屋所有权人和该房屋占用的土地使用权人，必须同属一人(包括法人和自然人)，除法律、法规另有规定的以外。在办理产权登记时，如发现房屋所有权人与该房屋所占用的土地使用权人不属同一人时，应查明原因，一时查不清的，暂不予办理登记。

　　不动产产权产籍的属地管理原则。不动产是坐落在一定的自然地域上的不可移动的资产。因此，不动产产权产籍管理必须坚持属地管理原则，即只能由市(县)不动产管理部门负责所辖区域范围内的不动产产权管理工作；不动产权利人也只能到不动产所在地的市(县)不动产管理部门办理产权登记。

§2.6　建筑物区分所有权

　　随着住宅商品化，建筑物向多层、高层发展，一栋高楼通常为众多住户所有，这种建筑就是区分所有建筑，这种权利就是建筑物区分所有权。建筑物区分所有权包括住户对其住宅等专有部分等享有的所有权，对电梯、过道等共有部分享有的共有和共同管理的权利。

　　区分所有建筑物包括两部分：

　　①专有部分：是指在构造上能明确区分，具有排他性，能独立使用的建筑物部分，即为套内建筑面积。

　　②共有部分：是指除去专有部分以外的部分，即公用建筑面积。

　　共有部分又包括两部分，一是指能被分摊的公用建筑面积部分，即共有建筑面积。二是指不能被分摊的公用建筑面积部分,即公有(业主共有)建筑面积。

业主对建筑物内的住宅、经营性用房等专有部分享有所有权,对共有部分享有共有和共同管理的权利。

业主对其建筑物专有部分享有占有、使用、收益和处分的权利。业主行使权利不得危及建筑物的安全,不得损害其他业主的合法权益。

业主对建筑物专有部分以外的共有部分,享有权利,承担义务;不得以放弃权利不履行义务。要维护其整体功能的使用,不得擅自改变其结构。

建筑区划内的道路,属于业主共有,但属于城镇公共道路的除外。建筑区划内的绿地,属于业主共有,但属于城镇公共绿地或者明示属于个人的除外。建筑区划内的其他公共场所、公用设施和物业服务用房,属于业主共有。建筑物屋顶天台部分归全体业主共有,但部分建筑物屋顶专属天台归业主专有。

建筑区划内,规划用于停放汽车的车位、车库的归属,由当事人通过出售、附赠或者出租等方式约定。

占用业主共有的道路或其他场所用于停放汽车的车位,属于业主共有。

《民法典》与《物权法》相比,适当降低了业主共同决定事项。《民法典》规定下列事项由业主共同决定:

"(1)制定和修改业主大会议事规则;

(2)制定和修改管理规约;

(3)选举业主委员会或者更换业主委员会成员;

(4)选聘和解聘物业服务企业或者其他管理人;

(5)使用建筑物及其附属设施的维修资金;

(6)筹集建筑物及其附属设施的维修资金;

(7)改建、重建建筑物及其附属设施;

(8)改变共有部分的用途或者利用共有部分从事经营活动;

(9)有关共有和共同管理权利的其他重大事项。

业主共同决定事项,应当由专有部分面积占比三分之二以上的业主且人数占比三分之二以上的业主参与表决。决定前款第六项至第八项规定的事项,应当经参与表决专有部分面积四分之三以上的业主且参与表决人数四分之三以上的业主同意。决定前款其他事项,应当经参与表决专有部分面积过半数的业主且参与表决人数过半数的业主同意。"

§2.7 土地使用权出让年限及届满的法律后果

土地使用权出让按用途由国务院确定最高年限。住宅建设用地使用权期满的,自动续期。非住宅建设用地使用权期满后,土地使用者也可申请续期,经政府批准准予续期的,应当重新签订出让合同,并支付土地使用权出让金。土地使用权期满,土地使用权及其地上建筑物、其他附着物所有权的归属,有约定的按约定,没有约定或者约定不明确的,由国家无偿取得。

《城市房地产管理法》第三条规定:"国家依法实行国有土地有偿、有期限使用制度。"

对于国有土地使用权的出让，必须规定一定的溯限。现行有关法律对于国有土地使用权出让的最高年限做了规定。根据《城市房地产管理法》的规定，该最高期限由国务院规定。《中华人民共和国城镇国有土地使用权出让和转让暂行条例》第十二条规定：（1）居住用地70 年；（2）工业用地 50 年；（3）教育、科技、文化、卫生、体育用地 50 年；（4）商业、旅游、娱乐用地 40 年；（5）综合或者其他用地 50 年。

应当指出，上述未规定土地使用权出让的最低年限，而土地具体的出让年限，一般由出让者与受让者在签订合同时约定。各地政府作为土地出让方，往往考虑土地的位置、用途和资金收期地长短，规定不同的出让期限，以最大限度发挥土地资产的效益，做到充分利用土地。国有土地使用权作为一种有期限的他物权，作为出让者的国家并不丧失对土地的所有权，使用期限一旦届满，土地使用者必须将土地返还给土地的所有者。但这里存在一个土地使用权年限与房屋所有权无期限的冲突问题。当土地使用权期限届满之后，如果未进一步缴纳土地出让金，那么房屋所有人将丧失土地使用权，那么房屋的所有权将不可避免地受到影响。《民法典》针对这一问题，规定"住宅建设用地使用权期间届满的，自动续期。非住宅建设用地使用权期间届满后的续期，依照法律规定办理。该土地上的房屋及其他不动产的归属，有约定的，按照约定；没有约定或者约定不明确的，依照法律、行政法规的规定办理。"因此，土地使用权期限届满的法律后果问题应区分住宅建设用地与非住宅建设用地。

对于住宅建设用地使用权期限届满的，则自动续期，该地上的房屋所有权并不会受到影响，这有助于保证人们的安居乐业。

对于非住宅建设用地使用权来说，根据《民法典》规定，"非住宅建设用地使用权期间届满后的续期，依照法律规定办理。"因此，根据《城市房地产管理法》第二十二条规定："土地使用权出让合同约定的使用年限届满，土地使用者需要继续使用土地的，应当至迟于届满前一年申请续期，除根据社会公共利益需要收回该幅土地的，应当予以批准。经批准准予续期的，应当重新签订土地使用权出让合同，依照规定支付土地使用权出让金。"土地使用权出让合同约定的使用年限届满，土地使用者未申请续期或者虽申请续期但依照前款规定未获批准的，土地使用权由国家无偿收回。根据该法的规定，非住宅建设用地使用权出让期限届满后，存在两种情况：

第一，当事人提出续期申请。该申请提出的前提条件是当事人提出续期应当至迟于届满前一年提出。该一年的期间保证了土地的充分利用，如果土地使用者没有在该时间提出续期申请，那么出让人可以做好再次出让该土地的准备。该申请提出后，由出让人即土地管理部门审批。一般来说，土地管理部门都应该批准，除非根据社会公共利益需要收回该土地。一经批准，该土地的使用人与土地管理部门重新签订土地使用权出让合同，使用人依照规定支付土地使用权出让金。

第二，国家无偿收回土地使用权。根据上述法律的规定，如果土地使用人未申请续期或未按法定期限申请续期及申请未获政府批准的，该幅土地的使用权由国家无偿收回。此时，即产生该幅土地上的建筑物及其他附着物所有权的归属问题。根据《民法典》规定，此时该土地上的房屋及其他不动产的归属，有约定的遵从约定，没有约定或者约定不明确的，依照法律、行政法规的规定办理。在这里，我们可以看出，对于非住宅建设用地使用权届满后其上建筑物及其他附着物的归属，实行的是当事人意思自治原则，即约定优先。也就是说当事人可以在出让合同中对于这一问题做出约定，该约定有优先于法律适用的效力。如果当事人未在合同中对此问题做出约定，或者做出了约定但不明确，则根据《中华人民共和国城镇国有土地使用权出让和转让暂行条例》第四十条的规定："土地使用权期满，土地使用权及其地上建筑物、其他附着物所有权由国家无偿取得。"另根据该条例第四十二条的规定，如果土地使用人提出申请而出于公共利益的需要政府未予批准的，土地使用权由国家无偿收回，而对于地上建筑物及其附着物，应根据收回时的残余价值给予受让人相应补偿。

§2.8　商品房预售

商品房预售，俗称"卖楼花"、"卖期房"，最早出现于香港。1956 年，香港政府出台了《预售楼花同意书》制度。中国住房制度改革初期，由于房地产开发企业普遍缺少资金，商品房供应量小，国内借鉴香港房地产开发经验，引入了商品房预售制度，并通过 1994 年颁布的《城市房地产管理法》确立下来。同年，建设部根据这一立法发布第 40 号令，在全国开始实施《城市商品房预售管理办法》，对商品房预售条件做出了明确规定，并于 2001 年及 2004 年进行了两次修订。总体而言，中国的商品房预售制度的确立是由中国房地产市场的发展条件所决定的。从本质上看，商品房预售制度是房地产开发企业融资的一种重要手段，能够加快房地产开发项目的资金周转，提高资金的使用效率，从资金的时间价值角度来看，商品房预售制度还能够降低开发资金的使用成本。但由于自身存在的一些缺陷以及执行中监管不到位，造成了大量的购房纠纷、市场风险以及可能随之引发的金融风险，因此商品房预售制度遭遇到了质疑和指责。

1. 商品房预售的概念

商品房预售是指房地产开发企业将正在建设中的房屋预先出售给承购人，由承购人支付定金或房价款的行为。

2. 商品房预售的条件

商品房预售应当符合下列条件：

①已交付全部土地使用权出让金，取得土地使用权证书。

②持有建设工程规划许可证和施工许可证。

③按提供预售的商品房计算，投入开发建设的资金达到开发建设总投资的 25% 以上，并已经确定施工进度和竣工交付日期。

④商品房预售实行许可证制度。开发企业进行商品房预售，应当向城市、县房地产管理部门办理预售登记，取得"商品房预售许可证"。

3. 商品房预售合同

房地产开发企业取得了"商品房预售许可证"后，就可以向社会预售其商品房。商品房预售，开发企业应当与承购人签订书面商品房预售合同。商品房预售合同内容主要有：

①双方的名称、地址，法人组织必须有法定代表人签名或盖章。

②标的，即预售商品的位置、编号。

③数量，预售商品房的数量，面积一般以平方米来计算，并明确是建筑面积还是套内建筑面积或套数。

④价款即房屋的价金，不仅应标明单价，还应标明总价。

⑤交付方式和期限，包括预售款的支付方式、期限，以及房屋的交付方式、期限。

⑥房屋使用性质，明确是住宅用房、办公用房还是商业用房或其他用房。

⑦房屋产权转移的方式、期限。

⑧违约责任。

⑨双方约定的其他条款。

4. 商品房预售程序

房地产开发企业取得商品房预售许可证后，方可按照以下程序进行商品房预售。

①订立预售合同。房地产开发企业预售商品房时，应当向预购人出示"商品房预售许可证"，与预购人订立预售合同。

②预售合同的登记备案和网签。商品房预售人应当在签约之日起 30 日内持商品房预售合同向县级以上人民政府不动产管理部门办理登记备案和网签手续。

③预售款的收取。房地产开发企业根据商品房建设工程的进度，分期收取商品房预售款。但预售合同另有约定的，从其约定。房地产开发企业收取的商品房预售款，应当专项用于所预售的商品房建设。

④办理预售的商品房过户手续。预售的商品房交付使用之日起 90 日内，承购人应当持有关凭证到县级以上人民政府不动产管理部门办理权属登记手续。

在预售期间，当事人就预售合同约定的事项有变更的，如建筑设计变更、建筑面积变更等，应当签订补充合同。补充合同是预售合同的组成部分，办理交易过户手续应当一并向不动产登记管理机构提供。

5. 商品房按揭

按揭是一种担保方式，是指商品房预售合同中的买受人在支付部分购房款后，将其与房屋出卖人签订的《商品房预售合同》中所拥有的对商品房的期待权作为贷款的抵押物抵押给银行，同时，商品房的出卖方作为贷款担保人，如果房屋买受人未能依约定履行还本付息的义务，银行即可取得买受人在《商品房预售合同》中的全部权益，以清偿其对银行的所有欠款。

商品房按揭主要有以下几个步骤：

①购房者同开发商签订纸质预售合同并支付不低于 30%（首套房最低时首付款是20%，现在一般是 30%）首付款。

②购房者向相关金融机构提出申请，提供真实的个人资料。购买期房时，金融机构主要是公积金中心和各商业银行的分理处，并且申请人对金融机构并不具有选择的可能，一般都要向与出卖人有特定业务关系的金融机构申请。

③经办的金融机构对购房者的贷款条件进行审查核实，决定是否发放按揭贷款。

④正式网签，在律师主持下购房者与开发商签订商品房买卖合同并备案。

⑤购房者与金融机构签订按揭贷款合同，购房者如果选择自动划款的方式还款，应当

在银行开立还款账户申领储蓄卡。

　　⑥在律师主持下办理担保、保证或者保险手续。

　　⑦金融机构接受购房者委托，依照其指令将按揭贷款划入出开发商账户。

　　⑧购房者作为按揭人需要按月还贷。

　　⑨还贷全部结束，解除抵押合同和贷款合同。

6. 预售商品房的再转让

　　预售商品房的再转让，是指商品房预购人将购买的未竣工的预售商品房再行转让他人的行为。通俗地说，就是"炒楼花"，会助长投机现象过分膨胀。

　　预售商品房再转让，从合同法角度来看，实际上是权利的转让。权利的转让，只要不违反其他规定，应该是合法有效的。这种情况下，具体分为两种情形：

　　一是在预售商品房购买人支付了全部的价款之后，将该预售商品房再转让给其他人。这种情况下，属于债权的转让，对于债权人，也就是预售商品房购买人来说，只需要将转让这一行为告知房地产开发商即可，无须取得开发商同意。

　　二是在预售商品房购买人支付全部价款之前，将该预售商品房再转让给其他人。这种情况下，由于预售商品房的价款尚未付清，因此，预售商品房购买人的付款义务尚未履行完毕，其转让预售商品房的行为，实际上是属于债权债务的概括转让。在这种情况下，转让行为必须取得开发商的同意，否则不能转让。

　　我国对于预售商品房再转让的态度，经历了一个从有条件地支持到完全支持再到反对的历程。

　　在1994年《城市房地产管理法》颁布之前，我国保护正常的再转让行为，但是对于非法"炒楼花"的行为，持否定态度。1994年《城市房地产管理法》颁布之后，国家完全肯定预售商品房再转让行为。《城市房地产管理法》第四十六条规定："商品房预售的，商品房预购人将购买的未竣工的预售商品房再行转让的问题，由国务院规定。"从这一规定，我们可以看出，国家对预售商品房再转让问题，在《城市房地产管理法》出台之后，开始持肯定的态度。这一态度，也使得房地产开发市场上预售房再转让行为正当化、公开化，大大地刺激了房地产市场的发展。但是，与此同时，大量的炒房行为导致房价被虚抬，大大地增加了房地产市场的泡沫，引起了国家的警惕。

　　2005年4月30日，建设部、发改委、财政部、国土资源部、人民银行、税务总局及银监会联合发出了《关于做好稳定住房价格工作的意见》(以下简称《意见》)，经国务院办公厅国办发【2005】26号文件转发给各省、市、自治区政府执行。该"意见"第七条规定："根据《中华人民共和国城市房地产管理法》的有关规定，国务院决定，禁止商品房预购人将购买的未竣工的预售商品房再行转让。在预售商品房竣工交付、预购人取得房屋所有权证之前，房地产主管部门不得为其办理转让手续；房屋所有权申请人与登记备案的预售合同载明的预购人不一致的，房屋权属登记机关不得为其办理房屋权属登记手续。"该意见明确反对预售商品房再转让行为，禁止房地产主管部门办理相关手续。国家的这一规定的出台，与房地产市场投机行为过分膨胀有着非常紧密的联系。正是因为允许预售商品房再转让，从而导致投机行为过分膨胀，导致房地产市场过热，房价虚高，六部委才会发出上述通知，经国务院转发各省、市、自治区政府执行。

由此，我们可以看出国家目前对预售商品房再转让行为的态度是否定的。

§2.9 商品房现房出售

1. 商品房现房出售的概念

商品房现房出售，是指房地产开发企业将竣工验收合格的商品房出售给买受人，并由买受人支付房价款的行为。

2. 商品房现房出售的条件

商品房现售，应当符合以下条件：

①现售商品房的房地产开发企业应当具有企业法人营业执照和房地产开发企业资质证书；

②取得土地使用权证书或者使用土地的批准文件；

③持有建设工程规划许可证和施工许可证；

④已通过竣工验收；

⑤拆迁安置已经落实；

⑥供水、供电、供热、燃气、通信等配套基础设施具备交付使用条件，其他配套基础设施和公共设施具备交付使用条件或者已确定施工进度和交付日期；

⑦物业管理方案已经落实。

3. 商品房现房出售的合同

根据《城市房地产管理法》、国务院颁布的《城市房地产开发经营管理条例》及建设部颁布的《商品房销售管理办法》的规定，商品房销售时，房地产开发企业和买受人应当订立书面买卖合同。

（1）商品房买卖合同应当明确的主要内容

①当事人名称或者姓名和住所；

②商品房基本状况；

③商品房的销售方式；

④商品房价款的确定方式及总价款、付款方式、付款时间；

⑤交付使用条件及日期；

⑥装饰、设备标准承诺；

⑦供水、供电、供热、燃气、通信、道路、绿化等配套基础设施和公共设施的交付承诺和有关权益、责任；

⑧公共配套建筑的产权归属；

⑨面积差异的处理方式；

⑩办理产权登记有关事宜；

⑪解决争议的方法；

⑫违约责任；

⑬双方约定的其他事项。

（2）计价方式

商品房销售可以按套(单元)计价,也可以按套内建筑面积或者建筑面积计价。目前基本采用的都是按建筑面积计价,按建筑面积计价的焦点是共有分摊面积部分,共有分摊面积也是纠纷的主要原因。按套(单元)计价,没有定量指标,不太合理,也无法登记确权发证。按套内建筑面积计价,不失为一种好的方法,对购房人来说可以明明白白消费,对开发商而言,也可以规避《商品房销售管理条例》中,测量误差超过3%对房地产开发商处罚的规定。按套内建筑面积计价的,商品房买卖合同中应当注明建筑面积和分摊的共有建筑面积。

§2.10 商品房预购中定金的有关问题

现在很多房地产开发公司为了缓解资金压力、筹集资金,实行商品房提前认购制。开发商与买受人签订房屋买卖合同前,签订商品房认购书,买受人向其交付一定数额的认购定金,作为开发商与准买受人之间确认准买受人在将来可确定时间与开发商洽谈购房合同的约定。通过商品房认购书,确定买卖双方有洽谈购房合同的权利义务。准买受人如果不在约定时间与开发商洽谈购房合同,开发商有权解除商品房认购书,将预订的房屋转旨他人。

按照民法理论合同可分为本约和预约。预约是指当事人双方约定将来订立一定合同的合同,将来应当订立的合同称为"本约",而约定订立本约的合同,称为"预约"。在预约中本合同在预约成立时尚未成立,预约合同的成立和生效,仅仅只是使当事人负有将来要订立本合同义务,两者之间具有不同的性质和法律效力。预约合同当事人的义务是订立本合同。商品房预售认购书属于典型的预约,是独立的合同。

认购书既然是独立的合同,那么购房人签订认购书后,认购书是否具有法律效力?

《最高人民法院关于审理预售商品房买卖合同纠纷案件适用法律若干问题的解释》:商品房的认购、订购、预订等协议具备《商品房销售管理办法》第十六条规定的商品房买卖合同的主要内容,并且出卖人已经按照约定收受购房款的,该协议应当认定为商品房买卖合同。可见法律规定,如果认购协议内容尚不包括预售买卖合同主要内容,认购书只能约束双方在约定时间内就订立买卖合同尽诚信义务磋商,而难以约束其必须订立买卖合同,不具有法律效力。如果认购书内容具备《商品房销售管理办法》第十六条规定的买卖合同主要内容,且已按约收受购房款,此认购书应直接认定为买卖合同,具有法律约束力。双方需要按认购书中主要内容履行,如不履行则需承担违约责任。

所以在签订商品房认购书时,不但要明确买卖合同的主要内容,约定好房屋的标的、价格、结构、朝向、质量、交付使用时间、办理房产证的期限,还要约定定金的性质和具体数额。最重要的是约定好定金退还的条件和情形,等等。

《最高人民法院关于审理商品房买卖合同纠纷案件适用法律若干问题的解释》第四条规定:"出卖人通过认购、订购、预订等方式向买受人收受定金作为订立商品房买卖合同担保的,如果因当事人一方原因未能订立商品房买卖合同,应当按照法律关于定金的规定处理。因不可归责于当事人双方的事由,导致商品房买卖合同未能订立的,出卖人应当将定金返还买受人。"根据当事人的约定和法律关于定金的规定，在因当事人一方违反认购书约定，导致商品房买卖合同未能订立的，按照定金罚则承担责任，即交付定金的当事人一方违约的，丧失取回定金的权利，收取定金的当事人一方违约的，应双倍返还对方当事人定金。

实践中，商品房认购书中对于认购人缴纳的款项称呼很多，有"订金"、有"预定金"、有"押金"、有"房号保留金"等，这就涉及定金的识别问题。其中，由于"订金"与"定金"的一字之差，在实践中却引起了很多纠纷，有很多购房者把订金当成定金，最后无法维权。"订金"和"定金"在法律性质上有着天壤之别。订金不是一个规范的概念，法律上仅作为一种预付款的性质，是预付款的一部分，是当事人的一种支付手段，不具有担保性质。合同履行的订金只能抵充房款，不履行也只能如数返还。《最高人民法院关于适用〈中华人民共和国担保法〉若干问题的解释》第一百一十八条规定："当事人交付留置金、担保金、保证金、订约金、押金或者订金等，但没有约定定金性质的，当事人主张定金权利的，法院不予支持"。

§2.11 房地产交易违约责任中"三金"的适用关系

《民法典》规定，当事人一方不履行合同义务或者履行合同义务不符合约定的，应当承担违约责任的方式有继续履行、采取补救措施、定金、违约金和损害赔偿等。违约责任的金钱补偿方式则是定金、违约金和损害赔偿金，俗称"三金"。

1. "三金"的定义

①定金：是指经合同当事人约定，为确保合同的履行，由合同一方当事人在合同订立或履行之前支付一定数额的金钱。定金罚则是一种惩罚项规定，目的在于督促当事人正确、积极地行使权力。

②违约金：是指经合同当事人预先约定的，在合同一方当事人不履行合同时给付另一方一定数额的金钱。违约金主要具有补偿性特征，同时兼具惩罚性。

③损害赔偿金：是指合同一方当事人因不履行或不完全履行合同义务而给对方当事人造成损失时，按照法律和合同的规定所应承担的损害赔偿责任。损害赔偿原则上仅具有补偿性，而不具有惩罚性。

2. 定金、违约金与损害赔偿金的关系

（1）违约金与损害赔偿金的关系

合同中约定的违约金应视为对损害赔偿金额的预先确定，功能上二者都具有补偿性，因而违约金与约定损害赔偿是不可以并存使用的。违约金的运用并不以实际损害发生为要件，但最终违约金金额大小的确定与实际损失额密切相关。

①《民法典》规定："约定的违约金低于造成的损失的，当事人可以请求人民法院或者仲裁机构予以增加；约定的违约金过分高于造成的损失的，当事人可以请求人民法院或者仲裁机构予以适当减少。"

②《最高人民法院关于适用〈中华人民共和国合同法〉若干问题的解释（二）》第二十八条的规定："当事人依照合同法第一百一十四条第二款的规定，请求人民法院增加违约金

的，增加后的违约金数额以不超过实际损失额为限。增加违约金以后，当事人又请求对方赔偿损失的，人民法院不予支持。"

对违约金和法定损害赔偿的适用关系可以概括为：原则上不并存；就高不就低；优先使用违约金责任条款。

（2）违约金与定金的适用关系

由于我国的定金在性质上属违约定金，具有预付违约金的性质，因此它与违约金在目的、性质、功能等方面相同，都具有惩罚性，两者是不可并罚的。违约金的运用并不以实际损害发生为前提，不管是否发生了损害，当事人都应当支付违约金。

《民法典》规定："当事人既约定违约金，又约定定金的，一方违约时，对方可以选择适用违约金或者定金条款。"

（3）定金与损害赔偿金的适用关系

定金与损害赔偿金功能上互补，一个是惩罚性，一个是补偿性，因此可以并用。定金不以实际损害的发生为前提，因而是独立于损害赔偿责任的。

根据《最高人民法院关于审理买卖合同纠纷案件适用法律问题的解释》第二十八条规定："买卖合同约定的定金不足以弥补一方违约造成的损失，对方请求赔偿超过定金部分的损失的，人民法院可以并处，但定金和损失赔偿的数额总和不应高于因违约造成的损失。这表明在定金责任与损害赔偿责任并用时不能超过因违约造成的损失。"

◎ 思考与练习题

一、单选题

1. 不动产权属登记制度是现代(　　　)理论中的一项重要制度。
   A. 物权　　　　　　B. 债权　　　　　　C. 民法　　　　　　D. 合同法

2. (　　　)是权属登记管理的根本目的和出发点。
   A. 保护房地产权利人的合法权益　　　　B. 收取登记费
   C. 行使房管权力　　　　　　　　　　D. 保护房管部门的合法权益

3. 物的二元化分为(　　　)。
   A. 有形物和无形物　　　　　　　　　B. 动产和不动产
   C. 国有物、集体物　　　　　　　　　D. 私有物

4. 房屋所有权与该房屋所占用的土地使用权实行权利主体(　　　)的原则。
   A. 一致　　　　　　B. 不一致　　　　　C. 相分离　　　　　D. 相排斥

5. 不动产物权的设立、变更、转让和消灭，应当依照法律规定办理(　　　)。
   A. 交付　　　　　　B. 登记　　　　　　C. 转移　　　　　　D. 签订合同

6. 可以依法不登记的是(　　　)。
   A. 集体所有的自然资源　　　　　　　B. 国家所有的自然资源
   C. 所有的自然资源　　　　　　　　　D. 国家所有的房屋建筑物

7. 管理不动产登记簿的部门是(　　　)。
   A. 房地产管理局　　　　　　　　　　B. 不动产的所有者
   C. 不动产登记机关　　　　　　　　　D. 不动产销售单位

8. 当事人之间订立有关设立、变更、转让和消灭不动产物权的合同，除法律另有规定或者合同另有约定外，自(　　)时生效。
　　A. 不动产交付　　　　　　　　　　B. 办理不动产登记
　　C. 合同成立　　　　　　　　　　　D. 合同签订

9. 权利人、利害关系人认为不动产登记簿记载的事项错误的，可以申请(　　)。
　　A. 重新登记　　　B. 更正登记　　　C. 变更登记　　　D. 异议登记

10. 房屋权利人法定名称改变或者房屋现状、用途变更时，应申请房屋(　　)登记。
　　A. 他项权利　　　B、转移　　　C. 所有权初始　　　D. 变更

11. 不动产权属登记的托伦斯模式的最先设计国家是(　　)
　　A. 德国　　　B. 法国　　　C. 日本　　　D. 澳大利亚

12. 通过不动产权属登记建立产籍资料，为房地产的规划、税收提供依据，属于不动产权属登记的是(　　)。
　　A. 产权确认功能　　　　　　　　　B. 管理功能
　　C. 公示功能　　　　　　　　　　　D. 保障功能

13. 被称为德国登记制的房地产权属产权登记制度的是(　　)。
　　A. 契据登记制　　　　　　　　　　B. 要件登记制
　　C. 权利登记制　　　　　　　　　　D. 托伦斯登记制

14. 不动产权属登记的法国登记制是(　　)。
　　A. 契据登记制　　　　　　　　　　B. 产权登记制
　　C. 权利登记制　　　　　　　　　　D. 托伦斯登记制

15.《物权法》规定，当事人签订买卖房屋或者其他不动产物权的协议，为保障将来实现物权，按照约定可以向登记机构申请预告登记。预告登记后，债权消灭或者自能够进行不动产登记之日起(　　)内未申请登记的，预告登记失效。
　　A. 1 个月　　　B. 90 天　　　C. 45 天　　　D. 60 天

16. 因人民法院、仲裁委员会的法律文书或者人民政府的征收决定等，导致物权设立、变更、转让或者消灭的，自(　　)产生效力。
　　A. 持法律文书或者人民政府的征收决定等办理时
　　B. 法律文书或者人民政府的征收决定等决定时
　　C. 法律文书或者人民政府的征收决定等做出时
　　D. 法律文书或者人民政府的征收决定等生效时

17. 登记机构予以异议登记的，申请人在异议登记之日起(　　)日内不起诉，异议登记失效。
　　A. 10　　　B. 15　　　C. 30　　　D. 45

18. 商品房预售人应当在签约之日起(　　)日内持商品房预售合同到县级以上人民政府不动产管理部门办理登记备案手续。
　　A. 10　　　B. 15　　　C. 30　　　D. 60

19. 国有土地范围内成套住房，以(　　)为基本单元进行登记。
　　A. 栋　　　B. 单元　　　C. 楼层　　　D. 套

20. 农村和城市郊区的土地，一般不属于农民集体所有的是(　　)。

　　A. 宅基地　　　　　B. 自留山　　　　　C. 荒地　　　　　D. 自留地

二、多选题

1. 国家依法进行登记的土地权利有(　　)。

　　A. 国有土地所有权　　　　B. 国有土地使用权

　　C. 集体土地所有权　　　　D. 集体土地使用权　　　　E. 土地他项权利

2. 某承包商为了获得银行的贷款，将自己在建的房屋进行了抵押。银行对房屋的这种物权属于(　　)。

　　A. 他物权　　　　　　B. 用益物权　　　　　C. 担保物权

　　D. 地役权　　　　　　E. 自物权

3. 民法上所谓担保物权主要包括(　　)。

　　A. 抵押权　　　　　　B. 定金　　　　　　C. 留置权

　　D. 质权　　　　　　　E. 保证权

4. 物权法中的物权包括(　　)。

　　A. 所有权　　　B. 担保物权　　C. 用益物权　　D. 债权　　E. 国有权

5. 以划拨方式取得的土地使用权(　　)

　　A. 均有期限限制　　　　　　　　B. 一般没有期限限制

　　C. 原则上不允许进入房地产市场　　D. 具有有偿属性

6. 土地的社会主义公有制包括(　　)。

　　A. 全民所有制　　　　　　　　B. 社会主义制

　　C. 劳动群众集体所有制　　　　D. 初级阶段公有制

　　E. 高级阶段公有制

7. 下列关于土地使用权的出让最高年限，说法正确的是(　　)。

　　A. 居住用地 70 年

　　B. 教育、科技、文化卫生、体育用地 50 年

　　C. 商业、旅游、娱乐用地 40 年

　　D. 商业、旅游、娱乐用地 50 年

　　E. 工业用地 50 年

8. 下列关于中国现行土地所有制的说法，正确的是(　　)。

　　A. 全部土地都为社会主义公有制

　　B. 大部分土地都为社会主义公有制

　　C. 土地的社会主义公有制分为全民所有制和劳动群众集体所有制两种

　　D. 国有土地，其所有权由国家代表全体人民行使

　　E. 国有土地，其所有权由农民集体行使

9. 下列关于国家实行土地登记制度，说法正确的是(　　)。

　　A. 县级以上人民政府对所管辖的土地进行登记造册

　　B. 乡级以上人民政府对所管辖的土地进行登记造册

　　C. 依法登记的土地所有权和使用权受法律保护

　　D. 未经依法登记的土地所有权和使用权也受法律保护

　　E. 任何单位和个人不得侵犯依法登记的土地所有权和使用权

10. 国有土地的范围包括(　　　)。

　　A. 城市市区的土地

　　B. 国家依法征收的土地

　　C. 农村和城市郊区已经依法没收、征收、征购为国有的土地

　　D. 乡(镇)农民集体土地

　　E. 农村集体经济组织全部成员转为城镇居民的,原属于其成员集体所有的土地

三、论述题

　　1. 世界各国不动产权属登记制度有哪几类?这几类登记制度的特点。

　　2. 我国大陆、香港特别行政区、澳门特别行政区、台湾省不动产登记制度的区别。大陆不动产登记制度的特点。

　　3. 我国不动产登记的种类。

　　4. 物权定义及物权结构的关系。

　　5. 不动产产权产籍及其管理的具体内容。

　　6. 建筑物区分所有权的定义。住宅小区物业区分所有关系。

　　7. 论述住宅用地使用权期限与其他用地使用期限的区别。

　　8. 论述"炒楼花"与"卖楼花"区别。

　　9. 商品房预售、现房销售。商品房预售的条件有哪些?

　　10. 认购书的法律效力是什么?

　　11. 论述定金定义及房地产交易违约责任中"三金"的适用关系。

第3章 测量基础

§3.1 绪 论

本节主要讲述测量的定义、测量的总体原则、测量系统、地球的形状、地球曲率对测量工作的影响以及测量工作中的基本要素。

3.1.1 测量学简介

1. 测量学的概念

测量学是研究地球的形状和大小，确定地球表面各种物体的形状、大小和空间位置的科学。

测量学将地表物体分为地物和地貌。

①地物：地面上天然或人工形成的物体，它包括平原、湖泊、河流、海洋、房屋、道路、桥梁等；

②地貌：地表高低起伏的形态，它包括山地、丘陵和平原等。

地物和地貌总称为地形。

2. 测量学的任务

测量学的任务是测定和放样。

①测定：使用测量仪器和工具，通过测量和计算将地物和地貌的位置按一定比例尺、规定的符号缩小绘制成地形图，供科学研究和工程建设规划设计使用。

②放样：将地形图上设计出的建筑物、构筑物的位置在实地标定出来，作为施工的依据。

3. 测量的总体原则

测量的总体原则是"先控制，后碎部，先整体后局部"。

如图 3-1(a)所示，测区内有山丘、房屋、河流、小桥、公路等，测绘地形图的过程是先测量出这些地物、地貌特征点的坐标，然后按一定的比例尺、规定的符号缩小展绘在图纸上即为测定。例如要在图纸上绘出一栋房屋，就需要在这栋房屋附近、与房屋通视且坐标已知的点(如图中的 A 点)上安置测量仪器，选择另一个坐标已知的点(如图中的 F 点或 B 点)作为定向方向，才能测量出这栋房屋角点的坐标。

地物、地貌的特征点又称碎部点，测量碎部点坐标的方法与过程称为碎部测量。

图 3-1(a)中，在 A 点安置测量仪器还可以测绘出西面的河流、小桥，北面的山丘，但山北面的工厂区就看不见了。还需要在山北面布置一些点，如图中的 C、D、E 点，这些点的坐标应事先测绘出来。

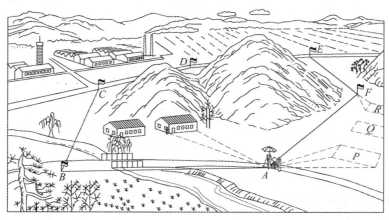

(a)测区透视图

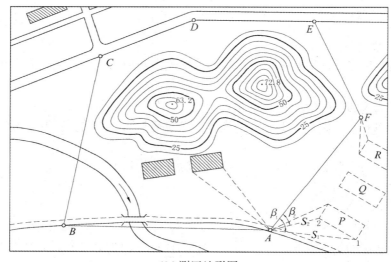

(b)测区地形图

图 3-1　测区透视图和地形图

可见,要测绘地形图,首先要在测区内均匀布置一些点,并测量计算出它们的 x、y、H 三维坐标。测量上将这些点称为控制点,测量与计算控制点坐标的方法与过程称为控制测量。

设图 3-1(b)是图 3-1(a)已经测绘出来的地形图。根据需要,设计人员已经在图纸上设计出了 P、Q、R 三栋建筑物,用极坐标法将它们的位置标定到实地即为放样。

3.1.2　地球的形状和大小

由于测量工作是在地球自然表面上进行的,而地球自然表面的形状非常复杂,有高山、丘陵、平原、河谷、湖泊及海洋。世界上最高的山峰珠穆朗玛峰高达 8 844.43m,而太平洋西部的马里亚纳海沟则深达 11 022m。地球的自然表面为地球面,地球面包围的形体称地球体,如图 3-2 所示。

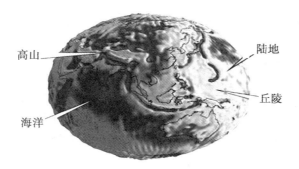

图 3-2　地球体

　　地球表面上任一点都受到地球引力和离心力的合力作用，地球引力与离心力的合力称为重力，其方向线称为铅垂线，如图 3-3 所示。假设一个静止的海水面向大陆延伸所形成的一个封闭的曲面，这个静止的海平面称为水准面。水准面有无穷多个，其中与平均海水面重合的一个水准面称为大地水准面，大地水准面是唯一的。重力铅垂线为测量的基准线，大地水准面为测量的基准面。大地水准面向大陆内部延伸所包围的形体叫做大地体，如图 3-4 所示。

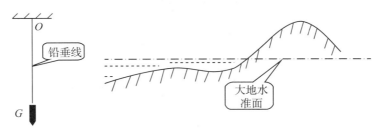

图 3-3　测量的基准线和基准面——铅垂线和大地水准面

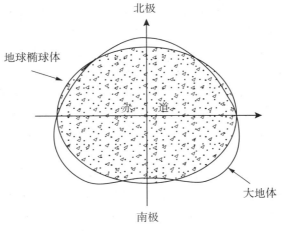

图 3-4　大地体和地球椭球体

　　由于地球内部物质分布的不均匀性，使得地面上各点铅垂线方向产生不规则的变化，所以大地水准面是有微小起伏、不规则、很难用数学方程式表示的复杂曲面，如图 3-4 所示。如果将地球表面上的物体投影到这个复杂表面上，各种测量数据的处理和成图是极其困难的，甚至是无法实现的。

　　因此，选择一个与大地水准面非常接近的能用数学方程表示的椭球面作为投影的基准面，这个椭球面是由长半径为 a，短半径为 b 的椭球 NESW 绕其短轴 NS 旋转而成的参考椭球面，如图 3-5 所示。参考椭球面为地球的计算表面，参考椭球面包围的形体称地球椭球体，如图 3-4 所示。其中与大地体最接近的地球椭球体称之为总椭球体，局部与大地体密合最好的地球椭球体称之为参考椭球体。参考椭球体是一个数学曲面，用 a 表示椭球体的长半轴，b 表示短半轴，则参考椭球体的扁率 f 为：

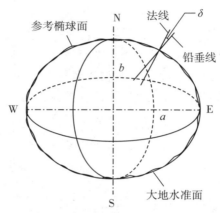

图 3-5　测量计算的基准线和基准面——法线和参考椭球面

$$f = \frac{a - b}{a} \tag{3-1}$$

　　中华人民共和国成立以后，我国大地测量进入了全面发展时期，在全国范围内开展全面的大地测量和测图工作，迫切需要建立一个大地坐标系。我国采用克拉索夫斯基椭球，并与苏联 1942 年坐标系进行联测，通过计算建立了我国大地坐标系，定名为 1954 年北京坐标系。因此，1954 年北京坐标系可以认为是苏联 1942 年坐标系的延伸。它的原点不在北京而是在苏联的普尔科沃。但由于克拉索夫斯基椭球参数同 1975 年国际第三推荐值相比，其长半轴相差 105m，因而 1978 年我国根据自己实测的天文大地资料推算出适合本地区的参考椭球参数，从而建立了 1980 年西安坐标系，参考椭球为 IUGG1975 椭球，并将大地原点设于陕西省泾阳县永乐镇。1954 年北京坐标系和 1980 年西安坐标系均为参心坐标系，原点位于参考椭球的中心。

　　WGS-84 坐标系其参考椭球为 IUGG1979 椭球，WGS-84 坐标系是全球 GPS 测量所使用，是国际上采用的地心坐标系，坐标原点为地球质心，其地心空间直角坐标系的 Z 轴指向国际时间局（BIH）1984.0 定义的协议地极（CTP）方向，X 轴指向 BIH1984.0 的协议子午面和 CTP 赤道的交点，Y 轴与 Z 轴、X 轴垂直构成右手坐标系，称为 1984 年世界大地坐标系。

2000 国家大地坐标系是全球地心坐标系在我国的具体体现，其原点为包括海洋和大气的整个地球的质量中心。2018 年 7 月 1 日后新生产的各类测绘成果应采用 2000 国家大地坐标系。

我国采用的三个参考椭球体及 GPS 测量使用的参考椭球元素值见表 3-1。

表 3-1　　　　　　　　　　　　　　　参考椭球元素值

序	参考椭球名	坐标系名称	a(m)	f
1	克拉索夫斯基椭球	1954 北京坐标系	6 378 245	1：298.3
2	IUGG1975 椭球	1980 西安坐标系	6 378 140	1：298.257
3	IUGG1979 椭球	WGS-84 坐标系（GPS 用）	6 378 137	1：298.257 223 563
4	IUGG1979 椭球	2000 国家大地坐标系（CGCS2000）	6 378 137	1：298.257 222 101

3.1.3　测量系统

1. 平面直角坐标系统

平面直角坐标系统是指确定地面点的平面位置所采用的一种坐标系统。大地坐标系统是建立在椭球面上的，而绘制的地图则是在平面上的，因此，必须通过地图投影把椭球面上的点的大地坐标科学地转换成展绘在平面上的平面坐标。把地球表面上的测量点位展绘在平面上必然存在变形，为了减少变形，需要寻找一种合适的投影方法，将地球椭球体面按一定的经度差分成若干投影带进行分带投影。我国采用的是高斯-克吕格正形投影，简称高斯投影，属于等角投影，存在距离变形。

（1）高斯平面直角坐标系

高斯投影是德国数学家、物理学家、天文学家高斯在 1820—1830 年间，为解决德国汉诺威地区大地测量投影问题而提出的一种投影方法，使用高斯投影的国家主要有德国、中国与苏联。高斯投影是将地球按经线划分成带，称投影带，投影时，设想用一个空心椭圆柱横套在参考椭球外面，使椭圆柱与某一子午线相切，相切的子午线为中央子午线，将中央子午线左右一定经差范围内的椭球面按等角投影的原理投影到圆柱体面上，将圆柱体沿过南北极的母线切开，展开成平面，并在该平面上定义平面直角坐标系，如图 3-6 所示。

高斯投影根据投影的经度范围与中央子午线的位置不同可分为统一 6°或统一 3°带高斯投影。

投影带从首子午线起，每隔经度 6°划分为一带（称统一 6°带），自西向东将整个地球划分为 60 个带，带号 N 从首子午线开始，用阿拉伯数字表示，位于各带中央的子午线称本带中央子午线。

3°带是在 6°带的基础上划分的，经差 3°为一带，其中央子午线在奇数带时与 6°带中央子午线重合，全球共分 120 带，如图 3-7 所示。

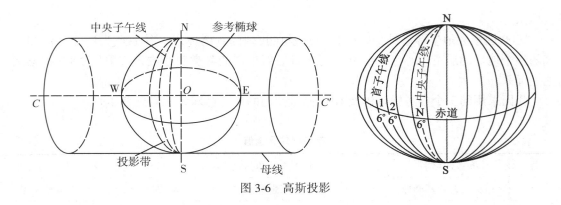

图 3-6　高斯投影

在图 3-6 中，无论是 6° 或 3° 投影带，不同投影带中同一位置的坐标出现相等的可能。为了区分同一位置在不同投影带中的坐标，测量上通常在 y 坐标前加上带号。例如，已知 A 点在 6° 带的高斯坐标为 $x_A = 112\ 240$m，$y_A = 19\ 343\ 800$m，则 y_A 坐标中"19"即为带号，该带所在的中央子午线为：将带号代入公式 $(n-1) \times 6° + 3°$，则 A 点所在 6° 带的带号为 19 带，中央子午线的经度为 111°。

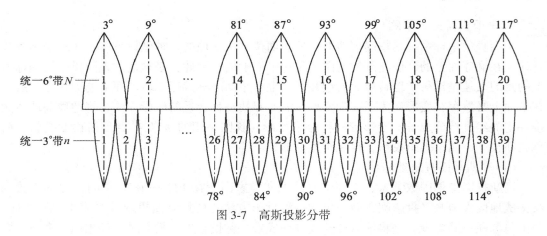

图 3-7　高斯投影分带

高斯投影是等角投影，球面上的角度投影到横椭圆柱面上后保持不变，而距离将变长。只有中央子午线投影后距离不变。中央子午线为 x 轴，赤道为 y 轴，以此建立的直角坐标系称为高斯平面直角坐标系，如图 3-8(a) 所示。

测量坐标系与数学上的笛卡儿坐标系相反，笛卡儿坐标系横轴为 X 轴，纵轴为 Y 轴，角度从横轴起逆时针计算，而测量坐标系纵轴为 X 轴，横轴为 Y 轴，坐标计算时角度从纵轴 X 起顺时针计算。这样做的原因是数学上的三角函数公式都可以在测量计算中直接应用。

我国位于北半球，x 坐标值恒为正，y 坐标值则有正有负，统一 6° 投影最大的 y 坐标负值约为 −334km。为保证 y 坐标恒为正，我国统一规定将每带的坐标原点向西移 500km，即给每个点的 y 坐标值加 500km，如图 3-8(b) 所示。

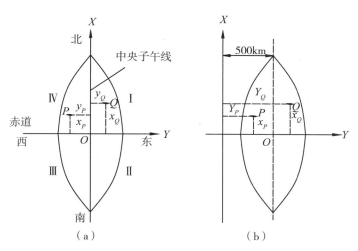

图 3-8 高斯平面直角坐标系

高斯投影距离变形的规律是，离中央子午线越远，距离变形越大，减小变形的方法之一是缩小投影带的带宽-经差。

（2）城市独立坐标系

《城市测量规范》规定：长度变形值大于 2.5cm/km（1/40 000），可采用高斯正形投影任意带的平面直角坐标系统。如图 3-9 所示：江门市中心的经度为东经 113°01′，位于统一 3°带的 38 号带（中央子午线经度为 114°）中央子午线以西 98km，长度变形为1/8 329，大于1/40 000。根据《城市测量规范》，选择过江门市中心的子午线为中央子午线进行高斯投影，建立江门市城市独立坐标系，江门市区最边缘距离中央子午线 23km，长度变形值为1/150 000<1/40 000。又如，上海市地区并不位于统一的高斯投影 6°带或 3°带的中央子午线附近，地区边缘的投影长度变形超过 2.5cm/km。因此，以过市中心区国际饭店楼顶的旗杆中心的子午线作为城市坐标系的中央子午线。

珠海市沿用两套城市坐标系，即 83 坐标系和 90 新坐标系，相对应的原点分别在板樟山顶和白藤头（城市东西部中间）。

广州市：原点坐落在城区传统中轴的广州市政府前的人民公园南广场，广州主要建筑物、名胜古迹等都可据此标出方位及与原点的距离。

中山市：原点位于中山市中山纪念堂正中轴线上，其设计中除了以地理原点的概念传达南北方位、海拔、经纬度等，还标志出该点到 12 个与中山市关系密切的世界城市的直线距离。

（3）假定平面直角坐标系

《城市测量规范》规定：面积小于 25km² 的城镇，可用切平面代替球面，在测区内不经投影采用假定平面直角坐标系在平面上直接进行计算。由测绘人员自行选定坐标原点，坐标系的原点应选在测区第一象限以使测区内点的 x，y 坐标均为正值，以测区内概略北方向为 x 轴方向，将测区内任意点 p 沿铅垂线投影到切平面上得 p' 点，通过测量，计算出 p' 坐标 x，y 就是 p 点在假定平面直角坐标系中的坐标，如图 3-13 所示。

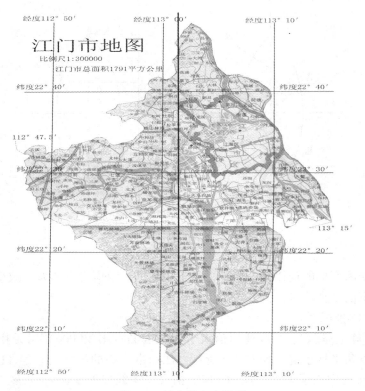

图 3-9　城市独立坐标系

2. 高程系统

1）高程的定义

如图 3-10 所示，地面点沿铅垂线到大地水准面的距离称该点的绝对高程或海拔，简称高程，通常用加点名作下标表示，如 H_A、H_B，高程系是一维坐标系，基准是大地水准面。因海水面受潮汐、风浪等影响，它的高低时刻在变化，在海边设立验潮站，进行长期观测，求得海水面的平均高度作为高程零点，以通过该点的大地水准面为高程基准面，也即大地水准面上的高程恒为零。

2）国家高程系统

我国有两个国家高程系统，分别是 1956 年黄海高程系和 1985 国家高程基准。

（1）1956 年黄海高程系

以青岛大港验潮站 1950—1956 年 7 年的潮汐记录资料推算出的黄海平均海水面为大地水准面。于 1954 年在青岛市观象山建立了水准原点，通过水准测量的方法将验潮站确定的高程零点引测到水准原点，求出水准原点的高程为 72.289m，以这个大地水准面为高程基准建立的高程系统称为"1956 年黄海高程系"，简称"56 黄海系"，如图 3-11 所示。

（2）1985 国家高程基准

20 世纪 80 年代，我国又采用青岛验潮站 1953—1977 年 25 年的潮汐记录资料推算出

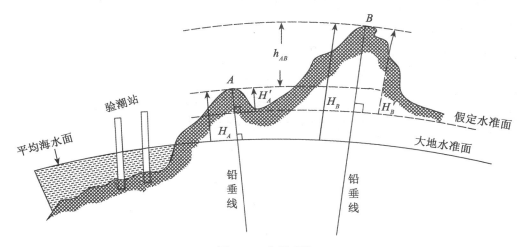

图 3-10 高程系统

新的大地水准面。新的大地水准面比 56 黄海系使用的大地水准面高出 0.029m。以新的大地水准面为基准引测出水准原点的高程为 72.260m，以这个大地水准面为高程基准建立的高程系称为"1985 国家高程基准"，简称"85 高程基准"。

2005 年 10 月 9 日发布的珠穆朗玛峰峰顶海拔高程为 8844.43m，是 85 高程基准。

图 3-12 为我国青岛观象山上的国家水准原点所在地。

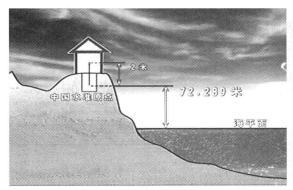

图 3-11 1956 年黄海高程系

图 3-12 国家水准原点所在地

3.1.4 地球曲率对测量工作的影响

当测区范围较小时，可以将大地水准面近似地当作水平面来看待。

本节讨论将大地水准面近似当作水平面看待时，对水平距离和高程的影响。

1. 对水平距离的影响

如图 3-13 所示，$\Delta D = D' - D = R(\tan\theta - \theta)$

式中，θ 为弧长 D 所对的圆心角，以弧度为单位；R 为地球的平均曲率半径。

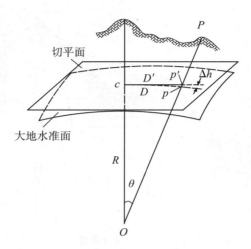

图 3-13 水平面代替水准面

推导可得：

$$\frac{\Delta D}{D} = \frac{D^2}{3R^2}$$

若取地球半径 $R=6\ 371\text{km}$，并代入不同 D 值，可计算出水平面代替水准面时所产生的距离误差和相对误差，见表 3-2。

表 3-2   水平面代替水准面对距离的影响

距离 D/km	距离误差 D/cm	相对误差
1	0.00	—
5	0.10	1 : 5 000 000
10	0.82	1 : 1 217 700
15	2.77	1 : 541 516

从表 3-2 可见，当距离为 10km 时，以水平面代替水准面所产生的距离误差为 0.82cm，相对误差为 1 : 1 217 700。这样小的误差，在地面上进行精密测距时是可以满足要求的。

所以在直径为 10km 范围内，以水平面代替水准面所产生的距离误差可忽略不计。

2. 对水平角度的影响

从球面三角可知，球面上三角形内角之和比平面上相应三角形内角之和多出一个球面角超。其值可用多边形面积求得，即

$$\varepsilon = \frac{P}{R^2}\rho'' \tag{3-2}$$

式中，ε 为球面角超；P 为球面多边形面积，ρ'' 为 206 265''；R 为地球半径。以球面上不同面积代入式(3-2)，求出的球面角超列入表 3-3。

表 3-3　　　　　　　　　　　水平面代替水准面对角度的影响

球体面积/km²	$\varepsilon/('')$	球体面积/km²	$\varepsilon/('')$
10	0.05	100	0.51
50	0.25	500	2.54

计算结果表明，当测区范围在 100km² 时，用水平面代替水准面时，对角度影响仅 0.51''，在普通测量工作中是可以忽略不计的。

3. 对高程的影响

由图 3-13 可见，$P'P$ 为水平面代替水准面对高程产生的误差，令其为 Δh，也称为地球曲率对高程的影响。

$$(R + \Delta h)^2 = R^2 + D'^2$$

$$2R\Delta h + \Delta h^2 = D'^2$$

$$\Delta h = \frac{D'^2}{2R + \Delta h}$$

在上式中，用 D 代替 D'，而 Δh 相对于 $2R$ 很小，可略去不计，则

$$\Delta h = \frac{D^2}{2R} \tag{3-3}$$

若以不同的距离 D 代入式(3-3)，则可得相应的高程误差，见表 3-4。

表 3-4　　　　　　　　　　　水平面代替水准面的高程误差

D/m	10	50	100	200	500	1 000
$\Delta h/mm$	0.0	0.2	0.8	3.1	19.6	78.5

从表 3-4 可见，用水平面代替水准面，在距离为 200m 时，对高程影响就有 3.1mm，所以地球曲率对高程影响很大。在高程测量中，即使距离很短也应顾及地球曲率的影响。

3.1.5　测绘工作的几个基本要素

测量工作的基本任务是测定地面点的位置，即地面点的平面坐标$(x，y)$和高程 H。点的坐标值都是通过测量计算而来的。常规测量中，为了推算某一未知点的坐标值通常需要提供两个已知量(一个已知测站点的三维坐标和一个后视点的二维坐标(或已知边的后视坐标方位角))，观测三个测量值(测量待测边与已知边之间的水平角 β，已知点与待测点之间的斜距 S 和竖直角 θ)，进而计算出四个未知量(未知边坐标方位角 α 和未知点坐标$(x，y，H)$)。

1. 两个已知起算量(测站点三维坐标，后视点二维坐标(或后视方位角))

如图 3-14 所示，A，B，C 为地表上的 3 个点。欲求未知 C 点的坐标(x_C，y_C，H_C)，需要在 B 点安置仪器，以某一点 A 为后视，观测三个测量值——测出未知边 BC 与已知边 BA 之间的水平角 β，未知边 BC 点间的斜距 S 和竖直角 θ。

为此，欲求未知点 C 的坐标，必须先知道两个起算量——已知测站点 B 的坐标(x_B，y_B，H_B)和已知后视点 A 的坐标(x_A，y_A)(或 BA 边的坐标方位角 α_{BA})。

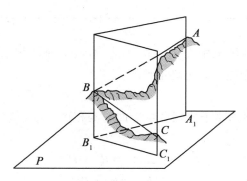

图 3-14　水平角的定义

2. 三个测量值(β，S，θ)

先介绍三个测量值(β，S，θ)的定义。

(1)水平角 β

如图 3-14 所示，A，B，C 为空间地表上的 3 个点，A_1，B_1，C_1 为空间地表上 A，B，C 在平面 P 上的水平投影，ABB_1A_1、CBB_1C_1 分别为 BA、BC 的竖直面。$\angle ABC$ 是 BA 边与 BC 边的空间角度，$\angle A_1B_1C_1$ 是空间角度 $\angle ABC$ 在平面上的投影，也是 BA、BC 竖直面 ABB_1A_1、CBB_1C_1 的两面角，称为水平角 β。

(2)斜距 S

测量工作是在地球表面进行的，如图 3-15 中的未知边 BC 处于任意位置，因而测出的实际距离都是斜距，应将此斜距投影到水平面上，如图 3-15 所示，将斜距 S 换算成平距 D 和高差 h。

(3)竖角 θ

在图 3-15 中，为了求得平距 D 和高差 h，需要测得竖直角 θ。竖直角即角顶点至目标点连线与在同一竖直面上的水平方向线间的角度。如图 3-16 所示，B 为角顶点，C 为目标点，过 BC 直线作一竖直面 Z，BR 为过 B 点的水平方向线，水平方向 BR 与 BC 之间的夹角为竖直角，常用 θ 表示。

3. 四个未知量(α、x、y、H)的计算

下面介绍四个未知量，即未知边坐标方位角 α_{BC} 和未知点 C 坐标(x_C，y_C，H_C)的计算。

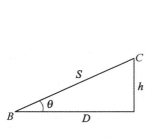

图 3-15 斜距换算平距

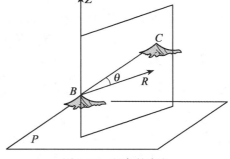

图 3-16 竖角的定义

坐标方位角是标示一条直线的坐标方位的量，自坐标纵线 x 起算依顺时针方向到某一方向的角度，称为该直线的坐标方位角，如图 3-17 所示。图 3-17 是图 3-14 在平面直角坐标系中的投影，已知 BA 的坐标方位角 α_{BA}，测得 BC 边与 BA 边的水平角 β，即可求得未知边 BC 的坐标方位角 α_{BC}：

$$\alpha_{BC} = \alpha_{BA} + \beta$$

前面已求得 BC 边的平距 $D_{BC} = S \cdot \cos\theta$，则 BC 边的坐标增量：

$$\Delta X = D_{BC} \cdot \cos\alpha_{BC} = D_{BC} \cdot \cos(\alpha_{BA} + \beta)$$
$$\Delta Y = D_{BC} \cdot \sin\alpha_{BC} = D_{BC} \cdot \sin(\alpha_{BA} + \beta)$$

由已知 B 点的坐标$(x_B，y_B)$可以推求未知点 C 的坐标为

$$x_C = x_B + \Delta X = x_B + D_{BC} \cdot \cos(\alpha_{BA} + \beta)$$

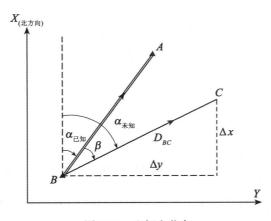

图 3-17 坐标方位角

$$y_C = y_B + \Delta Y = y_B + D_{BC} \cdot \sin(\alpha_{BA} + \beta)$$

测得了已知点 B 与未知点 C 之间的斜距和竖直角，如图 3-18 侧立面图所示，可以计算出 BC 边的平距和高差：

$$D_{BC} = S \cdot \cos\theta$$

$$h_{BC} = S \cdot \sin\theta + i - v \,(i \text{ 为仪器高, } v \text{ 为棱镜标杆高, 见示例侧立面图})$$

由已知点 B 的高程 H_B 可以推求未知点 C 的高程 H_C:

$$H_C = H_B + h_{BC}$$

至此, 未知点 C 的三维坐标 (x_C, y_C, H_C) 全部求得。

总结: 在上述观测和计算中, 我们使用一台仪器, 利用两个已知量(一个是已知测站点 B 的坐标 (x_B, y_B, H_B), 另一个是已知后视点 A 的坐标 (x_A, y_A)(或起算边 BA 的坐标方位角 α_{BA})), 称这两个已知量为测绘工作的两个必要起算量。同时, 我们还观测了三个测量值(水平角 β, 斜距 S, 竖角 θ), 称为测绘工作的三个基本要素。推求计算的四个未知量 (α, x, y, H) 称为测绘工作的四个求定值。

例 3-1 如图 3-18 所示, A, B, C 为地表上的 3 个点, B、A 为两个控制点, C 为未知点。已知 B 点坐标为 $(1\,000\text{m}, 1\,000\text{m}, 10\text{m})$, BA 边的坐标方位角 $\alpha_{BA} = 30°00'00''$。测得 BC 边的斜距 $S = 100.00\text{m}$, BC 边的竖直角 $\theta = 45°00'00''$, 测得 ABC 的水平角 $\beta = 30°00'00''$。已知仪器高 $i = 1.50\text{m}$, 目标高 $v = 2.00\text{m}$。求未知边 BC 的坐标方位角 α_{BC} 和未知点 C 的坐标 (x_C, y_C, H_C)。

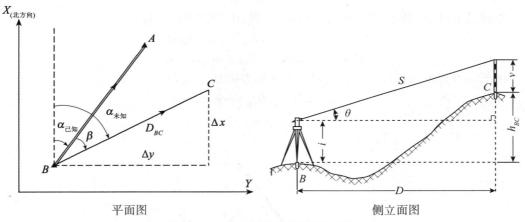

图 3-18 三维坐标测量平面与立面图

解答:

(1) 未知边 BC 的坐标方位角 $\alpha_{BC} = \alpha_{BA} + \beta = 30°00'00'' + 30°00'00'' = 60°00'00''$

(2) 未知边 BC 水平距离 $D_{BC} = S_{BC} \cdot \cos\theta = 100 \cdot \cos45°00'00'' = 100 \cdot \dfrac{\sqrt{2}}{2} = 50\sqrt{2}$

未知边 BC 高差 $h_{BC} = S_{BC} \cdot \sin\theta + i - v = 100 \cdot \sin45°00'00'' + 1.5 - 2.0 = 50\sqrt{2} - 0.5$

(3) 未知点 C 三维坐标:

$$x_C = x_B + \Delta X_{BC} = 1\,000 + D_{BC} \cdot \cos\alpha_{BC} = 1\,000 + 50\sqrt{2} \cdot 0.5 = 1\,000 + 25\sqrt{2}\,\text{m}$$

$$y_C = Y_B + \Delta Y_{BC} = 1\,000 + D_{BC} \cdot \sin\alpha_{BC} = 1\,000 + 50\sqrt{2} \cdot \dfrac{\sqrt{3}}{2} = 1\,000 + 25\sqrt{6}\,\text{m}$$

$$H_C = H_B + h_{BC} = 10 + 50\sqrt{2} - 0.5 = 9.5 + 50\sqrt{2}\,\text{m}$$

§3.2 水准测量

测量地面上各点高程的工作被称为高程测量。根据人们所使用仪器和施测方法的不同，高程测量又可分为水准测量、三角高程测量、GPS 高程测量等。其中水准测量是精确测定地面点高程的主要方法之一。水准测量使用水准仪和水准尺，利用水平视线测量两点之间的高差，再由已知点高程推求出未知点高程。

3.2.1 水准测量原理

如图 3-19 所示，若已知地面上 A 点的高程 H_A，欲求地面上 B 点的高程 H_B 时，则应测定 A、B 两点间的高差 h_{AB}。因此，安置水准仪于 A、B 两点之间，并于 A、B 两点上分别竖立水准尺，再根据水准仪提供的水平视线在水准尺上读数。根据水准测量的前进方向判断，在仪器后方的水准尺为后视尺，在仪器前方的水准尺为前视尺。若在已知点 A 上读取后视读数 a，在未知点 B 上读取前视读数 b，则 AB 两点的高差为

$$h_{AB} = a - b \tag{3-4}$$

由于 A、B 两点有高低之分，则其高差有正有负，若 $h_{AB} > 0$，则 $a > b$，B 点高于 A 点；若 $h_{AB} < 0$，则 $a < b$，B 点低于 A 点。当 A 点高程 H_A 已知时，则未知点高程 H_B 为

$$H_B = H_A + h_{AB} = H_A + (a - b) \tag{3-5}$$

在实际工作中，有时安置一次仪器，根据一个已知高程点的视线高可以测取若干个前视点高程，公式如下：

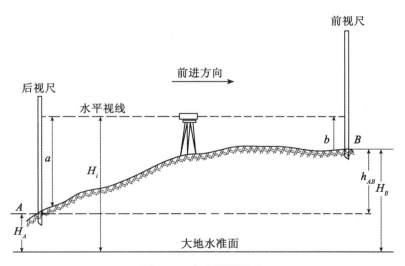

图 3-19　水准测量原理

$$\left. \begin{aligned} H_i &= H_A + a \\ H_B &= H_A + (a - b) = H_i - b \end{aligned} \right\} \tag{3-6}$$

其中 H_i 被称为仪器的视线高。

当 A、B 两点相距较远或其高差较大，如图 3-20 所示，往往安置一次仪器不可能测定其间的高差值时，则必须在两点之间加设若干个临时的立尺点(需放置尺垫)，作为高程传递的过渡点(转点)，并分段连续安置仪器、竖立水准尺，依次测定转点之间的高差，最后取其代数和，从而求得 A、B 两点间的高差 h_{AB} 为

$$h_{AB} = h_1 + h_2 + \cdots + h_n = \sum_1^n h_i \tag{3-7}$$

式中，$h_1 = a_1 - b_1$，$h_2 = a_2 - b_2$，$\cdots$，$h_n = a_n - b_n$。

由此可见，在实际测量工作中，起点至终点的高差可由各段高差求和而得。

若已知 A 点的高程 H_A，则 B 点的高程 H_B 为

$$H_B = H_A + h_{AB} = H_A + \sum_1^n h_i \tag{3-8}$$

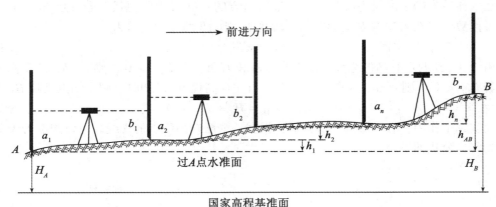

图 3-20　水准测量

3.2.2　微倾水准仪

我国目前水准仪按精度可划分为 DS05、DS1、DS3 和 DS10 四个等级，其中 D、S 分别为"大地测量"和"水准仪"汉语拼音的第一个字母，数字则表示该类仪器的精度，即每公里往返测高差中数的中误差，在书写时可省略字母"D"。S05 级和 S1 级水准仪称为精密水准仪，用于国家一、二等水准测量；S3 级和 S10 级水准仪称为普通水准仪，常用于国家三、四等水准测量或等外水准测量。图 3-21 为 S3 型微倾式水准仪的外形及各部件的名称，主要由望远镜、水准器和基座三大部分构成。

　1. 望远镜

仪器上的望远镜主要用于照准目标和读数，由物镜、目镜、调焦透镜、十字丝分划板、物镜调焦螺旋和目镜调焦螺旋组成，如图 3-22 所示。根据在目镜端观察到的物体成像情况，望远镜可分为正像望远镜和倒像望远镜。

望远镜的对光是通过物镜调焦螺旋改变调焦透镜在望远镜镜筒内的位置来实现的。在

十字丝分划板上竖直的一条长线称之为竖丝；与之垂直的长线称之为横丝或中丝，它是用来在水准尺上读数的。在中丝的上下还对称地刻有两条与竖丝垂直的短横线，称之为视距丝，它是用来测定距离的。

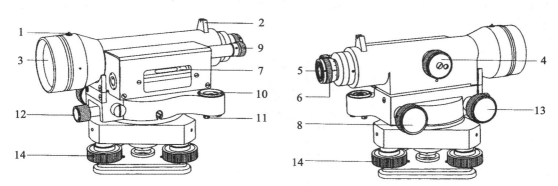

1. 准星；2. 照门；3. 物镜；4. 物镜调焦螺旋；5. 目镜；6. 目镜调焦螺旋；7. 管水准器；
8. 微倾螺旋；9. 管水准气泡观察窗；10. 圆水准器；11. 圆水准器校正螺丝；
12. 水平制动螺旋；13. 水平微动螺旋；14. 脚螺旋

图 3-21   DS3 型水准仪

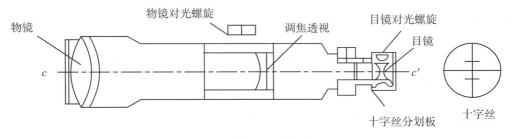

图 3-22   望远镜的组成及成像原理

当目标成像不在十字丝平面内时，观测者的眼睛做上下(或左右)移动时，就会发现目标像与十字丝之间有相对移动，我们把这种现象称之为"视差"。清除视差的方法为：首先对目镜进行调焦，使十字丝十分清晰，然后转动物镜调焦螺旋，使目标成像十分清晰，此时再上下(或左右)移动眼睛，如果目标像与十字丝之间无相对运动，则视差已清除。否则，应重新进行目镜、物镜调焦，直至目标像与十字丝无相对运动为止。

2. 水准器

水准器是一种整平仪器的装置，可分为管水准器、圆水准器及符合水准器 3 种。管水准器用来指示视准轴(物镜光心与十字丝交点的连线)是否水平，圆水准器用来指示仪器竖轴是否竖直。

(1)圆水准器

圆水准器是由玻璃圆柱管制成，其顶盖内壁为磨成一定半径的球面。管内装有乙醇或乙醚，在注满后加热，使液体膨胀而排出一部分，然后再将玻璃管开口的一端封闭，待液体冷却后，管内即形成一个水准气泡。玻璃盖的中央有一个小圆圈，其圆心即是圆水准器的零点。连接零点与球面球心的直线称为圆水准器轴，如图 3-23 所示。当圆水准器气泡的中心与水准器的零点重合时，则圆水准轴处于竖直状态。制造仪器时，使仪器圆水准器轴平行于仪器竖轴。因此，当圆水准气泡居中时，圆水准器轴竖直，从而使仪器竖轴处于竖直位置。

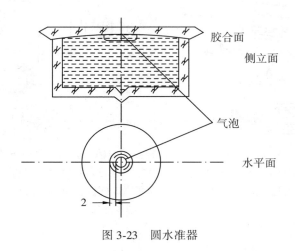

图 3-23　圆水准器

由于圆水准器内表面的圆弧半径较小，以圆水准器来确定水平（或垂直）位置的精度较低。因此，在实际应用中，一般仅将圆水准器用作概略整平。精度要求较高的整平工作，则用管水准器或符合水准器来进行。

（2）管水准器

管水准器由玻璃管构成，其内壁磨成一定半径的圆弧。与圆水准器一样，管内装有乙醇或乙醚。在水准管的表面刻有 2mm 间隔的分划线，如图 3-24 所示，且其分划线以水准管的圆弧中心点 0 为对称，0 点亦称之为水准管的零点。过零点与圆弧纵向相切的切线 LL' 称之为管水准器轴。当气泡的中心与水准管的零点重合时，称之为气泡居中。

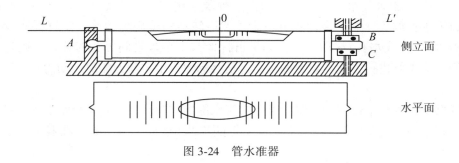

图 3-24　管水准器

水准管圆弧半径愈大，分划值愈小，则水准管灵敏度就越高，也就是仪器置平精度越高。然而，水准器的灵敏度愈高，气泡愈不易稳定，使气泡居中所用的时间愈长。所以，水准器的灵敏度应同仪器其他部件及工作要求相适应。

（3）符合水准器

为了提高水准管气泡的居中精度，在管水准器的上方装有一组附合棱镜，并借助于棱镜组的折光原理，将水准气泡两端的影像传递到望远镜目镜旁边的小窗中，可使观测者不必移动位置，即可在该小窗内看到水准管气泡两端的两个半影像，如图3-25所示。旋转微倾螺旋，当窗内气泡两端的影像吻合时，表示气泡居中。

制造水准仪时，使管水准器轴平行于望远镜的视准轴。旋转微倾螺旋使管水准气泡居中时，管水准器轴处于水平位置，从而使望远镜的视准轴也处于水平位置。

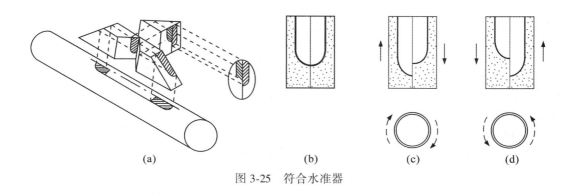

(a)　　　　　　(b)　　　　　　(c)　　　　　　(d)

图 3-25　符合水准器

3. 微倾水准仪的使用

在使用微倾水准仪进行测量时，其基本操作步骤为安置水准仪、粗平、瞄准、精平和读数。

（1）安置水准仪

为测定两点之间的高差，首先应在两点之间的测站上打开三脚架并按观测者的身高调节三脚架的高度，然后在三脚架头基本水平的条件下，再将仪器安置于脚架头上。安置时应一手握住仪器，另一手立即将三脚架中心的连接螺旋旋入仪器基座的中心螺孔中，适度旋紧，使其固定于三脚架头上。

将三脚架其中一条腿基本固定，另两只手握住另两条腿并进行前后（或左右）移动，使圆水准器基本居中。

（2）粗平

粗平的目的是利用圆水准器的气泡居中，使仪器竖轴竖直。粗平的操作步骤如图3-26所示。图中序号1、2、3分别为3个脚螺旋，中间为圆水准器。阴影小圆圈为气泡所处位置。

首先用双手分别以相对方向（图中箭头所示方向）转动1、2两个脚螺旋，使圆气泡移动到1、2两个脚螺旋连线方向的中间位置，然后再转动序号3脚螺旋，使气泡居中。整平时，气泡移动方向始终与左手大拇指运动的方向一致。

（3）瞄准

先将望远镜对向明亮处，转动目镜调焦螺旋使十字丝清晰；松开制动螺旋，旋转望远

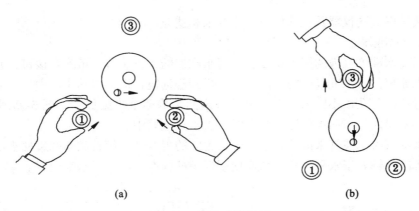

图 3-26 圆水准器粗平

镜并利用照准器瞄准标尺；拧紧制动螺旋，转动物镜调焦螺旋并看清水准尺；利用水平微动螺旋，使十字丝竖丝瞄准尺边或中央，若此时望远镜内的水准尺成像不清晰，则可再转动物镜调焦螺旋使成像完全清晰，并应消除视差。

（4）精平

在读取水准标尺上数字之前，应转动微倾螺旋使管水准气泡居中，以保证视线精确水平（自动安平水准仪省去了这一步骤）。由于气泡运动的惯性作用，因此转动微倾螺旋的速度不宜过快，特别是在符合水准器的两端气泡影像将要对齐时更应注意。只有在气泡已经稳定且又居中的情况下才能达到精平仪器的目的。

（5）读数

在仪器精平后方可在水准尺上进行读数。为了保证读数的准确无误，并提高读数的速度，则可以首先看好尺上的大数，然后再将全部数据报出。普通水准测量只读四位数字，即米、分米、厘米及毫米，并以毫米为单位，如图 3-27 所示。

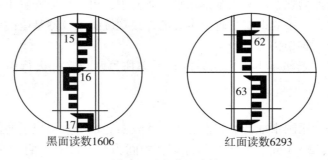

图 3-27 水准尺读数

3.2.3 自动安平水准仪

在生产实践中，目前使用更多的是自动安平水准仪，自动安平水准仪不是利用水准管精确调平仪器，而是借助于一种特殊的装置，能自动使视线水平。图 3-28 是我国生产的

DS32 型自动安平水准仪。微倾水准仪水准测量中，先要使用圆水准器使水准仪粗平，读数之前还要用微倾螺旋使仪器精平，特别是精平在观测中花费时间很长，由于观测时间长，受温度、风力、仪器下沉等的影响增加。然而使用自动安平水准仪进行水准测量，只需要用圆水准器进行粗平水准仪，便可在望远镜中读数，这不仅操作简便，而且提高了测量工作的效率。

图 3-28　DS32 型自动安平水准仪

1. 自动安平的原理

如图 3-29 所示，视准轴水平时在水准尺上的读数为 a，当视准轴倾斜一个小角度 α，这时视准轴读数为 a'，显然 a' 不是水平视线的读数。为了使十字丝横丝的读数仍为水平视线的读数 a，在望远镜的光路上加一个补偿器，使通过物镜中心的水平视线经过补偿器的补偿后偏转 β 角，成像仍在十字丝中心。由于 α 角和 β 角都是很小的角值，如能满足 $f_\alpha = d_\beta$ 即能达到补偿的目的。式中 d 为补偿器到十字丝的距离，f 为物镜到十字丝的距离。

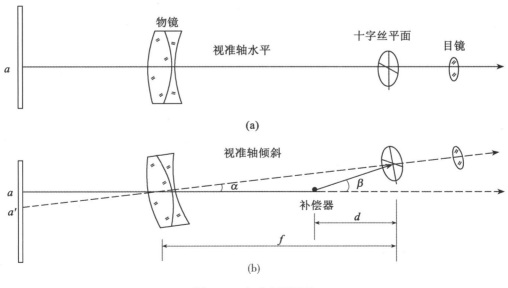

图 3-29　自动安平原理

2. 补偿器

补偿器的结构形式较多，如图 3-28 所示是我国生产的 DS32 型自动安平水准仪，采用悬挂一组棱镜，借助于重力作用，以达到补偿的目的。为了使悬挂的棱镜组能迅速地稳定下来，还安装有阻尼装置。图 3-30 所示为该仪器的结构剖面图，在对光透镜和十字丝分划板之间安装一个补偿器，这个补偿器由固定在望远镜上的屋脊棱镜 4 以及用金属丝悬吊的两块直角棱镜 3 和 5 组成。当望远镜倾斜时，直角棱镜在重力摆的作用下，产生与望远镜相反的偏转运动，并且借助于阻尼器 8 的作用，很快静止下来。

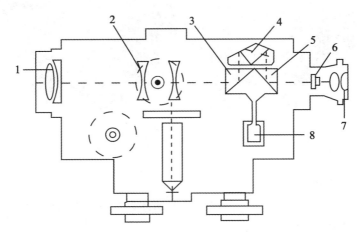

1. 物镜；2. 调焦镜；3. 直角棱镜；4. 屋脊棱镜；5. 直角棱镜；6. 十字丝分划板；7. 目镜；8. 阻尼器
图 3-30 自动安平水准仪结构

当视准轴水平时，水平光线进入物镜 1 后经过第一个直角棱镜 3 的反射到屋脊棱镜 4 上，在屋脊棱镜内作三次反射后，到达另一直角棱镜 5，再反射一次到达十字丝交点。

图 3-31(a)所示是视线倾斜 α 角，直角棱镜也随之倾斜，如果补偿器未发挥作用，水平光线进入第一个棱镜后，沿虚线前进，最后反射出的水平光线并不通过十字丝交点 A，而是通过 B。此时补偿器未起补偿作用，如图 3-31(b)所示，当直角棱镜在重力作用下偏转时，水平视线进入棱镜后，沿粗线所示方向前进，最后偏离原虚线方向 β 角。这个 β 角的大小，就是要求补偿器起作用时，恰好使水平光线通过十字丝交点 A，从而得到水平视线。

3. 自动安平水准仪的使用

自动安平水准仪的操作方法更加简单，其基本操作步骤为安置水准仪、粗平、瞄准、读数(省略精平步骤，操作简单许多，其他环节相同)。

安置好水准仪，自动安平水准仪经过圆水准器的粗平后，可以转动望远镜瞄准水准尺，如果圆水准气泡居中，即可进行读数。

自动安平水准仪都有一个特殊装置叫阻尼器，位于目镜下侧，如果按动阻尼器待阻尼器静止后读数没有变化，说明粗平完成，可以进行读数。

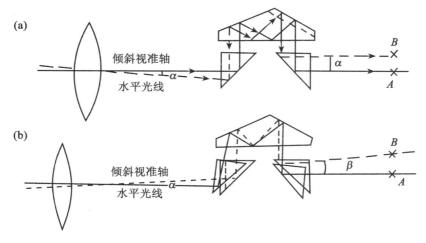

图 3-31　补偿器补偿原理

3.2.4　三脚架、水准尺、尺垫

三脚架、水准仪、水准尺、尺垫是水准测量必不可少的工具。

如图 3-32 所示，（a）为三脚架；（b）为黑红双面水准尺；（c）为水准尺红面尺的两个尺常数(标注"47"的尺常数为 4687，标注"48"的尺常数为 4787)；（d）为塔尺。

三脚架是安置仪器之用，有连接螺丝可与水准仪相连。三脚架可伸缩，但要注意一定要拧紧螺旋，避免仪器摔落。

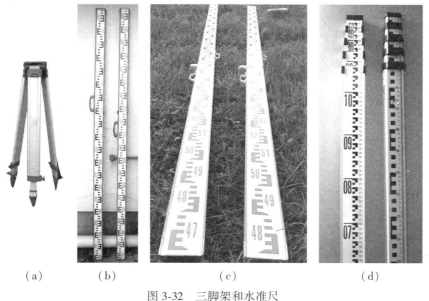

（a）　　　（b）　　　　　（c）　　　　　（d）

图 3-32　三脚架和水准尺

水准尺一般由优质木材、铝合金和玻璃钢制成。根据构造有直尺、塔尺和折尺。直尺长为 3m（也有 2m），塔尺长为 3 或 5m，折尺长为 4 或 5m。塔尺和折尺用于等外水准测量，尺面上的最小分划为 1cm 或 0.5cm，在每 1m 和每 1dm 处均有注记。

双面水准尺多用于三、四等水准测量，两把尺为一对使用。尺的两面均有分划，黑白相间的一面为黑面尺，红白相间的一面为红面尺。两面的最小分划均为 1cm，只在分米处有注记，每对双面标尺的黑面底部起点读数均为零，为了避免在观测读数时产生人为的读数错误，红面底部起点读数人为地设定为 4687（标注为"47"）mm 或 4787（标注为"48"）mm，4687 和 4787 称为尺常数，即双面水准尺的黑面和红面同一高度的读数差，人为地设定为 4687 或 4787。为了快速计算和检核之用，4687 尺常数计算按加 5000 减 313 计算；4787 尺常数按加 5000 减 213 计算。

在进行水准测量时，为了减少水准尺的下沉，保证观测数据质量，每根水准标尺均附有一个尺垫。在进行水准测量时，应先将尺垫牢固地踏入地下，然后再将水准标尺直立于尺垫上的半球形顶部。水准尺垫只适用于转点（临时点），即已知点和待测点不能放置尺垫，否则结果会出错，如图 3-33 所示为水准尺垫。

图 3-33　水准尺垫

3.2.5　水准测量的方法

1. 水准点

为统一全国的高程系统和满足各种测量的需要，国家各级测绘部门在全国各地埋设并测定了很多高程点，这些点称为水准点（benchmark，BM）。采用某等级的水准测量方法测出其高程的水准点称为该等级水准点，等级水准点分为一等、二等、三等、四等以及等外水准。各等级水准点均应埋设永久性标石或标志，水准点的等级应注记在水准点标石或标记面上。

在已知高程的水准点和待定点之间进行水准测量就可以计算出待定点的高程。水准点标石的类型可分为：基岩水准标石、基本水准标石、普通水准标石几种，其中，混凝土普通水准标石的埋设要求如图 3-34（a）、（b）所示。水准点在地形图上的表示符号如图 3-34（c）所示，图中的"2.0"表示符号圆的直径为 2mm，横杠上面表示水准等级、路线和点号。

横杠下面表示高程。

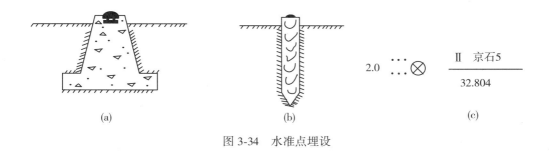

图 3-34　水准点埋设

在大比例尺地形图测绘中，常用图根水准测量来测量图根点的高程，这时的图根点也称图根水准点。

2. 水准路线

在水准点之间进行水准测量所经过的路线，称为水准路线。按照已知高程的水准点的分布情况和实际需要，水准路线一般布设为附合水准路线、闭合水准路线和支水准路线，如图 3-35 所示。

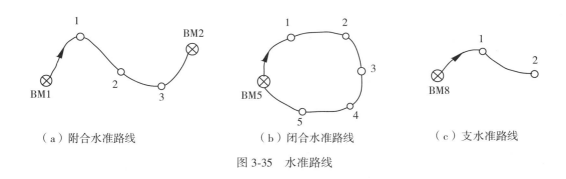

（a）附合水准路线　　　　（b）闭合水准路线　　　　（c）支水准路线

图 3-35　水准路线

（1）附合水准路线

如图 3-35(a)所示，它是从一个已知高程的水准点 BMl 出发，沿各高程待定点 1，2，3 进行水准测量，最后附合到另一个已知高程的水准点 BM2 上，各站所测高差之和的理论值应等于由已知水准点的高程计算出的高差，即有

$$\sum h_{理论} = H_{BM2} - H_{BM1} \qquad (3\text{-}9)$$

（2）闭合水准路线

如图 3-35(b)所示，它是从一个已知高程的水准点 BM5 出发，沿各高程待定点 1，2，3，4，5 进行水准测量，最后返回到原来水准点 BM5 上，各站所测高差之和的理论值应等于零，即有

$$\sum h_{理论} = 0 \qquad (3\text{-}10)$$

（3）支水准路线

如图 3-35(c)所示，它是从一个已知高程的水准点 BM8 出发，沿各高程待定点 1，2 进行水准测量，支水准路线应进行往返观测。理论上，往测高差总和与返测高差总和应大小相等，符号相反，即有

$$\sum h_{往} + \sum h_{返} = 0 \qquad (3-11)$$

式(3-9)、式(3-10)、式(3-11)可以分别作为附合水准路线、闭合水准路线和支水准路线观测正确性的检核。

3. 水准测量的方法

如图 3-20 所示，从一已知高程的水准点 A 出发一般要用连续水准测量的方法，才能测算出另一待定水准点 B 点的高程，在进行连续水准测量时，如果任何一测站的后视读数或前视读数有错误，都将影响所测高差的正确性。因此，在每一测站的水准测量中，为了及时发现观测中的错误，通常采用两次仪器高法或双面尺法进行观测，以检核高差测量中可能发生的错误，这种检核称测站检核。

1)两次仪器高法

在每一测站上用两次不同仪器高度的水平视线(改变仪器高度应在 10 cm 以上)来测定相邻两点间的高差，理论上，两次测得的高差应相等。如果两次高差观测值不相等，对图根水准测量，其差的绝对值应小于 5 mm，否则应重测。表 3-5 给出了对一附合水准路线进行水准测量的记录计算格式，表中圆括号内的数值为两次高差之差。

表 3-5　　　　　　　　　　　　水准测量记录(两次仪器高法)

测站	点号	水准尺读数(mm)		高差 (mm)	平均 (mm)	高程 (m)	备注
		后视	前视				
1	BM-A	1134				13.428	
		1011					
	TP1		1677	−0543	(0000)		
			1554	−0543	−0543		
2	TP1	1444					
		1624					
	TP2		1324	+0120	(+0004)		
			1508	+0116	+0118		
3	TP2	1822					
		1710					
	TP3		0876	+0946	(0000)		
			0764	+0946	+0946		
4	TP3	1820					
		1923					
	TP4		1435	+0385	(+0002)		
			1540	+0383	+0384		

续表

测站	点号	水准尺读数(mm)		高差(mm)	平均(mm)	高程(m)	备注
		后视	前视				
5	TP5	1422					
		1604					
	BM-D		1308	+0114	(−0002)		
			1488	+0116	0115	14.448	

2) 双面尺法

在每一测站上同时读取每一把水准尺的黑面和红面分划读数，然后由前、后视尺的黑面读数计算出一个高差，前、后视尺的红面读数计算出另一个高差，以这两个高差之差是否小于某一限值进行检核。由于在每一测站上仪器高度不变，这样可加快观测的速度。立尺点和水准仪的安置同两次仪器高法。每站仪器粗平后的观测步骤如下：

①瞄准后视尺黑面分划—精平—读数；

②瞄准前视尺黑面分划—精平—读数；

③瞄准前视尺红面分划—精平—读数；

④瞄准后视尺红面分划—精平—读数。

其观测顺序简称为"后—前—前—后"，对于尺面分划来说，顺序为"黑—黑—红—红"。表3-6给出了对一附合水准路线进行水准测量的记录计算格式。

（1）测站上的计算与检核

①高差计算与检核：在表3-6中，

$$(9)=(4)+K-(7)$$
$$(10)=(3)+K-(8)$$
$$(11)=(10)-(9)$$

式中，（10）和（9）分别为后视与前视标尺的黑红面读数之差，（16）为黑面计算的高差，（17）为红面计算的高差。（11）则是黑红面所测高差之差，K 为后视和前视尺尺常数。可用（11）做计算检核，即（16）−（17）=（11）=（10）−（9）。

②视距计算：在表3-6中，

$$(12)=(1)-(2)$$
$$(13)=(5)-(6)$$
$$(14)=(12)-(13)$$
$$(15)=本站的(14)+前一站的(15)$$

式中，（12）为后视距离；（13）为前视距离；（14）为前后视距之差；（15）为前后视距累计差。

（2）观测结束后的计算与检核

高差部分：

$$h_{中}=(h_{黑}+h_{红})/2$$

式中，$h_{黑}$、$h_{红}$ 分别为一测段黑面、红面所得高差；$h_{中}$ 则为该测段高差中数。

表 3-6　　　　　　　　　　　　水准测量记录（双面尺法）

测站编号	后尺	上丝 下丝	前尺	上丝 下丝	方向及尺号	标准读数		K+黑—红	高差中数	备注
	后距		前距			黑面	红面			
	视距差 d		$\sum d$							
	(1)	(5)			后	(3)	(8)	(10)		
	(2)	(6)			前	(4)	(7)	(9)		
	(12)	(13)			后—前	(16)	(17)	(11)		
	(14)	(15)								
1	1571	0739			后 1	1384	6071	0		
	1197	0363			前 2	0551	5239	−1		
	374	376			后—前	+0833	+0832	+1	+0832.5	
	−0.2	−0.2								
2	2121	2196			后 2	1934	6621	0		
	1747	1821			前 1	2008	6696	−1		
	374	375			后—前	−0074	−0075	+1	−0074.5	
	−0.1	−0.3								
3	1914	2055			后 1	1726	6413	0		
	1539	1678			前 2	1866	6554	−1		
	375	377			后—前	−0140	−0141	+1	−0140.5	
	−0.2	−0.5								
4	1965	2141			后 2	1832	6519	0		
	1700	1874			前 1	2007	6693	+1		
	265	267			后—前	−0175	−0174	−1	−0174.5	
	−0.2	−0.7								
5	0089	0124			后 1	0054	4742	−1		
	0020	0050			前 2	0087	4775	−1		
	69	74			后—前	−0033	−0033	0	−0033.0	
	−0.5	−1.2								

4. 水准测量的成果处理

在每站水准测量中，采用两次仪器高法或双面尺法进行测站检核还不能保证整条水准路线的观测高差没有错误，例如，用作转点的尺垫在仪器搬站期间被碰动等所引起的误差不能用测站检核检查出来，还需要通过水准路线闭合差来检验。

水准测量的成果整理内容包括：测量记录和计算的复核，高差闭合差的计算和检核，高差改正数和各点高程的计算。

1)高差闭合差的计算

高差闭合差一般用f_h表示,根据式(3-9)、式(3-10)与式(3-11)可以写出三种水准路线的高差闭合差计算公式如下:

(1)附合水准路线高差闭合差

$$f_h = \sum h - (H_{终} - H_{始}) \tag{3-12}$$

(2)闭合水准路线高差闭合差

$$f_h = \sum h \tag{3-13}$$

(3)支水准路线高差闭合差

$$f_h = \sum h_{往} + \sum h_{返} \tag{3-14}$$

受仪器精密程度和观测者分辨能力的限制及外界环境的影响,观测数据中不可避免地有一定的误差,高差闭合差f_h就是水准测量观测误差的综合反映。当f_h在容许范围内时,认为精度合格,成果可用,否则应返工重测,直至符合要求为止。

《城市测量规范》规定:图根水准测量各路线高差闭合差的容许值,在平坦地区为

$$f_{h容} = \pm 40\sqrt{L} \, (\text{mm}) \tag{3-15}$$

式中,L为以km为单位的路线长。在山地,每公里水准测量的站数超过16站时,为

$$f_{h容} = \pm 12\sqrt{n} \, (\text{mm}) \tag{3-16}$$

式中,n为水准测量路线的测站数。高级点间附合路线或闭合环线长度不得大于8km,节点间路线长度不得大于6km,支线长度不得大于4km。

2)高差闭合差的分配和待定点高程的计算

当f_h的绝对值小于$f_{h容}$,说明观测成果合格,可以进行高差闭合差的分配、高差改正和待定点高程计算。对于附合或闭合水准路线,一般遵循与路线长L或测站数n成正比的原则,将高差闭合差反号进行分配。也即在闭合差为f_h、路线总长为L(或测站总数为n)的一条水准路线上,设某两点间的高差观测值为h_i、路线长为L_i(或测站数为n_i),则其高差改正数V_i的计算公式为

$$V_i = -\frac{L_i}{L}f_h \left(V_i = -\frac{n_i}{n}f_h \right) \tag{3-17}$$

改正后的高差为

$$\hat{h}_i = h_i + V_i \tag{3-18}$$

对于支水准路线,采用往测高差减去返测高差后取平均值,作为改正后往测方向的高差,也即有

$$\hat{h} = \frac{h_{往} - h_{返}}{2} \tag{3-19}$$

例 3-2 图3-36为按图根水准测量要求施测某附合水准路线观测成果略图。BMA和BMB为已知高程的水准点,图中箭头表示水准测量的前进方向,路线上方的数字为测得的两点间的高差,路线下方数字为该段路线的长度,试计算待定点1,2,3点的高程。

全部计算在表3-7中进行。计算步骤如下:

①高差闭合差的计算与检核:

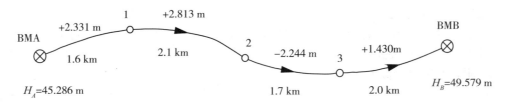

图 3-36 附合水准路线略图

$$f_h = \sum h - (H_B - H_A) = 4.330 - (49.579 - 45.286) = 0.037\text{m} = 37\text{mm}$$

$$f_{h容} = \pm 40\sqrt{L}(\text{mm}) = \pm 40 \times \sqrt{7.4} = \pm 109\text{mm}$$

$|f_h| < |f_{h容}|$，符合图根水准测量的要求，可以分配闭合差。

②高差改正数和改正后的高差计算：

高差改正数的计算公式为

$$V_i = -\frac{L_i}{L}f_h$$

改正后的高差计算公式为 $\hat{h}_i = h_i + V_i$ 在表 3-7 中计算。

③高程的计算：

1 点高程的计算过程为：

$$H_1 = H_A + \hat{h}_1 = 45.286 + 2.323 = 47.609\text{m}$$

其余点的高程计算过程依次类推，作为检核，最后推算出的 B 点高程应等于其已知高程。

表 3-7　　　　　　　　　　　　　　　**图根水准测量的成果处理**

点名	路线长 L_i（km）	观测高度 h_i（m）	改正数 V_i（m）	改正后高度 $\hat{h}_i$（m）	高程 H（m）
BMA					<u>45.286</u>
	1.6	+2.331	−0.008	+2.323	
1					47.609
	2.1	+2.813	−0.011	+2.802	
2					50.411
	1.7	−2.244	−0.008	−2.252	
3					48.159
	2.0	+1.430	−0.010	+1.420	
BMB					<u>49.579</u>
Σ	7.4	+4.330	−0.037	+4.293	

3.2.6 水准测量误差分析

在水准测量时，由于受到仪器误差、观测误差和外界因素的影响，必将使观测结果产生误差。为了减小这些误差对观测结果的影响，提高水准测量精度，则应从水准测量仪器及方法出发，分析各种误差来源及其对观测成果的影响规律，并寻求消除或削弱这些误差的方法或措施。

1. 仪器误差

（1）视准轴与管水准轴不平行误差

在水准测量前，仪器虽已经过检验校正，但无法做到视准轴与管水准轴严格平行。视准轴与管水准轴在竖直面内投影所形成的夹角称之为 i 角。由于 i 角的影响，在水准气泡居中时，视准轴并不水平，这样必然给水准尺上的读数带来误差。如图 3-37 所示，δ_1 和 δ_2 分别为 i 角在后前水准尺上的读数误差。S_1 和 S_2 分别为后视和前视的距离。若不顾及地球曲率和大气折光的影响，则 A、B 两点的高差为

$$h_{AB} = a_0 - b_0 = (a - \delta_1) - (b - \delta_2)$$

由于 i 角很小，则有 $\delta_1 = \dfrac{i}{\rho} \cdot S_1$，$\delta_2 = \dfrac{i}{\rho} \cdot S_2$。故

$$h_{AB} = (a - b) + (S_2 - S_1)\frac{i}{\rho} \tag{3-20}$$

对于一个测段，则有

$$\sum h = \sum (a - b) - \frac{i}{\rho} \sum (S_1 - S_2) \tag{3-21}$$

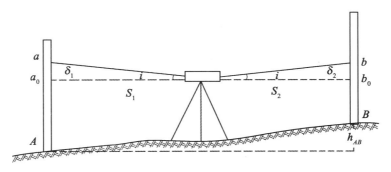

图 3-37 i 角对读数的影响

由此可见，若使 $S_1 = S_2$，则可在每一站的高差中消除 i 角误差的影响。实际上，要求后、前视的距离完全相等是非常困难的，也是不必要的。所以，可根据不同等级的精度要求，对每一测段的前后视距累计差规定一个限值，即可忽略 i 角对所测高差的影响。故水准测量对前后视距差及前后视距累计差做出了限制。

（2）水准尺误差

水准标尺的刻画不准确、尺长变化及标尺弯曲等因素，均将直接影响水准测量结果的

精度。因此，水准标尺必须经过检验合格后方可使用。如图 3-38 所示，若 2 号标尺因尺底磨损使得读数增大，设其磨损量为 δ，δ 称为水准尺的零点差。则每一测站的高差应为

$$h_1 = a_1 - (b_1 - \delta) = a_1 - b_1 + \delta$$
$$h_2 = (a_2 - \delta) - b_2 = a_2 - b_2 - \delta$$
$$h_3 = a_3 - (b_3 - \delta) = a_3 - b_3 + \delta$$
$$h_4 = (a_4 - \delta) - b_4 = a_4 - b_4 - \delta$$

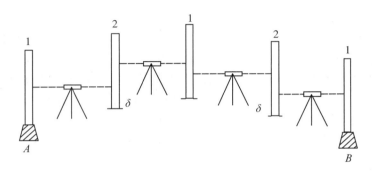

图 3-38　零点差的影响

由此可见，在各测站所测高差中，δ 的值以正、负交替出现。因此，只要每测段设成偶数测站，即可消除水准标尺零点差的影响。

2. 观测误差

水准测量观测误差主要有管水准器气泡居中误差、水准尺数字估读误差、调焦误差及水准尺倾斜误差。

（1）管水准器气泡居中误差

水准测量原理就是利用水平视线测定两点之间的高差。若在水准仪不存在 i 角误差的情况下，当管水准器气泡居中时，即认为望远镜的视准轴处于水平位置。其实则不然，在观察气泡居中的瞬间，还不能认为视准轴是水平的。这是因为我们在衡量气泡是否居中时，是用眼睛观察的，一般情况下不可能准确辨别气泡居中位置；另外，在停止转动微倾螺旋后仍在运动着的气泡在居中的瞬间还受惯性力的推动和管内液体与管内壁摩擦阻力的作用，从而使管水准器气泡产生居中误差。因此，在进行中丝读数前，应减小气泡居中误差的影响。

（2）水准尺数字估读误差

水准测量观测读数时是用十字丝中丝在厘米间隔内估读毫米数，而厘米分划又是通过望远镜将视角放大后的像，所以毫米读数的准确程度与望远镜放大倍率、视线长度及十字丝的粗细有关。尤其视线长度对读数误差影响最大，所以规范对各级水准测量的视线长度做了明确的规定，作业时必须严格执行。

（3）调焦误差

在水准测量时，若前、后尺视距不等，必须在一个测站上对望远镜进行调焦，从而使在前、后尺上读数时 i 角大小不一致，进而引起读数误差。为了避免调焦误差对读数的影

响，在水准测量时应尽可能使前、后视距相等。

（4）水准尺倾斜误差

在水准测量时，若水准尺竖立不直，必将使水准尺上的读数增大，从而影响水准测量的读数精度。水准尺上的读数越大，其误差也越大。由于在水准测量作业中，前后尺的读数大小一般不等，两标尺的倾斜程度也不相同，所以，该误差很难利用观测程序进行消除。但标尺倾斜误差对观测读数的影响是系统性的（无论前尺或后尺均使读数增大），在高差中会抵消一部分。为了进一步消除或削弱水准尺倾斜误差，可在水准尺上安装圆水准器，确保标尺竖直。

3. 外界条件的影响

水准测量一般应在大气条件比较稳定的情况下进行，即便如此，还会受到以下误差的影响。

（1）水准仪和水准尺的升沉误差

在水准测量过程中，由于仪器和标尺自身的重量会发生下沉现象，而受土地的弹性作用又会使仪器和标尺产生上升。二者的影响是综合性的，但一般情况下，总体表现为下沉。

若仪器下沉量是时间的线性函数，如图 3-39 所示，第一次后视黑面读数为 a_1，当仪器转向前视读数时仪器下沉了一个 Δ，其前视黑面读数为 b_1，则高差 $h = a_1 - b_1$ 中必然包含误差 Δ。为了减小这种误差影响，在红面读数时先读取前视 b_2，当仪器转向后视读取红面读数 a_2 时，仪器又下沉了一个 Δ。

由此可见，黑面读数的高差为 $h_{黑} = a_1 - (b_1 + \Delta) = a_1 - b_1 - \Delta$；红面读数的高差为 $h_{红} = (a_2 + \Delta) - b_2 = a_2 - b_2 + \Delta$，因此

$$h = \frac{1}{2}(h_{黑} + h_{红}) = \frac{1}{2}[(a_1 - b_1) + (a_2 - b_2)] \tag{3-22}$$

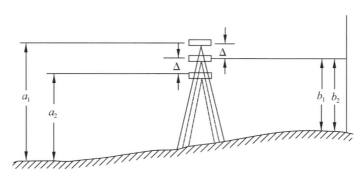

图 3-39　仪器下沉误差

所以，在一站的高差中数中消除了 Δ 的影响。但在实际测量中，仪器变动量不可能是时间的线性函数，因此，采用"后—前—前—后"的作业模式只能削弱该项误差对观测成果的影响，但不能完全消除。

水准尺的下沉对观测读数的影响表现在两个方面：一是同仪器下沉的影响类似，其影

响规律和应采取的削弱措施与其一样；二是在仪器转站时，转点处的水准尺因下沉而使其在相邻两测站中不同高，则必然造成往测高差增大，返测高差减小。其削弱的办法是将尺垫踩实，转站时可将转点上的水准尺从尺垫上取下，以减小下沉量，并采取往返观测，取往返测高差中数来削弱其影响。

（2）大气折光的影响

大气折光误差是由于大气密度的不均匀，使视线在大气中穿过时发生折射成为曲线而产生的读数误差。一般情况下，视线离地面越近，其折射也就越大。故在等级水准测量中，规定中丝读数应大于 0.3m，以便消除或削弱大气折光的影响。

（3）日照及风力引起的误差

这种误差是综合性的，比较复杂。如日照将造成仪器各部分受热不均而使轴线关系变化，风大时则难以使仪器精平，它们都会给观测成果带来误差。因此，在观测时应尽量选择好的天气，并给仪器打伞遮光以消除或削弱其影响。

上述各项误差来源，均是以其单独影响来进行分析讨论的，但实际情况则是综合性的影响，这些误差必将会相互抵消一部分。因此，在作业中只要按规定实施，熟练操作，这些误差均可减小，从而满足施测精度的要求。

§3.3　角　度　测　量

角度测量是指水平角和竖直角的测量，它是测量的基本工作之一，也是测量工作的三个基本要素中的两个。角度测量所使用的仪器是经纬仪和全站仪。水平角测量用于求算点的平面位置，竖直角测量用于测定高差或将倾斜距离化算为水平距离。

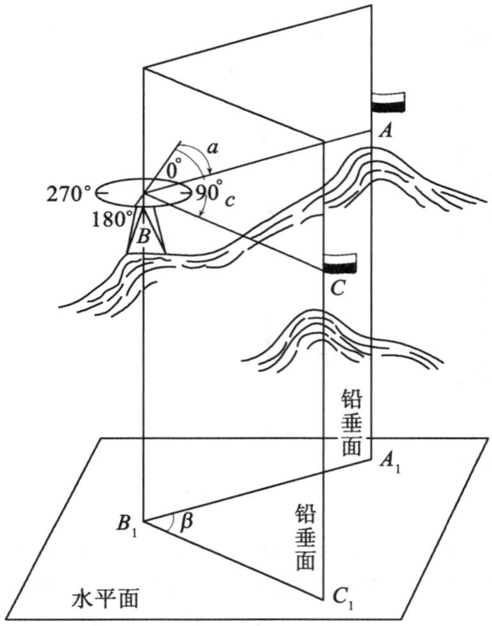

3.3.1　角度测量原理

1. 水平角测量原理

地面上从一点出发的两直线之间的夹角在水平面上的投影称为水平角，一般用 β 表示。如图 3-40 所示，A、B、C 为地面上任意三个点。将此三个点沿铅垂线方向投影到同一水平面上，得到 A_1、B_1、C_1 三个点。水平面上 B_1A_1 与 B_1C_1 之间的夹角即是地面上 BA 和 BC 两方向之间的水平角。或者说，地面上任意两方向之间的水平角就是通过这两个方向的竖直面所夹的二面角。

为了测出水平角的大小，设在 B 点水平放置一个度盘，度盘的刻度中心 O 通过二面角的交线，也就是使 O 位于 B 点的铅垂线上。过 BA 和 BC 的两竖直面与度盘的交线在

图 3-40　水准角测量原理

度盘上的读数分别为 a 和 c，如果度盘注记的增加方向是顺时针的，则水平角的计算方法为：

$$\beta = c - a \qquad\qquad (3\text{-}23)$$

2. 竖直角测量原理

在同一竖直面内，瞄准目标的视线方向与水平线之间的夹角称为竖直角，一般用 θ 表示。当视线方向位于水平线之上时，竖直角为正值，称为仰角；反之，竖直角为负值，称为俯角。如图 3-41 所示，θ_A 和 θ_C 分别为 BA 方向和 BC 方向的竖直角。θ_A 为正值，即为仰角；θ_C 为负值，即为俯角。

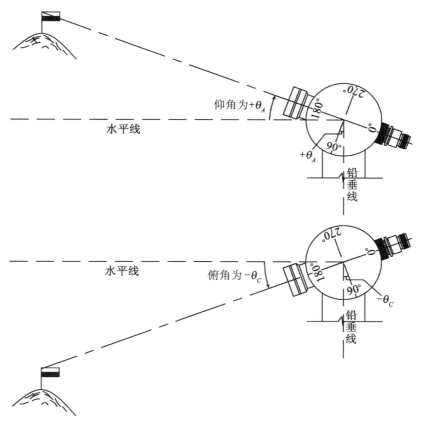

图 3-41　竖直角测量原理

为了测定竖直角，可在 B 点上放置竖直度盘。竖直角也是两个方向在竖盘上的读数之差，与水平角不同的是，其中有一个是水平方向。经纬仪设计时，一般使视线水平时的竖盘读数为 $90°$。这样，测量竖直角时，只要瞄准目标，读出竖盘读数并减去仪器视线水平时的竖盘读数就可以计算出视线方向的竖直角。

用于测量水平角和竖直角的仪器主要有光学经纬仪、电子经纬仪、全站仪等。应在铅垂面内安置一个圆盘，称为竖直度盘或竖盘。竖直角也是两个方向在竖盘上的读数之差，与水平角不同的是，其中有一个是水平方向。水平方向的读数可以通过竖盘指标管水准器或竖盘指标自动补偿装置来确定。经纬仪设计时，一般使视线水平时的竖盘读数为 90°，这样，测量竖直角时，只要瞄准目标，读出竖盘读数并减去仪器视线水平时的竖盘读数就可以计算出视线方向的竖直角。

3.3.2　DJ6 光学经纬仪的结构及其度盘读数

国产光学经纬仪按其精度划分的型号有 DJ07，DJ1，DJ2，DJ6，其中，字母 D，J 分别为"大地测量"和"经纬仪"汉语拼音的第一个字母，07，1，2，6 分别为该仪器一测回方向观测中误差的秒数。

1. DJ6 级光学经纬仪的结构

图 3-42 是西安光学仪器厂生产的 DJ6 级光学经纬仪，各部件名称见图中的注记。一般将光学经纬仪分解为基座、水平度盘和照准部三部分，如图 3-42 所示。

（1）基座

基座上有三个脚螺旋，一个圆水准气泡，用来粗平仪器。水平度盘旋转轴套套在竖轴套外围，拧紧轴套固定螺丝，可将仪器固定在基座上；旋松该螺旋，可将经纬仪水平度盘连同照准部从基座中拔出，以便换置觇牌。但平时应将该螺丝拧紧。

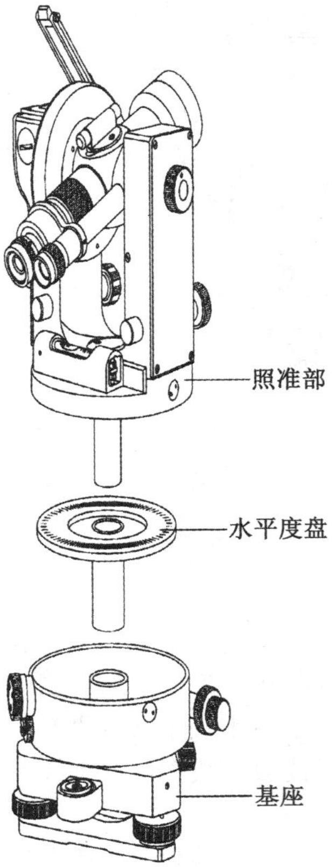

（2）水平度盘

水平度盘是一个圆环形的光学玻璃盘片，盘片边缘刻划并按顺时针注记 0°~360° 的角度数值。

（3）照准部

照准部是指水平度盘之上，能绕其旋转轴旋转的全部部件的总称，它包括竖轴、U 形支架、望远镜、横轴、竖盘、管水准器和读数装置等。照准部的旋转轴称为仪器竖轴，竖轴插入基座内的竖轴轴套中旋转。照准部在水平方向地转动，由水平制动、水平微动螺旋控制。望远镜在纵向地转动，由望远镜制动、望远镜微动螺旋控制。竖盘指标管水准器的微倾运动由竖盘指标管水准器微动螺旋控制。照准部上的管水准器，用于精平仪器。

水平角测量需要旋转照准部和望远镜依次瞄准不同方向的目标并读取水平度盘的读数，在一测回观测过程中，水平度盘是固定不动的。但为了角度计算的方便，在观测开始之前，通常将起始方向（称为零方向）的水平度盘读数配置为 0° 左右，这就需要有控制水平度盘转动的部件。水平度盘变换螺旋如图 3-43 所示，使用光学经纬仪时，先顺时针旋开水平度盘变换锁止螺旋 19，再将水平度盘变换螺旋 18 推压进去，旋转该螺旋即可以带动水平度盘旋转。完成水平度盘配置后，松开手，螺旋自动弹出，逆时针旋关水平度盘变换锁止螺旋 19。

图 3-42　经纬仪的结构

照准部

水平度盘

基座

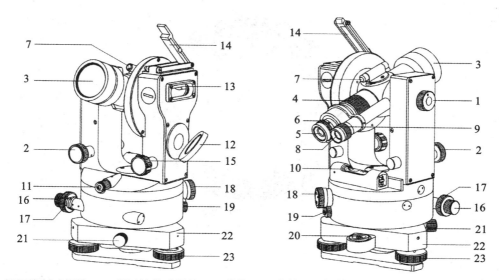

1. 望远境制动螺旋；2. 望远镜微动螺旋；3. 物镜；4. 物镜调焦螺旋；5. 目镜；6. 目镜调焦螺旋；
7. 光学粗瞄器；8. 度盘读数显微镜；9. 度盘读数显微镜调焦螺旋；10. 管水准器；11. 光学对中器；
12. 度盘照明反光镜；13. 竖盘指标管水准器；14. 竖盘指标管水准器观察反射镜；15. 竖盘指标管
水准器微动螺旋；16. 水平制动螺旋；17. 水平微动螺旋；18. 水平度盘变换螺旋；19. 水平度盘变
换锁止螺旋；20. 圆水准器；21. 轴套固定螺丝；22. 基座；23. 脚螺旋

图 3-43　DJ6 光学经纬仪

2. DJ6 级光学经纬仪的读数装置

光学经纬仪的读数设备包括度盘、光路系统和测微器。水平度盘和竖盘上的分划线，通过一系列棱镜和透镜成像显示在望远镜旁的读数显微镜内。目前出厂的 DJ6 级光学经纬仪多采用测微尺进行读数。如图 3-44 所示，在读数显微镜视场，注记有"H"（水平）的是水平度盘读数窗，注记有"V"（垂直）的是竖盘读数窗。每个读数窗上刻有分成 60 分划的测微尺，每个分划是 1′，测微尺每 10 小格注有数字，表示 0′、10′、20′……60′，测微尺读数装置的读数误差为测微尺上一分划的十分之一，即 0.1′或 6″。具体读数方法如下："度"数由落在测微尺内的度盘分划线的注记直接读出，"分"数根据度盘分划线在测微尺上的位置读出，估读到小数点后一位。如图 3-44 所示，水平度盘读数为 264°54.7′，即可写成 264°54′42″。竖盘读数为 89°05.5′，写成 89°05′30″。

3.3.3　经纬仪的安置

1. 经纬仪的安置

经纬仪的安置包括对中和整平，其目的是使仪器竖轴位于测站点的铅垂线上，从而使水平度盘和横轴处于水平位置，竖盘位于铅垂平面内。对中的方式有垂球对中和光学对中两种，整平分粗平和精平。

粗平是通过伸缩脚架腿或脚螺旋使圆水准气泡居中，其规律一是气泡偏向哪个方向就

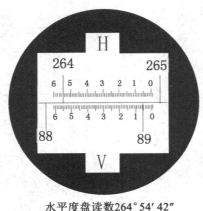

水平度盘读数264° 54′ 42″
竖直度盘读数89° 05′ 30″

图 3-44　测微尺的读数窗视场

说明哪个方向高了；二是圆水准气泡移动方向与用左手大拇指或右手食指旋转脚螺旋的方向一致。圆水准器及各部位功能如图 3-45 所示。

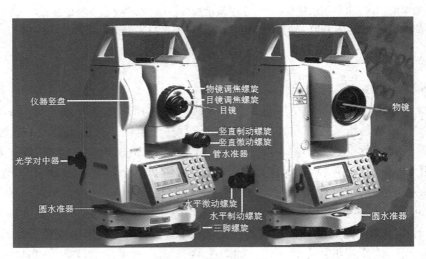

图 3-45　各部位功能

　　精平是通过旋转脚螺旋使管水准气泡居中，要求将管水准器轴分别旋至相互垂直的两个方向上使气泡居中，其中一个方向应与任意两个脚螺旋中心的连线方向平行。如图 3-46 所示，转动照准部至图 3-46(a)的位置，旋脚螺旋 1 或 2 使管水准气泡居中；然后转动照准部至图 3-46(b)的位置，旋转脚螺旋 3 使管水准气泡居中，最后还要将照准部旋回至图 3-46(a)的位置，查看管水准气泡的偏离情况，如果仍然居中，则精平操作完成，否则还需按照前面的步骤再操作一次。

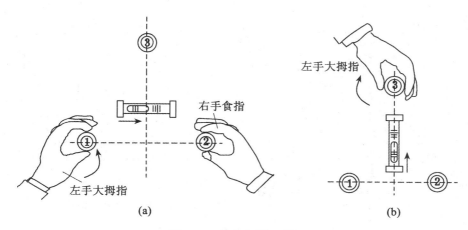

图 3-46　管水准器整平方法

经纬仪安置的操作步骤具体如下：首先打开三脚架腿，调整好其长度使脚架高度适合于观测者的高度，张开三脚架，将其安置在测站上，使架头大致水平；从仪器箱中取出经纬仪放置在三脚架头上，并使仪器基座中心基本对齐三脚架头的中心，旋紧连接螺旋后，即可进行对中整平操作。使用垂球对中和光学对中器对中的操作步骤是不一样的，分别介绍如下：

（1）使用垂球对中法安置经纬仪

如图 3-47(a)所示，将垂球悬挂于连接螺旋中心的挂钩上，调整垂球线长度，使垂球尖略高于测站点。

①粗对中与粗平：平移三脚架(应注意保持三角架头面基本水平)，使垂球尖大致对准测站点的中心，将三脚架的脚尖踩入土中。

②精对中：稍微旋松连接螺旋，双手扶住仪器基座，在架头上移动仪器，使垂球尖准确对准测站点后，再旋紧连接螺旋。垂球对中的误差应小于 3mm。

③精平：旋转脚螺旋使圆水准气泡居中，转动照准部，旋转脚螺旋，使管水准气泡在相互垂直的两个方向上居中。注意，旋转脚螺旋精平仪器时，不会破坏前已完成的垂球对中关系。

（2）使用光学对中法安置经纬仪

如图 3-47(b)所示，光学对中器也是一个小望远镜。使用光学对中器之前，应先旋转目镜调焦螺旋使对中标志分划板十分清晰，再旋转物镜调焦螺旋(有些仪器是拉伸光学对中器)看清地面的测点标志。

①粗对中：使三脚架一腿着地，双手握紧三角架另两腿使之悬空，眼睛观察光学对中器，前后左右旋动三脚架使光学对中器基本对准测站点的中心，将三脚架的脚尖踩入土中。

②精对中：旋转脚螺旋使对中标志准确对准测站点的中心，光学对中的误差应小于 1mm。

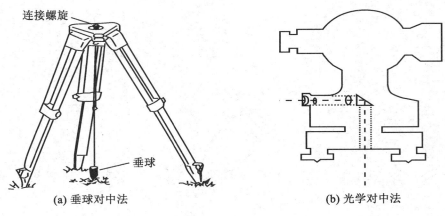

图 3-47　经纬仪对中法

③粗平：伸缩脚架腿，使圆水准气泡居中。

④精平：转动照准部，旋转脚螺旋，使管水准气泡在相互垂直的两个方向上居中。精平操作会略微破坏前已完成的对中关系。

⑤再次精对中：旋松连接螺旋，眼睛观察光学对中器，平移仪器基座(注意，不要有旋转运动)使对中标志准确对准测站点的中心，拧紧连接螺旋。旋转照准部，在相互垂直的两个方向检查管水准气泡的居中情况。如果仍然居中，则仪器安置完成，否则应从上述的精平开始重复操作。光学对中的精度比垂球对中的精度高，在风力较大的情况下，垂球对中的误差将变得很大，这时应使用光学对中法安置仪器。

2. 瞄准和读数

角度测量时，目标点上必须设立照准标志，才能进行精确瞄准。照准标志有测杆、测钎或架设于三脚架上的觇牌，如图 3-48 所示。测钎适用于离测站较近的目标，测杆适用于较远的目标，觇牌为较理想的照准标志，远、近皆可适用；有时悬挂垂球所形成的铅垂线也可作为照准标志。测量水平角时，以望远镜的十字丝竖丝瞄准照准标志。望远镜瞄准目标的操作步骤如下：

①瞄准目标：用望远镜上的粗瞄器瞄准目标，旋紧制动螺旋，转动物镜调焦螺旋使目标清晰。

②目镜调焦：检查目镜十字丝是否清晰，如果不清晰用十字丝调焦螺旋调整清晰。

③如果此时远处的目标有些许不清，再次重新调焦后，旋转水平微动螺旋和望远镜微动螺旋，精确瞄准目标。可用十字丝纵丝的单线平分目标，也可用双线夹住目标。

④读数：读数时，先打开度盘照明反光镜，调整反光镜的开度和方向，使读数窗亮度适中，旋转读数显微镜的目镜使刻划线清晰，然后读数，读数方法见 3.3.2 小节中的 DJ6 光学经纬仪的读数装置。

3.3.4　水平角测量方法

常用水平角观测方法有测回法和方向观测法。

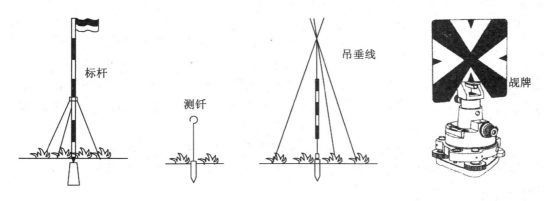

图 3-48 照准标志

1. 测回法

测回法适用于观测只有两个方向的单角。这种方法要用盘左和盘右两个位置进行观测。观测时目镜朝向观测者，如果竖盘位于望远镜的左侧，称为盘左；如果位于右侧，则称为盘右。通常先以盘左位置测角，称为上半测回；然后置于盘右位置测角，称为下半测回。两个半测回合在一起称为一测回。为了测出高精度角度值，有时水平角需要观测多测回。

如图 3-49 所示，将仪器安置在 B 点上，用测回法观测水平角 ABC，具体步骤如下：

图 3-49 测回法观测

（1）盘左

盘左位置，松开水平制动螺旋和望远镜制动螺旋，用望远镜上的概略瞄准器瞄准左边的目标 A，旋紧两制动螺旋，进行目镜和物镜对光，使十字丝和目标成像清晰，消除视差，再用水平微动螺旋和望远镜微动螺旋使十字丝竖丝精确瞄准目标，读取水平度盘读数 a_1 为 0°01′30″，计入表 3-8 的相应栏内。松开两制动螺旋，顺时针转动照准部及望远镜，以同样方法精确瞄准右边的目标 C，读取水平读盘读数 c_1 为 $118°07'l2''$，计入表 3-8 的相应栏内。

上半测回所测角值为：$\beta_{左}=c_1-a_1=118°07'12''-0°01'30''=118°05'42''$。

（2）盘右

倒镜成为盘右位置，先瞄准右边的目标 C，读取水平度盘读数 c_2 为 $298°07'30''$，计入表 3-8 的相应栏内。逆时针旋转再瞄准左边的目标 A，读取水平度盘读数 a_2 为 $180°01'42''$，计入表 3-8 的相应栏内。

下半测回所测角值为：$\beta_{右}=c_2-a_2=298°07'30''-180°01'42''=118°05'48''$。

J6 级光学经纬仪盘左、盘右两个半测回角值之差不超过 40″ 时，取其平均值即为一测回角值：

$$\beta_1=\frac{1}{2}(\beta_{左}+\beta_{右})=\frac{1}{2}(118°05'42''+118°05'48'')=118°05'45''$$

由于水平度盘注记是顺时针方向递增的，因此在计算角值时，无论是盘左还是盘右均用右边目标的读数减去左边目标的读数，如果不够减，则应加上 $360°$ 再减。

当测角精度要求较高时，一般需要观测几个测回。为了减小水平度盘分划误差的影响，各测回间应根据测回数 n，以 $\frac{180°}{n}$ 为增量配置水平度盘。

表 3-8 为观测两测回，第二测回观测时，A 方向的水平度盘应配置为 $90°$ 左右。如果第二测回的半测回角差符合要求，则取两测回角值的平均值作为最后结果，各测回平均值为 $118°05'43.5''$。

表 3-8　　　　　　　　　　　　　　水平角观测记录（测回法）

测站	目标	竖盘位置	水平角度读数 （° ′ ″）	半测回角值 （° ′ ″）	一测回平均值 （° ′ ″）	各测回平均值 （° ′ ″）
一测回 B	A	左	0 01 30	118 05 42	118 05 45	118 05 43.5
	C		118 07 12			
	A	右	180 01 42	118 05 48		
	C		298 07 30			
二测回 B	A	左	90 02 36	118 05 36	118 05 42	
	C		208 08 12			
	A	右	270 02 48	118 05 48		
	C		28 08 36			

2. 方向观测法

当测站上的方向观测数在 3 个或 3 个以上时，一般采用方向观测法。如图 3-50 所示，仪器安置在 O 点，观测 A，B，C，D 各方向之间的水平角。其观测操作步骤如下：

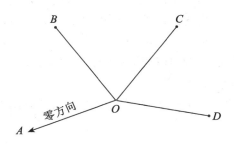

图 3-50　方向观测法观测水平角

1）盘左

选择目标方向中一明显目标如 A 作为起始方向（或称零方向），精确瞄准目标，水平度盘配置在 0° 稍大些，读取该读数计入记录手簿中，然后顺时针方向依次瞄准 B、C、D 目标，读取读数记入记录手簿（表 3-9）中。为了检核水平度盘在观测过程中是否发生变动，应再次瞄准 A，读取水平度盘读数，此项观测称为归零，A 方向两次水平度盘读数之差称为半测回归零差。当方向数为三个时，可以不做归零，方向数为四个及以上时，必须归零。以上称为上半测回。

2）盘右

纵转望远镜，盘右瞄准照准标志 A，读数并记录，松开制动螺旋，逆时针转动照准部，依次瞄准 D，C，B，A 点的照准标志进行观测，其观测顺序是 $A \rightarrow D \rightarrow C \rightarrow B \rightarrow A$。最后返回到零方向 A 的操作称下半测回归零，至此，一测回的观测操作完成。如需观测几个测回，各测回零方向应以 $\dfrac{180°}{n}$ 为增量配置水平度盘读数。

3）计算步骤

（1）计算 $2C$ 互差（又称两倍照准差）

理论上，相同方向的盘左、盘右观测值应相差 180°，如果不是，其偏差值称 $2C$，计算公式为

$$2C = 盘左读数 - （盘右读数 \pm 180°）\tag{3-24}$$

上式中，盘右读数大于 180° 时，取 "−" 号，盘右读数小于 180° 时，取 "+" 号，计算结果填入表 3-9 的第 6 栏。

（2）计算方向观测的平均值

计算公式为

$$平均读数 = \frac{1}{2}\left[盘左读数 + （盘右读数 \pm 180°）\right]\tag{3-25}$$

使用上式计算时，最后的平均读数为换算到盘左读数的平均值，也即盘右读数通过加或减 180° 后，应基本等于盘左读数，计算结果填入第 7 栏。

（3）计算归零后的方向观测值

先计算零方向两个方向值的平均值(表3-9中括号内的数值),再将各方向值的平均值均减去括号内的零方向值的平均值,计算结果填入第8栏。

(4)计算各测回归零后方向值的平均值

取各测回同一方向归零后的方向值的平均值,计算结果填入第9栏。

(5)计算各目标间的水平夹角

根据第9栏的各测回归零后方向值的平均值,可以计算出任意两个方向之间的水平夹角。

表 3-9 　　　　　　　　　　　　　　　　　　**方向观测法观测手簿**

测站	测回数	目标	读数		$2C=$ 左- (右±180°)	平均读数= $\frac{1}{2}$[左+ (右±180°)]	归零后方向值	各测回归零 方向值的 平均值
			盘左	盘右				
			(° ′ ″)	(° ′ ″)	(″)	(° ′ ″)	(° ′ ″)	(° ′ ″)
1	2	3	4	5	6	7	8	9
O	1	A	0 02 06	108 02 00	+6	(0 02 06) 0 02 03	0 00 00	
		B	51 15 42	231 15 30	+12	51 15 36	51 13 30	
		C	131 54 12	311 54 00	+12	131 54 06	131 52 00	
		D	182 02 24	2 02 24	0	182 02 24	182 00 18	0 00 00
		A	0 02 12	180 02 06	+6	0 02 09		51 13 27.5
O	2	A	90 03 30	270 03 26	+4	(90 03 32) 90 03 28	0 00 00	131 52 02 182 00 21.5
		B	141 17 00	321 16 54	+6	141 16 57	51 13 25	
		C	221 55 42	41 55 30	+12	221 55 36	131 52 04	
		D	272 04 00	92 03 54	+6	272 03 57	182 00 25	
		A	90 03 36	270 03 36	0	90 03 36		

3. 水平角观测的注意事项

①仪器高度应与观测者的身高相适应;三脚架要踩实,仪器与脚架连接应牢固,操作仪器时,不要用手扶三脚架;转动照准部和望远镜之前,应先松开制动螺旋,使用各种螺旋时,用力要轻。

②精确对中,特别是对短边测角,对中要求应更严格。

③当观测目标间高低相差较大时,更应注意仪器整平。

④照准标志要竖直,尽可能用十字丝交点瞄准标杆或测钎底部。

⑤记录要清楚,应当场计算,发现错误,立即重测。

⑥一测回水平角观测过程中,不得再调整照准部管水准气泡,如气泡偏离中央超过2格时,应重新整平与对中仪器,重新观测。

3.3.5 竖直角测量方法

1. 竖直角的用途

竖直角主要用于将观测的倾斜距离化算为水平距离或计算三角高程。

（1）倾斜距离化算为水平距离

如图 3-51(a)所示，测得 B、C 两点间的斜距 S 及竖直角 θ，其水平距离 D 的计算公式为

$$D = S\cos\theta \tag{3-26}$$

（2）三角高程计算

如图 3-51(b)所示，当用水准测量方法测定 B，C 两点间的高差 h_{BC} 有困难时，可以利用图中测得的斜距 S、竖直角 θ、仪器高 i、标杆高 v，依下列公式求出 h_{BC}：

$$h_{BC} = S\sin\theta + i - v \tag{3-27}$$

当已知 B 点的高程 H_B 时，C 点高程 H_C 的计算公式为：

$$H_C = H_B + h_{BC} = H_B + S\sin\theta + i - v \tag{3-28}$$

上述测量高程的方法称为三角高程测量。2005 年 5 月，我国测绘工作者测定世界最高峰——珠穆朗玛峰峰顶岩石面海拔高程 8844.43m 就使用了三角高程测量技术。

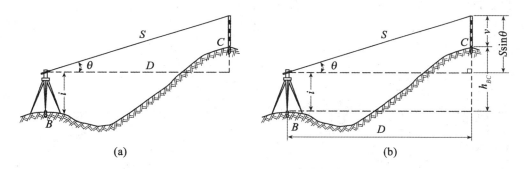

图 3-51 竖直角测量的用途

2. 竖盘构造

如图 3-52 所示，经纬仪的竖盘固定在望远镜横轴一端并与望远镜连接在一起，竖盘随望远镜一起绕横轴旋转，竖盘面垂直于横轴。竖盘读数指标与竖盘指标管水准器连接在一起，旋转竖盘管水准器微动螺旋将带动竖盘指标管水准器和竖盘读数指标一起做微小的转动。竖盘读数指标的正确位置是：望远镜处于盘左，竖盘指标管水准气泡居中时，读数窗中的竖盘读数应为 90°。望远镜处于盘右、竖盘指标管水准气泡居中时，读数窗中的竖盘读数应为 270°。

3. 竖直角的计算

如图 3-53(a)所示，望远镜位于盘左位置，当视准轴水平、竖盘指标管水准气泡居中时，竖盘读数为 90°。当望远镜抬高一个角度 θ 照准目标、竖盘指标管水准气泡居中时，

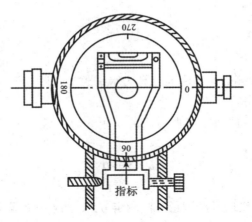

图 3-52　竖盘的构造

竖盘读数设为 L，则盘左观测的竖直角为

$$\theta_L = 90° - L \qquad\qquad (3\text{-}29)$$

如图 3-53(b)所示，纵转望远镜于盘右位置，当视准轴水平、竖盘指标管水准气泡居中时，竖盘读数为 270°。当望远镜抬高一个角度 θ 照准目标、竖盘指标管水准气泡居中时，竖盘读数设为 R，则盘右观测的竖直角为

$$\theta_R = R - 270° \qquad\qquad (3\text{-}30)$$

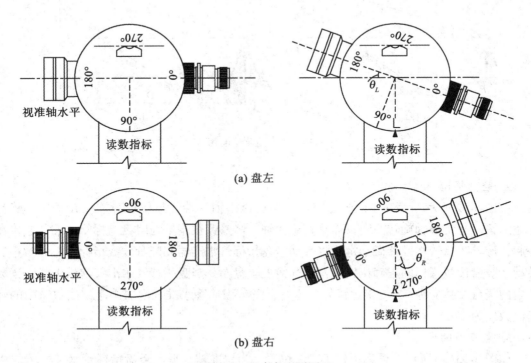

(a) 盘左

(b) 盘右

图 3-53　竖直角观测原理

4. 竖盘指标差

当望远镜视准轴水平，竖盘指标管水准气泡居中，竖盘读数为90°(盘左)或270°(盘右)的情形称为竖盘指标管水准器与竖盘读数指标关系正确，竖直角计算公式(3-29)和式(3-30)就是在这个条件下推导出来的。

当竖盘指标管水准器与竖盘读数指标关系不正确时，则望远镜视准轴水平时的竖盘读数相对于正确值90°(盘左)或270°(盘右)就有一个小的角度偏差 x，称为竖盘指标差，如图3-54所示。设所测竖直角的正确值为 θ，则考虑指标差 x 时的竖直角计算公式应为：

$$\theta = 90° + x - L = \theta_L + x \tag{3-31}$$

$$\theta = R - (270° + x) = \theta_R - x \tag{3-32}$$

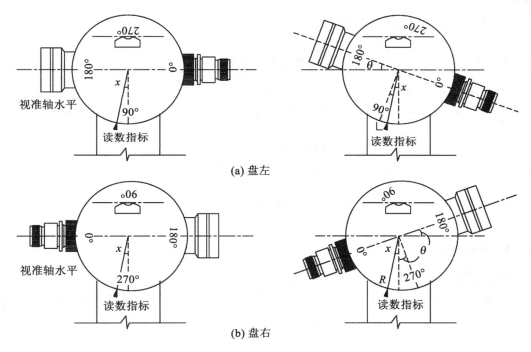

(a) 盘左

(b) 盘右

图 3-54 竖盘指标差

将式(3-31)减去式(3-32)，求出指标差 x 为

$$x = \frac{1}{2}(L + R - 360°) = \frac{1}{2}(\theta_R - \theta_L) \tag{3-33}$$

取盘左、盘右所测竖直角的平均值：

$$\theta = \frac{1}{2}(\theta_R + \theta_L) \tag{3-34}$$

可以消除指标差 x 的影响。

5. 竖直角观测

竖直角观测应用横丝瞄准目标的特定位置，例如标杆的顶部或标尺上的某一位置。注

意，竖直角观测时照准目标必须是同一位置。

竖直角观测的操作步骤如下：

①在测站点上安置经纬仪，用钢卷尺量出仪器高 i。仪器高是测站点标志顶部到经纬仪横轴中心的垂直距离。

②盘左瞄准目标，使十字丝横丝切于目标某一位置，旋转竖盘指标管水准器微动螺旋使竖盘指标管水准气泡居中（如果有竖直指标管补偿器可以省略此步骤），读取竖盘读数 L。

③盘右瞄准目标，使十字丝横丝切于目标同一位置，旋转竖盘指标管水准器微动螺旋使竖盘指标管水准气泡居中（如果有竖直指标管补偿器可以省略此步骤），读取竖盘读数 R。

竖直角的记录计算见表 3-10。

表 3-10　　　　　　　　　　　　　　竖直角观测手簿

测站	目标	竖盘位置	竖盘读数 (° ′ ″)	半测回竖直角 (° ′ ″)	指标差 (″)	一测回竖直角 (° ′ ″)
B	A	左	83 18 24	+6 41 36	+9	+6 41 45
		右	276 41 54	+6 41 54		
	C	左	112 36 30	−22 36 30	+6	−22 36 24
		右	247 23 42	−22 36 18		

3.3.6　直线定向

确定地面直线与某一标准方向间的水平夹角关系称为直线定向。

如图 3-55 所示，平面直角坐标系是直线定向的一种，其中 X 轴是一种标准方向，直线 BA、BC 与 X 轴的水平角大小即是直线 BA、BC 的方向。确定直线的方向一是确定基本

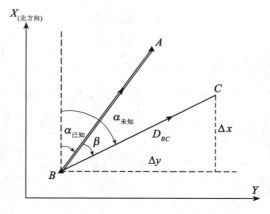

图 3-55　平面直角坐标系

方向，二是确定直线与基本方向间水平角大小。标准基本方向共有三种，一种是真子午线方向，一种是磁子午线方向，一种是坐标纵线方向。图 3-55 中的 X 轴即是坐标纵线方向。

1. 三种基本方向

（1）真子午线方向

如图 3-56 所示，地球有绕地轴旋转的北极、南极，也有地球磁北极、磁南极，二者有一定的偏移。通过地球表面上一点 P 的切平面且指向地球南北极的方向线即是该点的真子午线方向。它是用天文观测方法测定。地面上各点的真子午线都是指向南北极，因此它们之间是不平行的。

（2）磁子午线方向

如图 3-56 所示，过地面 P 的切平面且指向地球磁北、磁南的方向线，即是磁子午线方向。简单地说即地面上某点当磁针静止时所指的方向。可见磁子午线方向可由罗盘仪测定。

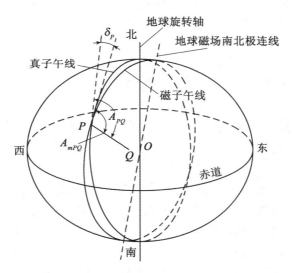

图 3-56 真子午线与磁子午线关系图

（3）坐标纵线方向

如前所述，无论是真子午线方向还是磁子午线方向都是指向地球的南北极和磁南北极，所以不同地点的子午线方向是不平行的，缺少统一参照系统，这给测量计算工作带来不便。测量中引入坐标纵线方向做为标准方向，如图 3-57 所示，采用高斯平面直角坐标系的坐标纵轴方向，即中央子午线北方向，其他任一点坐标纵线方向都平行于此中央子午线方向，可以保证地球上任意一点的坐标纵线是相互平行的。

2. 三北方向关系

以上所介绍的三个标准方向也称之为三北方向。在小比例尺地形图上，在地形图的图廓线下部都绘有三北方向线，表示了该地区的三北方向间的关系。

（1）子午线收敛角 γ

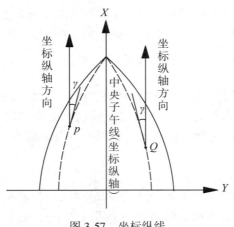

图 3-57　坐标纵线

过地面上某点的真子午线方向与坐标纵线方向间的夹角，称为该点的子午线收敛角。凡坐标纵线偏在真子午线以东者为正，反之为负。

（2）磁偏角 δ

磁子午线方向与真子午线方向间的夹角称为磁偏角。磁子午线偏于真子午线以东为东偏，其角值为正。偏于西者为西偏，其角值为负。

（3）磁坐偏角

磁子午线方向与坐标纵线方向间的夹角，称为磁坐偏角。

3. 直线定向的表示方法

（1）方位角

①真方位角 $A_{真}$：以真子午线方向为标准方向（简称真北）的方位角为真方位角。

②磁方位角 $A_{磁}$：以磁子午线方向为标准方向（简称磁北）的方位角为磁方位角。

③坐标方位角 α：以坐标纵轴为标准方向（简称轴北）的方位角为坐标方位角。

（2）三个方位角之间的关系

如图 3-58 所示，真方位角、磁方位角，坐标方位角之间的关系如下：

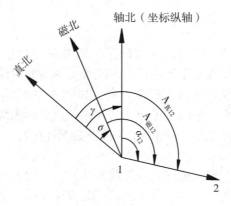

图 3-58　方位角关系图

真方位角与坐标方位角的关系：$A_真 = \alpha_{12} + \gamma$

真方位角与磁方位角的关系：$A_真 = A_{磁12} + \delta$

坐标方位角与磁方位角的关系：$\alpha = A_{磁12} + \delta - \gamma$

3.3.7 罗盘仪磁方位角测量

罗盘仪是测定直线磁方位角的仪器，如图 3-59 所示，它主要由望远镜、罗盘盒和基座三部分组成。

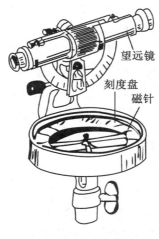

图 3-59 罗盘仪

1. 望远镜

瞄准目标用的照准设备，和经纬仪上的望远镜相似，部件有物镜、目镜、十字丝。望远镜的一侧附有一个竖直度盘，可以测竖直角。

2. 罗盘盒

罗盘盒有磁针和刻度盘。磁针安装在度盘中心顶针上，可自由转动，为减少顶针的磨损，不使用时可用固定螺旋将磁针升起，固定在玻璃盖上。刻度盘为金属圆盘，全圆刻度360°，最小刻划1°，从0°起逆时针方向每隔10°注一数字。望远镜的视准轴与刻度盘0°和180°的连线一致，且物镜方向指向0°。

3. 基座

基座是一种球臼结构，松开球臼接头螺旋，摆动罗盘盒，使水准器气泡居中，再旋紧球臼连接螺旋，度盘处于水平位置。

(1)罗盘仪的使用

用罗盘仪测定某一直线的磁方位角的方法是：

①安置罗盘仪于直线一端，对中整平。

②用望远镜瞄准直线的另一端点。

③松开磁针固定螺旋，使它自由转动，待磁针静止时，读出磁针北端(非铜丝缠绕的

一端)所指的度盘读数。

（2）使用罗盘仪的注意事项

①罗盘仪不能在高压线、铁矿区、铁路旁等地方使用。

②罗盘仪使用完毕后，应将磁针升起，固定在顶盖上。

§3.4 距离测量

距离测量亦是确定地面点位的三项基本工作之一。所谓距离是指两点间的水平距离。如果测得的是倾斜距离，还必须改算为水平距离。按所使用仪器和工具的不同，距离测量的方法主要有钢尺量距、视距测量和电磁波测距等。钢尺量距即用钢尺沿地面直接丈量，所用工具简单，但易受地形限制，适合平坦地区的近距离测量。视距测量是利用经纬仪和水准仪的的望远镜视距丝按几何光学原理进行间接量距，可以克服地形障碍，但其测量精度一般低于钢尺量距，适合低精度的近距离测量。电磁波测距是用电磁波作为载波，传输测距信号，以测量两点间距离的一种方法，测程远，精度高，操作方便。

3.4.1 钢尺量距

1. 量距工具

（1）钢尺

钢尺是用钢制成的带状尺，尺的宽度为 10～15mm，厚度约为 0.4mm，长度有 20m，30m，50m 等几种。钢尺有卷放在圆盘形尺壳内的，也有卷放在金属或塑料尺架上的，如图 3-60 所示。钢尺的最小分划为 mm，在每厘米、每分米及每米处印有数字注记。

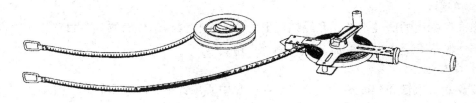

图 3-60 钢尺

根据零点位置的不同，钢尺有端点尺和刻线尺两种。端点尺是以尺的最外端作为尺的零点，如图 3-61（a）所示；刻线尺是以尺前端的一条分划线作为尺的零点，如图 3-61（b）所示。

（2）其他辅助工具

其他辅助工具有测钎、标杆、垂球，精密量距时还需要有弹簧秤、温度计和尺夹。测钎用于标定尺段（图 3-62（b）），标杆用于直线定线（图 3-62（a）），垂球用于在不平坦地面丈量时将钢尺的端点垂直投影到地面，弹簧秤用于对钢尺施加规定的拉力，温度计用于测定钢尺量距时的温度，以便对钢尺丈量的距离施加温度改正。尺夹用于安装在钢尺末端，以方便持尺员稳定钢尺。

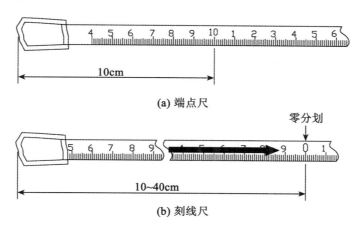

(a) 端点尺

(b) 刻线尺

图 3-61　钢尺的划分

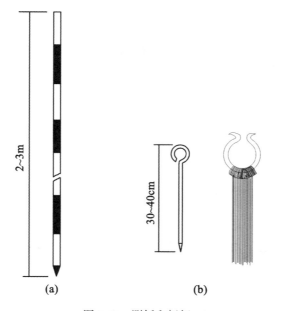

(a)　　　　　　(b)

图 3-62　测钎和标杆

2. 直线定线

钢尺量距最基本的要求是"平、准、直"。

当地面两点间的距离大于钢尺的一个尺段时，就需要在直线方向上标定若干个分段点，以便于用钢尺分段丈量。直线定线的目的是使这些分段点在待量直线端点的连线上，其方法有以下两种：

（1）目测定线

目测定线适用于钢尺量距的一般方法。如图 3-63 所示，*A*、*B* 为地面上互相通视的两点，欲要在 *A*、*B* 两点间的直线上标定出 1、2 等点。先在 *B* 点上竖立标杆，甲站在 *A* 点标杆后约 1m 处，指挥乙左右移动标杆，直到甲从 *A* 点沿标杆一侧看到三支标杆在同一直线上为止。同法可定出直线上的其他点。两点间定线，一般应由远到近。为了不挡住甲的视线，乙持标杆时，应站立在直线的左侧或右侧。

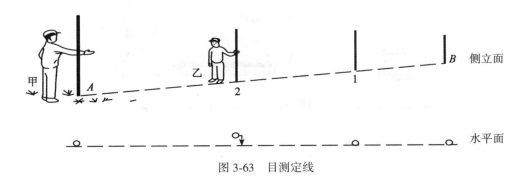

图 3-63　目测定线

（2）经纬仪定线

如图 3-64 所示，精密丈量时，需用经纬仪定线。一名测量员在 *A* 点安置经纬仪，经对中、整平后，用望远镜瞄准 *B* 点上所插的测钎，旋紧水平制动螺旋，固定照准部。两名量距员开始测量，其中一名前尺员在距 *A* 点略短于一个整尺段长度的地方，按经纬仪观测者的指挥，钉立木桩或移动测钎使它与十字丝竖丝重合，得 *AB* 直线上的 1 点。同理可得其他各点。

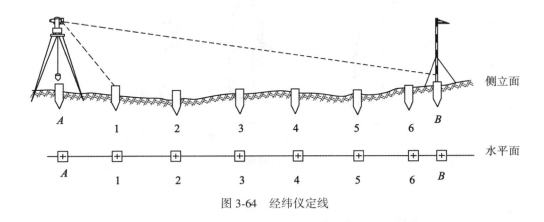

图 3-64　经纬仪定线

3. 钢尺量距的一般方法

丈量距离会遇到地面平坦、地面起伏等各种不同的地形情况。丈量距离就是要量出两点间的直线长度，不是折线或曲线长度，因此定线要直，尺身要平才能量出两点间的水平距离。丈量距离一般需四人，指挥一人，前、后尺各一人，记录一人。在地形复杂地区应增加若干人。

1）平坦地面的距离丈量

丈量工作一般由两人进行。如图 3-65 所示，在直线两端点 A，B 竖立标杆。量距分往测和返测。往测时，后尺员手持钢尺的零端位于 A 点，前尺员手持钢尺的末端和一组测钎沿 AB 方向前进，行至大约一个尺段处停下。A 点指挥员用手势指挥前尺员将钢尺拉在 AB 直线上后，后尺员将钢尺的零点对准 A 点，当两人同时把钢尺拉紧后，前尺员在钢尺末端的整尺段分划处竖直插下一根测钎（当在水泥地面上丈量插不了测钎时，也可用粉笔在地面上画线做记号）得到 1 点，即量完一个尺段。前、后尺员抬尺前进，当后尺员到达插测钎或划记号处时停住，再重复上述操作，量完第二尺段。后尺员拔起地上的测钎，依次前进，直到量完 AB 直线的最后一段为止。返测时，后尺员手持钢尺的零端位于 B 点，前尺员手持钢尺的末端和一组测钎沿 BA 方向前进。

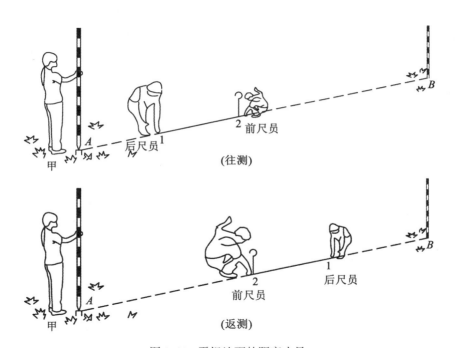

图 3-65　平坦地面的距离丈量

最后一段距离一般不会刚好是整尺段的长度，称为余长。丈量余长时，前尺手在钢尺上读取余长值，则最后 A，B 两点间的水平距离为

$$D_{AB} = n \times 尺段长 + 余长 \tag{3-35}$$

式中，n 为整尺段数。

在平坦地面，钢尺沿地面丈量的结果就是水平距离。为了防止丈量中发生错误和提高量距的精度，需要往、返丈量。往、返丈量距离较差的相对误差 K 的定义为

$$K = \frac{|D_{AB} - D_{BA}|}{\overline{D}_{AB}} \tag{3-36}$$

式中，$\overline{D}_{AB}$ 为往、返丈量距离的平均值。在计算距离较差的相对误差时，一般化成分子为 1 的分式，相对误差的分母越大，说明量距的精度越高。对图根钢尺量距导线，钢尺量距往返丈量较差的相对误差一般不应大于 1/3 000，当量距的相对误差没有超过规定时，取距离往、返丈量的平均值作为两点间的水平距离。

例 3-3　A，B 的往测距离为 162.73 m，返测距离为 162.78m，则相对误差 K 为

$$K = \frac{\left|162.73 - 162.78\right|}{162.755} = \frac{1}{3\ 255} < \frac{1}{3\ 000}$$

2）倾斜地面的距离丈量

（1）平量法

沿倾斜地面丈量距离，当地势起伏不大时，可将钢尺拉平丈量。如图 3-66（a）所示，丈量由 A 点向 B 点进行，甲立于 A 点，指挥乙将尺拉在 AB 方向线上。甲将尺的零端对准 A 点，乙将钢尺抬高，并且目估使钢尺水平，然后用垂球尖将尺段的末端投影到地面上，插上测钎。若地面倾斜较大，将钢尺抬平有困难时，可将一个尺段分成几个小段来平量，如图中的 ij 段。

（2）斜量法

当倾斜地面的坡度比较均匀时，如图 3-66（b）所示，可以沿着斜坡丈量出 AB 的斜距 S，测出地面倾斜角 θ 或两端点的高差 h，然后按下式计算 A，B 两点的水平距离 D。

$$D = S\cos\theta = \sqrt{S^2 - h^2} \tag{3-37}$$

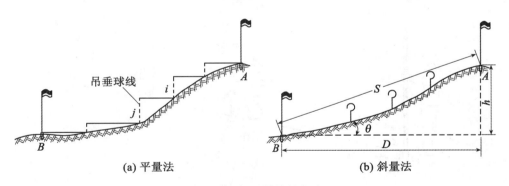

(a) 平量法　　　　　　　　　　(b) 斜量法

图 3-66　钢尺量具的方法

4. 钢尺量距的精密方法

用一般方法量距，其相对误差只能达到 1/1 000～1/5 000，当要求量距的相对误差更小时，例如 1/10 000～1/40 000，就应使用精密方法丈量。精密方法量距的主要工具为钢尺、弹簧秤、温度计、尺夹等。其中钢尺应经过检验，并得到其检定的尺长方程式。随着电磁波测距仪与全站仪逐渐普及，现在，人们已经很少使用钢尺精密方法丈量距离。

5. 钢尺量距的误差分析

（1）尺长误差

如果钢尺的名义长度与实际长度不符，将产生尺长误差。尺长误差是积累的，丈量的

距离越长，误差越大。因此，新购置的钢尺应经过检定，测出其尺长改正值。

（2）温度误差

钢尺的长度随温度而变化，当丈量时的温度与钢尺检定时的标准温度不一致时，将产生温度误差。按照钢的膨胀系数计算，温度每变化1℃，丈量距离为30m时对距离的影响为0.4mm。

（3）钢尺倾斜和垂曲误差

在高低不平的地面上采用钢尺水平法量距时，钢尺不水平或中间下垂而成曲线时，都使量得的长度比实际长度大。因此，丈量时应注意使钢尺水平，整尺段悬空时，中间应有人托住钢尺，否则将产生垂曲误差。

（4）定线误差

丈量时钢尺没有准确地放置在所量距离的直线方向上，使所量距离不是直线而是一组折线，造成丈量结果偏大，这种误差称为定线误差。丈量30m的距离，当偏差为0.25m时，量距偏大1mm。

（5）拉力误差

钢尺在丈量时所受拉力应与检定时的拉力相同。若拉力变化±2.6kg，尺长将改变±1mm。

（6）丈量误差

丈量时，在地面上标志尺端点位置处插测钎不准，前、后尺员配合不佳，余长读数不准等都会引起丈量误差，这种误差对丈量结果的影响可正可负，大小不定。在丈量中应尽量做到对点准确，配合协调。

3.4.2　视距测量

视距测量是一种间接测距方法，它利用望远镜内十字丝分划板上的视距丝及刻有厘米分划的视距标尺，根据光学原理同时测定两点间的水平距离和高差的一种快速测距方法。其中测量距离的相对误差约为1/300，低于钢尺量距；测定高差的精度低于水准测量。视距测量以前广泛用于地形测量的碎部测量中，现在主要用于横断面测量中。仪器可以使用光学经纬仪，也可使用水准仪。

下面介绍一种仪器视准轴水平时的视距计算方法。

如图3-67所示，AB为待测距离，在A点安置经纬仪或水准仪，B点竖立视距尺，设望远镜视线水平，瞄准B点的视距尺，此时，视线与视距尺垂直。此时水平距离计算公式为：

$$D = Kl + C \tag{3-38}$$

式中，K，C分别为视距乘常数和视距加常数。设计制造仪器时，通常使K=100，C接近零。因此，视准轴水平时的视距计算公式为

$$D = Kl = 100l \tag{3-39}$$

其中，l为仪器望远镜中上下视距丝在视距尺上的读数之差。

如图3-67所示，在仪器望远镜中上视距丝读数为1187，下视距丝读数为1384，两视距丝之差为197mm，则AB两点的视距D=100×197mm=19.7m。如果再在望远镜中读出中

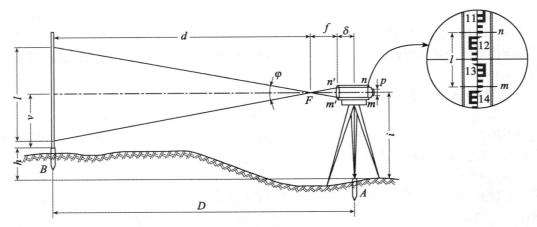

图 3-67 视准轴水平时的视距测量原理图

丝读数 v（或者取上、下丝读数的平均值），用小钢尺量出仪器高 i，则 A，B 两点的高差为

$$h = i - v \qquad (3-40)$$

3.4.3 电磁波测距

电磁波测距是用电磁波（光波或微波）作为载波传输测距信号以测量两点间距离的一种方法，使用光波作为载波的测距仪称为光电测距仪。

1. 光电测距仪的基本原理

如图 3-68 所示，光电测距仪是通过测量光波在待测距离 D 上往、返传播一次所需要的时间 t_{2D}，依式（3-41）来计算待测距离 D。

$$D = \frac{1}{2} c\, t_{2D} \qquad (3-41)$$

式中，$c = \dfrac{c_0}{n}$，为光在大气中的传播速度；$c_0 = 299\ 792\ 458\text{m/s} \pm 1.2\text{m/s}$，为光在真空中的传播速度；$n$ 为大气折射率（$n \geqslant 1$），它是光的波长 λ、大气温度 t 和气压 p 的函数，即

$$n = f(\lambda,\ t,\ p) \qquad (3-42)$$

由于 $n \geqslant 1$，所以，$c \leqslant c_0$，也即光在大气中的传播速度要小于其在真空中的传播速度。

红外测距仪一般采用 GaAs（砷化镓）发光二极管发出的红外光作为光源，其波长 $\lambda = 0.85 \sim 0.93\mu\text{m}$。对一台红外测距仪来说，$\lambda$ 是一个常数。由式（3-42）可知，影响光速的大气折射率 n 只随大气的温度 t、气压 p 而变化，这就要求我们在光电测距作业中，应实时测定现场的大气温度和气压，并对所测距离施加气象改正。

由于时间 t_{2D} 的测定方法不同，光电测距仪分为两种：

（1）脉冲法测距

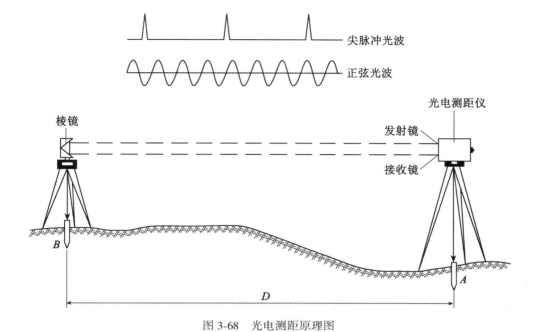

图 3-68　光电测距原理图

脉冲法测距是通过测量激光脉冲在待测距离上往返一次所经历的时间而求得距离。当仪器在 t_1 时发生激光脉冲，计算闸门开启，至 t_2 接收到反射光，闸门关闭。在此 $t_2 \sim t_1$ 段时间内由计数器记录脉冲个数，每个脉冲代表一定的单位长度，从而测得距离。

由于脉冲宽度和电子计数器时间分辨率的限制，脉冲式测距仪测距精度较低。精密测距仪都是采用相位式。

（2）相位式测距仪

相位式测距仪是通过测量调制波在测线上往返传播所产生的相位移，间接测定往返时间 t，相位测距原理如图 3-69 所示。

由光源发出的光波通过调制器调制后，成为光强随交频信号变化的调制波。调制波射向测线另一端的反射镜，经反射镜反射后，被接收器所接收，然后由相位计将发射信号与接收信号进行相位比较。

设调制波在被测距离上往返传播的相位移为 ϕ，则 t 为

$$t = \frac{\phi}{w} = \frac{\phi}{2\pi f}$$

式中，π、f 为调制波的角频率和线频率。

由图 3-69 可知，调制波往返于测线的相位移中，包括 N 个整周期变化和不足一周期的尾数 $\Delta\phi$，若令 $\Delta\phi = \Delta N \cdot 2\pi$，$\Delta N = \frac{\Delta\phi}{2\pi}$，则

$$\phi = N \cdot 2\pi + \Delta\phi = 2\pi(N + \Delta N) \tag{3-43}$$

代入（3-41），得出 $D = \frac{\lambda}{2}(N + \Delta N)$，

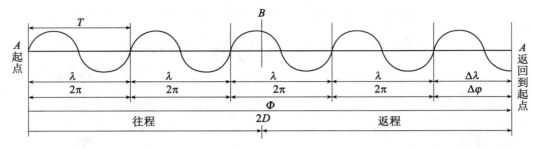

图 3-69　相位测距原理

此即为相位式测距的基本公式。

由此可见，相位式光电测距仪的原理和钢卷尺量距相仿，相当于用一根长度为 $\dfrac{\lambda}{2}$ 的 "光尺" 来丈量距离，N 为 "整尺段数"，ΔN 为 "零数"。

对于某种光源的波长 λ_s，在标准气象状态下（$t = 15℃$，$p = 101.3\text{kPa}$）的光速可以精确求得，因此，调制光的光尺长度可以由调制信号的频率 f 来决定。如近似地取光速 $c = 3 \times 10^8\text{m/s}$，则调制频率 f 与调制光光尺长度 $\dfrac{\lambda}{2}$ 的关系见表 3-11。

表 3-11　　　　　　　　　　　　　调制频率与光尺长度对照

调制频率	15MHz	7.5MHz	1.5MHz	150kHz	75kHz
光尺长度	10m	20m	100m	1km	2km

由此可见，调制频率决定光尺长度。当仪器在使用过程中，由于电子元件老化等原因，实际的调制频率与设计的标准频率有微小变化时，其影响大小与距离的长度成正比。测距仪经过检定，可以得到改正距离用的比例系数，称为测距仪的乘常数，用 b 表示。另外，在用测距仪测定距离时，测定距离与实际距离相差一个固定的常数值，此值与测定距离长短无关，这个数值称为测距仪的加常数，用 a 表示。

测距仪的测距精度表示方法为：$\pm(a + b \times D\ \text{ppm})$

可以简单表示为：　　　　　　　　　　$a + b\ \text{ppm}$

实际上，相位式测距仪中的相位计只能测出不足 2π 的相位尾数 $\Delta\phi$，无法测定整周期 N，因此式（3-43）有多解。此外，仪器测相系统精度一般可达 $10^{-3} \sim 10^{-4}$，光尺长度越长，测距误差越大。例如 10m 的光尺误差为 1cm；1 000m 的光尺误差为 1m。为了兼顾测程和精度，相位式测距仪选用了 N 把光尺配合测距，用短光尺（又称精测尺）测出精确的小数，用长光尺（又称粗光尺）测出距离的大数。

2. 手持激光测距仪简介

在建筑施工与房产测量中，经常需要测量距离、面积和体积，使用手持激光测距仪可以方便、快速地实现。图 3-70(a) 为徕卡公司生产的 DISTO A3 手持激光测距仪，键盘功能如图 3-70(b) 所示。

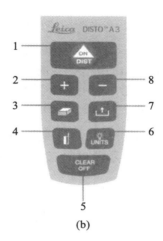

(a)   (b)

1. 开/测量键；2. 加+键；3. 面积/体积键；4. 测量基准边键；

5. 清除/关键；6. 单位/照明键；7. 存储键；8. 减-键

图 3-70　徕卡 DISTO A3 手持激光测距仪

仪器的主要技术参数如下：

①大小和重量：135×45×31mm，145 克；

②最小显示单位：1mm；

③测量误差：±1.5mm，最大±3mm；

④测程：0.05~200m(测距 30m 以上须用觇板)；

⑤激光束光斑直径：6/30/60mm(10/50/100m)：

⑥测量时间："正常测距/跟踪测距"0.4s/0.16s；

⑦电源：一对 2×1.5V 的 AA 电池可供测量 5 000 次。

DISTO 具有多种测量功能，分别介绍如下：

(1)设置测量基准边

测量基准边键可以设置为前沿和后沿两种测量模式。测量基准边的标准设置是后沿。按测量基准边键 4，可将测量基准边在前沿和后沿两种测量模式下选择。在测量后测量基准边会自动还原为以后沿为基准的设置。

(2)测量

按 DIST 键开启激光。设置完测量基准边模式后，再按此键进行测量。测量结果将显示在显示屏上。

(3)清除

使用清除键 5 回到上一指令。在测量面积和体积时，可以用清除键清除单个测量结果，重新进行测量。

（4）加/减

先测量一个距离，然后通过按加键"+"或者按减键"−"来完成加或减的指令。每个加或减的结果显示在主显示屏上。如需复原上一个操作，按清除键 5。

（5）面积/体积

按面积/体积键 3，在面积和体积两种模式下相互选择。

按▇键一次，进入面积测量模式。DISTO 发射一束可见激光，照准待测物体表面，按 1 键，屏幕显示测出的第一个距离；将 DISTO 旋转 90°，照准另一待测物体表面，按 1 键，屏幕显示测出的第二个距离及这两个距离相乘的面积，测量结果案例如图 3-71（a）所示。面积测量要求两个测距方向相互垂直，使用该功能测量面积非常方便。

按▇键两次，进入体积测量模式。DISTO 发射一束可见激光，分别照准三个相互垂直的面按 1 键，屏幕显示测出的三个距离及这三个距离相乘的体积，测量结果案例如图 3-71（b）所示。

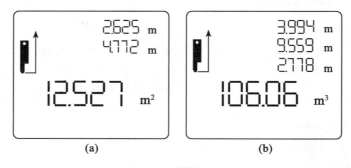

图 3-71　数据显示

（6）历史记录存储

按存储键 7，最后的 19 个显示的值将会按照反顺序显示出来。用加键"+"或减键"−"来移至所需的值。

按清除键 5，测量键 1 或者面积/体积键 3 来离开存储功能。如需继续使用主显示里的某个值来进行计算，按住存储键 7 直到听到蜂鸣声，此时的值已经存储并可以用它来进行下一步计算。

§3.5　建筑施工放样的基本方法

3.5.1　概述

根据设计和施工的要求，将设计的建筑物或构筑物的位置、形状和高程在实地上标定出来，这个工作就称为施工放样（或称测设）。施工放样为施工提供依据，是直接为施工服务的,施工测量工作中任何一点差错,都将直接影响着工程的质量和施工进度。因此,要求施工测量人员要具有高度的责任心,认真熟悉设计文件,掌握施工计划,结合现场条件,精心放样,并随时检查、校核,以确保工程质量和施工的顺利进行。

1. 施工放样的程序

施工放样贯穿于整个施工期间,特别是大型工程,建筑物多,结构复杂,要求施工放样按照一定程序有条不紊地进行。

在设计工程建筑物时,首先作出建筑物的总体布置,确定各建筑物的主轴线位置及其相互关系。然后在主轴线的基础上设计各辅轴线。根据各轴线再设计建筑物的细部位置、形状和尺寸等。这就是工程建筑物由整体到局部的设计过程。

工程建筑物的放样,也遵循由整体到局部的原则。通常首先建立施工控制网,由施工控制网放样出各建筑物的主轴线,再根据建筑物的几何关系,由主轴线放样出辅助轴线,最后放样出建筑物的细部位置。采用这样的放样程序,就能保证放样的建筑物各元素间的几何关系,从而保证了整个工程和各建筑物的整体性。同时还可避免对施工控制网提出过高的要求等。例如,飞机场场道放样中,首先根据场区施工控制网放样出场道主轴线,再由主轴线放样出停机坪、加油站及拖机道的轴线,最后由各轴线放样出各建筑物(构筑物)的细部位置。又如工业厂房放样时,首先根据施工控制网放样出厂房主轴线,然后由主轴线定出厂房辅助轴线和设备安装轴线,最后定出厂房的细部位置和设备的安装位置。

2. 施工放样的精度要求

在地形测量中,控制测量和地形、地物的测绘精度,主要取决于成图比例尺,比例尺越大,则精度要求越高。而在施工测量中,施工放样的精度,一般不是由设计图纸的比例尺来确定的,而是由下列因素来决定的:

(1)建筑物位置元素的确定方法

在设计建筑物时,建筑物的位置元素通常采用下列方法确定:①进行专门计算;②按标准图设计;③用图解方法设计。显然,由①②两种方法确定的建筑物的位置元素精度高,而由③方法确定的建筑物位置元素精度较低。建筑物位置元素确定的精度高时,其放样的精度要求一般也高,反之,建筑物位置元素确定的精度低时,其放样精度要求也低。

(2)建筑物的建筑材料

建筑物的建筑材料的不同,对施工放样的精度要求也不一样,一般情况下,金属结构和钢筋混凝土结构的建筑物要求放样精度高,而土结构和砖石结构建筑物要求放样精度较低。

(3)建筑物的规模和用途

建筑物规模的大小和用途的不同,对放样的精度要求也不一样。大型和高层建筑物要求放样精度高,较小型和低层建筑物要高;建筑物间有连续生产设备,如自动运输或传动设备等,其放样精度要求较没有连续生产设备的高。此外,永久性建筑物放样精度要求较临时性建筑物要高。

(4)施工程序和施工方法

施工程序和施工方法也是确定放样精度要求的因素。如采用平行施工法比采用逐步施工法的放样精度要求高;采用机械法施工和预制件安装施工比人工和现场浇筑施工的放样精度要求高。

　　合理地确定放样精度要求，是一项重要而复杂的工作，除了要掌握测量知识外，还需要掌握一定的工程知识和施工知识。

　　施工放样的精度可以分为两种：一种是建筑物主轴线的位置精度，或各建筑物主轴线之间的位置精度，这种精度又称绝对精度；另一种是建筑物本身各部分之间及其相对于主轴线的位置精度，这种精度又称相对精度。例如厂房主轴线相对于施工控制网的位置精度称为绝对精度。而厂房细部或设备轴线相对于厂房主轴线的位置精度称为相对精度。通常，施工放样的相对精度比放样的绝对精度要高。

3.5.2　基本元素的放样

　　测量工作是测定某一点的空间位置，而放样工作是根据某点的空间位置在实地标定点位。在测量工作中，不论采用哪种测量方法，都是通过测量角度、长度和高程来求得点的空间位置；而在放样工作中，同样，不论采用哪种放样方法，也都是通过放样角度、长度和高程来标定实地点位。因此，我们把角度、长度和高程称为放样的基本元素，把放样角度、长度和高程称为基本元素的放样。

　　1. 角度放样

　　角度放样，又称拨角。它是通过某一顶点的固定方向为起始方向，再通过同一顶点设定另一方向线，使两方向线的夹角等于设计角度值。

　　(1) 正倒镜分中法

　　如图 3-72 所示，OA 是已知方向线，现要求过 O 点设置第二条方向线，使其与 OA 方向线的夹角等于 β（β 为设计角度值），直接放样角度的步骤是，于 O 点安置经纬仪，用盘左 (正镜) 位置以 OA 方向定向 (后视方向)，转动照准部，拨出设计角值 β，固定望远镜，在视准线内适当位置标定 B_1（要求 OB_1 尽量长些）。为了消除仪器误差影响，用仪器盘右 (倒镜) 位置，以同样方法标定 B_2，且使 OB_2 和 OB_1 尽量相等。取 B_1、B_2 连线的中点 B_0，并将 B_0 用标志固定下来，得方向线 OB_0，则 $\angle AOB_0$ 即为测设于实地的设计角值。

　　(2) 修正法

　　当放样的角度精度要求较高时，可采用修正法进行放样，修正法放样角度的方法是，首先用正倒镜分中法放样出角度 $\angle AOB_0$，以 B_0 点作为过渡点 (临时点)。然后根据精度要求，按一定的测回数，精确测量角度 $\angle AOB_0 = \beta'$。

　　计算观测角值 β' 与设计角值 β 之差：

$$\Delta\beta = \beta' - \beta \tag{3-44}$$

　　如图 3-73 所示，由过渡点 B_0 作 OB_0 方向线的垂线，根据 $\Delta\beta$ 的符号，在垂线上量取 $B_0 B = d$，d 按下式计算：

$$d = \frac{\Delta\beta}{\rho''} \cdot \overline{OB_0} \tag{3-45}$$

　　式中，$\rho'' = 206\ 265$。

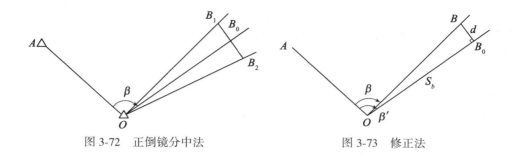

图 3-72 正倒镜分中法　　　　图 3-73 修正法

根据 d 就可在现场用三角板和直尺修正 B_0 的位置。

2. 长度放样

1）钢尺法

用钢尺放样长度的方法有直接法和修正法两种。

（1）直接法

当放样长度的精度要求不高时，可采用直接法进行放样。若放样的长度不超过一尺段时，可自固定点标志起，沿设定方向拉平尺子，在尺上读取设计长度，并在实地作标志，按同法标定两次，取其中数作为最后标定的依据。

若设计长度超过一尺段时，应先进行定线，在给定的方向上定出各尺段的端点桩。在定线方向上量取整尺段长度，最后量取不足一尺段的长度值，一般量取两次，取其中数进行标定。

定线一般采用经纬仪定线，根据现场情况，可采用内插定线法或外插定线法。不论采用哪种定线方法，都要用正、倒镜取中数，定线的距离也不宜太长，以免影响定线的精度。

（2）修正法

如图 3-74 所示，设 A 为已知点，先用直接法在给定的方向上放样出设计长度 AB'，B' 点为过渡点。然后根据精度要求，先用丈量工具和仪器，按一定的测量方法和测回数，精确测量 AB' 的长度，同时测量温度、尺段间高差等。经尺长、温度和高差等各项改正后，得：

$$AB' = S'$$

图 3-74 归化法放样长度

将 S' 和设计长度 S 比较，得差数 ΔS：

$$\Delta S = S' - S$$

修正 B' 点时，由 B' 点沿定线方向向 A 点回缩（当 $\Delta S>0$ 时）或延长（$\Delta S<0$ 时）ΔS，标定 B 点，则 $AB=S$。

有时为了在设置永久标志 B 时不影响过渡点 B' 的稳定性，在直接放样长度时有意将 ΔS 值留得大一些。

2）测距仪法

用测距仪测设水平长度时，由于可以直接测得水平距离，并且可以预先设置改正值，因此比钢尺法更为简便。测设时，在 A 点安置仪器（装于经纬仪上的测距仪或电子全站仪），按施测当时的气温、气压在仪器上设置改正值，瞄准 AC 方向，指挥装于小标杆上的棱镜前后移动（移动的距离可根据初次测得的距离计算），直至测得的水平距离（已经过仪器的乘常数、加常数和气象改正）为设计所指定的数值，即可定出 B 点，使 AB 的水平长度符合设计要求。

3. 高程放样

在工程建筑施工中，需要测设由设计所指定的高程，例如在平整场地、开挖基坑、定路线坡度和定桥台桥墩的设计标高等场合。

如图 3-75 所示，设水准点 A 的高程为 H_A，今要测设 B 桩，使其高程为 H_B。为此，在 A，B 两点间安置水准仪，先在 A 点立水准尺，读得尺上读数为 a，由此得到仪器视线高程为

$$H_i = H_A + a \tag{3-46}$$

要使 B 点桩顶的高程为设计高，则竖立在桩顶的尺上读数应为

$$b = H_i - H_B \tag{3-47}$$

这时，逐渐将桩打入土中，使立在桩顶的尺上读数逐渐增加到 b，这样，在 B 点桩顶就标出了设计高程 H_B。

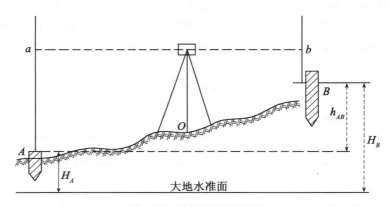

图 3-75　高程放样示意图

例 3-4　设 $H_A = 24.376\mathrm{m}$，欲测设的高程 $H_B = 25.000\mathrm{m}$。A 点上水准尺的读数 $a = 1.534\mathrm{m}$，按式（3-46）得仪器视线高程 $H_i = H_A + a = 24.376\mathrm{m} + 1.534\mathrm{m} = 25.910\mathrm{m}$。按式

(3-47)计算出 $b=H_i-H_B=25.910-25.000=0.910\text{m}$。若将 B 桩逐渐打入土中，使立在 B 桩顶的尺上读数逐渐增加至 0.910m，这样，B 点桩顶即为设计高程 25.000m。

若放样的高程与水准点高程相差较大时，例如，往高层建筑物或往坑道内放样高程等，可采用两台水准仪和借助悬挂钢尺的方法进行放样。

图 3-76 是向坑道内放样高程。设 A 点为水准点，其高程为 H_A，B 点的设计高程为 H_B。这时在坑道内悬挂一根经过检定过的钢尺 L，底部悬有重锤。在地面点和坑道内同时安置水准仪。若地面上水准仪在 A 点标尺上读数为 a，在钢尺上的读数为 b；坑道水准仪在钢尺上的读数为 c，则在 B 点标尺上的读数应为 d。可以把地面水准测量和坑道水准测量看成连续两次水准测量，先进行地面水准测量，测量出钢尺 L 底部重锤的高程 $H_{锤}$，

$$H_{锤}=H_A+a-b \tag{3-48}$$

再进行坑道水准测量，测量得：

$$H_B=H_{锤}+c-d \tag{3-49}$$

由式(3-48)、式(3-49)联合推求得：

$$d=H_A-H_B+a-b+c \tag{3-50}$$

这时 B 点标尺底面正是设计高程的位置。

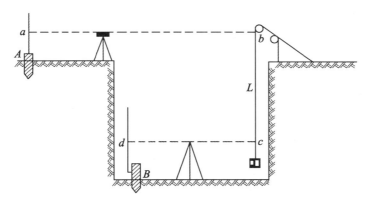

图 3-76　坑道放样高程示意图

4. 平面点位的放样

放样设计的平面点位置的方法有直角坐标法、极坐标法、距离交会法、角度交会法等。一般可按平面控制点的分布、地形情况、施工现场条件、仪器设备和施工放样的精度要求来选择放样的方法。

（1）直角坐标法

当建筑场地的施工控制网为方格网或建筑基线形式时，采用直角坐标法较为方便。如图 3-77 所示，A，B，C，D 为方格控制点，要在地面上测设一点 P。施测方法是沿 AB 边量取 AE 长度，使之等于 P 点与 A 点横坐标之差 Δy。再将经纬仪安置在 E 点上，作 AB 的垂线，并在此垂线上量取 EP 长度，使之等于 P 点与 A 点纵坐标之差 Δx，得到 P 点的位置。

（2）极坐标法

如图 3-78 所示，首先根据控制点 A，B 的坐标和 P 点的设计坐标，按下式计算放样数据：

$$D = \sqrt{(x_p - x_A)^2 + (y_p - y_A)^2} \tag{3-51}$$

$$a_{AP} = \arctan \frac{y_p - y_A}{x_p - x_A} \tag{3-52}$$

$$\beta = a_{AP} - a_{AB} \tag{3-53}$$

式中，D 为测站至测设点的水平距离；α 为方位角；β 为水平角。

将经纬仪安置于 A 点，测设水平角 β，得到 AP 方向，然后在此方向上测设水平长度 D，即可确定 P 点的位置。AP 方向也可以直接根据方位角来确定：在 A 点瞄准另一已知点 B 时，将水平度盘读数设置成 α_{AB} 的数值，然后转动经纬仪照准部，使水平度盘读数为 α_{AP}，此时，视准轴的方向即为 AP 方向。

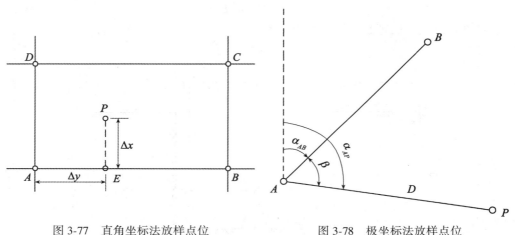

图 3-77　直角坐标法放样点位　　　　图 3-78　极坐标法放样点位

如果用全站仪按极坐标法测设点位，则更为方便，因为全站仪都有按设计点位的坐标进行点位测设的功能。如图 3-79 所示，把全站仪安置于 A 点，输入测站点 A、后视点 B 及测设点 P 的坐标，调用仪器中测设点位功能的程序，即能自动计算测设数据。先瞄准后视点 B，进行度盘定向；然后水平转动照准部，屏幕显示当前方位角与测设点的方位角之差，据此可使照准部转至 AP 方向上，指挥棱镜在此方向上前、后移动，需移动的距离也会在屏幕上显示，直至距离为 D，即可确定 P 点的位置。

（3）角度交会法（方向交会法）

当不便量距或放样的点位远离控制点时，采用角度交会法较为适宜。如图 3-80 所示，先根据控制点 A，B 的坐标及待定点 P 的设计坐标，计算出放样数据水平角 α，β 的角值。然后将两台经纬仪分别安置于 A，B 两个控制点上，测设角 α，β，方向线 AP，BP 的交点即为所求的 P 点。角度交会法又称方向交会法。

（4）距离交会法（长度交会法）

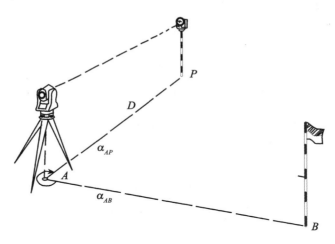

图 3-79 用全站仪放样点位

用距离交会法放样点位的方法如图 3-81 所示。从两个控制点 A，B 向同一待放样点 P 用钢尺拉两段由坐标反算而得的距离 D_1，D_2，相交处即为放样的点位 P。距离交会法又称长度交会法。

距离交会法大多用于场地平坦、便于用钢尺量距的地区，且控制点到待放样点的距离以不超过一尺段为限。

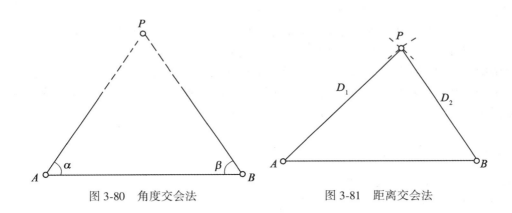

图 3-80 角度交会法   图 3-81 距离交会法

（5）自由设站法

自由设站法是在施工放样场地内增设控制点，并靠近待测设点，然后就近用极坐标法放样设计的点位。增设控制点的位置可以自由选择，只要能与已知点联测，并便于场地内待放样点的测设，可以选择在地面上，也可以选择在楼层平面上。增设控制点的坐标可以用后方交会或距离交会等方法测定。

如图 3-82 所示，A，B，C 为建筑场地外围的原有控制点，S 为自由设站点，P_1，P_2 为待测设的设计点。先测定 S 点的坐标。用后方交会法定点时，在 S 点安置经纬仪，对

A，B，C 三点观测方向值；用距离交会法定点时，对 A，B，C 三点（或至少其中两点）测定水平距离。

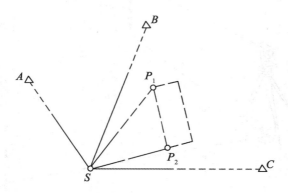

图 3-82 自由设站法

根据 S 和 P_1，P_2 点的坐标，计算以 S 为测站的测设数据，以 A，B，C 三点中的任一点为后视点放样设计点位 P_1 和 P_2。

5. 设计坡度的测设

在铺设管道、修筑道路路面等工程中，经常需要在地面上放样设计的坡度线。放样设计的坡度线时，一般采用水准仪，具体作法如下：

如图 3-83 所示，设在地面上 A 点的设计高程为 H_A，A，B 两点间的水平距离为 D，设计坡度为 -1%，则 B 点的设计高程应为 $H_B = H_A - 0.01D$。先按上述的放样设计高程的方法，把 A，B 两点的设计高程测设在地面上，然后把水准仪安置在 A 点，并使其基座上的一只脚螺旋放在 AB 方向线上（另两只脚螺旋的连线与 AB 方向垂直）。量出仪器高 i，用望远镜瞄准位于 B 点上的水准尺，并转动在 AB 方向上的那只脚螺旋，使十字丝的中丝在水准尺上的读数为仪器高 i，这时，仪器的视线即平行于所设计的坡度线。随后在 AB 的中间各点 1，2，3…的木桩上立尺，逐渐将木桩打入地下，直到水准尺上的读数等于仪器高

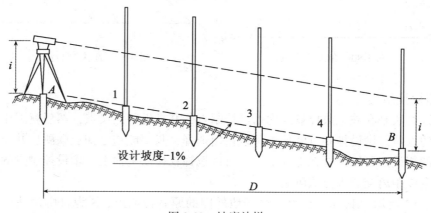

图 3-83 坡度放样

i 为止。这样，各桩的桩顶的连线即为地面上设计的坡度线。如果设计的坡度很大，超出水准仪脚螺旋所能调节的范围，则改用经纬仪进行测设。

◎ 思考与练习题

一、名词解释

1. 测定　2. 放样　3. 大地水准面　　4. 大地坐标系统　　5. 高斯平面直角坐标系

6. 城市独立坐标系　　7. 高程系统　　8. 坐标方位角　　9. 三北方向

二、单选题

第一部分　绪　论

1. 测量学中的基准面是指(　　)，基准线是指(　　)。

　A. 大地水准面、铅垂线　　　　　　　　B. 大地水准面、法线

　C. 水平面、铅垂线　　　　　　　　　　D. 水准面、法线

2. 在高斯平面直角坐标系中，纵轴为(　　)。

　A. x 轴，向东为正　　　　　　　　　　B. y 轴，向东为正

　C. x 轴，向北为正　　　　　　　　　　D. y 轴，向北为正

3. A 点的高斯坐标为 $x_A = 152\ 250$m，$y_A = 20\ 325\ 400$m，则 A 点所在 6°带的带号及中央子午线的经度分别为(　　)。

　A. 11 带，66　　　　B. 20 带，117　　　　C. 19 带，117　　　　D. 19 带，111

4. 在(　　)为直径的圆面积之内进行平面坐标测量时，可以用过测区中心点的切平面代替大地水准面，而不必考虑地球曲率对距离的投影。

　A. 100km　　　　B. 50km　　　　C. 25km　　　　D. 10km

5. 对高程测量，用水平面代替水准面的限度是(　　)。

　A. 在以 10km 为直径的范围内可以代替

　B. 在以 20km 为半径的范围内可以代替

　C. 不论多大距离都可代替

　D. 不能代替

6. 高斯平面直角坐标系中直线的坐标方位角是按以下哪种方式量取的？(　　)

　A. 纵坐标北端起逆时针　　　　　　　　B. 横坐标东端起逆时针

　C. 纵坐标北端起顺时针　　　　　　　　D. 横坐标东端起顺时针

7. 高斯投影属于(　　)。

　A. 等面积投影　　　B. 等距离投影　　　C. 等角投影　　　D. 等长度投影

8. 测量使用的高斯平面直角坐标系与数学使用的笛卡儿坐标系的区别是(　　)。

　A. x 与 y 轴互换，第一象限相同，象限逆时针编号

　B. x 与 y 轴互换，第一象限相同，象限顺时针编号

　C. x 与 y 轴不变，第一象限相同，象限顺时针编号

　D. x 与 y 轴互换，第一象限不同，象限顺时针编号

9. 地面点的空间位置是用(　　)来表示的。

　A. 地理坐标　　　B. 平面直角坐标　　　C. 坐标和高程

10. 地面上同一点的天文坐标与大地坐标是不完全相同的，因为二者采用的基准面和基准线不同，天文坐标采用的为(　　)，而大地坐标采用的是(　　)。
    A. 大地水准面和法线、旋转椭球面和铅垂线
    B. 旋转椭球面和铅垂线、大地水准面和法线
    C. 大地水准面和铅垂线、旋转椭球面和法线
    D. 旋转椭球面和法线、大地水准面和铅垂线

第二部分　水准测量

11. 地面点到高程基准面的垂直距离称为该点的(　　)。
    A. 相对高程　　　　　　B. 绝对高程　　　　　　C. 高差

12. 绝对高程的起算面是(　　)。
    A. 水平面　　　　　　　B. 大地水准面　　　　　C. 假定水准面

13. 相对高程是由(　　)起算的地面点高度。
    A. 大地水准面　　　　B. 任意水准面　　　　C. 水平面　　　　D. 竖直面

14. 水准仪的(　　)应平行于仪器竖轴。
    A. 视准轴　　　　　　B. 圆水准器轴　　　　C. 十字丝横丝　　　　D. 管水准器轴

15. 自动安平水准仪的特点是(　　)使视线水平。
    A. 用安平补偿器代替管水准仪
    B. 用安平补偿器代替圆水准器
    C. 用安平补偿器和管水准器

16. 转动三个脚螺旋使水准仪圆水准气泡居中的目的是(　　)。
    A. 使仪器竖轴处于铅垂位置　　　　　　B. 提供一条水平视线
    C. 使仪器竖轴平行于圆水准轴

17. 消除视差的方法是(　　)使十字丝和目标影像清晰。
    A. 转动物镜对光螺旋　　　　　　　　　B. 转动目镜对光螺旋
    C. 反复交替调节目镜及物镜对光螺旋

18. 在水准测量中，注意前、后视距离相等主要消除(　　)对高差的影响。
    A. 整平误差　　　　　　　　　　　　　B. 地球曲率和大气折光
    C. 圆水准器轴不平行于竖直轴　　　　　D. 水准管轴不平行于视准轴

19. 在普通水准测量中，应在水准尺上读取(　　)位数。
    A. 5　　　　　　　　　B. 3　　　　　　　　C. 2　　　　　　　　D. 4

20. 水准测量中，设后尺 A 的读数 $a=2713\text{mm}$，前尺 B 的读数为 $b=1401\text{mm}$，已知 A 点高程为 15.000m，则 B 点高程为(　　)m。
    A. 13.688　　　　　　B. 16.312　　　　　　C. 16.401　　　　　　D. 17.713

21. 由 A、B 点的高程 $H_A=100\text{m}$、$H_B=200\text{m}$，求高差 $h_{AB}=(　　)\text{m}$。
    A. +100　　　　　　　B. −100　　　　　　　C. +200　　　　　　　D. +300

22. 转动物镜对光螺旋的目的是使(　　)。
    A. 物像清晰　　　　　　　　　　　　　B. 十字丝分划板清晰
    C. 物像位于十字丝分划板面上　　　　　D. 消除视差

23. 双面尺法水准测量的顺序是( )。

    A. 后前前后　　　　B. 后后前前　　　　C. 前后后前　　　　D. 前前后后

24. 水准测量中，仪器视线高应为( )。

    A. 后视读数+前视点高程　　　　　　　B. 前视读数+后视点高程

    C. 后视读数+前视点高程　　　　　　　D. 前视读数+前视点高程

25. 水准测量时，尺垫应放置在( )。

    A. 水准点　　　　B. 转点　　　　C. 已知点上　　　　D. 待测点上

26. 水准测量中，调整微倾螺旋使管水准气泡居中的目的是使( )。

    A. 竖轴竖直　　　　B. 视准轴水平　　　　C. 十字丝横丝水平　　D. 十字丝竖丝竖直

27. DS1 水准仪的观测精度要( )DS3 水准仪。

    A. 高于　　　　B. 接近于　　　　C. 低于　　　　D. 等于

28. 设 $H_A = 15.032$m，$H_B = 14.729$m，$h_{AB} = ($)m。

    A. -29.761　　　　B. -0.303　　　　C. 0.303　　　　D. 29.761

29. 测量仪器望远镜视准轴的定义是( )的连线。

    A. 物镜光心与目镜光心　　　　　　　B. 目镜光心与十字丝分划板中心

    C. 物镜光心与十字丝分划板中心　　　　D. 对光螺旋与十字丝分划板

30. 已知 A 点高程 $H_A = 62.118$m，水准仪观测 A 点标尺的读数 $a = 1.345$m，则仪器视线高程为( )。

    A. 60.773　　　　B. 63.463　　　　C. 62.118

31. 对地面点 A，任取一个水准面，则 A 点至该水准面的垂直距离为( )。

    A. 绝对高程　　　　B. 海拔　　　　C. 高差　　　　D. 相对高程

32. 水准测量时，为了消除 i 角误差对一测站高差值的影响，可将水准仪安置在( )处。

    A. 靠近前尺　　　　B. 两尺中间　　　　C. 靠近后尺

33. 产生视差的原因是( )。

    A. 仪器校正不完善　　　　　　　　　B. 物像与十字丝面未重合

    C. 十字丝分划板位置不正确

34. 高差闭合差的分配原则为( )成正比例进行分配。

    A. 与测站数　　　　B. 与高差的大小　　　　C. 与距离或测站数

35. 附合水准路线高差闭合差的计算公式为( )。

    A. $f_h = |h_{往}| - |h_{返}|$　　　　　　B. $f_h = \sum h$

    C. $f_h = \sum h - (H_{终} - H_{始})$

36. 水准器的分划值越大，说明( )。

    A. 内圆弧的半径大　　B. 其灵敏度低　　C. 气泡整平困难　　D. 整平精度高

第三部分　角度测量

37. 经纬仪安置时，整平的目的是使仪器的( )。

    A. 竖轴位于铅垂位置，水平度盘水平

    B. 水准管气泡居中

C. 竖盘指标处于正确位置

38. 采用盘左、盘右的水平角观测方法，可以消除(　　)误差。

    A. 对中　　　　　　　　　　B. 十字丝的竖丝不铅垂　　　C. $2C$

39. 测量竖直角时，采用盘左、盘右观测，其目的之一是可以消除(　　)误差的影响。

    A. 对中　　　　　　　　　　B. 视准轴不垂直于横轴　　　C. 指标差

40. 经纬仪的竖盘按顺时针方向注记，当视线水平时，盘左竖盘读数为90°。用该仪器观测一高处目标，盘左读数为75°10′24″，则此目标的竖角为(　　)

    A. 57°10′24″　　　　　　　　B. −14°49′36″　　　　　　　C. 14°49′36″

41. 某经纬仪在盘左位置时将望远镜大致置平，使其竖盘读数在0°左右，望远镜物镜端抬高时读数增加，其盘左的竖直角公式为(　　)。

    A. $\alpha_{左} = 90° − L$　　　　　B. $\alpha_{左} = L − 0°$　　　　　C. $\alpha_{左} = 360° − L$

42. 若经纬仪的视准轴与横轴不垂直，在观测水平角时，其盘左盘右的误差影响是(　　)。

    A. 大小相等，符号相反　　　B. 大小相等，符号相同　　　C. 大小不等，符号相同

43. 测定一点竖直角时，若仪器高不同，但都瞄准目标同一位置，则所测竖直角(　　)。

    A. 相同　　　　　　　　　　B. 不同　　　　　　　　　　C. 可能相同也可能不同

44. 光学经纬仪水平度盘与读数指标的关系是(　　)

    A. 水平度盘随照准部转动，读数指标不动

    B. 水平度盘与读数指标都随照准部转动

    C. 水平度盘不动，读数指标随照准部转动

    D. 水平度盘与读数指标都不随照准部转动

45. 旋转光学经纬仪的望远镜时，竖盘(　　)。

    A. 随望远镜旋转，竖盘读数指标不动

    B. 不动，竖盘读数指标随望远镜旋转

    C. 不动，竖盘读数指标也不动

    D. 与竖盘读数指标都随望远镜旋转

46. 水平角观测时，照准不同方向的目标，应如何旋转照准部？(　　)

    A. 盘左顺时针、盘右逆时针方向

    B. 盘左逆时针、盘右顺时针方向

    C. 总是顺时针方向

    D. 总是逆时针方向

47. 竖直角绝对值的最大值为(　　)。

    A. 90°　　　　　　　B. 180°　　　　　　　C. 270°　　　　　　　D. 360°

48. 观测某目标的竖直角，盘左读数为101°23′36″，盘右读数为258°36′00″，则指标差为(　　)。

    A. 24″　　　　　　　B. −12″　　　　　　　C. −24″　　　　　　　D. 12″

49. 竖直角(　　)。

    A. 只能为正　　　B. 只能为负　　　C. 可为正，也可为负　　　D. 不能为零

50. 经纬仪对中误差所引起的角度偏差与测站点到目标点的距离( )。
   A. 成反比　　　　B. 成正比　　　　C. 没有关系　　　D. 有关系，但影响很小

51. 直线方位角与该直线的反方位角相差( )。
   A. 180°　　　　　B. 360°　　　　　C. 90°　　　　　　D. 270°

52. 坐标方位角的取值范围为( )。
   A. 0°~270°　　　B. −90°~90°　　　C. 0°~360°　　　　D. −180°~180°

53. 某直线的坐标方位角为163°50′36″，则其反坐标方位角为( )。
   A. 253°50′36″　　B. 196°09′24″　　C. −16°09′24″　　D. 343°50′36″

54. 用陀螺经纬仪测得 PQ 的真北方位角为 $A_{PQ}=62°11′08″$，计算得 P 点的子午线收敛角 $\gamma_P=-0°48′14″$，则 PQ 的坐标方位角 $\alpha_{PQ}=($)。
   A. 62°59′22″　　B. 61°22′54″　　C. 61°06′16″

55. 已知直线 AB 的真方位角为62°11′08″，A 点的磁偏角为 $\delta_A=-2′45″$，AB 的磁方位角为 ( )。
   A. 62°13′53″　　　B. 62°16′38″　　　C. 62°05′38″　　　D. 62°08′23″

56. 某直线的坐标方位角为225°，也可以用( )的象限角表示。
   A. N45°E　　　　B. N45°W　　　　C. S45°W　　　　D. S45°E

57. 已知直线 AB 的磁方位角为136°46′，磁偏角为 $\delta_A=3′$，子午线收敛角为 $\gamma_A=-2′$，则直线 AB 的坐标方位角应为( )。
   A. 136°47′　　　B. 136°51′　　　C. 136°41′　　　D. 136°45′

第四部分　距离测量

58. 钢尺量距最基本的要求是( )。
   A. 平、准、直　　B. 平、准、斜　　C. 平、斜、直

59. 在距离丈量中衡量精度的方法是用( )。
   A. 往返较差　　　B. 相对误差　　　C. 闭合差

60. 电磁波测距的基本公式 $D=\dfrac{1}{2}ct_{2D}$，式中 t_{2D} 为( )。

   A. 温度　　　　　B. 电磁波从仪器到目标传播的时间
   C. 光速　　　　　D. 电磁波从仪器到目标往返传播的时间

61. 测量了两段距离及其中误差分别为：$d_1=136.46\mathrm{m}\pm0.015\mathrm{m}$，$d_2=960.76\mathrm{m}\pm0.025\mathrm{m}$，比较它们测距精度的结果为( )。
   A. d_1 精度高　　B. 精度相同　　　C. d_2 精度高　　　D. 无法比较

62. 某段距离丈量的平均值为100m，其往返较差为+4mm，其相对误差为( )。
   A. 1/25 000　　　B. 1/25　　　　　C. 1/2 500　　　　D. 1/250

63. 某段距离的平均值为100m，其往返较差为+20mm，则相对误差为( )。
   A. 0.02/100　　　B. 0.002　　　　C. 1/5 000

三、多选题

1. 我国使用的高程系的标准名称是( )。
   A. 1956 年黄海高程系　　　　　　　B. 1960 年黄海高程系

C. 1980 国家高程基准　　　　　　　　　D. 1985 国家高程基准

2. 我国使用的平面坐标系的标准名称是(　　)。

    A. 1954 北京坐标系　　　　　　　　　B. 1956 北京坐标系

    C. 1980 西安坐标系　　　　　　　　　D. 2000 国家大地坐标系

3. 传统测量系统分为(　　)。

    A. 大地坐标系统　　　　　　　　　B. 平面直角坐标系统

    C. 参考坐标系统　　　　　　　　　D. 高程系统

4. 转动目镜对光螺旋的目的是(　　)。

    A. 看清十字丝　　　　　　　　　B. 看清物像

    C. 消除视差　　　　　　　　　D. 物像位于十字丝分划板面上

5. 直线定向的标准方向有(　　)。

    A. 真子午线方向　　　B. 磁子午线方向　　　C. 坐标纵轴方向

6. 距离测量中,丈量距离的方法有(　　)。

    A. 普通视距　　　B. 光电测距　　　C. 钢尺量距

7. 在经纬仪水平角观测中,采取盘左、盘右观测取平均值的方法可以消除(　　)。

    A. 视准轴误差　　　B. 横轴误差　　　C. 照准部偏心误差

8. 水准仪观测的基本操作程序是(　　)。

    A. 安置水准仪　　　B. 粗平　　　C. 照准和调焦　　　D. 精平和度数

9. 直线的方位角,按标准方向种类可分为(　　)。

    A. 真方位角　　　B. 磁方位角　　　C. 坐标方位角　　　D. 视方向角

10. 水准测量中采用前后视距相等可以消除(　　)影响。

    A. 水准仪水准管轴不平行视准轴误差

    B. 大气折射对水准仪产生的折光误差

    C. 地球曲率

    D. 读数误差

四、论述题

    1. 测绘工作的几个基本要素。

    2. 说明测量高斯平面坐标系与数学笛卡儿坐标系的区别。

    3. 阐述全站仪光学对中法对中整平的五步骤及要领。

    4. 建筑施工放样中点的平面位置的放样方法。

    5. 为什么要建立城市独立坐标系?以你所在城市为例,说明如何建立?

    6. 水准测量仪器价格相对比较便宜,但施测方法使水准测量精度比较高,请说明理由?

五、计算题

    1. 下面表格是一段四等水准测量的原始记录手簿,起点 BM1 高程 10.000m,终点 BM2 高程 11.500m。原始测量数据记录如下,请按照四等水准计算方法,完成相应的计算和平差工作,并计算待测点 1 号点、2 号点、3 号点高程。

测站数	方向及尺号	标准读数		K+黑−红	高差中数	高程(m)
		黑面	红面			
1	后(BM1)	1025	5711			10.000
	前(1点)	1355	6043			
	后−前					
2	后(1点)	1945	6632			
	前(2点)	1355	6042			
	后−前					
3	后(2点)	1870	6556			
	前(3点)	1558	6244			
	后−前					
4	后(3点)	1656	6342			
	前(BM2)	0715	5401			11.500
	后−前					

平差计算，求：

(1)高差闭合差 f_h =

(2)改正数 $v = -1/n \times f_h$ =

(3)改正前、后各段高差 h_i、$\hat{h}_i$(在图上标注出来)：

(4)平差后各个待求点高程 H_i。

2. 试完成下列测回法水平角观测手簿的计算。

测站	目标	竖盘位置	水平度盘读数 (° ′ ″)	半测回角值 (° ′ ″)	一测回平均角值 (° ′ ″)
一测回 B	A	左	0 09 24		
	C		102 46 18		
	A	右	180 09 39		
	C		282 46 46		

129

3. 完成下列竖直角观测手簿的计算，全部计算均在表格中完成。

测站	目标	竖盘位置	竖盘读数 (° ′ ″)	半测回竖直角 (° ′ ″)	指标差 (″)	一测回竖直角 (° ′ ″)
B	A	左	91 18 42			
		右	268 41 28			
	C	左	104 03 26			
		右	255 56 54			

4. 如下图所示，A、B、C 为地表上的 3 个点，B、A 为已知点，C 为未知点。已知 B 点的坐标为（1000m，1000m，10m），BA 直线的方位角 $\alpha_{BA} = 30°00'00''$。测得 BC 边的斜距 $S = 100.00$m，BC 边的竖直角 $\theta = 30°00'00''$，测得 ABC 的水平角 $\beta = 15°00'00''$。已知仪器高 $i = 1.50$m，目标高 $v = 1.00$m。求未知边 BC 的坐标方位角 α_{BC} 和未知点 C 坐标的（x_C，y_C，z_C）。

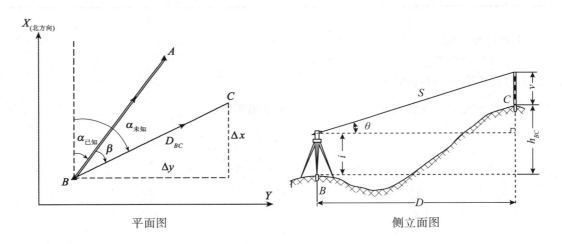

平面图　　　　　　　　　　　　　　　　侧立面图

第 4 章   全站仪和 GPS 应用

§4.1   全站仪及其使用

随着电子技术的发展,电子全站仪在房地产测量中的应用越来越广泛,与电子计算机的结合使房地产测量和管理逐步走向数字化、自动化和信息化。全站仪有很多功能,利用这些功能可使房地产测量变得更加快捷,更加方便。

4.1.1   全站仪概述

全站仪是由电子测角、光电测距、微型机及其软件组合而成的智能型光电测量仪器,其结构如图 4-1 所示。

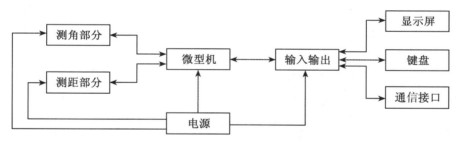

图 4-1   全站仪结构框图

全站仪的基本功能是测量水平角、竖直角和斜距,借助于机内固化的软件,可以组成多种测量功能,如可以计算并显示平距、高差以及镜站点的三维坐标,进行偏心测量、悬高测量、对边测量、面积计算等。全站仪还具有如下特点:

1. 三同轴望远镜

在全站仪的望远镜中,照准目标的视准轴、光电测距的红外光发射光轴和接收光轴是同轴的。因此,测量时使望远镜照准目标棱镜的中心,就能同时测定水平角、竖直角和斜距。

2. 键盘操作

全站仪测量是通过键盘输入指令进行操作的,键盘上的键分为硬键和软键两种。每个硬键有一个固定功能,或兼有第二、第三功能;软键(一般为 (F1) 、 (F2) 、 (F3) 、 (F4) 等)的功能通过屏幕最下一行相应位置显示的字符提示,在不同的菜单下,软键一般具有不同的功能。

3. 数据存储与通信

主流全站仪机内一般都带有可以存储至少 3000 个点观测数据的内存，有些还配有 CF 卡来增加存储容量。仪器上设有一个标准的 RS-232C 通信接口，使用专用电缆与计算机的 COM 口连接，通过专用软件可以实现全站仪与计算机的双向数据传输。

4. 电子传感器

仪器未精确整平致使竖轴倾斜引起的角度观测误差不能通过盘左、盘右观测取平均抵消。为了消除竖轴倾斜误差对角度观测的影响，全站仪一般设置有电子传感器。当它处于打开状态时，仪器能自动将竖轴倾斜量分解成视准轴方向和横轴方向两个分量进行倾斜补偿，也即双轴补偿。

单轴补偿的电子传感器只能测量出竖轴倾斜量在视准轴方向的分量，并对竖直方向观测值进行改正。此时的电子传感器相当于竖盘指标自动归零补偿器。

4.1.2　NTS-302R⁺全站仪的基本操作

如图 4-2 所示，图中是南方测绘公司生产的 NTS-302R⁺无棱镜激光全站仪，带中文界面。它带有数字/字母键盘，其主要技术参数为：一测回方向观测中误差为 ±5″，竖盘指标自动归零补偿采用液体电子传感器，补偿范围为 ±3′。无棱镜测距为 200m，测距精度为 5+3ppm，无棱镜测量的应用可视、省力、高效。三棱镜最大测距为 2.3km，测距精度为 3+2ppm。带有内存的程序模块可以储存 3456 个点的测量数据和坐标数据，若仅存放放样坐标数据可存储 8126 个点；仪器采用 6V 镍氢可充电电池供电，一块充满电的电池可供连续测量 8~l0 个小时，重量为 5.8kg。

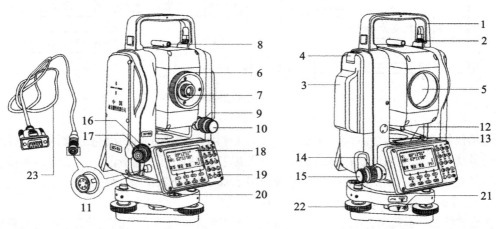

1. 手柄；2. 手柄固定螺丝；3. 电池盒；4. 电池盒按钮；5. 物镜；6. 物镜调焦螺旋；7. 目镜调焦螺旋；8. 光学粗瞄器；9. 望远镜制动螺旋；10. 望远镜微动螺旋；11. RS-232C 通信接口；12. 管水准器；13. 管水准器校正螺丝；14. 水平制动螺旋；15. 水平微螺旋；16. 光学对中器物镜调焦螺旋；17. 光学对中器目镜调焦螺旋；18. 显示窗；19. 电源开关键；20. 圆水准器；21. 轴套锁定钮；22. 脚螺旋；23. CE-203 通信电缆

图 4-2　NTS-302R⁺全站仪

NTS-302R⁺的操作面板如图 4-3 所示，面板上有一个显示屏幕和 24 个键，各键的功能见表 4-1。仪器有角度测量、距离测量、坐标测量、坐标放样键和菜单键 5 种模式。**F1**~**F4** 称为软键，各种模式下的功能选择都是通过按 **F1**~**F4** 4 个软键来实现的，软键在某种模式下各菜单中的功能在屏幕底部的对应位置以中文字符显示。

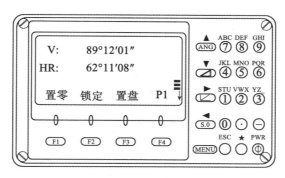

图 4-3　NTS-302R⁺全站仪操作面板

表 4-1 **NTS-302R⁺键盘功能表**

键	键　名	功　能
(ANG)	角度测量键	进入角度测量模式（上移键）
(/)	距离测量键	进入距离测量模式（下移键）
(/)	坐标测量键	进入坐标测量模式（右移键）
(S.0)	坐标放样键	进入坐标放样模式（左移键）
(MENU)	菜　单　键	进入菜单模式
(★)	星　　　键	进入星键模式或直接开启背光灯
(ESC)	退　出　键	返回上一级菜单
(PWR)	电源开关键	打开或关闭电源
(F1)~(F4)	软　　　键	对应于屏幕下部显示字符定义的功能
⓪~⑨	数　字　键	输入数字或其上面注记的字母、小数点、负号
·	点号键	开启或关闭激光指示功能

1. 角度测量模式

出厂设置是仪器开机即自动进入角度测量模式，当仪器在其他模式状态时，按键 (ANG) 进入角度测量模式。角度测量模式下共有 P1，P2，P3 三页菜单，如图 4-4 所示。

1) P1 页菜单

P1 页菜单有"置零"、"锁定"、"置盘"三个选项。

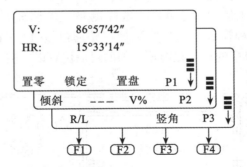

图 4-4　角度测量模式下的菜单

（1）"置零"选项

将当前视线方向的水平度盘读数设置为 0。按 F1 键，屏幕显示图 4-5（a）所示的"水平角置零"菜单，按 F3 键选择"确认"即可将水平角置零并自动返回 Pl 页菜单。

（2）"锁定"选项

该选项用于将某个照准方向的水平度盘读数配置为指定的角度值。转动照准部，当水平度盘读数接近指定的角度值时，制动照准部，旋转水平微动螺旋使水平度盘读数精确地等于指定值；按 F2 键选择"锁定"选项，屏幕显示如图 4-5（b）所示的"水平角度锁定"菜单，此时，水平度盘读数被锁定；转动照准部精确照准目标，按 F3 键选择"确认"即可将该方向的水平度盘读数设置为上述锁定值并自动返回 P1 页菜单。

（3）"置盘"选项

该选项用于将某个照准方向的水平度盘读数配置为任意角度值。通过键盘输入，将当前水平度盘读数设置为某一角值。精确照准目标，按 F3 键选择"置盘"选项，屏幕显示如图 4-5（c）所示的"水平角设置"菜单，直接使用数字键输入需要设置的水平方向值。按 F1 键可以修改输入值，完成后按 F4 键（回车）确认并自动返回 Pl 页菜单。"度"和"分"之间用小数点隔断，"分"和"秒"必须输入两位数。

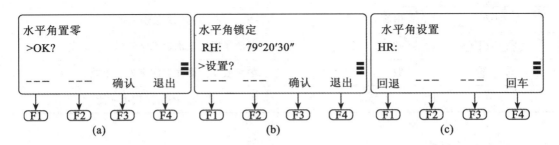

图 4-5　角度测量模式 P1 页菜单下的子菜单

2）P2 菜单

在 P1 菜单下，按 F4 键即可进入 P2 页菜单。如图 4-4 所示，P2 页菜单有"倾斜"和

"V%"两个选项。

（1）"倾斜"选项

当仪器竖轴发生微小的倾斜时，打开倾斜补偿器可以自动改正竖直角。按 F1 键选择"倾斜"选项，屏幕显示如图 4-6（a）所示的"倾斜传感器"菜单。按 F1 键选择"单轴"选项，则打开倾斜补偿器并显示竖直角的改正值；按 F3 键选择"关闭"选项，则关闭倾斜补偿器。按 F4 键则确认。按 ESC 键返回角度测量模式的 P1 页菜单。

一般将望远镜视准轴的水平投影方向定义为 X 轴，仪器横轴方向定义为 Y 轴，NTS-302R⁺内的倾斜补偿器只能测量出仪器竖轴在 X 轴方向的倾斜角度，因此，只能计算并显示竖直角观测的改正值并自动对竖直角观测值进行改正。

（2）"V%"选项

按 F3 键选择"V%"选项，可使竖盘读数在以角度制显示或以斜率百分比（也称坡度）显示间切换，图 4-6（b）为以斜率百分比显示的竖直角。

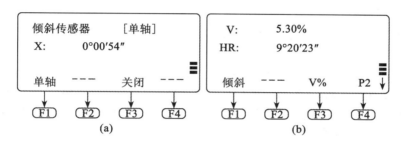

图 4-6　角度测量模式 P2 页菜单下的子菜单

3）P3 菜单

在 P2 页菜单下，按 F4 键即可进入 P3 菜单。如图 4-4 所示，P3 页菜单有"R/L"和"竖角"两个选项。

（1）"R/L"选项

按 F2 键选择"R/L"选项，可使水平度盘读数在右旋和左旋水平角之间切换。右旋等价于水平度盘为顺时针注记，左旋等价于水平度盘为逆时针注记。

（2）"竖角"选项

按 F2 键选择"竖角"选项，可使竖盘读数在天顶距（竖盘 0 位于天顶方向）和高度角（竖盘 0 位于水平方向）之间切换。

2. 距离测量模式

测量前，根据测量需要按 ★ 键进入测量模式设置状态，测量模式有棱镜、反光片和无合作三种状态。根据需要进行设置，如果使用无棱镜测距应选择"无合作"。设置完毕退出。仪器照准棱镜后，按 ◢ 键进入距离测量模式，如图 4-7（a）所示，同时自动开始测距。再按 ◢ 键进入距离测量模式，如图 4-7（b）所示，当仪器正在测距时，在字符"SD"或"HD"的右边闪烁字符"＊"。距离测量模式下共有 P1，P2 两页菜单，如图 4-7 所示。

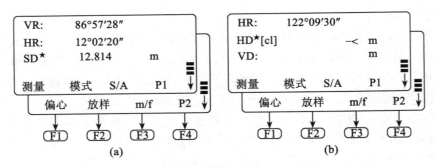

图 4-7　距离测量模式下的 P1、P2 页菜单

1）P1 菜单

Pl 页菜单有"测量"、"模式"、"S/A"三个选项。

（1）"测量"选项

按F1键开始测量，页面显示如图 4-8(a)所示。

（2）"模式"选项

距离测量有"单次精测"、"连续精测"和"连续跟踪"三种模式，按F2键选择"模式"选项后进入菜单如图 4-8(b)所示，再按F1键选择"单次精测"选项的同时开始以精测模式测量，只测量一次；按F2键选择"连续精测"，即不停地测量。按F3键选择"连续跟踪"选项进行跟踪模式连续测量。

（3）"S/A"选项

设置棱镜常数和气象改正比例系数。

按F3键选择"S/A"选项后的菜单如图 4-8(c)所示。菜单中有"棱镜"、"PPM"、"温度"、"气压"4 个选项用于距离测量改正数的设置。

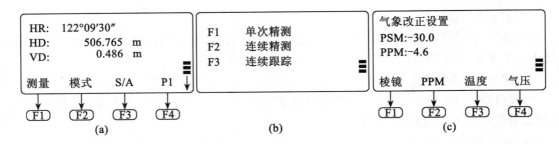

图 4-8　距离测量模式 P1 页菜单下的子菜单

①棱镜：

按F1键选择"棱镜"选项，进入图 4-9 所示的"棱镜常数设置"菜单，包括气象改正设置、温度设置、气压设置。南方测绘公司的棱镜常数出厂设置为−30mm，若使用其他厂家的棱镜，可以通过检测求出棱镜常数；按F1键选择"输入"选项，使用数字键输入求

得的棱镜常数值，最后按 **F4** 键(回车)确认即可完成棱镜常数的输入。

②气象改正设置：

按 **F2** 键选择"PPM"选项，进入图4-9(a)所示的"气象改正设置"菜单。NTS-302R⁺的气象改正比例系数计算公式为

$$\Delta S = 273.8 - \frac{0.29P}{1 + 0.00366T}(\text{ppm}) \tag{4-1}$$

式中，P 为以 hPa 为单位的大气压力值，T 为以℃为单位的大气温度。观测员将现场测得的值代入式(4-1)计算出 ΔS，直接使用数字键键入求得的 ΔS，最后按 **F4** 键(回车)确认即可完成 PPM 值的输入。

③温度设置：

按 **F3** 键选择"温度"选项，进入图4-9(b)所示的"温度设置"菜单。按 **F1** 键选择"输入"选项，使用数字键输入温度 T，按 **F4** 键(回车)确认。

④气压设置：

按 **F4** 键选择"气压"选项，进入图4-9(c)所示的"气压设置"菜单。按 **F1** 键选择"输入"选项，使用数字键输入气压，按 **F4** 键(回车)确认。仪器根据观测员输入的温度 T、大气压力 P 代入式(4-1)自动计算出 ΔS 值并对所测距离施加改正。

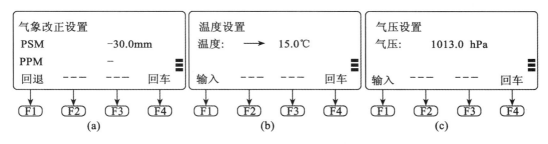

图4-9 设置棱镜常数菜单

2)P2 菜单

在 P1 页菜单下按 **F4** 键进入 P2 菜单。P2 菜单有"偏心"、"放样"和"m/f"三个选项，如图4-7所示。

(1)"偏心"选项

偏心测量是测量不便于安置棱镜的碎部点的三维坐标，偏心测量包括角度偏心、距离偏心、平面偏心和圆柱偏心4种。将其放在坐标测量模式下介绍。

(2)"放样"选项

显示实测距离与输入放样距离之差。按 **F2** 键选择"放样"选项，进入如图4-10(a)所示的"距离放样"菜单，可以选择"平距"、"高差"、"斜距"之一作为放样距离。如选择"平距"为放样距离，则按 **F1** 键，进入图4-10(b)所示的"距离放样"菜单，按 **F1** 键，使用数字键输入放样距离后，按 **F4** 键(回车)确认，仪器返回图4-7(a)所示的 P1 菜单。照准棱镜，按 **◢** 键执行"测量"选项，完成测距后，按 **◢** 键即可显示测量距离与输入的

放样距离之差 dHD, 图 4-10(c)中的 dHD = −1.249m。

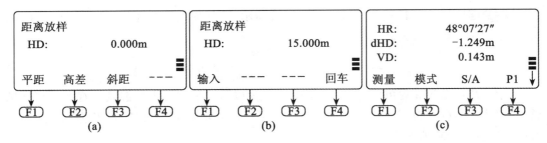

图 4-10　水平距离放样菜单

（3）"m/f"选项

按 F3 键选择"m/f"选项, 可使距离测量(包括平距、高差、斜距) 单位在米与英尺之间切换。

3. 坐标测量模式

当仪器照准棱镜时, 按 ⟲ 键进入坐标测量模式的同时自动开始坐标测量。坐标测量模式下共有 P1、P2、P3 三页菜单, 如图 4-11 所示。

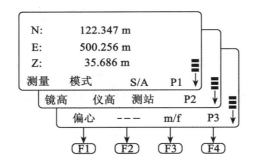

图 4-11　坐标测量模式下的 P1、P2、P3 页菜单

1）P1 菜单

P1 菜单有"测量"、"模式"、"S/A"三个选项, 其功能与距离测量模式下的 P1 菜单相同。

2）P2 菜单

P2 菜单有"镜高"、"仪高"、"测站"三个选项。

（1）"镜高"选项

按 F1 键选择"镜高"选项, 进入图 4-12(a)所示的"输入棱镜高度"菜单。按 F1 键选择"输入"选项, 使用数字键输入棱镜高度, 最后按 F4 键(回车) 确认完成镜高输入。

（2）"仪高"选项

按 F2 键选择"仪高"选项, 进入图 4-12(b)所示的"输入仪器高度"菜单, 其输入方法与镜高相同。

（3）"测站"选项

输入测站点的 E，N，Z（对应测量中的 y，x，H）三维坐标。按 F3 键选择"测站"选项，进入如图 4-12(c)所示的坐标输入菜单，其数字输入方法与镜高相同。当完成一个坐标的输入后回车，输入光标"→"自动下移一个，也可以按 ▲ 和 ▼ 键移动输入光标，修改输入结果。

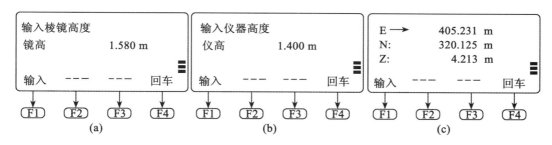

图 4-12　坐标测量模式 P2 页菜单

注意：设置了镜高、仪高和测站点的三维坐标后，还应照准一个已知点作为定向方向（简称后视方向），并使该方向的水平度盘读数为其坐标方位角，才可以正确测量出镜站点坐标。

3）P3 菜单

P3 菜单有"偏心"和"m/f"两个选项，它与距离测量模式下 P2 菜单的同名选项功能相同。下面只介绍"偏心"选项下的"角度偏心"选项。

按 F1 键进入图 4-13(a)所示的"偏心测量　1/2"菜单，按 F4 键进入图 4-13(b)所示的"偏心测量　2/2"菜单。

如图 4-14(a)所示，在测站点安置仪器，需要测量 P_1 点的坐标，假设 A 点至 P_1 点的水平距离为 D。当 P_1 点不便于安置棱镜时，可在距 A 点同样距离 D 的 P_2 点安置棱镜，先照准 P_2 点的棱镜，在"偏心测量　1/2"菜单中按 F1 键选择"角度偏心"选项，屏幕显示图 4-14(b)所示的"照准棱镜"菜单；按 F1 键选择"测量"选项，屏幕显示如图 4-14(c)所示；转动照准部，照准 P_1 点，按 ◢ 键可使距离显示在 HD（平距）、VD（高差）、SD（斜距）间切换，按 ◣ 键即可显示 P_1 点的 E，N，Z 坐标。

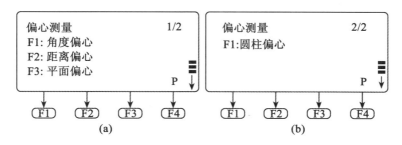

图 4-13　坐标测量模式 P3 菜单下的偏心测量子菜单

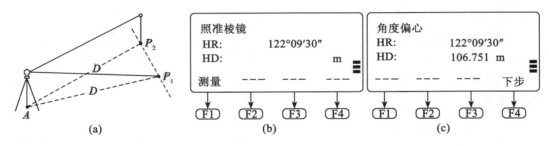

图 4-14　角度偏心测量子菜单

4.1.3　NTS-302R⁺全站仪的存储管理

在正常测量模式下，按⟨MENU⟩键，进入图 4-15(a)所示的"菜单　1/2"界面。该菜单共有两页子菜单，按⟨F3⟩键可以切换至下一页菜单。其中，"菜单　1/2"界面中的"测量程序"选项可以进行"悬高测量"、"对边测量"、"Z 坐标"、"面积测量"、"点到线的测量"等程序测量项目；"参数设置"选项可以进入"设置模式 1"菜单，设置"最小读数"、"自动关机开关"、"自动补偿"等，本节只介绍"内存管理"选项，数据采集和放样的内容见下两节。

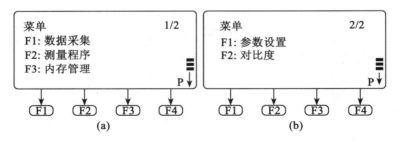

图 4-15　"菜单"界面

在"菜单　1/2"界面中按⟨F3⟩键进入"内存管理　1/3"菜单，"内存管理"菜单共有 3 页，如图 4-16 所示。3 页菜单共有 8 个选项，各选项的功能与操作方法说明如下：

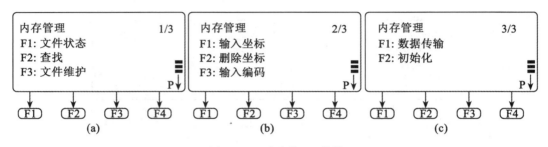

图 4-16　"内存管理"菜单

1. 文件状态

在"内存管理 1/3"菜单中按 **F1** 键选择"文件状态"选项,可以进入如图 4-17(a)所示的"文件状态 1/2"菜单,它显示了当前存储的测量文件个数、坐标文件个数和空闲内存空间大小;按 **F4** 键,切换到图 4-17(b)所示的"数据状态 2/2"菜单,它显示了当前存储的测量文件中的测量数据总数、坐标文件中的坐标数据总数和空闲内存空间大小。仪器采用文件方式管理数据,文件又分为测量文件和坐标文件,测量文件用来保存碎部点的原始观测数据——水平度盘读数、竖盘读数和斜距,坐标文件用来保存已知点或碎部点的三维坐标数据(y,x,H)。

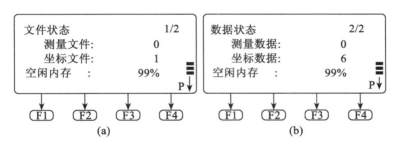

图 4-17 "文件状态"菜单

2. 查找

在"内存管理 1/3"菜单中按 **F2** 键进入如图 4-18(a)所示的"查找"菜单,它可以查找测量数据、坐标数据和编码库。假设内存中有一个文件名为"FC"的坐标文件,文件中存储有点号为 I10、I11、A、B、C、D 6 个点的坐标,现在要查找点号为 I10 的坐标,操作步骤为:在图 4-18(a)的"查找"菜单下按 **F2** 键选择"坐标数据"选项,进入图 4-18(b)的"选择一个文件"菜单;可以选择"输入"选项,直接输入坐标文件名 FC,也可以选择"调用"选项从文件列表中确定,完成响应后按 **F4** 键(回车),进入图 4-18(c)所示的"坐标数据查找"菜单;在屏幕显示的三种查找方式中选择其中的一种方式。因 I10 位于最前面,所以,可以选择"第一个数据"选项,屏幕显示如图 4-18(d)所示的查找结果。

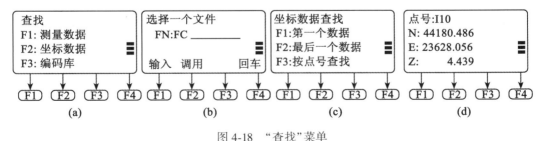

图 4-18 "查找"菜单

3. 文件维护

在"内存管理 1/3"菜单中按 **F3** 键进入图 4-19 所示的"文件维护"菜单,图中的 FC

为文件名，文件名左边的输入光标"→"表示其为当前文件。菜单文件名右边的"/C 0006"，其中，C 表示其为坐标文件(C 代表"坐标"英文单词 Coordinate 前的第一个字母，如果是测量文件，则为 M，M 代表"测量"英文单词 Measurement 前的第一个字母)，0006 表示该文件存储有 6 个点的坐标。操作该菜单可以更改当前文件的名称，查找其中的数据和删除文件。按 ▼ 键或 ▲ 键可以向下或向上移动输入光标从而变更当前文件。

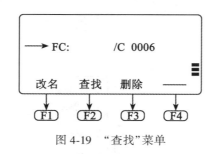

图 4-19　"查找"菜单

4．输入坐标

在"内存管理　2/3"菜单中按 F1 键进入与图 4-18(b)一样的"选择一个文件"菜单，用户通过"输入"或"调用"选项选择一个坐标数据文件后，就可使用数字/字母键盘输入控制点的点号和三维坐标。新输入的控制点坐标自动追加到所选坐标文件的末尾。

5．删除坐标

在"内存管理　2/3"菜单中按 F2 键可以进入与图 4-18(b)一样的"选择一个文件"菜单，用户通过"输入"或"调用"选项选择一个坐标文件后，就可以删除其中指定的点号及其坐标数据。

6．输入编码

编码是在数字成图软件 CASS 从全站仪中读入野外采集的碎部点坐标并自动描绘地物时使用的。仪器可以存储编号为 001~050 的 50 个编码，通过选择"输入编码"选项，可以为这 50 个编码赋值。如可以为 001 号编码赋值"KZD"表示控制点，为 002 号编码赋值"FW"表示房屋等。编码赋值最多 10 位，可以由字母、数字或其混合组成，编码的赋值可以由用户定义。

为编码号赋值的方法是，在图 4-16 的"内存管理　2/3"菜单中按 F3 键选择"输入编码"，进入如图 4-20 所示的"输入编码"菜单，按 ▼ 键或 ▲ 键移动输入光标"→"，选择

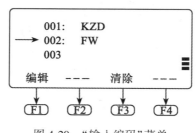

图 4-20　"输入编码"菜单

要赋值的编码号为当前编码号，选择"编辑"选项可以为当前编码号赋值，选择"清除"选项可以清除当前编码号的内容。

用户可以在图4-21所示的通讯软件NTS320.exe中输入编码值，输入时，每行一个编码，格式是"编码号，赋值"。图4-21中"5，HanDi"表示旱地，"50，WeiQiang"表示围墙。

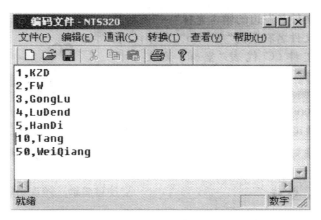

图4-21 NTS320通讯软件中的编码文件

如果当前测量工作不是为了数字成图，则不需要为编码赋值。

7. 数据传输

在图4-16的"内存管理 3/3"菜单中按 F1 键选择"数据传输"选项，进入如图4-22所示的"数据传输"菜单，它可以接收来自计算机的坐标数据和编码数据(上传)，或者将仪器中的测量文件、坐标文件、编码数据传输到计算机中保存(下传)。

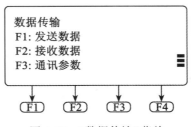

图4-22 "数据传输"菜单

全站仪与计算机进行数据传输需要通讯程序支持。南方测绘公司专门为NTS320系列全站仪开发了一个大小为276KB的通讯程序NTS320.exe(可在南方测绘网站下载)，它可以直接在Windows下执行，不需要安装。

通讯软件NTS320.exe启动后的界面如图4-23所示。数据传输的操作步骤如下：

①使用南方测绘公司生产的通讯电缆CE-203，将其一端插入仪器的数据通讯口上，另一端插在计算机的COMl或COM2口上。

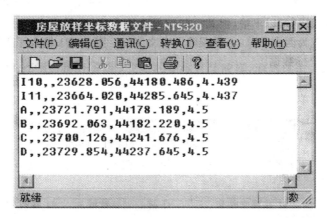

图 4-23　NTS320. exe 通讯软件界面

②在图 4-22 的"数据传输"菜单中，按 **F3** 键选择"通讯参数"选项，设置好仪器的"波特率"、"通讯协议"和"字符/校验"参数，如设置波特率为 1200、通讯协议为"认可/否认"（Ack/Nak），字符/校验为"8 位/无"。

③在图 4-23 的通讯软件中，执行下拉菜单"通讯"→"通讯参数"命令，在弹出的如图 4-24 所示的"通讯参数设置"对话框中设置与全站仪相同的通讯参数。注意，南方测绘公司全站仪的停止位固定为 1，不提供设置，所以，通讯软件中的停止位也应设置为 1。

④在通讯软件的文本区输入要传输的控制点坐标，每行输入一个控制点的数据，数据输入格式为：点名，编码，y，x，H。

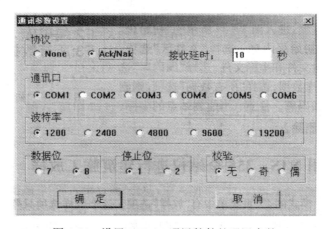

图 4-24　设置 NTS320 通讯软件的通讯参数

如果没有编码，可以不输，但其后的逗号不能省略；如果没有高程，则应输入 0，逗号和小数点应为西文字符，不要误输入中文字符。图 4-23 输入了 I10，I11，A，B，C，D 6 个点的坐标数据。

⑤在图 4-22 的"数据传输"菜单中选择"接收数据"选项，进入图 4-25(a)所示的"接收数据"菜单；按 **F1** 键选择"坐标数据"选项，进入图 4-25(b)所示的"坐标文件名"菜单；按 **F1** 键选择"输入"选项，输入一个坐标文件名，图中输入的为 FC(注意，不能输入仪器内存中已有的文件名)，按 **F4** 键(回车)，进入如图 4-25(c)所示的"接收坐标数据"菜单；按 **F3** 键选择"[是]"选项，进入如图 4-25(d)所示的"<等待数据>!"菜单。

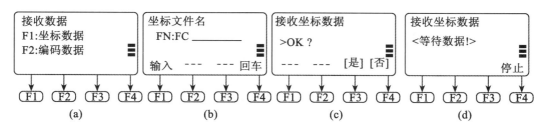

图 4-25　从计算机上传坐标数据到全站仪过程

⑥执行通讯软件下拉菜单"通讯"→"上传坐标"命令，软件弹出一个提示对话框，用鼠标左键单击"确定"按钮，即可向全站仪传输坐标数据。传输成功后，全站仪会给出相应的提示。

8. 初始化

在图 4-16 的"内存管理　3/3"菜单中按 **F2** 键选择"初始化"选项，进入如图 4-26 所示的"初始化"菜单，其功能是初始化内存。选择"文件区"选项，则删除全部测量文件和坐标文件；选择"编码库"选项，则删除编码库数据；选择"所有数据"选项，则删除全部文件和编码库。注意：当前测站点的坐标、仪高、镜高不被删除。

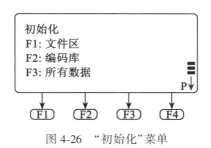

图 4-26　"初始化"菜单

4.1.4　使用 NTS-302R$^+$全站仪进行数据采集

用仪器进行野外数据采集的操作步骤如下：

1. 创建一个新文件或选择一个旧文件

在正常测量模式下，按 **MENU** 键，进入图 4-27(a)所示的"菜单　1/3"界面，按 **F1** 键选择"数据采集"选项，进入图 4-27(b)所示的"选择一个文件"菜单，它要求用户输入一个文件名；按 **F1** 键选择"输入"选项，新建一个文件名为 F1 的文件。完成响应后，按

F4键(回车)。如果要选择一个原有文件,按**F2**键选择"调用"选项,如图 4-27(c)所示,查阅并选中需调用文件名,按**F4**键(回车),进入如图 4-27(d)所示的"数据采集 1/2"菜单。

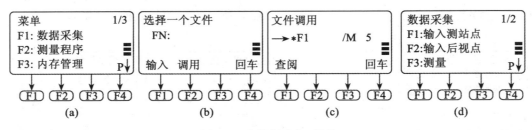

图 4-27 "数据采集"菜单

2. 输入测站点

如果全站仪中没有已知坐标文件和数据,可直接进行输入,方法如下:

在图 4-27(d)所示的"数据采集　1/2"菜单中,按**F1**键选择"输入测站点"选项,进入如图 4-28 所示菜单中,按上下光标键依次输入点名 B。编码可省略,输入仪器高,按**F4**记录键进入如图 4-29(a)所示界面,按**F3**键选择"是"选项,进入图 4-29(b)菜单中,再按**F3**键选择"坐标"选项,进入图 4-29(c)菜单中,进行坐标数据输入。输入完毕,按**F3**键选择"是"确认。

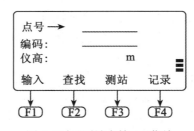

图 4-28 "测站点输入"菜单

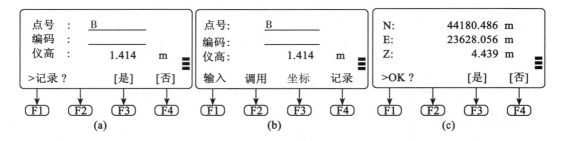

图 4-29 "仪器高和测站点坐标输入"菜单

如果在全站仪中已有已知坐标文件和数据,则可直接调入,方法如下:

在选择"输入测站点"选项之前，应先告知仪器测站点坐标所在的坐标文件名。在图4-27(d)"数据采集　1/2"菜单中，按 F4 键切换至图4-30(d)所示的"数据采集　2/2"菜单，按 F1 键选择"选择文件"选项，进入图4-31(a)所示的"选择一个文件"菜单；因为前面通过计算机上传到仪器中的数据文件 FC 为坐标文件，因此，按 F2 键选择"坐标文件"选项，仪器进入图4-31(b)所示的"选择一个文件"菜单；按 F2 键选择"调用"选项并选中 FC 文件，按 F4 键(回车)确认后，返回图4-30(d)所示的"数据采集　2/2"菜单，按 F4 键再切换回图4-30(c)的"数据采集　1/2"菜单。

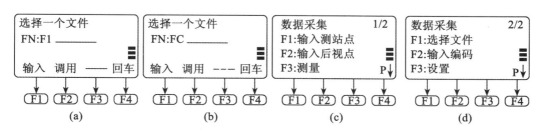

图4-30　"选择文件"菜单

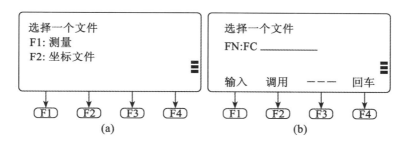

图4-31　选择"输入测站点"选项之前先选择文件

3. 输入后视点

1)输入后视点

如果全站仪中没有已知坐标文件和数据，可直接进行输入，方法如下：

在图4-27(d)所示的"数据采集　1/2"菜单中，按 F2 键选择"输入后视点"选项，进入图4-32(a)所示的菜单，通过按上下光标键，再按 F1 键选择"输入"选项，分别输入后视点名、编码和镜高，再按 F3 键选择"后视"选项，进入图4-32(b)所示的菜单，再按 F3 键选择"坐标"选项，进入图4-32(c)所示的菜单。完成输入后，按 F4 回车键返回图4-32(a)所示的菜单。按 F4 键选择"测量"选项，可直接进入图4-32(d)所示的菜单；转动照准部精确照准后视点 A，根据后视点安置的照准标志类型，在"角度"、"斜距"、"坐标"三种测量模式中任意选择一种进行测量。如果设置后视方位角，选择"角度"模式，后视点安置的可以是标杆；如果测定后视点坐标，才能选择"坐标"模式，后视点必须安置的是棱镜；如果设定距离，选择"斜距"模式，后视点也必须安置的是棱镜。选择"角度"模式，就可以在屏幕上直接显示为仪器自动计算出的 BA 边的坐标方位角；选择"坐标"模式，就可以直接测出后视点 A 的坐标。以此作为检核的基本条件，如果检核无误，则可开始测量。

完成后视点的输入和检核后，仪器返回图 4-27(d)所示的"数据采集　1/2"菜单。

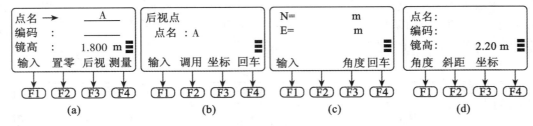

图 4-32　设置后视点及其镜高

2)选择坐标文件

如果在全站仪中已有已知坐标文件和数据，则可直接调入，方法与输入测站点相同，应先告知仪器后视点坐标所在的坐标文件名，设置方法同前面介绍的"输入测站点"，如果后视点坐标与测站点坐标在同一个坐标文件名如 FC 中，则可以省略该步。

4. 测量碎部点坐标

1)测量模式选择

在碎部点测量之前，应根据测量的要求，在图 4-30(d)所示的"数据采集　2/2"菜单中，选择"设置"选项，设置碎部测量的"测距模式"(精测/跟踪)、"测量次数"(N 次测量/连续测量)、"存储设置"(是否自动转换坐标)等。一般将其分别设置为：精测、N 次测量和自动转换坐标。

2)测量碎部点坐标

在图 4-27(d)所示的"数据采集　1/2"菜单中，按 **F3** 键选择"测量"选项，进入如图 4-33(a)所示的菜单，输入碎部点点号、编码(编码可省略)、镜高后，转动照准部，精确照准竖立在碎部点上的棱镜，按 **F3** 键选择"测量"选项，进入如图 4-33(b)所示的菜单；一般按 **F3** 键选择"坐标"选项，仪器测量出棱镜点的坐标并将测量结果保存在当前文件中(如果是新建文件，新建文件就是当前文件；如果是调用文件，调用文件就是当前文件)，同时返回图 4-33(c)所示的菜单，此时，碎部点点号自动增加 1。

用户可以根据当前碎部点的实际情况使用光标移动键 **▲** **▼** 和"输入"、"调用"选项修改 2 号点的编码和镜高；完成响应后，按 **F3** 键选择"测量"选项即可测量并保存 2 号点的三维坐标。采用类似的方法可以测量并保存其后所测碎部点的三维坐标。

5. 下传碎部点坐标

完成外业数据采集后，使用通讯电缆 CE-203 将全站仪与计算机的 COM 口连接好，启动 NTS320. exe；通讯软件，设置好与全站仪一致的通讯参数，执行下拉菜单"通讯"→"下传数据"命令；在全站仪上的"内存管理　3/3"菜单中(图 4-16(c))，按 **F1** 键选择"数据传输"选项，并根据提示顺序选择"发送数据"、"坐标数据"和选择 F1 文件，然后在全站

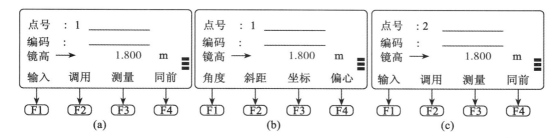

图 4-33 测量并存储碎部点的坐标

仪上选择"[是]"确认发送，再在通讯软件上的提示对话框上单击"确定"按钮，即可将采集到的碎部点坐标数据发送到通讯软件的文本区。这些数据格式是全站仪的专用格式，应执行下拉菜单"转换"→"CASS 坐标"命令，才可以将其转换为图 4-34 所示的数据格式。图中是将放样的 A，B，C，D 4 个房屋轴线交点又当作碎部点测量出的三维坐标，与图 4-35 中的设计值比较有稍许差异，但都在误差允许范围内。

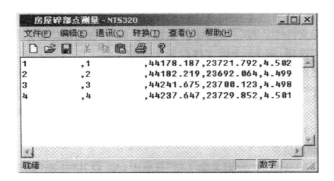

图 4-34 NTS320 通讯软件界面

4.1.5 使用 NTS-302R$^+$ 全站仪进行建筑施工放样

一般来说，建筑设计给出的是房屋轴线交点的坐标，因此，在使用距离测量模式下的"放样"选项之前，用户应根据测站点的已知坐标反算出测站点至每个房屋轴线交点的水平距离 D_i 及坐标方位角 α_i。

下面以图 4-35 为例，说明在控制点 I10 点安置全站仪，以 I10~I11 为后视方向，放样 4 个轴线交点三维坐标的操作步骤，控制点和设计交点的三维坐标值列于图中。

①根据前面介绍的操作方法，将如图 4-35 所示的坐标文件上传到仪器，仪器中的坐标文件名设置为 FC。

②按 (S.0) 键，进入如图 4-36(a) 所示的"选择一个文件"菜单界面；按 (F2) 键选择"调用"选项，调用坐标数据文件 FC，完成响应后，进入如图 4-36(b) 所示的"放样 1/2"菜单。

③按 (F1) 键选择"输入测站点"选项，进入如图 4-37(a) 所示的"测站点"菜单；按 (F2)

149

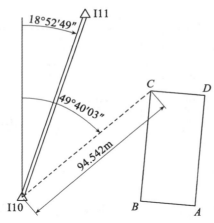

点名	X 坐标(m)	Y 坐标(m)	H 高程(m)
I10	44180.486	23628.056	4.439
I11	44285.645	23664.020	4.437
A	44178.189	23721.791	4.500
B	44182.220	23692.063	4.500
C	44241.676	23700.126	4.500
D	44237.645	23729.854	4.500

图 4-35　房屋轴线点的放样

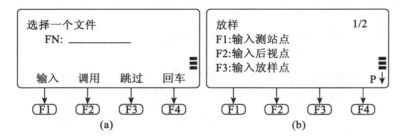

图 4-36　选择放样坐标文件

键选择"调用"选项，设置 I10 点为测站点，完成设置后，进入如图 4-37(b)所示的界面，要求用户确认 I10 点的坐标；按 F3 键选择"[是]"，进入如图 4-37(c)所示的"仪高"菜单，完成仪器高的输入后，按 F4 键(回车)，仪器返回如图 4-36(b)所示的"放样　1/2"菜单。

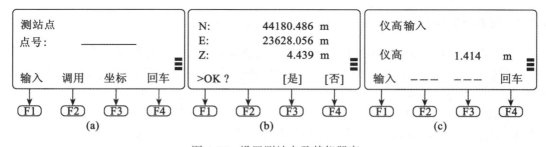

图 4-37　设置测站点及其仪器高

　　④按 F2 键选择"输入后视点"选项，进入如图 4-38(a)所示的"后视点"菜单；按 F2 键选择"调用"选项，设置 I11 点为后视点；完成设置后，进入如图 4-38(b)所示的界面，它要求用户确认 I11 点的坐标；按 F3 键选择"[是]"，进入如图 4-38(c)所示的"后视"菜

单；菜单中的角度值为仪器自动计算出的 I10~I11 的坐标方位角值，与图 4-35 标注出的坐标方位角比较可知，设置无误；转动照准部，精确照准 I11 点后，按 **F3** 键选择"［是］"选项，仪器即将视线方向的水平度盘读数设置为 18°52′49″，并返回如图 4-36(b)所示的"放样　1/2"菜单。

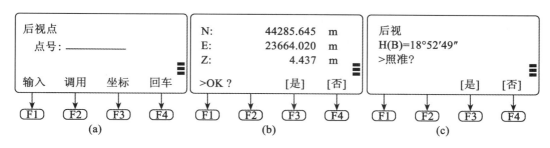

图 4-38　设置后视点

　　⑤按 **F3** 键选择"输入放样点"选项，进入如图 4-39(a)所示的"放样"菜单；按 **F2** 键选择"调用"选项，设置 C 点为放样点；完成设置后，进入如图 4-39(b)所示的界面，它要求用户确认放样点 C 的坐标；按 **F3** 键选择"［是］"选项，进入如图 4-39(c)所示的"输入棱镜高度"菜单；输入实际镜高值后，进入如图 4-39(d)所示的"放样参数计算"菜单，菜单中的 HR = 49°40′03″和 HD = 94.542m 分别为仪器自动计算出的 I10~C 的坐标方位角及水平距离，与图 4-35 中的相应值比较可知计算无误。

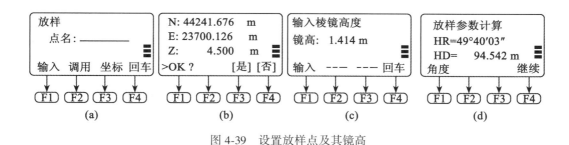

图 4-39　设置放样点及其镜高

　　⑥按 **F1** 键选择"角度"选项，仪器对棱镜测角后进入如图 4-40(a)所示的"角度调整为零"菜单；菜单中的 HR = 41°56′36″为仪器望远镜当前视线方向的坐标方位角，dHR = −7°43′27″为当前视线方向的坐标方位角与设计值之差，为负表示还要增大 7°43′27″。转动照准部，直至 dHR = 0 为止，此时，视线方向的坐标方向角等于设计值。

　　⑦按 **F2** 键选择"距离"选项，仪器对棱镜进行连续跟踪测量，并进入如图 4-40(b)所示的菜单。菜单中的 91.007m 为仪器至棱镜的水平距离，−3.535m 为当前水平距离与设计水平距离 94.542m 之差，小于零，表示棱镜还需要在望远镜视线方向增大 3.535m，0.078 为当前棱镜点高程与设计高程 4.500m 之差。观测员根据屏幕显示值指挥司镜员移动棱镜，直至 dHD = 0 及 dZ = 0 为止；完成操作后，还需要按 **F2** 键选择"角度"选项测

角，以确认水平方向的偏差，如果 dHR＝0，则按 （F3）键选择"坐标"选项测出棱镜点的三维坐标，它应等于点坐标的设计值，则当前棱镜点即为要放样的点 C。

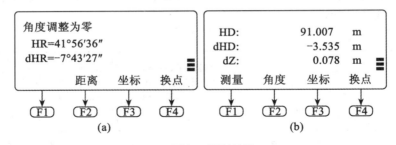

图 4-40　测角、测距放样 C 点

⑧按（F4）键选择"换点"选项，仪器返回图 4-39(a)所示的菜单，用户可以紧接着放样其余的点 A，B，D，操作方法与放样点 C 的一样。

§4.2　全球导航卫星系统（GNSS）及 GPS RTK（CORS）在房地产测量中的应用

新科学技术革命是以探索宇宙起源开始的，爱因斯坦的相对论实际上揭示了宇宙的本质。"宇"是空间，无边无沿，"宙"是时间，无始无终，宇宙是物质组成，并在永恒的运动之中。归根结底，空间和时间是世界上最大的两个参量，一切事物和事件都离不开它们。在人类文明的发展进步过程中，人们一直在探索、研究、发现、利用、改进、完善时空两大参考系统，而导航卫星实现了空间、时间参量的一体化提供，且是高精度、高效益、实时动态地实现，利用数十个卫星就能够开展全球化全天候服务。这是一场重大的技术革命，是一场新时空技术革命。

GNSS（全球导航卫星系统），又称天基 PNT 系统，其关键作用是提供时间/空间基准和所有与位置相关的实时动态信息，业已成为国家重大的空间和信息化基础设施，也成为体现现代化大国地位和国家综合国力的重要标志。它是经济安全、国防安全、国土安全和公共安全的重大技术支撑系统和战略威慑基础资源，也是建设和谐社会、服务人民大众、提升生活质量的重要工具。由于其广泛的产业关联度和与通信产业的融合度，能有效地渗透到国民经济的诸多领域和人们的日常生活中，成为高技术产业快速成长的助推器，成为继移动通信和互联网之后的全球第三个发展得最快的电子信息产业的经济新增长点。

4.2.1　全球导航卫星系统（GNSS）简介

目前世界上有美国 GPS、俄罗斯格洛纳斯 GLONASS、欧洲伽利略 GALILEO、中国北斗 COMPASS 四大全球卫星导航系统。

1. 美国 GPS

GPS 是由美国国防部研制建立的一种具有全方位、全天候、全时段、高精度的卫星导航系统,能为全球用户提供低成本、高精度的三维位置、速度和精确定时等导航信息,它极大地提高了地球社会的信息化水平,有力地推动了数字经济的发展。

1957年10月4日,苏联发射了全世界第一颗人造地球卫星,开创了人类的空间世纪。美国对此密切关注,有一位名叫比尔·盖伊的数学家和一位叫乔治·威芬巴赫的物理学家,他们在霍普斯金的应用物理实验室里发现了一个现象,那就是这颗卫星的频率出现了偏移,经研究发现是相对运动引起的多普勒频移效应。如果在地面上架设多部接收机,利用多普勒频移效应,就可以根据接收到的信号的不同频差推算出这个卫星的具体位置。

当时美国海军正在研究如何知道茫茫大海中军舰的具体位置,这一发现为海军军舰定位提供了思路,既然在地面能够发现卫星位置,如果把问题反过来,利用空间多个卫星根据接收到的地面信号同样可以计算出地面信息源所在的位置。

但问题是卫星该采用低、中、高哪种轨道?低轨道,发射成本比较低,精度比较高,但若覆盖全球的话则需要200颗卫星,工程浩大。高轨道,三颗卫星就能覆盖全球,但高轨道卫星的发射难度大,定位精度低,原因有两个:一是轨道太高会导致测量误差大,二是静止轨道与地面物体的相对速度很小,不利于使用多普勒频移的解算方法。

最后美国采用中轨道,覆盖全球只需要24~36颗卫星。1978年美国发射第一颗卫星,1995年全部组网完成,系统正式运行,30颗卫星(其中6颗备用)分布在6条交点互隔60度的轨道面上,距离地面约20000千米。实现单机导航精度约为10米,高精度可达厘米级和毫米级。

系统特性:三星定位,军民两用。由于 GPS 定位技术涉及军事用途,美国限制非特许用户利用 GPS 定位精度。

2. 俄罗斯(GLONASS)

俄罗斯的 GLONASS 系统目前布网完成,已有28颗卫星(其中4颗备用),导航精度在5~6米,但民用领域开放的精度约为10米。

系统特性:三星定位,精度比 GPS 低,军民两用,采用两种频率信号。工作不稳定,卫星工作寿命短,抗干扰能力强。

自2011年起 GLONASS 的服务范围拓展到全球,是继 GPS 之后第二个军民两用的全球导航卫星系统。俄联邦宣称 GLONASS 为军民两用,不带任何限制、不引入 SA 机制,也不对用户收费。

3. 伽利略(GALILEO)

欧洲伽利略(GALILEO)系统计划发射30颗卫星(其中3颗备用),卫星轨道位置比GPS 略高,离地面高度24126千米。

系统特性:三星定位,专门为民用。是将来精度最高的全开放的新一代定位系统。定位误差不超过1米。伽利略提供的公开服务定位精度通常为15~20米和5~10米两种档次。公开特许服务有局域增强时能达到1米,商用服务有局域增强时为10厘米。

中国为了学习先进技术和管理经验,积极参与伽利略计划。但随着日本和印度加入,中国退出伽利略计划,开始发展自己的北斗二代。

4. 北斗卫星导航系统(COMPASS)

北斗卫星导航系统(以下简称北斗系统)是中国着眼于国家安全和经济社会发展需要,

自主建设运行的全球卫星导航系统，是为全球用户提供全天候、全天时、高精度的定位、导航和授时服务的国家重要时空基础设施。

自提供服务以来，北斗系统已在交通运输、农林渔业、水文监测、气象测报、通信授时、电力调度、救灾减灾、公共安全等领域得到广泛应用，服务国家重要基础设施，产生了显著的经济效益和社会效益。基于北斗系统的导航服务已被电子商务、移动智能终端制造、位置服务等厂商采用，广泛进入中国大众消费、共享经济和民生领域，应用的新模式、新业态、新经济不断涌现，深刻改变着人们的生产生活方式。中国将持续推进北斗应用与产业化发展，服务国家现代化建设和百姓日常生活，为全球科技、经济和社会发展作出贡献。

北斗系统秉承"中国的北斗、世界的北斗、一流的北斗"发展理念，愿与世界各国共享北斗系统建设发展成果，促进全球卫星导航事业蓬勃发展，为服务全球、造福人类贡献中国智慧和力量。北斗系统为经济社会发展提供了重要的时空信息保障，是中国实施改革开放 40 余年来取得的重要成就之一，是中华人民共和国成立 70 年来重大科技成就之一，是中国贡献给世界的全球公共服务产品。

1）发展历程

（1）北斗一代

从 20 世纪 70 年代开始，七五规划中提出过"新四星"计划，随后提出过单星、双星、三星、五星的区域性系统方案，以及多星的全球系统设想。

20 世纪 80 年代初期，以"两弹一星"元勋成芳允院士为首的专家团体提出了双星定位方案，这是当时公认的最优方案，但因经济条件等种种原因又搁置了十年。1991 年海湾战争爆发，美国 GPS 在作战中的应用，使我国决策层深刻意识到卫星导航系统的重要作用，被搁置十年的双星定位方案于是马上启动。

1994 年，我国就开始了北斗一代的攻关研究。由于只有两颗星，当然不能像美国 GPS 那样布设在中轨道上，只能布设在高轨且静止轨道上，这样才能保证停在中国大陆的上空。2000 年，我国开始发射北斗试验卫星。2003 年初步建成了北斗卫星导航定位试验系统，北斗一代具有基本的定位、授时和短报文通信功能，服务区域为东经 70°～140°，北纬 5°～55°，定位精度优于 100m。

定位加通信是北斗一代的技术特点，北斗拥有 GPS 不具备的短报文通信功能。中国北斗一代身兼两职，听起来功能更加全面，其实是中国把定位卫星打到了通信卫星的轨道上，自然能收获了通信这个副业。

北斗一代的优势有投资少，组建快，有短报文通信等特点。北斗一代的主要用户则是政府、行业用户、军方等。

由于定位是北斗一代的主业，大部分的信道资源都必须让给定位数据的传送，所以留给通信的信道资源就很少，它无法完成实时的话音通信，只能完成短信功能。北斗一代民用较少，因为其采用有源定位体制，导致终端价格高、保密性能相对不足、定位精度与 GPS 相比具有明显差距。

北斗的首次成功应用是 2008 年 5 月 12 日的汶川地震。虽然其性能指标比不过 GPS 和海事卫星，但北斗一代在地震时却发挥出了不受地面影响的优势，它的定位和短信能力充分发挥了作用,成为救援指挥部队和前线救援人员最得力的通信助手,最大限度地保证了"72 小时黄金抢救时间"的有效利用,彰显了北斗服务民生的技术优势。

　　(2)北斗二代

　　在北斗一代的基础上,形成了北斗二代区域导航定位系统,它由 14 颗卫星组成,2012 年 12 月开始应用。北斗二代覆盖亚太地区,服务区域为南北纬 55°,东经 55°~180°的区域。

　　北斗二代是由 5 颗地球同步轨道卫星(轨道高度为 35786km)、5 颗倾斜地球同步轨道卫星(轨道高度 35786km,倾角 55°)、4 颗中圆地球轨道卫星(轨道高度 21528km,倾角 55°)组成。它的特定是实现了亚太区域覆盖,并且采用无源定位导航体制,该系统有 3 个频点对民用开放,并继承了北斗一代短报文通讯功能,扩充了通信容量。同时,北斗二代采用分层的星座布设方案和组网方案,还充分考虑了和其他导航系统的兼容性问题。北斗二代亚太地区可见卫星数在 7 颗以上,图形强度 PDOP(位置精度强弱度)一般小于 5,伪距观测值测量的精度为 33cm,载波相位测量精度为 3mm,伪距单点定位精度优于 6m。二代北斗区域卫星导航系统已经具备双频 RTK(Real-time kinematic,实时动态)定位能力,其定位精度与 GPS 基本相当。并且,北斗与 GPS 载波相位差分定位时,相对于单一 GPS 系统,组合定位精度可提高 20%以上。

　　(3)北斗三代

　　2017 年开始,北斗三代全球导航定位系统开始发射卫星。2018 年完成了一带一路国家的覆盖。2020 年 6 月 23 日,最后一颗卫星成功发射,标志着北斗三代组网完成,实现全球覆盖。北斗三代由 30 颗卫星组成,3 颗地球同步轨道卫星(轨道高度为 35786km)、3 颗倾斜地球同步轨道卫星(轨道高度 35786km,倾角 55°)、24 颗中圆地球轨道卫星(轨道高度 21528km,倾角 55°)。同时,地球同步轨道卫星、倾斜地球同步轨道卫星除参加定位观测外,还可用于发射北斗三代、GPS、GALILEO 广域差分增强信息和完好性信息,差分伪距定位精度可达 1m 以内。

　　与北斗二代不同,北斗三代和 GPS 是有共同频率的。因此北斗三代的五个基本服务就是——基本导航服务、短报文通讯服务、星基增强服务、国际搜救服务和精密单点定位服务。

　　2)基本组成

　　北斗系统由空间段、地面段和用户段三部分组成。

　　空间段:北斗系统空间段由若干地球静止轨道卫星、倾斜地球同步轨道卫星和中圆地球轨道卫星等组成。

　　地面段:北斗系统地面段包括主控站、时间同步/注入站和监测站等若干地面站,以及星间链路运行管理设施。

　　用户段:北斗系统用户段包括北斗兼容其他卫星导航系统的芯片、模块、天线等基础产品,以及终端产品、应用系统与应用服务等。

　　3)北斗系统的特点

　　①北斗系统空间段采用三种轨道卫星组成的混合星座,与其他卫星导航系统相比高轨卫星更多,抗遮挡能力强,尤其低纬度地区性能优势更为明显。

②北斗系统提供多个频点的导航信号，能够通过多频信号组合使用的方式提高服务精度。

③北斗系统创新融合了导航与通信能力，具备定位导航授时、星基增强、地基增强、精密单点定位、短报文通信和国际搜救等多种服务能力。

④北斗具有星间链路系统，用于卫星轨道之间的自校正。

4）应用

（1）行业及区域应用

北斗系统提供服务以来，已在交通运输、农林渔业、水文监测、气象测报、通信授时、电力调度、救灾减灾、公共安全等领域得到广泛应用，服务国家重要基础设施，产生了显著的经济效益和社会效益。

①交通运输方面。北斗系统广泛应用于重点运输过程监控、公路基础设施安全监控、港口高精度实时调度监控等领域。截至 2019 年 12 月，国内超过 650 万辆营运车辆、4 万辆邮政和快递车辆，36 个中心城市约 8 万辆公交车、3200 余座内河导航设施、2900 余座海上导航设施已应用北斗系统，建成全球最大的运营车辆动态监管系统，并且正向铁路运输、内河航运、远洋航海、航空运输及交通基础设施建设管理方面纵深推进，提升了我国综合交通管理效率和运输安全水平。近年来，中国道路运输重特大事故发生起数和死亡失踪人数均下降 50%。

②农林渔业方面。农业领域，基于北斗系统的农机自动驾驶系统超过 2 万台套，节约 50% 的用工成本；基于北斗系统的农机作业监管平台和物联网平台为 10 万余台套农机设备提供服务，极大地提高了作业管理效率。

③林业领域。北斗系统定位与短报文通信功能广泛应用于森林防火、天然林保护、森林自然调查、病虫害防治等。渔业领域，为渔业管理部门和渔船提供船位监控、紧急救援、信息发布、渔船出入港管理等服务，全国 7 万余只渔船和执法船安装北斗终端，累计救助 1 万余人。

④水文监测方面。北斗系统成功应用于多山地域水文测报信息的实时传输，提高灾情预报的准确性，为制定防洪抗旱调度方案提供重要支持。

⑤气象测报方面。研制一系列气象测报型北斗终端设备，形成系统应用解决方案，提高了国内高空气象探空系统的观测精度、自动化水平和应急观测能力。

⑥通信授时方面。突破光纤拉远等关键技术，研制出一体化卫星授时系统，北斗系统单双向授时得到成功应用。

⑦电力调度方面。基于北斗系统的电力时间同步应用，为在电力事故分析、电力预警系统、保护系统等高精度时间应用创造了条件。

⑧救灾减灾方面。基于北斗系统的导航、定位、短报文通信功能，提供实时救灾指挥调度、应急通信、灾情信息快速上报与共享等服务，显著提高了灾害应急救援的快速反应能力和决策能力。已建成部、省、市（县）三级平台，实现六级业务应用，推广北斗终端超过 4.5 万台。利用北斗/GNSS 高精度技术实现地质灾害监测，多次成功提前预警甘肃黄土滑坡，时间精确到秒，移动范围精确到毫米。

⑨公共安全方面。构建了部、省、市（县）三级北斗公安应用体系框架，全国 40 余万

部北斗警用终端联入警用位置服务平台；通过北斗警用授时，统一了公安信息网时间基准。北斗系统在亚太经济合作组织会议、二十国集团峰会等重大活动安保中发挥了重要作用。

（2）大众应用

北斗系统大众服务发展前景广阔。基于北斗的导航服务已被电子商务、移动智能终端制造、位置服务等厂商采用，广泛进入中国大众消费、共享经济和民生领域，随着 5G 商用时代的到来，北斗正在与新一代移动通信、区块链、人工智能等新技术加速融合，北斗应用的新模式、新业态、新经济不断涌现，深刻改变着人们的生产生活方式。

①电子商务领域。国内多家电子商务企业的物流货车及配送员，应用北斗车载终端和手环，实现了车、人、货信息的实时调度。

②智能手机领域。国内外主流芯片厂商均推出兼容北斗的通导一体化芯片。截至 2019 年第三季度，在中国市场申请入网的手机有 400 余款具有定位功能，其中支持北斗定位近 300 款。

③智能穿戴领域。多款支持北斗系统的手表、手环等智能穿戴设备，以及学生卡、老人卡等特殊人群关爱产品不断涌现，得到广泛应用。

④卫星导航是战略性新兴产业发展的重要领域，国家将进一步推动北斗与移动通信、云计算、物联网、工业互联网、大数据和区块链等技术的融合发展，促进卫星导航产业与高端制造业、先进软件业、综合数据业和现代服务业的融合发展，持续推进北斗应用与产业化发展，服务国家现代化建设和百姓日常生活，为全球科技、经济和社会发展做出贡献。

4.2.2　GPS 定位系统的组成

1. GPS 坐标系

任何定位测量工作，都需要建立一个特定的基准和坐标系。在过去的地面测量中，各国都建立有自己的测量基准和坐标系，如我国的 1954 年北京坐标系（P54）、1980 年国家大地坐标系（C80）等。由于 GPS 是全球性的定位导航系统，其坐标系也必须是全球性的，通常称为协议地球坐标系（CTS）。目前，GPS 测量中所使用的 CTS，称为 WGS-84 世界大地标系（World Geodetic System），它是通过国际协议确定的，于 1987 年 1 月开始启用。

如图 4-41 所示，WGS-84 坐标系的几何定义为：原点选在地球质心 O（为国际协议原点，简称 CIO），z 轴指向国际时间局 $BIH_{1984.0}$ 定义的协议地极 CTP，x 轴指向 $BIH_{1984.0}$ 定义的零子午面与 CTP 相对应的赤道的交点，y 轴垂直于 zxO 平面且与 z、x 轴构成右手坐标系统。因此，WGS-84 坐标系是一种地心空间三维直角坐标系。

每个大地坐标系统，都对应一个地球椭球。WGS-84 坐标系采用的地球椭球称为 WGS-84 椭球，其椭球参数采用国际大地测量学与地球物理学联合会（IUGG）第 17 届大会的推荐值（长半径 $a = 6378.137km$，扁率 $e = 1/298.257223563$）。除上述几何定义外，WGS-84 坐标系统还有它严格的物理定义，它拥有自己的重力模型和重力计算公式，可以计算对于 WGS-84 椭球的大地水准面差距。

2. GPS 卫星网

GPS 卫星是由洛克韦尔国际空间部研制的，并由宇宙神 F—sos 运载火箭发射。如图

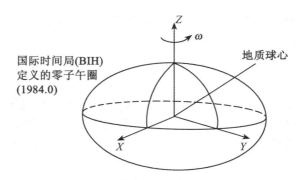

图 4-41 WGS-84 坐标系示意图

4-42(a)所示的卫星,重 774kg,采用钻蜂巢结构,主体呈柱形,直径为 1.5m,星体两侧装有两块双叶对太阳定向的电池帆板,全长 5.33m。太阳帆板总面积为 5m²,初期功率为 580W。星体底部装有多波束定向天线,能发射 L1 和 L2 波段信号,其波束方向图能覆盖半个地球,在星体两端面上装有全向选测遥控天线,用于与地面监控网通信。GPS 系统原计划由 24 颗卫星组网,按三个轨道平面分布,每个轨道分布 8 颗。1978 年,为压缩国防预算,减少了拨款,于是把 GPS 系统的卫星数由 24 颗减少到 18 颗。后增加投资仍采用 24 颗卫星。24 颗卫星现分布在 6 个轨道平面上,如图 4-42(b)所示两轨道之间的夹角为 60°,对赤道的倾角为 55°,每个轨道面上布设 3 颗卫星,彼此间隔相等,相距 120°,从一个轨道面的卫星到下一个轨道面的卫星间错动 40°。

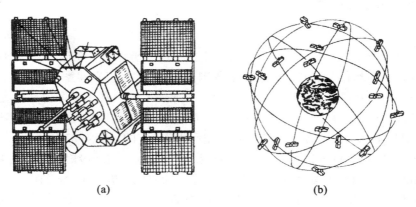

(a)   (b)

图 4-42 GPS 卫星及卫星分布

3. GPS 卫星的监控系统

对于卫星大地测量而言,GPS 卫星是以一种动态已知点描述卫星及其轨道参数,称为卫星星历;每颗卫星的星历由地面监控系统提供,另外,卫星入轨运动后,它的"健康"状况如何,也需地面设备进行监测和控制。

地面监控系统包括一个主控站,三个注入站和五个监控站。主控站拥有以大型计算机为主体的数据收集、计算、传输、诊断等设备。它的主要功能是:收集各监测站测得的距离和距离差、气象要素、卫星时钟和工作状况的数据，监测站自身的状态数据等；根据收集的数据及时计算每颗 GPS 卫星的星历、时钟改正、状态数据以及信号的大气传播改正，并按一定格式编制成导航电文，传送到注入站；监控整个地面监控系统是否工作正常，检验注入卫星的导航电文是否正确，监测卫星是否将导航电文发出；调度备用卫星替代失效的工作卫星，将偏离轨道的卫星"拉回"到正常轨道位置。

监控站是为主控站编算导航电文提供观测数据，每个监测站均用 GPS 信号接收机测量每颗可见卫星的伪距和距离差，采集气象要素等数据，并将它们发送给主控站。

4. GPS 系统的用户设备

对于 GPS 信号的用户而言，主要分为静态定位和动态定位，两者的用户设备均叫做 GPS 信号接收机，或称为 GPS 卫星定位仪。

4.2.3 载波相位实时差分定位(RTK)

高精度 GPS 差分定位技术(DGPS)是指安置在某一固定地点不变的接收机和安置在移动物体上的另一台接收机同时连续观测相同的 GPS 卫星，根据参考点的已知坐标，计算出参考点坐标的改正数，并通过数据链发送给移动用户，以改进移动载体的定位精度。

高精度 GPS 差分定位技术原理如图 4-43 所示。

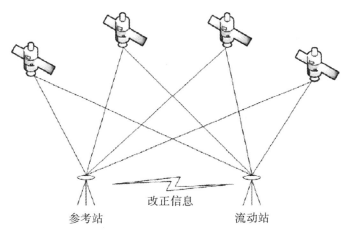

改正信息

参考站　　　　　　　　　　　　　流动站

图 4-43　高精度 GPS 差分定位技术原理图

根据发送的信息内容不同，高精度 GPS 差分定位技术包括位置差分、伪距差分、载波相位差分。

GPS-RTK(Real-time Kinematic，RTK)技术采用载波相位差分定位。

1. 位置差分

位置差分是最常见的 GPS 差分定位技术，主要原理是参考站上的 GPS 接收机连续接收 4 颗或 4 颗以上的可视卫星信号并解调，解算出参考站的测量坐标。因为定位时会受到卫星星历、卫星钟、对流层等的误差影响，解算的测量坐标与参考站真实坐标之间存在差值(即改正数)，移动站接收到参考站通过数据链路发送的改正数后对其自身坐标进行纠正，实现位置差分，原理如图 4-44 所示。

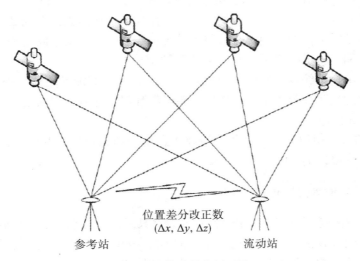

位置差分改正数
$(\Delta x, \Delta y, \Delta z)$

参考站　　　　　流动站

图 4-44　位置差分原理图

移动站坐标计算：

设基准站的已知坐标为(x_B^0, y_B^0, z_B^0)，使用 GPS 伪距单点定位测得的基准站坐标为(x_B, y_B, z_B)，通过差分求得基准站的坐标改正值为

$$\begin{cases} \nu_{xB} = x_B^0 - x_B \\ \nu_{yB} = y_B^0 - y_B \\ \nu_{zB} = z_B^0 - z_B \end{cases} \tag{4-2}$$

设移动站使用 GPS 伪距单点定位测得的坐标为(x_i, y_i, z_i)，则使用基准站坐标改正值修正后的移动站坐标为

$$\begin{cases} x_i^0 = x_i + \nu_{xB} \\ y_i^0 = y_i + \nu_{yB} \\ z_i^0 = z_i + \nu_{zB} \end{cases} \tag{4-3}$$

2. 伪距差分

（1）伪距差分原理

伪距差分是应用得最成熟的 GPS 差分定位技术之一，参考站上的 GPS 接收机测得与所有可视卫星的测量距离，同参考站真实坐标与各卫星的真实距离进行比较，通过滤波器求出测量距离和真实距离之间的偏差（即伪距改正数），然后参考站将伪距改正数发送给移动站，移动站利用伪距改正数纠正自身测量的伪距，最后，移动站通过纠正后的伪距解算出误差较小的坐标值，原理如图 4-45 所示。

（2）伪距差分算法

参考站的 GPS 接收机解调出星历文件并计算出可视卫星的坐标(x^i, y^i, z^i)，利用参考站真实坐标(x_0, y_0, z_0)，求出可视卫星到参考站的真实距离 R^i：

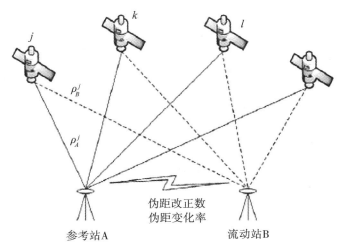

图 4-45　伪距差分原理图

$$R^i = \sqrt{(x^i - x_0)^2 + (y^i - y_0)^2 + (z^i - z_0)^2} \tag{4-4}$$

参考站 GPS 接收机测得与所有可视卫星的伪距 ρ' 包含各种误差，与真实距离存在偏差，即伪距改正数 $\Delta\rho^i$ 和伪距变化率 $\Delta\dot{\rho}^i$：

$$\Delta\rho^i = R^i - \rho^i, \quad \Delta\dot{\rho}^i = \frac{\Delta\rho^i}{\Delta t} \tag{4-5}$$

参考站将 $\Delta\rho^i$ 和 $\Delta\dot{\rho}^i$ 发送给移动站，移动站在测得的伪距 ρ_u^i 基础上加上伪距改正数，利用改正后的伪距 ρ 即可求出测站点的真实坐标。

3. 载波相位差分

(1)载波相位差分原理

将一台接收机置于基准站上，另一台或几台接收机置于流动站上，基准站和流动站同时接收同一时间相同 GPS 卫星发射的信号，基准站所获得的观测值与已知位置信息进行比较，得到 GPS 差分改正值。然后，将这个改正值及时地通过无线电数据链电台传递给流动站以精化其 GPS 观测值，得到经差分改正后流动站较准确的实时位置。流动站可处于静止状态，也可处于运动状态，原理如图 4-46 所示。

RTK 分修正法和差分法。修正法是基准站将载波相位修正量发送给流动站，以改正其载波相位，然后求解坐标。差分法是将基准站采集的载波相位发送给流动站进行求差解算坐标。前者为准 RTK 技术，后者为真正的 RTK 技术。

(2)载波相位差分算法

参考站接收机连续观测第 j 颗卫星，求得伪距观测值和伪距改正数分别为 ρ_b^j 和 $\Delta\rho_b^j$：

$$\Delta\rho_b^j = R_b^j - \rho_b^j \tag{4-6}$$

式中，ρ_b^j 为参考站到第 j 颗卫星的真实距离。

用参考站接收机的伪距改正数 $\Delta\rho_b^j$ 对移动站的伪距进行改正：

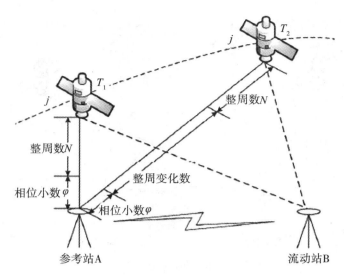

图 4-46　载波相位差分原理图

$$\Delta p_b^j + \rho_u^j = R_u^j + \Delta d\rho = \sqrt{(X^j - X_u)^2 + (Y^j - Y_u)^2 + (Z^j - Z_u)^2} + \Delta d\rho \qquad (4\text{-}7)$$

式中，ρ_u^j 为移动站的伪距观测值，R_u^j 为移动站到第 j 颗卫星的真实距离，(X_u, Y_u, Z_u) 为移动站坐标，(X^j, Y^j, Z^j) 为第 j 颗卫星的坐标，$\Delta d\rho$ 为同一观测历元的各项残差。

对于载波相位观测量：

$$\rho_0^j = \lambda \left[N_0^j + N_0^j(t - t_0) + \varphi_0^j \right] \qquad (4\text{-}8)$$

式中，N_0^j 为起始相位模糊度，$N_0^j(t_1 - t_2)$ 为从起始历元至观测历元间的整周模糊度，λ 为载波波长，φ_0^j 为相位的小数值，结合式(4-7)和式(4-8)有：

$$\Delta \rho_b^j + \rho_u^j = (R_b^j - \rho_b^j) + \rho_u^j = R_b^j + \lambda(N_u^j - N_b^j) + \lambda \left[N_u^j(t - t_0) - N_b^j(t - t_0) \right] + \lambda(\varphi_u^j - \varphi_b^j)$$
$$(4\text{-}9)$$

令 $N = \lambda(N_u^j - N_b^j)$ 为起始整周数之差，只要保持卫星不失锁，则 N 为常数，并令 $\Delta\varphi = \lambda \left[N_u^j(t-t_0) - N_b^j(t-t_0) \right] + \lambda(\varphi_u^j - \varphi_b^j)$ 为载波相位测量差值，则式(4-9)可表示为：

$$R_b^j + N + \Delta\varphi = \sqrt{(X^j - X_u)^2 + (Y^j - Y_u)^2 + (Z^j - Z_u)^2} + \Delta d\rho \qquad (4\text{-}10)$$

从上式可知，N 为常数，$\Delta d\rho$ 也可视为常数，利用参考站和移动站同时观测 4 颗相同卫星，求解出移动站坐标(X_a, Y_a, Z_a)。

这三类差分方式都是由基准站发送改正数，由流动站接收并对其测量结果进行改正，以获得精确的定位结果，所不同的是发送改正数的具体内容不一样，其差分定位精度也不同。前两类定位误差的相关性会随着基准站与流动站的空间距离的增加其定位精度迅速降低，故 RTK 采用第 3 种方法。

GPS-RTK 新技术的出现，可以高精度并快速地测量各级控制点的坐标。特别是应用 RTK 新技术甚至可以不布设各级控制点，仅依据一定数量的基准控制点，便可以高精度并快速地测量界址点、地形点、地物点的坐标，借助测图软件可以在野外一次测绘成数字化地图。

GPS-RTK 技术已经广泛地应用到控制测量、地形图测绘、地籍测量和房地产测量中。

4.2.4　RTK(CORS)在房地产测量中的应用

1. CORS 技术的基本原理及测量方法

(1)CORS 的基本原理

CORS 系统是连续运行卫星定位服务系统(Continuous Operational Reference System)的简称。连续运行卫星定位服务系统(CORS)与常规 RTK 一样,都是在同步观测条件下,流动站接收基准站计算并发送的 GPS 差分改正值,进行实时差分定位的。不同的是,常规 RTK 中基准站是用户自己安置的实体站,而 CORS 中的基准站是系统通过一定的数学算法模拟出来的虚拟站。区域 CORS 系统建设常用的两种技术有 Timble 的 VRS(虚拟基准站技术)和 Leica 的主辅站技术。其中,VRS 工作原理采用 VRS 技术建立的 CORS 系统,移动用户与数据处理中心建立通信,通过无线通信(如 GPRS、CDMA)向数据处理中心发送流动站单点定位的概略坐标;数据处理中心收到用户概略位置后,由系统软件自动选择最佳的一组 GNSS 基准站,根据 GNSS 基准站实时发来的卫星数据,计算轨道误差、电离层、对流层误差模型和差分改正信息;最后,将差分改正信号发给移动用户,实现网络 RTK 定位服务。进行野外作业时,用户只需要一台 GPS 接收机,即可进行毫米级的实时快速定位。

(2)CORS 系统组成

CORS 系统的组成:利用全球导航卫星系统(GNSS)、计算机、数据通信和互联网络(LAN/WAN)技术,在一个城市、一个地区或一个国家根据需求按一定距离建立长年连续运行的若干个固定 GNSS 基准站的网络系统,向不同类型、不同需求、不同层次的用户提供不同类型的 GPS 观测值、各种差分改正信息以及其他相关的 GPS 服务。

(3)参考站位置的选择

参考站的建立是顺利进行测量的关键。所以选址时应注意以下几个方面:

①避免选择在无线电干扰强烈的地区,参考站四周 100m 无大的电磁波辐射源,如微波站、高压线等。GPS 天线平面 15°倾角以上无大片障碍物阻挡卫星信号,基准站至测区的视野应开阔,无高大建筑物或高山阻挡,尽量使用高增益天线,以增加作用距离。

②参考站站址必须具有一定的高度;将参考站设置在高楼顶或山顶上,提高参考站的高度。

③为防止数据链丢失以及多路径效应的影响,周围无 GPS 信号反射物(大面积水域、建筑物等)。

(4)流动站的作业环境要求

流动站应避免在密集楼群里、树丛中或高压线下使用。在同时接收到 5 颗卫星的情况下,流动站可以开始作业。由于电台通信的无线电频率高,具有直线传播的特性,因此流动站距基准站的距离在市区不超过 4km,郊区不超过 7km。

(5)CORS 测量操作方法

使用 CORS 流动站直接测量控制点的典型步骤如下:

①安置 GPS 天线，开启 GPS 接收机。

②对中、整平后量取天线高。

③开启 GPS 控制手簿。

④在控制手簿上通过手机连接无线网络。

⑤启动 CORS 配置，开始 CORS 测量。

⑥初始化后开始点测量。

⑦输入点号，输入天线高、点类型(或测绘历元数)。

⑧当点位水平和高程收敛精度符合要求后，观测不小于规定历元数的历元并保存数据。

⑨按规定测回要求重新初始化。

⑩计算二测回点位的水平较差和大地高较差，如果符合测回较差要求，则该点观测值为有效观测，否则需重新观测。

⑪在测量底图上标注该控制点的概略位置和点号。

⑫检测相邻点位。

二级导线点、图根导线点 CORS 观测要求见表 4-2。

表 4-2　　　　　　　　　　　　　　　　　　　**CORS 观测要求**

等级	仪器	计算类型	相邻点平均间距(m)	测回	采样率	每测回间历元	PDOP	水平收敛精度	高程收敛精度	测回间水平较差	测回间大地高较差
二级导线点	双频GPS	固定解	≥300	≥3	1s	≥60	≤4	≤2cm	≤3cm	≤4cm	≤4cm
图根点	双频GPS	固定解	≥120	≥2	1s	≥60	≤5	≤2cm	≤3cm	≤4cm	≤4cm

2. RTK(CORS)在房地产测量中的应用

CORS 实时动态定位技术应用于测量领域已经是一项很成熟的技术，使用 CORS 技术可以方便、快捷、高效地实现高精度的测量作业。

(1)控制网测量

测量控制网分三级：首级控制、加密控制及图根控制。常规控制测量如三角测量、导线测量等，要求各测量点间通视，费工费时而且精度不均匀，外业中不知道测量成果的精度。GPS 静态、快速静态相对定位测量无需点间通视，就能够高精度地进行各种控制测量，但是需要进行数据处理，不能定时定位，以及实时掌握定位精度。内业处理后发现精度不够必须重新测量。采用 RTK(CORS)技术进行控制测量既能实时掌握定位结果，又能实时了解定位精度，这样可以大大提高作业效率。应用 RTK 进行实时定位可以达到厘米级的精度。因此，除了高精度的控制测量仍采用 GPS 静态相对定位技术之外，RTK 技术可用于房地产测量中的一、二、三级控制测量和图根控制测量。

(2)房产分幅图及界址点测量

房产分幅图和界址点测量的传统方法是用经纬仪测图法或平板仪测图法测绘地形图。近几年随着数字测图的发展，外业通过全站仪和电子手簿进行数据采集，内业利用测图软件绘制房产分幅图。但都要求测站点与被测的周围地物地貌等碎部点之间通视，而且至少要求 2~3 人操作。

房地产测量中采用 RTK(CORS)技术进行房产分幅图和界址点测量时，仅需一人手持仪器在要测的碎部点上停止 1~2s 并同量输入特征编码，通过电子手簿或便携微机记录（同时画出草图，供内业整图时参考），在点位精度合乎要求的情况下，再把一个区域内的地物点位测量后回到室内或在野外，由专业测图软件即可输出所要求的房产分幅图和界址点坐标。

3. RTK(CORS)技术的优点

与传统房产测量手法相比，RTK(CORS)技术有以下显著优点：

(1)作业速度快、效率高

在通常条件下，利用 RTK(CORS)测量几秒钟即可获得一个点的三维坐标。利用 CORS 进行房地产测量等不受天气、地形、通视等条件的限制，工作效率比传统测量方法提高 3~4 倍，从而极大地节约了时间，提高了经济效益。

(2)定位精度高

RTK(CORS)拥有完善的数据监控系统，可以有效地消除系统误差和周跳，增强差分作业的可靠性。RTK(CORS)测量各点间的精度基本上是独立的。RTK(CORS)技术减少了测区布网层次，图根点精度较高并且均匀，减少了测量误差传播和积累，这不同于导线测量和 GPS 网测量成果中点的精度。

(3)操作简便，容易使用

用户不需要架设参考站，真正单机作业，单人即可野外测量作业。从而减少了很多的外业工作量及费用，减轻了测量人员的劳动强度。

(4)能全天候、全天时地作业

RTK(CORS)技术不受已知点、发展次数、地形条件等因素的限制，从而布点方式更灵活、布点范围更大，且精度均匀、可靠。

(5)可实时测定界址点位置并能达到要求的厘米级精度

在影响 CORS 信号接收的遮蔽地带，也可在界址点附近作出两个以上控制点，再用全站仪等传统测量工具进行细部测量，以弥补 RTK(CORS)测量的不足。

随着 GPS 技术、计算机信息技术、通信技术等相关技术的迅猛发展，RTK(CORS)作为新一代服务于位置和时间需求的基础设施，是当前卫星定位技术的发展趋势，它也必将更好地应用于房地产测量领域。

4.2.5　南方测绘灵锐 S82 双频 GPS RTK 操作简介

灵锐 S82 GPS RTK 是南方测绘公司于 2005 年 10 月推出的最新产品，标准配置是一个基准站加一个移动站，用户可以根据工作需要购买任意个移动站。如图 4-47 所示，基准站由主机、数传电台、发射天线与电瓶组成；每个移动站的设备为一个主机与一个 PSION 手簿，移动站电台模块放置在主机内，通过主机顶部的数据链天线接发数据，手簿与接收机间通过内置的蓝牙卡进行数据通信。

S82 的主要技术参数为：独立 24 通道，L1/L2 双频跟踪信号，静态测量模式的平面精度为 5mm+1ppm，高程精度为 10mm+2ppm，静态作用距离≤80km，静态内存 32M；RTK 测量模式的平面精度为 2cm+1ppm，高程精度为 5cm+1ppm，数传电台的发射功率为 25W/15W（H/L）。

1. 仪器连线

如图 4-47 所示，只有基准站的设备需要电缆连接。

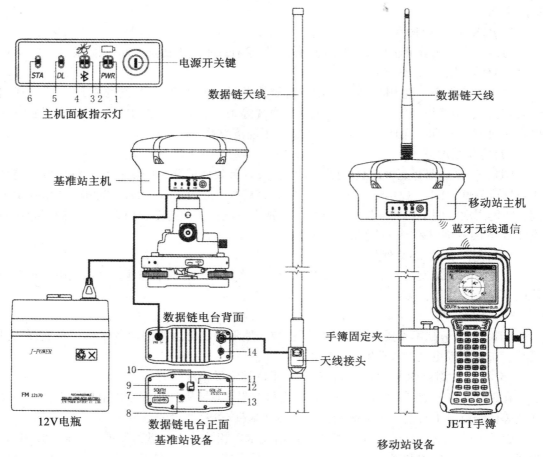

1. 外接电瓶灯；2. 内置电池灯；3. 蓝牙灯；4. 卫星灯；5. 数据链灯；6. 静态/GPRSGsM 灯；7. 数传电台电源灯；8. 数传电台开关；9. 频道变换按钮；10. 频道显示窗；11. 发射数据指示灯；12. 接收数据指示灯；13. 功率指示灯；14. 功率开关

图 4-47　南方测绘灵锐 S82 GPS RTK

2. 开/关机电源

连线完成后，打开基准站主机电源、电瓶与数传电台电源，打开移动站主机电源与 PSION 手簿电源。基准站与移动站主机均设计为一键式操作，也即在关机状态下按 ⓘ 键开机，在开机状态下按住⑩键约 3s，待蜂鸣声响时，根据蜂鸣声的次数设置下次开机的状态：响 3 声松手为关机，响 4 声松手为关机并设置下次开机为动态；响 5 声松手为关机并设置下次开机为静态；响 6 声松手为关机并设置下次开机为蓝牙初始化。

1）基准站与移动站主机面板指示灯

基准站与移动站主机面板完全相同，由一个电源键⑩与 6 个指示灯组成，各灯的功能如下：

①外接电瓶绿灯：使用外接电瓶指示灯，绿灯常亮表示电瓶正常工作，绿灯闪烁表示电瓶电量不足。

②内置电池红灯：使用内置电池指示灯，红灯常亮表示电池正常工作，红灯闪烁表示电池电量不足。

③蓝牙绿灯：灯长亮时，接收机与手簿通过蓝牙卡建立连接，开始正常数据通信；灯闪烁时，接收机与手簿通过数据线建立连接，数据下载时，指示灯闪烁。

④卫星红灯：每隔 30s 开始闪烁，闪烁次数即为已接收到信号的卫星个数。

⑤数据链红灯：在基准站和移动站指示不同的状态。

a. 移动站工作在动态模式时，该灯每隔 1s 闪烁一次，表示差分数据接收；工作在静态模式时，指示灯会长亮，表示静态模式。

b. 基准站工作在动态模式时，该灯每隔 5s 快闪两次，表示基准站已启动开始正常工作；静态模式同移动站。

⑥状态红灯：亮 3s 灭 3s 表示动态测量主机使用 GPRS/GSM 模块，拨号成功；间隔 n 秒闪烁一次，表示静态模式下采集间隔为 n 秒，并开始采集。

2）错误状态

当系统出现下列情况时，会出现系统错误，卫星灯 4 和数据链灯 5 会同时闪烁不止。

①内存检测错误；

②接收机检测失败；

③当基准站工作在重复设站模式，却不能正确获取基准站坐标时。

3）蜂鸣器的工作状态

①当系统出现错误状态时，卫星灯 4 和数据链灯 5 会同时闪烁，伴随着蜂鸣器的滴嗒声。

②移动站，当没有监测到电台信号时会自动切换通道，每切换通道一次，蜂鸣器响一声。

4）数据链电台面板操作按钮与指示灯

电台关机时，按数传电台开关按钮 8 打开数传电台，数传电台电源灯 7 亮。数传电台有 1~4 个频道，每按频道变换按钮 9 一次，电台频道数增加 1 个，频道显示窗 10 显示当前频道数。基准站发射数据时，发射数据指示灯 11 亮，基准站接收数据时，接收数据指示灯 12 亮。数传电台可以 15W 和 25W 两种功率发射数据，当电台背面的功率开关 14 拨向 L 时，以 15W 功率发射，指示灯 13 亮；当功率开关 14 拨向 H 时，以 25W 功率发射，指示灯 13 灭。

167

3. 基本操作

仪器有静态与动态两种工作模式，进行等级控制测量时应选择静态模式，碎部点坐标采集与工程放样应选择动态模式。

以静态模式工作时，仪器采集的卫星数据自动存储在主机内的 32MB 闪存中，当数据采集间隔设置为 1s 时，连续采集时间至少可达 40h。外业数据采集完成后，用数据线连接主机的 USB 口与 PC 机的 USB 口，操作 Gpsadj 软件下载数据，然后在 Gpsadj 中完成基线向量解算与网平差，最后获得所测点的坐标。

以动态模式工作时，全部操作都在 PSION 手簿上操作南方测绘的工程之星软件完成。

1）PSION 手簿概述

PSION 手簿外型如图 4-48 所示。

图 4-48　PSION 手簿

手簿参数如下：

①型号：Psion-7525；

②防尘：IEC529；

③防震：抗 1.2m 自然跌落；

④处理器：400MHZ Xscale PXA255；

⑤操作系统：Microsoft Windows CE.NET；

⑥内存：64M，支持 SD 卡/CF 卡，最大限量扩充；

⑦工作环境：-20°C 至 60°C；

⑧存储环境：-35°C 至 70°C；

⑨显示屏：触摸式彩色液晶显示屏；

⑩无线通信：蓝牙无线通信；

⑪数据传输：SD 卡 USB 传输。

2)WinCE 与 PSION 手簿的按键操作

在关机状态下，按住 $\binom{\text{ENTER}}{\text{ON}}$ 键 1s 开机，大约 20~25s 后，完成 WinCE 的启动，5min 内没有操作机器，PSION 将自动关机或进入休眠状态；在开机状态下，按住蓝键再按 $\binom{\text{ENTER}}{\text{ON}}$ 键关机。

PSION 还设有 52 个键来实现 PC 机键盘 101 个键的按键操作：(BKSP)为退格键，(SPACE)为空格键，(ENTER)为回车键，(ESC)为退出键，(SHIFT)为第二功能键。白色键为数字键，黑色键为字母键。其中，A 键为数据采集键，B 键为测量点编辑键。

3)使用工程之星 2.0 进行动态数据采集操作简介

动态数据采集可以将基准站安置在已知点上，也可以将基准站安置在测区范围地势较高的任意点上，下面介绍将基准站安置在已知点上的数据采集操作方法。

在已知点上安置好基准站，连接好电缆，打开基准站主机与数传电台电源，打开移动站主机与 PSION 电源，量取基准站和移动站的仪器高。双击"工程之星 2.0"桌面图标，打开工程之星，界面如图 4-49(a)所示，它有如图 4-49(b)所示的 4 个下拉菜单。执行下拉菜单"工具"→"其他/查看卫星图"命令，在弹出的"信息显示"对话框中选择"星图"选项卡，可以观看当前接收到的卫星状态，如图 4-49(c)所示。一般情况下，仪器开机后，数传电台的频道设置、移动站与手簿间的蓝牙通信及卫星搜索与锁定等操作均由工程之星自动完成的，无须用户干预。当有 4 颗及以上数量的卫星信号时，能很快进入图 4-49(a)的"固定解"状态，图中显示的三维坐标为移动站在前次测量时所设坐标系的坐标。如果不是固定解，需要进行下列操作：蓝牙设置，在控制面板中左键双击蓝牙进行设置。仪器连接，在设置菜单中单击连接仪器。

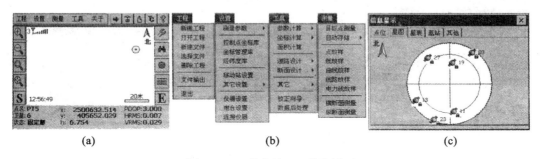

图 4-49 工程之星 2.0 操作界面

(1)新建工程

执行下拉菜单"工程"→"新建工程"命令，按提示输入新建工程名、选择椭球参数与高斯投影参数，操作过程如图 4-50 所示。操作完成后，系统在"\SystemCF\Jobs\"路径下建立"051124"文件夹，用以保存本次新建工程 051124 的全部数据。

(2)校正

GPS 所测坐标是 WGS-84 坐标系的坐标，如要将其变换为用户坐标系的坐标，则坐标测量前应先求出坐标变换参数。执行下拉菜单"工具"→"校正向导"命令，按屏幕提示即

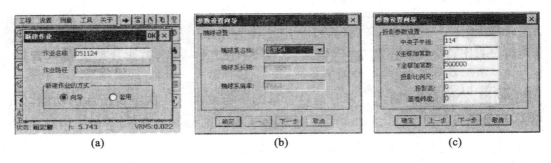

图 4-50　新建工程操作过程

可完成校正操作，操作过程如图 4-51（a）～图 4-51（d）所示。有 1 点、2 点和 3 点校正法，最好选择 3 点校正法，为提高校正的精度，3 个已知坐标点最好均匀分布在测区外围。

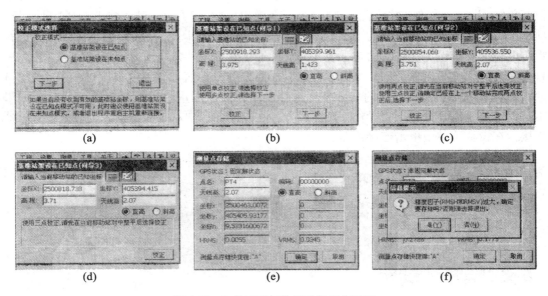

图 4-51　3 点校正与数据采集操作过程

（3）野外数据采集

校正完成后，将移动站安置在需要采集的碎部点上，在"固定解"状态下，HRMS 与 VRMS 的值较小时按 Ⓐ 键，进入如图 4-51（e）所示的界面，输入点名、移动站天线高与点编码，点击 ⌷确定⌷ 按钮即将图示坐标存入"\ SystemCF \ Jobs \ 051124 \ data \ 0511124. RTK"文件中。当状态为"固定解"以外的其他解，如"单点解"、"浮点解"或"差分解"时，HRMS 与 VRMS 的值就比较大，此时按 Ⓐ 键采集坐标并保存时，系统将给出如图 4-51（f）所示的提示。

（4）野外采集数据的坐标变换与输出

采集的碎部点坐标数据是以经纬度数据格式保存在 051124. RTK 文件中，需要执行下拉菜单"工具"→"数据后处理"命令，将其输出为 . dat 文件格式，操作过程如图 4-52(a)~图 4-52(e)所示，图中是将转换后的坐标保存在 qh-506. dat 文件中，该文件的内容如图 4-52(a)所示。如果需要还可将该文件变回 . RTK 格式。显然，qh-506. dat 还不能用于 CASS 的展点操作。

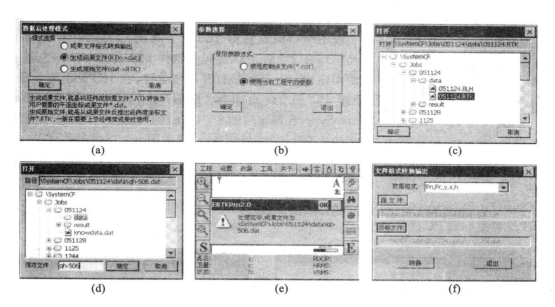

图 4-52 将 RTK 数据变换为坐标数据的操作过程

执行"工程"→"文件输出"命令，进入图 4-52(f)的界面，在数据格式下拉列表框中选择可用于 CASS 展点的数据格式"点名，编码，y，x，H"，也即图 4-53 中的"Pn，Pc，Y，x，h"数据格式，点击 源文件 按钮，在弹出的对话框中选择 qh-506. dat 文件；点击 目标文件 按钮，在弹出的对话框中输入文件名"qh-506x. dat"作为保存输出数据的文件，点击 转换 按钮，即完成数据文件输出。输出后的文件格式内容如图 4-53 所示。

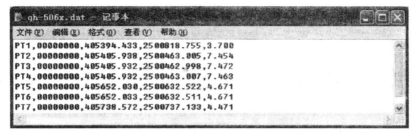

图 4-53 两种数据格式文件

（5）坐标数据文件复制到 PC 机

将 PSION 手簿的 CF 卡插槽内存卡取下，放到读卡器内，插入 PC 机 USB 接口将测量数据传到计算机中。

◎ **思考与练习题**

一、单选题

1. 全站仪由光电测距仪、电子经纬仪和(　　)组成。

　　A. 电子水准仪　　　　B. 坐标测量仪　　　　C. 读数感应仪　　　　D. 数据处理系统

2. 用全站仪进行距离或坐标测量前，需设置正确的大气改正数，设置方法可以是直接输入测量时的气温和(　　)。

　　A. 气压　　　　　　　B. 湿度　　　　　　　C. 海拔　　　　　　　D. 风力

3. 用全站仪进行距离或坐标测量前，不仅要设置正确的大气改正数，还要设置(　　)。

　　A. 乘常数　　　　　　B. 湿度　　　　　　　C. 棱镜常数　　　　　D. 温度

4. 根据全站仪坐标测量的原理，在测站点瞄准后视点后，方向值应设置为(　　)。

　　A. 站点至后视点的方位角　　　　　　　B. 后视点至测站点的方位角

　　C. 0　　　　　　　　　　　　　　　　　D. 90°

5. 全站仪测量点的高程的原理是(　　)。

　　A. 水准测量原理　　　　　　　　　　　B. 导线测量原理

　　C. 三角测量原理　　　　　　　　　　　D. 三角高程测量原理

6. 在用全站仪进行角度测量时，若棱镜不输入棱镜常数和大气改正数，(　　)所测角值。

　　A. 影响　　　　　　　　　　　　　　　B. 不影响

　　C. 水平角影响，竖直角不影响　　　　　D. 水平角不影响，竖直角影响

7. 在用全站仪进行点位放样时，若棱镜高和仪器高输入错误，(　　)放样点的平面位置。

　　A. 影响　　　　　　　　　　　　　　　B. 不影响

　　C. 盘左影响，盘右不影响　　　　　　　D. 盘左不影响，盘右影响

8. 全站仪一般瞄准方法应是(　　)。

　　A. 正确对光、粗略瞄准、精确瞄准　　　B. 粗略瞄准、精确瞄准、正确对光

　　C. 粗略瞄准、正确对光、精确瞄准　　　D. 精确瞄准、正确对光、粗略瞄准

9. 消除视差的方法是(　　)使十字丝和目标影像清晰。

　　A. 转动物镜对光螺旋　　　　　　　　　B. 转动目镜对光螺旋

　　C. 反复交替调节目镜及物镜对光螺旋　　D. 调整水准尺与仪器之间的距离

10. 组合式全站仪中，视准轴、光发射轴、光接收轴三者关系正确的是(　　)。

　　A. 视准轴与光发射轴同轴　　　　　　　B. 光发射轴与光接收轴同轴

　　C. 视准轴与光接收轴同轴　　　　　　　D. 以上都不正确

11. 全站仪的重要技术指标有最大测程、测角精度、放大倍率和(　　)。

　　A. 最小测程　　　　B. 缩小倍率　　　　C. 自动化程度　　　　D. 测距精度

12. 若某全站仪的标称精度为 $\pm(2mm+2ppm \cdot D)$，则用此全站仪测量 2km 长的距离，其测距中误差的大小为(　　)。

A. ±7mm B. ±5mm C. ±6mm D. ±2mm

13. 光电测距仪测距的基本公式是( )。

A. $\frac{1}{2}ct_{2D}$ B. ct_{2D} C. nd D. $\frac{\lambda}{2}(N+\Delta N)$

14. 相位式测距的基本公式是( )。

A. $\frac{1}{2}c \cdot t_{2D}$ B. ct_{2D} C. nd D. $\frac{\lambda}{2}(N+\Delta N)$

15. 当全站仪在角度测量中设置为左角测量时,全站仪的度盘计数增加方向是( )。
    A. 顺时针 B. 逆时针 C. 左方向 D. 右方向

16. 全站仪电子补偿器检测到的是仪器( )在视准轴方向和横轴方向上的分量。
    A. 竖轴倾斜 B. 视准轴误差 C. 横轴误差 D. 光学对中器

17. 使用全站仪进行坐标测量或放样前,应先进行测站设置,其内容包括( )。
    A. 测站坐标与仪器高 B. 后视点与棱镜高
    C. 测站坐标与仪器高、后视点与棱镜高 D. 后视方位角与棱镜高

18. 使用全站仪进行坐标放样时,屏幕显示的水平距离差为( )。
    A. 设计平距减实测平距 B. 实测平距减设计平距
    C. 设计平距减实测斜距 D. 实测斜距减设计平距

19. 伪距定位分单点定位与多点定位,单点定位时,需要锁定至少( )颗卫星才能求出
    接收机点的坐标。
    A. 3 B. 4 C. 5 D. 6

二、多选题

1. 全站仪的测量功能分为( )。
    A. 基本测量功能 B. 程序测量功能 C. 软键功能 D. 键盘功能

2. 全站仪在一个测站上能快速测出的是( )。
    A. 角度 B. 距离 C. 三维坐标 D. 方位角

3. 全站仪从基本结构上可分为( )全站仪。
    A. 组合式 B. 整体式 C. 相位式 D. 脉冲式

4. 全站仪原始观测数据是( )。
    A. 水平方向值 B. 水平距离 C. 天顶距 D. 倾斜距离

5. 全站仪的两差改正是指( )。
    A. 大气折光 B. 大气压 C. 地球曲率 D. 地面高差

6. 全站仪的双轴补偿是指补偿竖轴倾斜误差对( )。
    A. 水平度盘读数的影响 B. 视准轴误差的影响
    C. 横轴误差的影响 D. 竖直度盘读数的影响

三、论述题

1. 简述全站仪三维坐标测量的观测步骤。

2. 试述全站仪进行放样的步骤和方法。

3. GNSS 系统由哪几部分组成?

4. 简要介绍四大卫星导航系统。

5. 试述使用 GPS RTK 进行野外数据采集的步骤。

6. 论述 GPS RTK 和 CORS 系统在房地产测量中的应用。

第5章 房地产控制测量

§5.1 控制测量概述

在第 3 章中已经指出：测量工作必须遵循"从整体到局部，由高级到低级，先控制后碎部"的原则。为此，必须首先建立控制网，然后根据控制网进行碎部测量和测设。由在测区内所选定的若干个控制点而构成的几何图形，称为控制网。控制网分为平面控制网和高程控制网两种。测定控制点平面位置(x, y)的工作，称为平面控制测量。测定控制点高程(H)的工作，称为高程控制测量。

控制网有国家控制网、城市控制网和小区域控制网。

1. 国家控制网

在全国范围内建立的控制网，称为国家控制网，它是全国各种比例尺测图的基本控制，并为确定地球的形状和大小提供研究资料。国家控制网是用精密测量仪器和方法依照施测精度按一、二、三、四等四个等级建立的。

如图 5-1 所示，一等三角锁是国家平面控制网的骨干。二等三角网布设于一等三角锁环内，是国家平面控制网的基础。三、四等三角网为二等三角网的进一步加密。建立国家平面控制网，主要采用三角测量的方法。电磁波测距技术在测量工作中的广泛应用，国家三角网的起始边采用电磁波测距仪直接测定。

二等水准网布设于一等水准环内，是国家高程控制网的基础。三、四等水准网为国家高程控制网的进一步加密。建立国家高程控制网，采用精密水准测量的方法。

2. 城市控制网

城市控制网是为满足城市建设需要建立统一坐标系统而布设的控制网，它是城市规划、市政工程、城市建设(包括地下工程建设)以及施工放样的依据。根据测区的大小和施工测量的要求，布设不同等级的城市平面控制网和高程控制网，以供地形测图和施工放样使用。它一般以国家控制网为基础，布设成不同等级的控制网。

特别值得说明的是，国家控制网和城市控制网的控制测量，是由专业的测绘部门来完成的，其控制成果可从有关的测绘部门索取。

3. 小区域控制测量

在小区域(面积 25km² 以下)内建立的控制网，称为小区域控制网。测定小区域控制网的工作，称为小区域控制测量。小区域控制网分为平面控制网和高程控制网。小区域控制网应尽可能以国家或城市已建立的高级控制网为基础进行联测，将国家或城市高级控制点的坐标和高程作为小区域控制网的起算和校核数据。若测区内或附近无国家或城市控制

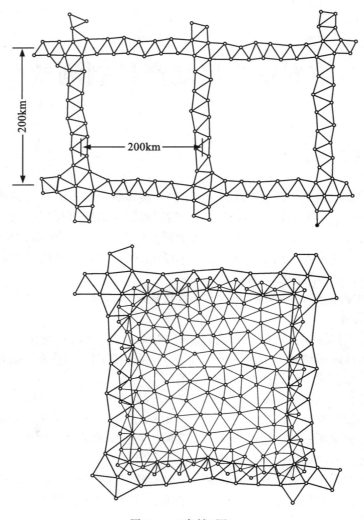

图 5-1 三角锁(网)

点，或附近有这种高级控制点而不便联测时，则建立测区独立控制网。此外，为工程建设而建立的专用控制网，或个别工程出于某种特殊需要，在建立控制网时，也可以采用独立控制网。

小区域平面控制网，应视测区面积的大小分级建立测区首级控制和图根控制。

直接供地形测图使用的控制点，称为图根控制点，简称图根点。测定图根点位置的工作，称为图根控制测量。图根点的密度取决于测图比例尺和地物、地貌的复杂程度。一般城市地区导线测量的主要技术要求分别见表 5-1、表 5-2、表 5-3。

小区域高程控制网也应视测区面积大小和工程要求采用分级控制的方法建立。一般以国家或城市等级水准点为基础，在测区建立三、四等水准路线或水准网，再以三、四等水准点为基础，测定图根点的高程。

表 5-1　　　　　城市光电测距导线的主要技术要求

等级	附合导线长度（km）	平均边长（m）	测距中误差（mm）	测角中误差（″）	角度闭合差（″）	导线全长相对闭合差
三等	15	3 000	±18	±1.5	$\pm3\sqrt{n}$	1/60 000
四等	10	1 600	±18	±2.5	$\pm5\sqrt{n}$	1/40 000
一级	3.6	300	±15	±5	$\pm10\sqrt{n}$	1/14 000
二级	2.4	200	±12	±8	$\pm16\sqrt{n}$	1/10 000
三级	1.5	120	±12	±12	$\pm24\sqrt{n}$	1/6 000

表 5-2　　　　　图根光电测距导线测量的技术要求

比例尺	附合导线长度(m)	平均边长(m)	导线相对闭合差	测回数 DJ6	方位角闭合差(″)	测距 仪器类型	测距 方法与测回数
1∶500	900	80	≤1/4 000	1	$\leq\pm40\sqrt{n}$	Ⅱ级	单程观测 1
1∶1 000	1 800	150					
1∶2 000	3 000	250					

表 5-3　　　　　图根钢尺量距导线测量的技术要求

比例尺	附合导线长度(m)	平均边长(m)	导线相对闭合差	测回数 DJ6	方位角闭合差(″)
1∶500	500	75	≤1/2 000	1	$\leq\pm60\sqrt{n}$
1∶1 000	1 000	120			
1∶2 000	2 000	200			

§5.2　房地产平面控制测量

5.2.1　房地产平面控制测量概述

1. 房地产平面控制测量的作用

平面控制测量是整个房地产测量的前期基础性工作，其目的是为房地产平面位置测量工作提供一个准确定位控制框架(参考系)和定位基准，并控制误差的积累。概括来说，房地产平面控制测量有以下几个方面的作用：

(1)为房地产要素测量提供准确的起算数据

在测定房地产要素的几何形状和位置时，需要有平面控制点提供校核和传递起算数据，特别是在测定界址点、房角点的位置时，精度要求更高，因而对房地产平面控制点的

177

精度要求也更高。

（2）为房地产图的测绘提供测图控制和起算数据

在进行房地产平面图测绘时，不论采用数字化测图，还是采用航测法测图，以及传统的平板仪测图等方法，都需要有一定密度和精度的平面控制点来提供定位基础和测图控制。

（3）为房地产的变更与修测提供起算数据

由于房地产权属的改变和转移，以及城市建设的发展变化，房地产测绘成果必须要及时得到更新，才能使成果具有良好的现势性。这些变更与修测都需要具有一定的密度和精度，将能够长期保存和稳定的控制点作为起算点。

2. 平面控制点的布设原则、内容、密度及基本精度要求

（1）平面控制点的布设原则

房地产平面控制点的布设原则与其他控制点的布设一样，应遵循从整体到局部、从高级到低级、分级布设的原则，也可越级布设。

（2）平面控制点的内容

房地产平面控制点包括基本控制点和图根控制点。基本控制点包括二、三、四等房地产平面控制点和一、二、三级平面控制点。国家和城市已布设有一、二、三、四等控制网，所以，房地产测量控制网应尽量沿用城市测量控制网，避免在同一地区重复建网，只有当测区内没有国家及城市高级控制网或原有控制网不满足现行规范和规程的情况下，才适宜另行建网。根据测量方法的不同，各等级控制测量有三角测量、导线测量及 GPS 相对定位测量等。对于大中城市，鉴于城市地区建筑物比较密集，视野不够开阔，通常在城市三、四等网的基础上，采用导线测量的方法进行加密控制测设一、二、三级导线控制点。

图根控制测量目前主要采用导线测量和 GPS RTK 测量方法。

房地产平面控制点均应埋设固定标志，同时还要按要求绘制点之记。

（3）平面控制点的密度

图根控制点是直接供测图使用的平面和高程控制点，是在城市各等级控制点下加密的控制点。为了保证测量精度，图根控制点的密度必须要有一定的限度，根据测图比例尺和地形条件，平坦开阔地区的图根控制点密度不宜低于表 5-4 的规定。

表 5-4　　　　　　　　　　　　　　　　**图根控制点密度**

测图比例尺	每幅图的图根点数	每平方公里图根数
1∶500	9	150
1∶1 000	12	50
1∶2 000	15	15

（4）控制点的基本精度要求

①地籍平面控制点的精度要求：各级地籍平面控制点相对于起算点的点位中误差不超过±0.05m。

②房产平面控制点的基本精度要求：末级相邻基本控制点的相对点位中误差不超过±0.025m。

3. 测绘基准

（1）平面坐标系统

房地产测绘应采用国家坐标（1980 西安坐标系）或城市独立坐标系，统一采用高斯正形投影。采用地方坐标系时应和国家坐标系联测。

（2）高程基准

高程基准应采用 1985 国家高程基准。

5.2.2 房地产平面控制测量的方法

房地产平面控制测量是在国家等级控制点的基础上进行图根控制测量，目前主要采用导线测量、GPS RTK 测量等方法。本节介绍导线测量技术，GPS RTK 图根控制测量已在第 4 章 4.2 节有所介绍。

1. 导线测量基础

导线测量是平面控制测量中的一种方法，由于目前测距仪以及全站仪的广泛普及，使得导线测量的方法得到极为广泛的使用。

本书所说象限角是指平面直角坐标系中的象限角。如图 5-2 所示，测量上象限划分为Ⅰ、Ⅱ、Ⅲ、Ⅳ象限，与数学上的象限划分不同。象限角是指直线与坐标纵轴之间所夹的锐角（大小在 $0° \sim \pm 90°$）。如 R_1、R_2、R_3、R_4，象限角有正负之分。在Ⅰ、Ⅲ象限的象限角为正，Ⅱ、Ⅳ象限的象限角为负。象限角可根据两点的坐标直接求得，公式为

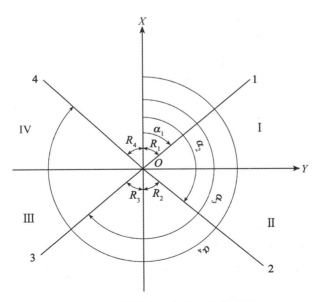

图 5-2 象限角与坐标方位角关系图

$$R_{ij} = \arctan \frac{\Delta Y_{ij}}{\Delta X_{ij}} \tag{5-1}$$

象限角与坐标方位角的关系见表 5-5。

表 5-5　　　　　　　　　象限角 R 与坐标方位角 α 的计算关系

象限	$R \rightarrow \alpha$
I	$\alpha = R$
II、III	$\alpha = R + 180°$
IV	$\alpha = R + 360°$

2. 坐标方位角的推算

（1）正、反坐标方位角

在测量和计算中直线的两个端点 A、B 具有相互平行的坐标纵线方向，如图 5-3 所示，α_{AB} 是由坐标纵线方向顺时针到 AB 边的夹角，α_{BA} 是由坐标纵线顺时针到 BA 边的夹角。α_{BA}、α_{AB} 互称为正、反坐标方位角。

它们之间的关系：

$$\alpha_{AB} = \alpha_{BA} \pm 180° \tag{5-2}$$

若 α_{BA} 大于 180°时，取"−"号，当 α_{BA} 小于 180°时，取"+"号。

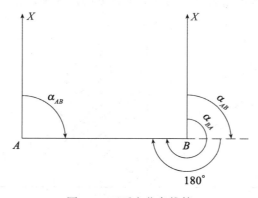

图 5-3　正反方位角推算

（2）相邻坐标方位角推算

测量中，需要有高等级的已知控制点推求下一级未知点坐标。如图 5-4 所示，已知 AB 坐标方位角 α_{AB}，B 点坐标 (X_B, Y_B)，为了求得未知 1 点坐标，需要已知未知边 $B1$ 的坐标方位角 α_{B1} 和边长 D_{B1}。为了测定 $B1$ 边的坐标方位角 α_{B1}，需要已知某一边的坐标方位角 α_{AB}，通过测定未知边 $B1$ 与已知边 BA 的水平角 β，通过 α_{AB} 和 β 角即可推求 α_{B1} 的方位角。水平角 β 有左角和右角之分。在前进方向左侧的水平角称为左角，在前进方向右侧的水平角称为右角。

通常情况下测定左角。我们以测定左角为例。

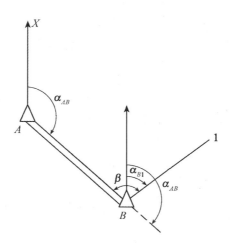

图 5-4　坐标方位角推算

过 A、B 两点做坐标纵线方向(北方向)两者相互平行，延长 AB，已知 α_{AB} 如图所示，根据同位角相等原理：

$$\alpha_{B1} = \alpha_{AB} - (180° - \beta_{左}) = \alpha_{AB} + \beta_{左} - 180°$$

此时 $\alpha_{AB} + \beta$ 大于 $180°$，取"–"号即 $-180°$，如果 $\alpha_{AB} + \beta$ 小于 $180°$，取"+"号即 $+180°$，综上所述，可得一般坐标方位角推算公式：

$$\alpha_{前} = \alpha_{后} + \beta_{左} \pm 180°$$
$$\alpha_{前} = \alpha_{后} - \beta_{右} \pm 180° \tag{5-3}$$

$\alpha_{前}$ 表示前进路线上前一边的坐标方位角，$\alpha_{后}$ 表示前进路线上后一边的坐标方位角。通常由最后一边的坐标方位角 α_{AB} 推求前一边的坐标方位角 α_{B1}，再由 α_{B1} 推求 α_{12}，再由 α_{12} 推求 α_{23}，依次类推，求出各边的坐标方位角。

(3)坐标正、反算

一旦建立了平面坐标系统，那么平面上点与点之间的关系就可以通过函数求得。如图 5-5 所示，已知 B 点坐标，BA 边的水平距离 D_{BA}，BA 边的坐标方位角 α_{BA}，即可求得 A 点坐标。

平面上点与点的位置关系，可以用它们的坐标来表示，也可以用两点间的水平距离和方向来表示，二者之间可以相互推求。

如图 5-5 所示，设 BA 两点间的水平距离 D_{BA} 和 BA 边的坐标方位角为 α_{BA}，B 点的坐标为 $(x_B，y_B)$，A 点的坐标为 $(x_A，y_A)$，则 B、A 两点的坐标差为

$$\begin{cases} \Delta x_{BA} = x_A - x_B = D_{BA} \cdot \cos\alpha_{BA} \\ \Delta y_{BA} = y_A - y_B = D_{BA} \cdot \sin\alpha_{BA} \end{cases} \tag{5-4}$$

测量上称 Δx_{BA} 为 BA 两点的纵坐标增量，Δy_{BA} 为 BA 两点的横坐标增量。

①坐标正算：

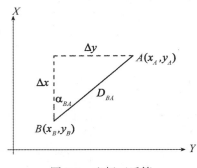

图 5-5　坐标正反算

根据已知点 B 的坐标，利用水平距离 D_{BA} 和方位角 α_{BA}，计算未知点 A 的坐标，称为坐标正算。

$$\begin{cases} x_A = x_B + \Delta x_{BA} = x_B + D_{BA} \cdot \cos\alpha_{BA} \\ y_A = y_B + \Delta y_{BA} = y_B + D_{BA} \cdot \sin\alpha_{BA} \end{cases}$$

②坐标反算：

根据已知两点的平面坐标，计算两点间的水平距离和该直线的坐标方位角，称为坐标反算。

$$D_{BA} = \sqrt{(x_A - x_B)^2 + (y_A - y_B)^2}$$

$$R_{ij} = \arctan \frac{\Delta Y_{ij}}{\Delta X_{ij}}$$

象限角与坐标方位角之间的关系见表 5-5。

3. 导线测量

导线测量的特点为控制点设置灵活、受地形和图形强度限制小。下面对导线测量进行详细介绍。

1）导线测量的布设形式

根据测区的情况和要求，导线可布设成以下三种形式：

（1）闭合导线

如图 5-6（a）所示，从一点出发，最后仍回到这一点，组成一闭合多边形。导线起始方位角和起始坐标可以分别测定和假定。导线附近若有高级控制点（三角点或导线点），应尽量使导线与高级控制点连接。图 5-6（b）和图 5-6（c）是导线直接连接和间接连接的形式。其中 β_B、β_C 为连接角，D_{B1} 为连接边。连接后可获得起算数据，使之与高级控制点连成统一的整体。闭合导线多用在面积较宽阔的独立地区测图控制。

（2）附合导线

如图 5-7 所示，从一高级控制点 B 出发，通过各待求平面点 2、3、4、5 后，附合到另一高级控制点 C 上。A、D 两控制点起推算坐标方位角的作用。附合导线多用在带状地区测图控制。此外，也广泛用于公路、铁路、水利等工程的勘测与施工。

（3）支导线

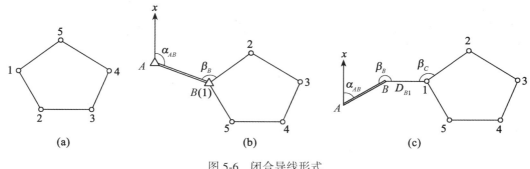

图 5-6　闭合导线形式

如图 5-8 所示,从一控制点 B 出发,导线既不闭合到起始已知控制点 B,也不附合于其他已知控制点上。控制点 A 起到推算坐标方位角的作用。

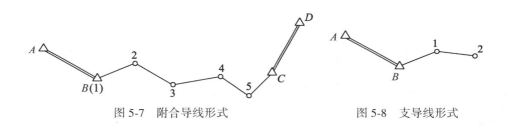

图 5-7　附合导线形式　　　　图 5-8　支导线形式

闭合导线和附合导线都有检核条件,并能对导线整体精度进行计算和评价。支导线没有校核条件,整体精度计算和评价无法进行,因此,差错不易发现,故不宜用支导线布设控制点,如果受地形限制必须采用支导线,就要对支导线附加一些要求和限制:第一,待求控制点的点数不宜超过三个,一般仅作补点使用。第二,支导线要求往返测或左、右角同时观测,以确保待求控制点的正确性。

当闭合导线只有一个定向方向时不易发现定向错误。单一导线的布设应该是以附合导线为主要形式,其次选择闭合导线,不得已时才使用支导线。此外,根据测区的具体条件,导线还可以布设成具有节点或多个闭合环的导线网,如图 5-9 所示。

在局部地区的地形测量和一般工程测量中,根据测区范围及精度要求,导线可分级布设为一级导线、二级导线、三级导线和图根导线 4 个等级。它们可作为国家四等控制点或国家 E 级 GPS 点的加密,也可以作为独立地区的首级控制。各级导线测量的主要技术要求参考表 5-1、表 5-2 和表 5-3。

导线测量中测定边长的常用方法有钢尺量距和电磁波测距。目前,基本上都采用电磁波测距。其中,采用全站仪进行观测数据的越来越普及。其特点如下:角度和距离同时由一台仪器测出,仪器本身有处理数据的能力,并且具有精度高,工作量小,操作方便,速度快,仪器重量轻等优点。

2)导线测量的外业

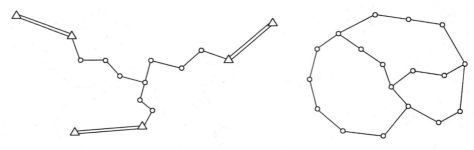

图 5-9　导线网形式

导线进行外业之前，应调查搜集测区已有的地形图和控制点的资料，先在已有的地形图上标出已知控制点点位，并拟定导线布设方案。

导线测量的外业工作包括：踏勘选点及建立标志、量边和测角。

（1）踏勘选点及建立标志

外业首先进行踏勘测区现场，核对已知控制点是否被破坏，修改和落实导线点点位。如果测区没有地形图资料，则需详细踏勘现场，根据已知控制点的分布、地形条件及测图和施工需要等具体情况，合理地选定导线点的位置。选点时应满足下列要求：

①相邻点之间必须通视良好，地势较平坦，便于测角和量距。

②点位应选在土质坚实处，便于保存标志和安置仪器。

③视野开阔，便于测量周围的地物和地貌。

④导线各边的长度应大致相等，除特殊条件外，导线边长一般在 50~350m 之间，平均边长符合表 5-1、表 5-2 和表 5-3 的规定。

⑤导线点应有足够的密度，分布要均匀，便于控制整个测区。

确定导线点位后，应在地上打入木桩，桩上钉一小钉作为导线点的标志。如导线点须长期保存，可埋设水泥桩或石桩。桩上嵌入刻有十字的钢筋作标志。导线点应按顺序编号。为便于寻找，可根据导线点与周围地物的相对关系绘制导线点点位略图。

（2）量边

导线边长一般用检定过的钢尺进行往返丈量。丈量的相对误差不应超过表 5-3 的规定。满足要求时，取其平均值作为丈量的结果。

用电磁波测距仪测定导线边长的中误差一般约为±1cm。

（3）测角

导线的转折角有左、右之分，在导线前进方向左侧的称为左角，右侧的称为右角。对于附合导线应统一观测左角。对于闭合导线，则观测内角。当导线前进方向为顺时针方向时，闭合导线的右角即为内角，逆时针方向时，则左角为其内角。

导线的转折角通常采用测回法进行观测。各级导线的测角技术要求参见表 5-1、表 5-2 和表 5-3。对于图根导线，一般用 DJ6 级光学经纬仪测一个测回，盘左、盘右测得角值的较差不大于 40″时，取其平均值作为最后观测结果。

当测角精度要求较高，而导线边长又比较短时，为了减少对中误差和目标偏心误差，可采用三联脚架法作业。

（4）三联脚架法

如果导线测量使用全站仪，为了提高测量精度，可用三联脚架法观测。三联脚架法是测量时使用三个既能安置全站仪又能安置觇标的基座和三脚架，基座应具有通用的光学对中器，在测量过程中，全站仪在搬迁测站时，只搬动照准部，基座和三脚架不动，仪器使用前站觇牌的基座和脚架，后视的觇牌使用全站仪留下的基座和三脚架，只有前站需要重新设置三脚架。这样每个站点，无论作为测站还是目标方向，都只有一次对中，保持了全站仪纵轴和觇牌同心，减弱了全站仪和觇牌每站对中误差对观测结果的影响，如图 5-10 所示。

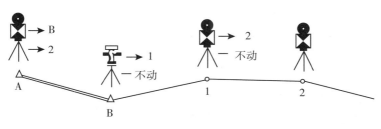

图 5-10　三联脚架法

3）导线测量内业计算

导线测量内业计算的目的是计算各导线点的坐标。在计算之前，应全面检查导线测量的外业记录：数据是否齐全，有无遗漏、记错或算错，成果是否规范的要求。经上述各项检查无误后，就可以绘制导线略图。

（1）支导线内业计算

支导线中没有多余的观测值，因此也没有任何闭合差产生，导线的角度和相邻点之间的坐标增量都无法进行检核和改正，因此，支导线计算是最基本的、最简单的计算。现以例 5-1 为例进行分析和解算，如图 5-11 所示。

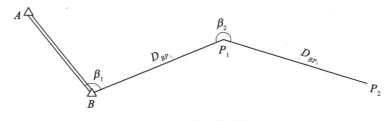

图 5-11　支导线略图

例 5-1　已知数据有：A、B 两点坐标，观测左角 β_1、β_2 和水平距离 D_{BP_1}、$D_{P_1P_2}$。计算见表 5-6。

表 5-6　　　　　　　　　　　　　　　　　　　支导线计算表

点号	观测角(左角)	坐标方位角	边长	坐标增量(m)		坐标(m)		点号	备注
	° ′ ″	° ′ ″	(m)	Δx	Δy	x	y		
1	2	3	4	5	6	7	8	1	9
A		159 01 06				1 634.35	4 682.14	A	
B	108 15 48					1 276.72	4 819.29	B	
		87 16 54	318.64	+15.11	+318.28				
P_1	225 35 18					1 291.83	5 137.57	P_1	
		132 52 12	367.58	−250.08	+269.40				
P_2						1041.75	5 406.97	P_2	

①计算起始边 $A{\rightarrow}B$ 的坐标方位角 α_{AB}。

$$R_{AB} = \arctan \frac{y_B - y_A}{x_B - x_A} = \arctan \frac{4\ 819.29 - 4\ 682.14}{1\ 276.72 - 1\ 634.35} = -20°58'54''$$

已知 AB 位于第二象限，由表 5-5 并结合本例

$$\alpha_{AB} = R_{AB} + 180° = 159°01'06''$$

②计算未知边 $B{\rightarrow}P_1$ 和 $P_1{\rightarrow}P_2$ 的坐标方位角 α_{BP_1} 和 $\alpha_{P_1P_2}$；

根据式(5-3)并结合本例得

$$\alpha_{BP_1} = \alpha_{AB} + \beta_1 \pm 180° = 159°01'06'' + 108°15'48'' - 180° = 87°16'54''$$

同理，

$$\alpha_{P_1P_2} = \alpha_{BP_1} + \beta_2 \pm 180° = 87°16'54'' + 225°35'18'' - 180° = 132°52'12''$$

③计算未知边 $B{\rightarrow}P_1$ 和 $P_1{\rightarrow}P_2$ 的坐标增量：

根据式(5-4)并结合本例得

$$\begin{cases} \Delta x_{BP_1} = D_{BP_1} \cdot \cos\alpha_{BP_1} = 318.64 \times \cos 87°16'54'' = +15.11 \\ \Delta y_{BP_1} = D_{BP_1} \cdot \sin\alpha_{BP_1} = 318.64 \times \sin 87°16'54'' = +318.28 \end{cases}$$

同理，

$$\begin{cases} \Delta x_{P_1P_2} = D_{P_1P_2} \cdot \cos\alpha_{P_1P_2} = -250.08 \\ \Delta y_{P_1P_2} = D_{P_1P_2} \cdot \sin\alpha_{P_1P_2} = +269.40 \end{cases}$$

④坐标计算：

根据式(5-4)并结合本例得

$$\begin{cases} x_{P_1} = x_B + \Delta x_{BP_1} = 1\ 276.72 + (+15.11) = 1\ 291.83 \\ y_{P_1} = y_B + \Delta y_{BP_1} = 4\ 819.29 + (+318.28) = 5\ 137.57 \end{cases}$$

同理，

$$\begin{cases} x_{P_2} = x_{P_1} + \Delta x_{P_1P_2} = 1\ 041.75 \\ y_{P_2} = y_{P_1} + \Delta y_{P_1P_2} = 5\ 406.97 \end{cases}$$

（2）附合导线内业计算

附合导线计算要比支导线计算复杂一些，原因是有了多余观测值，就产生了检核条件，也就产生了两类闭合差，其一为角度闭合差 f_β，其二为坐标增量闭合差 f_x 和 f_y。有了闭合差，就有了评定导线精度的标准。因此，附合导线在实际生产和工作中得到了广泛的应用。

例 5-2 附合导线计算是按一定的次序在表格中进行，如表 5-7 为附合导线计算表和实例。计算过程如下：

①第一步，计算角度闭合差。

如图 5-12 为观测左角的图根导线略图，A、B、C、D 均为高级控制点，它们是必要起算数据，它们的坐标均为已知，起始边 AB 和终止边 CD 的坐标方位角 α_{AB}、α_{CD} 可根据坐标反算求得。如果没有测角误差，理论上由起始边坐标方位角 α_{AB} 经各观测角 β_i 推算终止边的坐标方位角 α'_{CD} 应与已知值 α_{CD} 相等。由于测角有误差，推算的 α'_{CD} 与已知值 α_{CD} 不相等，其差值即为附合导线角度闭合差 f_β 即

$$f_\beta = \alpha'_{CD} - \alpha_{CD} = \alpha'_{终} - \alpha_{终} \tag{5-5}$$

参照图 5-12，按式（5-3）推算终止边的坐标方位角 α'_{CD} 的过程如下：

$$\alpha'_{B5} = \alpha_{AB} + \beta_B - 180°$$

$$\alpha'_{56} = \alpha'_{B5} + \beta_5 - 180°$$

$$\cdots\cdots\cdots\cdots\cdots\cdots\cdots\cdots$$

$$+)\quad \alpha'_{CD} = \alpha'_{8C} + \beta_C - 180°$$

$$\overline{\alpha'_{CD} = \alpha_{AB} + \sum \beta_左 - 6 \times 180°}$$

由上式可以扩展为一般计算公式

$$\alpha'_{终} = \alpha_{起} + \sum \beta_左 - n \cdot 180° \tag{5-6}$$

$$f_\beta = \alpha'_{终} - \alpha_{终} = \alpha_{起} + \sum \beta_左 - \alpha_{终} - n \cdot 180° \tag{5-7}$$

式中，n 为观测角 β_i 的个数。

根据式（5-6）和式（5-7）可以计算出本例题中的 f_β：

$$\alpha'_{CD} = 143°17'12'' + 1\,040°59'36'' - 6 \times 180° = 4°16'48''$$

$$f_\beta = \alpha'_{CD} - \alpha_{CD} = 4°16'48'' - 4°16'00'' = +48''$$

根据表 5-2 的规定，图根附合导线允许角度闭合差 $f_{\beta容}$ 的数值为

$$f_{\beta容} = \pm 40'' \sqrt{n} = \pm 40'' \sqrt{6} = 97''$$

n 的意义同式（5-7）。

如果 $|f_\beta| < |f_{\beta容}|$，测角精度满足限差要求。否则，应分析情况进行重测。本例题中 $f_\beta = +48'' < f_{\beta容} = \pm 97''$。说明测角精度满足图根测角精度的要求。

②第二步，调整角度闭合差 f_β。

角度闭合差就是实测值与理论真值的不符值，必须进行分配调整。将闭合差以相反的符号，按"反号平均分配"的原则，分配到各观测角 β_i 中，分配的数值，称为角度改正数，用 v_β 来表示，分配调整后的观测角用 $\hat{\beta}_i$ 来表示。则

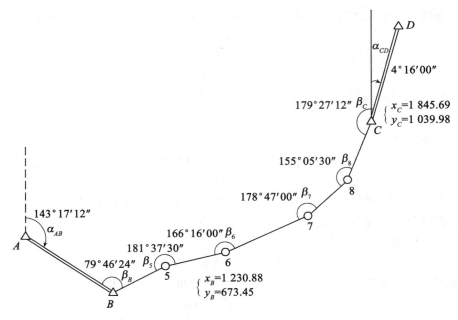

图 5-12　附合导线角度闭合差略图

$$v_\beta = -\frac{f_\beta}{n} \tag{5-8}$$

$$\hat{\beta}_i = \beta_i + v_\beta \tag{5-9}$$

在用式(5-8)计算时，若不能均分，一般情况下，给短边的夹角多分配一点，使各角改正数的总和与反号的闭合差相等，即 $\sum v_\beta = -f_\beta$。

③第三步，推算各边的坐标方位角。

根据起始方位角及改正后的观测角，可按式(5-3)依次推算各边的坐标方位角，填入计算表 5-7 中 5 栏。在运用式(5-3)时，必须用改正后的角度 β_i' 进行计算。

本例中：

$$\alpha_{B5} = \alpha_{AB} + \beta_B' - 180° = 43°03'28''$$

$$\alpha_{56} = \alpha_{B5} + \beta_5' - 180° = 43°40'50''$$

....

$$\alpha_{8C} = \alpha_{78} + \beta_8' - 180° = 4°48'56''$$

$$\alpha_{CD} = \alpha_{8C} + \beta_C' - 180° = 4°16'00''$$

与已知 CD 边的坐标方位角相等，计算无误。

④第四步，计算各边的坐标增量。

根据各边的坐标方位角 α 和边长 D，按式(5-4)计算各边的坐标增量，将计算结果填入表 5-7 中 7，9 栏。

⑤第五步，坐标增量闭合差的计算与分配调整。

附合导线两端点为已知点，其坐标为已知，所以也会产生坐标增量闭合差。如图 5-13
所示，按式(5-4)，本例附合导线各点坐标的推算如下：

$$x_5 = x_B + \Delta x_{B5}, \qquad y_5 = y_B + \Delta y_{B5}$$
$$x_6 = x_5 + \Delta x_{56}, \qquad y_6 = y_5 + \Delta y_{56}$$
$$x_7 = x_6 + \Delta x_{67}, \qquad y_7 = y_6 + \Delta y_{67}$$
$$x_8 = x_7 + \Delta x_{78}, \qquad y_8 = y_7 + \Delta y_{78}$$
$$x_{C推算} = x_8 + \Delta x_{8C} \qquad y_{C推算} = y_8 + \Delta y_{8C}$$

将上式左、右分别相加，得

$$x_{C推算} = x_B + \sum \Delta x \qquad y_{C推算} = y_B + \sum \Delta y$$

如果导线的边长和角度观测中没有误差存在，则 $x_{C推算} = x_C$，$y_{C推算} = y_C$；而实际的边
长和角度观测中不可避免地存在误差，因此，$x_{C推算} \neq x_C$，$y_{C推算} \neq y_C$；其差值即为 X 轴方
向坐标增量闭合差 f_x 和 Y 轴方向坐标增量闭合差 f_y。计算方法为：

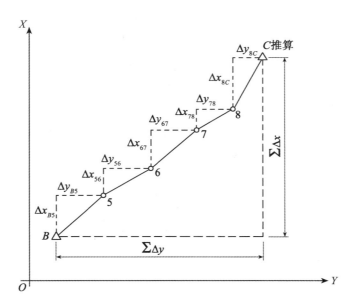

图 5-13   附合导线坐标增量闭合差略图

$$f_x = x_{C推算} - x_C = x_B + \sum \Delta x - x_C$$
$$= 1\ 230.\ 88 + 614.\ 90 - 1\ 845.\ 69 = +\ 0.\ 09\text{m} = +\ 9\text{cm}$$
$$f_y = y_{C推算} - y_C = y_B + \sum \Delta y - y_C$$
$$= 673.\ 45 + 366.\ 41 - 1\ 039.\ 98 = -\ 0.\ 12\text{m} = -\ 12\text{cm}$$

由此可以扩展为坐标增量闭合差的一般公式为：

$$f_x = x_{起} + \sum \Delta x - x_{终} \qquad\qquad (5\text{-}10)$$

$$f_y = y_{起} + \sum \Delta y - y_{终} \qquad\qquad (5\text{-}11)$$

附合导线坐标增量闭合差的几何意义如图 5-14 所示。

由图 5-14 可知，导线全长闭合差 f_S 为

$$f_S = \sqrt{f_x^2 + f_y^2} \tag{5-12}$$

导线越长，其全长闭合差也越大。因此，为确保准确反映导线的整体精度，通常用导线的相对精度 K 来衡量导线测量的精度高低。计算公式为

$$K = \frac{f_S}{\sum D} = \frac{1}{\times \times \cdots} \tag{5-13}$$

式中，$\sum D$ 为导线边长的总和。导线的全长相对闭合差应满足表 5-1、表 5-2 和表 5-3 的规定。否则，应首先检查记录和全部内业计算；必要时到现场检查，重测部分或全部成果。若 K 值符合精度要求，则可将坐标增量闭合差 f_x、f_y 以相反符号，按"反号与边长成比例分配"原则，分配到各坐标增量中，任一边分配的改正数按下式计算：

$$v_{xi_j} = -\frac{f_x}{\sum D}D_i = -\frac{D_i}{\sum D}f_x \tag{5-14}$$

$$v_{yi_j} = -\frac{f_y}{\sum D}D_i = -\frac{D_i}{\sum D}f_y \tag{5-15}$$

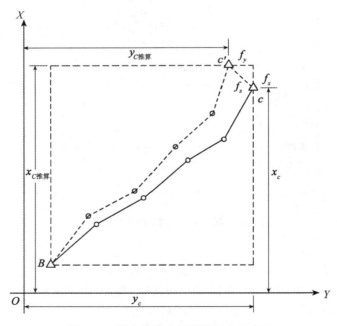

图 5-14　附合导线坐标增量闭合差略图

改正数应按增量取位的要求凑整至 cm 或 mm，并且必须使改正数的总和与反符号闭合差相等，即

$$\sum v_x = -f_x$$

$$\sum v_y = -f_y$$

将改正数的计算数值填入表 5-7 中第 8 和第 10 栏。

改正后的坐标增量 $\Delta\hat{x}_{ij}$、$\Delta\hat{x}_{ij}$ 为改正前的坐标增量与其所对应的改正数之和，填入表 5-7 中的 11，12 栏，即

$$\Delta\hat{x}_{ij} = \Delta x_{ij} + v_{xi_j} \qquad (5\text{-}16)$$

$$\Delta\hat{y}_{ij} = \Delta y_{ij} + v_{yi_j} \qquad (5\text{-}17)$$

⑥第六步，推算导线点坐标。

设两相邻导线点为 i，j，利用 i 点的坐标和调整后的 i 点至 j 点的坐标增量推算 j 点的坐标计算公式为：

$$\begin{cases} x_j = x_i + \Delta\hat{x}_{ij} \\ y_j = y_i + \Delta\hat{y}_{ij} \end{cases}$$

导线点坐标推算在表 5-7 的第 13，第 14 栏中进行。本例中，闭合导线从 B 点开始，依次推算 5，6，7，8 点的坐标，最后推算出 C 点的坐标应与已知坐标相同，以此作为推算正确性的检核。

（3）闭合导线内业计算

例 5-3 闭合导线已知数据和观测成果如图 5-15 所示标注。

在图 5-15 中已知 B 点的坐标 (x_B, y_B) 和 $A\rightarrow B$ 边的坐标方位角 α_{AB}，如果令导线的前进方向为 $A\rightarrow B\rightarrow 1\rightarrow 2\rightarrow 3\rightarrow B\rightarrow A$，则图中观测的 5 个水平角为左角。内业计算的目的是求出 1，2，3 点的平面坐标，全部计算在表 5-8 中进行，计算方法与步骤如下：

第一步，概略推算各边坐标方位角。

根据式（5-3），$\alpha_{前} = \alpha_{后} + \beta \pm 180°$，推求各边的方位角如下：

$$\alpha_{B1} = \alpha_{AB} + \beta_1 \pm 180° = 34°52'18''$$

$$\alpha_{12} = \alpha_{B1} + \beta_2 \pm 180° = 126°18'28''$$

$$\alpha_{23} = \alpha_{12} + \beta_3 \pm 180° = 233°18'08''$$

$$\alpha_{3B} = \alpha_{23} + \beta_4 \pm 180° = 305°29'38''$$

$$\alpha_{BA} = \alpha_{3B} + \beta_5 \pm 180° = 340°35'48''$$

第二步，角度闭合差的计算与调整。

根据式（5-2），$\alpha_{AB} = \alpha_{BA} \pm 180°$，可推求出 AB 边方位角的测量值 $\alpha_{AB测}$。

因为水平角观测有误差，致使 AB 边方位角的测量值 $\alpha_{AB测}$ 不等于理论值 $\alpha_{AB理}$，其角度闭合差 f_β 定义为

$$f_\beta = \alpha_{AB测} - \alpha_{AB理} \qquad (5\text{-}18)$$

对图根光电测距导线，角度闭合差的允许值为 $f_{\beta允} = 40\sqrt{n}$，若 $f_\beta \leqslant f_{\beta允}$，则将角度闭合差 f_β 按"反号平均分配"的原则，计算各角改正数 ν_β：

$$\nu_\beta = -f_\beta/n \qquad (5\text{-}19)$$

然后将 ν_β 加至各观测角 β_i 上，求出改正后的角值

$$\hat{\beta}_i = \beta_i + \nu_i \qquad (5\text{-}20)$$

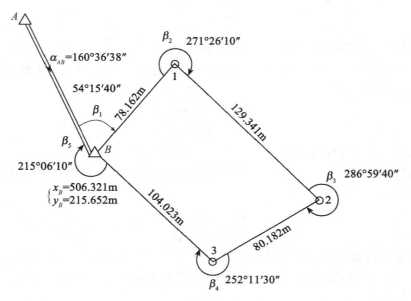

图 5-15   光电测距图根闭合导线略图

第三步，坐标方位角的调整计算。

坐标方位角的调整计算有两种方法：

①根据改正后的角值 β_i，利用公式 $\alpha_{前} = \alpha_{后} + \beta \pm 180°$ 间接求得。

②也可以用概略方位角加方位角改正数直接计算出各边改正后的方位角，公式如下：

$$\hat{\alpha}_{ij} = \alpha_{ij} + n \cdot \nu_\beta \tag{5-21}$$

n 是 β 转折角的个数。

角度改正数和改正后的角值计算在表 5-8 的 3，4 栏中进行。

第四步，增量的计算与坐标增量闭合差的调整。

求出坐标方位角 $\hat{\alpha}_{ij}$ 后，再根据边长 D_{ij}，依式（5-4）计算其坐标增量 Δx_{ij}、Δy_{ij}，坐标增量的计算填入表 5-8 的 7，9 栏。

导线边的坐标增量和导线点坐标的关系如图 5-16(a)所示。由图可知，闭合导线各边纵、横坐标增量代数和的理论值应均为零，即有

$$\sum \Delta x_{理} = 0$$

$$\sum \Delta y_{理} = 0$$

由于边长观测值和调整后的角度值有误差，造成坐标增量也有误差。设纵、横坐标增量闭合差分别为 f_x、f_y，则有

$$f_x = \sum \Delta x_{测} - \sum \Delta x_{理} = \sum \Delta x_{测}$$

$$f_y = \sum \Delta y_{测} - \sum \Delta y_{理} = \sum \Delta y_{测} \tag{5-22}$$

如图 5-16(b)所示，坐标增量闭合差 f_x、f_y 的存在，使导线在平面图形上不能闭合，

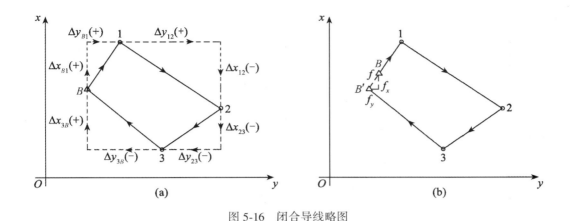

图 5-16 闭合导线略图

即由已知 B 出发，沿导线前进方向 $B{\rightarrow}1{\rightarrow}2{\rightarrow}3{\rightarrow}B'$ 推算出的 B' 点的坐标不等于 B 点的已知坐标，其长度值 f 称为导线全长闭合差，计算公式为

$$f = \sqrt{f_x^2 + f_y^2}$$

导线全长相对闭合差的定义为

$$K = \frac{f}{\sum D} = \frac{1}{\dfrac{\sum D}{f}} \tag{5-23}$$

对图根光电测距导线，$K_允 = 1/4\,000$，当 $K \leqslant K_允$ 时，可以分配坐标增量闭合差 f_x、f_y，其原则是"反号与边长成比例分配"，边长 D_{ij} 坐标增量改正数为

$$\left. \begin{array}{l} v_{xi_j} = -\dfrac{f_x}{\sum D} D_{ij} \\[3mm] v_{yi_j} = -\dfrac{f_y}{\sum D} D_{ij} \end{array} \right\} \tag{5-24}$$

其计算在表 5-8 的 8，10 栏中进行，改正后的坐标增量为

$$\left. \begin{array}{l} \Delta \hat{x}_{ij} = \Delta x_{ij} + v_{xi_j} \\ \Delta \hat{y}_{ij} = y_{ij} + v_{yi_j} \end{array} \right\} \tag{5-25}$$

计算在表 5-8 的 11，12 栏中进行。

第五步，导线点坐标推算。

设两相邻导线点为 i，j，利用 i 点的坐标和调整后的 i 点至 j 点的坐标增量推算 j 点坐标计算公式为

$$\left. \begin{array}{l} x_j = x_i + \Delta \hat{x}_{ij} \\ y_j = y_i + \Delta \hat{y}_{ij} \end{array} \right\} \tag{5-26}$$

导线点坐标推算在表 5-8 的 13，14 栏中进行。本例中，闭合导线从 B 点开始，依次推算 1，2，3 点的坐标最后返回到 B 点的已知坐标相同，以此作为推算正确性的检核。

表 5-7

光电测距图根附合导线坐标计算

点号 (1)	观测角 β (° ′ ″) (2)	改正数 v (″) (3)	改正角 β̂ (° ′ ″) (4)	坐标方位角 α (° ′ ″) (5)	边长 D (m) (6)	坐标增量 Δx(m) (7)	v_x(m) (8)	Δy(m) (9)	v_y(m) (10)	改正后的坐标增量 Δx̂(m) (11)	Δŷ(m) (12)	坐标 x̂(m) (13)	ŷ(m) (14)	点号 (15)
A				143 17 12										A
B	79 46 24	−8	79 46 16	43 03 28	124.080	+90.661	−0.015	+84.714	+0.021	+90.646	+84.735	1230.882	673.455	B
5	181 37 30	−8	181 37 22	44 40 50	164.100	+116.681	−0.019	+115.387	+0.027	+116.662	+115.414	1321.528	758.190	5
6	166 16 00	−8	166 15 52	30 56 42	208.530	+178.848	−0.025	+107.229	+0.035	+178.823	+107.264	1438.190	873.604	6
7	178 47 00	−8	178 46 52	29 43 34	94.180	+81.786	−0.011	+46.700	+0.016	+81.775	+46.716	1617.013	980.868	7
8	155 05 30	−8	155 05 22	4 48 56	147.440	+146.920	−0.017	+12.377	+0.024	+146.903	+12.401	1698.788	1027.584	8
C	179 27 12	−8	179 27 04	4 16 00								1845.691	1039.985	C
D														D
Σ		−48			738.330	+614.896	−0.087	+366.407	+0.123					

备
注

$f_\beta = \alpha_起 + \sum \beta_左 - \alpha_终 - n \times 180° = +48'' < f_{\beta容} = \pm 40''\sqrt{n} = \pm 40''\sqrt{6} = \pm 97''$

$f_x = x_起 + \sum \Delta x - x_终 = +0.087\text{m} \quad f_y = y_起 + \sum \Delta y - y_终 = -0.123\text{m}$

$f_s = \sqrt{f_x^2 + f_y^2} = 0.151\text{m}, \quad K = \dfrac{f_s}{\sum D} = \dfrac{0.151\text{m}}{738.330\text{m}} = \dfrac{1}{4900} < K_容 = 1/2\,000$

表 5-8

光电测距图根闭合导线坐标计算表

点号	观测角β (° ′ ″)	改正数V (″)	改正角β̂ (° ′ ″)	坐标方位角α̂ (° ′ ″)	边长D (m)	坐标增量				改正后的坐标增量		坐标值		点号
						Δx(m)	v_x(m)	Δy(m)	v_y(m)	$\Delta\hat{x}$(m)	$\Delta\hat{y}$(m)	$\hat{x}$(m)	$\hat{y}$(m)	
1	2	3	4	5	6	7	8	9	10	11	12	13	14	15
A				160 36 38										
B	54 15 40	+10	54 15 50									506.321	215.652	B
				34 52 28	78.162	+64.125	−0.007	+44.691	+0.013	+64.118	+44.704			
1	271 26 10	+10	271 26 20									570.439	260.356	1
				126 18 48	129.341	−76.596	−0.012	+104.222	+0.021	−76.608	+104.243			
2	286 59 40	+10	286 59 50									493.381	364.599	2
				233 18 38	80.182	−47.907	−0.007	−64.297	+0.014	−47.914	−64.283			
3	252 11 30	+10	252 11 40									445.917	300.316	3
				305 30 18	104.023	+60.414	−0.010	−84.681	+0.017	+60.404	−84.664			
B	215 06 10	+10	215 06 20									506.321	215.652	B
A				340 36 38										
总和		+50			391.708		−0.036		+0.065					

备注：

$\alpha_{AB理} = 160°36'38''$

$\alpha_{AB测} = 160°35'48''$

$f_\beta = \alpha_{AB测} - \alpha_{AB理} = -50''$

$f_{允} = \pm 40''\sqrt{7} = \pm 89''$

注：

$f_x = \sum \Delta x_{测} = 0.036\text{m},\ f_y = \sum \Delta y_{测} = -0.065\text{m}$

导线全长闭合差 $f = \sqrt{f_x^2 + f_y^2} = 0.074\text{m}$

导线全长相对闭合差 $K = \dfrac{1}{\sum D/f} \approx \dfrac{1}{5\,293} < \dfrac{1}{4\,000}$

导线允许相对闭合差 $K_{允} = 1/4\,000$

§5.3　房地产高程控制测量

高程控制测量，可采用水准测量和电磁波测距三角高程测量。测区的高程系统，宜采用 1985 年国家高程基准，在已有高程控制网的地区测量时，可沿用原高程系统。当测区联测有困难时亦可采用假定高程系统。小地区高程控制测量一般采用三、四等水准测量和三角高程测量。

5.3.1　三、四等水准测量

三、四等水准测量除用于国家高程控制网的加密外，还可以用于建立小地区首级高程控制网。三、四等水准路线的布设，在加密国家控制点时，多布设为附合水准路线、节点网的形式。四等水准测量的主要技术要求详见表 5-9 和表 5-10。

表 5-9　　　　　　　　　　　　三、四等水准测量测站技术要求

等级	水准仪型号	视线长度（m）	前后视距差（m）	前后视距累差（m）	视线离地面最低高度（m）	基小分划、辅助分划（黑红面）读数差（mm）	基小分划、辅助分划（黑红面）高差之差（mm）
三	DS1	100	3	6	0.3	1.0	1.5
三	DS3	75				2.0	3.0
四	DS3	100	5	10	0.2	3.0	5.0

注：当进行三、四等水准观测，采用单面标尺变更仪器高度时，所测两高差，应与红黑面所测高差之差的要求相同。

表 5-10　　　　　　　　　　　　三、四等水准测量主要技术要求

等级	水准仪型号	水准尺	线路长度（km）	观测次数		每千米高差中误差（mm）	往返较差、附合或环线闭合差	
				与已知点联测	附合或环线		平地（mm）	?地（mm）
三	DS1	因瓦	≤50	往返各一次	往一次	6	$12\sqrt{L}$	$4\sqrt{L}$
三	DS3	双面			往返各一次			
四	DS3	双面	≤16	往返备一次	往一次	10	$20\sqrt{L}$	$6\sqrt{L}$

三、四等水准测量的观测、记录和计算方法见 §3.2 水准测量。

5.3.2　三角高程测量

地形高低起伏、两点间高差较大时不便于水准测量，可用三角高程测量方法测定两点间的高差和点的高程。进行三角高程测量时应测定两点间斜距及竖直角。

三角高程测量原理见§3.3.5，下面介绍三角高程测量严密观测与技术方法。

1. 三角高程测量严密计算公式

式(3-26)是在把水准面当作水平面、观测视线当作直线的条件下导出的，当地面两点间的距离小于300m时是适用的。两点间距离大于300m时就要顾及地球曲率，加以曲率改正，简称球差改正。同时，观测视线受大气垂直折光的影响而成为一条向上凸起的弧线，必须加以大气垂直折光改正，简称气差改正。以上两项改正合称为球气差改正。

如图5-17所示，图中f_1为球差改正数，f_2为气差改正数。

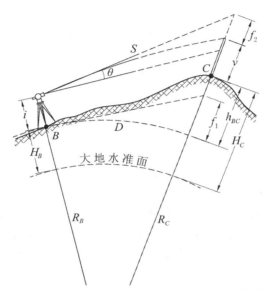

图5-17 球气差对三角高程的影响

根据式(3-3)，$\Delta h = \dfrac{D^2}{2R}$可以求得球差改正$f_1 = \Delta h = \dfrac{D^2}{2R}$，其中$R = 6\ 371\text{km}$。球差改正数恒为正，是因为利用三角高程测量方法测量两点间的高差时，由于地球曲率的影响，测量值偏小了。

由于地表大气层受重力影响，低层空气密度大于高层空气密度，视线无论是仰视还是俯视，视线穿过密度不均匀介质时，均形成上凸曲线，视线切线方向向上抬高，测得竖直角偏大，高差增大，此种现象称为大气垂直折光现象。

可以把此上凸曲线看成是半径R/k的圆曲线，参照式(3-3)，可得大气垂直折光改正（气差改正）为：

$$f_2 = -k\,\frac{D^2}{2R}$$

其中，k为大气垂直折光系数，k位于$0.08 \sim 0.14$之间。气差改正数恒为负，是因为大气垂直折光影响使测量值增大了。

球气差改正 $f = f_1 + f_2 = (1-k)\dfrac{D^2}{2R}$ （5-27）

其中，k 随地区、气候、季节、地面覆盖物视线超出地面高度不同而变化，人们还不能精确地测定它的数值。一般取 $k = 0.14$ 计算球气差改正 f。

表 5-11 列出了水平距离 $D = 100 \sim 3\,500\text{m}$ 两差改正数 f 的值。

表 5-11　　　　　　　三角高程测量球气差改正值（$k = 0.14$）

$D(\text{m})$	$f(\text{mm})$	$D(\text{m})$	$f(\text{mm})$
100	1	2 000	270
500	17	2 500	422
1 000	67	3 000	607
1 500	152	3 500	827

考虑两差改正 f 的三角高程测量公式：

根据平距 D 计算高差：$h_{BC} = D\tan\theta + i - v + f$

根据斜距 S 计算高差：$h_{BC} = S\sin\theta + i - v + f$

折光系数 k 不能精确测定，使两差改正数 f 带有误差，距离 D 越长，误差越大。为减少球气差改正数 f，《城市测量规范》规定：光电测距三角高程，其边长 $\leqslant 1\text{km}$。

2. 对向观测可以减小球气差的影响

在 B，C 两点同时进行对向观测，两点 k 值相同，两差改正 f 也相等，往返测高差分别为：

$$h_{BC} = S\sin\theta_B + i_B - v_C + f$$
$$h_{CB} = S\sin\theta_C + i_C - v_B + f$$

取往返测高差的平均值

$$\bar{h}_{BC} = \frac{1}{2}(h_{BC} - h_{CB})$$

$$= \frac{1}{2}\big[(S\sin\theta_B + i_B - v_C) - (S\sin\theta_C + i_C - v_B)\big]$$

可抵消掉 f 的影响。

3. 三角高程测量计算

三角高程测量往返测所得的高差之差（经球气差改正后）应不大于 $0.1D\text{m}$（D 为边长，以公里为单位）。三角高程测量路线应组成闭合或附合路线。

例 5-4　如图 5-18 所示，三角高程测量可沿 A—B—C—D—A 闭合路线进行，每边均取对向观测。观测结果列表 5-12 中，其路线高差闭合差 f_h 的容许值按下式计算：

$$f_{h容} = \pm 0.05\sqrt{\sum D^2}\quad \text{m（D 以公里为单位）} \tag{5-28}$$

若$f_h<f_{h容}$，则将闭合差按与边长成正比例分配给各高差，再按平差后的高差推算各点高程。

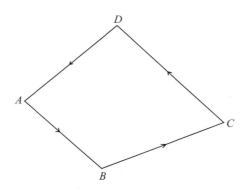

图 5-18 三角高程路线

$$f_h = -0.04$$
$$f_{h容} = \pm 0.05\sqrt{1.14} = \pm 0.053$$

$f_h<f_{h容}$，符合规范要求，观测成果合格。最后求出改正后高差，见表 5-12。

由于现代光电子测量仪器迅速发展，使测量方式发生了很大的变化，传统的三角高程测量已被电子测距三角高程测量（简称 EDM 高程测量）所取代，不仅速度快、精度高，而且工作强度很小。

表 5-12　　　　　三角高程测量

起算点	A		B		C		D	
待求点	B		C		D		A	
	往	返	往	返	往	返	往	返
水平距离 D(m)	581.38	581.38	488.01	488.01	567.92	567.92	486.93	486.93
竖直角	11°38′30″	−11°24′00″	6°52′15″	−6°34′30″	……	……	……	……
仪器高(m)	1.44	1.49	1.49	1.50	……	……	……	……
目标高(m)	−2.50	−3	−3.00	−2.5	……	……	……	……
两差改正 f(m)	0.02	0.02	0.02	0.02	……	……	……	……
高差(m)	118.74	−118.72	57.27	−57.27	……	……	……	……
平均高差(m)	118.73		57.27		−38.29		−137.75	
改正后高差(m)	118.74		57.28		−38.28		−137.74	

◎ 思考与练习题

1. 坐标反算是根据直线的起、终点平面坐标，计算直线的(　　　)。
   A. 斜距与水平角　　　　　　　　　　B. 水平距离与方位角
   C. 斜距与方位角　　　　　　　　　　D. 水平距离与水平角

2. 直线方位角与该直线的反方位角相差(　　　)。
   A. 180°　　　　　　B. 360°　　　　　　C. 90°　　　　　　D. 270°

3. 直线 AB 的坐标方位角为 190°18′52″，用经纬仪测右角 $\angle ABC$ 的值为 308°07′44″，则 BC 的坐标方位角为(　　　)。
   A. 62°11′08″　　　　B. −117°48′52″　　　C. 242°11′08″　　　D. −297°11′08″

4. 地面上有 A、B、C 三点，已知 AB 边的坐标方位角 $\alpha_{AB} = 35°23′$，测得左夹角 $\angle ABC = 89°34′$，则 CB 边的坐标方位角 $\alpha_{CB} = $(　　　)。
   A. 124°57′　　　　　B. 304°57′　　　　　C. −54°11′　　　　　D. 305°49′

5. 某直线的坐标方位角为 163°50′36″，则其反坐标方位角为(　　　)。
   A. 253°50′36″　　　　B. 196°09′24″　　　　C. −16°09′24″　　　　D. 343°50′36″

6. 某导线的 $f_x = -0.08\text{m}$，$f_y = +0.06\text{m}$，导线全长 $\sum D = 506.704\text{m}$，该导线的全长相对闭合差为(　　　)。
   A. 1/1 354　　　　　B. 1/5 067　　　　　C. 1/9 576　　　　　D. 1/4 000

7. 设 AB 距离为 200.23m，方位角为 121°23′36″，则 AB 的 x 坐标增量为(　　　)m。
   A. −170.919　　　　B. 170.919　　　　C. 104.302　　　　D. −104.302

8. 直线 AB 的象限角 $R_{AB} = $南西30°，则其坐标方位角 $\alpha_{AB} = $(　　　)。
   A. 240°　　　　　　B. 210°　　　　　　C. 150°　　　　　　D. 120°

9. 导线测量法测定点平面坐标的主要工作是(　　　)。
   A. 测量水平距离　　　　　　　　　　B. 测量水平角
   C. 测量水平距离和水平角　　　　　　D. 测量竖直角

10. 导线测量角度闭合差的调整方法是(　　　)。
    A. 反号按角度个数平均分配　　　　　B. 反号按角度大小比例分配
    C. 反号按边数平均分配　　　　　　　D. 反号按边长比例分配

11. 衡量导线测量精度的指标是(　　　)
    A. 坐标增量闭合差　　　　　　　　　B. 导线全长闭合差
    C. 导线全长相对闭合差

12. 导线的布置形式有(　　　)。
    A. 一级导线、二级导线、图根导线　　B. 单向导线、往返导线、多边形导线
    C. 闭合导线、附合导线、支导线

13. 导线的坐标增量闭合差调整后，应使纵、横坐标增量改正数之和等于(　　　)。
    A. 纵、横坐标增值闭合差，其符号相同　B. 导线全长闭合差，其符号相同
    C. 纵、横坐标增量闭合差，其符号相反

14. 导线测量的外业工作是(　　　)。

A. 选点、测角、量边   B. 埋石、造标、绘草图

C. 距离丈量、水准测量、角度测量

15. 导线坐标增量闭合差的调整方法是将闭合差反符号后(　　)。

A. 按角度个数平均分配   B. 按导线边数平均分配

C. 按边长成正比例分配

16. 三角高程测量中, 采用对向观测可以消除(　　)的影响。

A. 视差   B. 视准轴误差

C. 地球曲率差和大气折光差   D. 水平度盘分划误差

第6章 测量误差理论与精度分析

§6.1 测量误差来源

测量工作是由观测者使用仪器、工具按照一定的方法，在一定的外界条件下进行的。由于测量所使用的仪器和工具不可能绝对准确，进行测量时的外界条件也会随时发生变化，以及观测者感官和生理条件限制。所以，无论何种测量，无论何种精密仪器，无论观测得多么仔细，均无法求得测量的真值。例如，往返丈量某一段距离，或反复观测某一角度，每次观测结果都不会一致，这就是因为观测结果中存在测量误差的缘故。

产生测量误差的原因，有以下三方面：

1. 仪器误差

各种测量仪器不是完美无缺的，即使最精密的仪器，也会有一定的误差。例如，丈量长度的钢尺、皮尺，它们的格值就含有误差，由于热胀冷缩，它们的长度会随着温度改变。所以，尺子标记的长度，量得的长度，均不是真长，还有仪器轴系之间的误差，几何关系不真正垂直或不真正水平，等等，都会给观测值带来误差。

2. 观测者的影响

由于观测者的感觉器官的鉴别能力具有一定的局限性，所以不论在仪器的安置、照准、读数等方面，都会使观测值产生误差。自动化仪器虽然是自动进行接收处理，但设备的安置、目标和时间的选择，仍由人来掌握，也会受到操作者的影响。

3. 周围环境的影响

观测时的自然环境，如温度、湿度、风力、大气折光等因素，都会使观测值产生误差。如温度不仅给丈量长度带来误差，也会给水准测量和角度测量带来误差。大气的水平折光给水平角观测带来误差，大气的垂直折光给垂直观测和水准测量带来误差，自然界影响观测值的因素有很多，且复杂多变，难以准确掌握其规律，但仍可采取适当措施，尽量减弱或消除其影响。

§6.2 测量误差的分类

测量误差按性质可分为系统误差和偶然误差两类：

1. 系统误差

在相同的条件下作一系列观测，如果误差的大小和符号呈规律性的变化或者保持某一常数，那么这类误差称为系统误差。产生系统误差的主要原因是测量仪器、工具的不完善或外界条件的变化。例如钢尺的注记长度(即名义长)为 50m，经鉴定后，发现它的实际长度为 49.99m，于是用这样的尺子去量距离时，每量一整尺，则测量值就比实际长度大了 0.01m。

系统误差是一种有规律性的误差，可采用计算的方法或观测的方法消除或大大减弱它。

2. 偶然误差

在相同条件下对某量作一系列观测，如果误差的大小和符号都表现出偶然性，即从表面上看没有任何规律性，具有这种性质的误差称为偶然误差，例如在尺上估读小数，有时偏大，有时偏小，就属于偶然误差。

显然，偶然误差不能用计算改正和改变观测方法来消除，只能靠增加观测个数来提高观测值的精度。

3. 粗差

实际工作中，因观测者的疏忽大意，出现如读错数、记错、照准错、仪器安置不合要求等错误，这一类问题称为粗差。粗差必须避免，不允许在成果中存在。为了杜绝粗差，除了要加强作业人员的责任心，提高操作技能外，还应采取必要的检核措施。观测值中的粗差必须舍弃，并重新进行观测。

4. 误差处理原则

为了防止错误的发生和提高观测成果的精度，在测量工作中，一般需要进行多于必要的观测，称为多余观测。例如，对一边长进行往返丈量，如果将往测作为必要观测，则返测就是多余观测。又如，对一个平面三角形的三个内角进行观测，其中两个角属于必要观测，第三个角就属于多余观测。利用多余观测，就可以发现观测值中的错误(粗差)，以便将其剔除和重测。对于观测值中的偶然误差来说，有了多余观测，根据差值的大小，可以评定测量的精度。如果差值大到一定程度，就认为观测值误差超限，应进行重测(返工)；如果差值没有超限，则按偶然误差规律加以处理(称为闭合差的调整)，以求得最可靠的观测值。

§6.3 偶然误差的特性

测量误差理论主要是讨论如何从含有偶然误差的一系列观测值中求得最可靠的结果并评定其精度。因此，需对偶然误差的性质做进一步讨论。

设某一量的真值为 X，对其进行了 n 次观测，得到相应的观测值为 l_1，l_2，$\cdots$，l_n，在每次观测值中产生的偶然误差(真误差)为 Δ_1，Δ_2，$\cdots$，Δ_n，则定义

$$\Delta_i = l_i - X(i = 1, 2, \cdots, n) \tag{6-1}$$

若从单个的偶然误差来看，其符号与数值的大小无任何规律性。但如果从多次观测值的偶然误差来看，即可发现隐藏在偶然性中的必然规律。参加统计的观测值数量越大，其规律就越明显。这种规律可根据概率原理，用统计学的方法来研究。

在某测区，在相同的观测条件下共观测了 358 个平面三角形的全部内角。由于各三角形内角和的真值均为 180°，因此，即可按式(6-1)来计算各三角形内角和的偶然误差 Δi

(三角形闭合差)，将它们分为正误差、负误差和误差绝对值，并按绝对值大小排列次序。取误差区间(间隔)dΔ = 3″进行误差个数 k 的统计，同时计算其相对个数 k/n (n = 358)，k/n 称为误差出现的频率。偶然误差的统计见表 6-1。

为了更直观地表示偶然误差的正、负及大小的分布情况，可利用表 6-1 中的数据作图 6-1。图中横坐标表示误差的正负和大小，纵坐标表示误差出现在各区间的频率(k/n)与区间(dΔ)之比，所有区间按纵坐标作成矩形小条的面积总和等于 1。该图在统计学中称为频率直方图。从表 6-1 中的统计数字中，可以总结出在相同的条件下进行独立观测而产生的一组偶然误差具有以下特性：

①在一定观测条件下，偶然误差的绝对值不会超过一定的限度，即偶然误差是有界的；

②绝对值小的误差比绝对值大的误差出现的频率大；

③绝对值相等的正、负误差出现的频率大致相同；

④当观测次数无限增大时，偶然误差的理论平均值(算术平均值)趋于零，即偶然误差具有低偿性，即

$$\lim_{n\to\infty} \frac{\Delta_1 + \Delta_2 + \cdots + \Delta_n}{n} = \lim_{n\to\infty} \frac{[\Delta]}{n} = 0 \qquad (6-2)$$

式中，[ ] 表示求和。

上述第四个特性是由第三个特性导出的，它说明偶然误差具有低偿性。这个特性对进一步研究偶然误差具有极其重要的意义。

表 6-1 　 　 　 　 　 　 　 　 　 　 　 　偶然误差统计结果

误差区间 dΔ(″)	负误差		正误差		误差绝对值	
	k	k/n	k	k/n	k	k/n
0~3	45	0.126	46	0.128	91	0.254
3~6	40	0.112	41	0.115	81	0.226
6~9	33	0.092	33	0.092	66	0.184
9~12	23	0.064	21	0.059	44	0.123
12~15	17	0.047	16	0.045	33	0.092
15~18	13	0.036	13	0.036	26	0.073
18~21	6	0.017	5	0.014	11	0.031
21~24	4	0.011	2	0.006	6	0.017
24 以上	0	0	0	0	0	0
Σ	181	0.505	177	0.495	358	1.000

根据 358 个三角形角度观测的闭合差作出的图 6-1 频率直方图表现为中间高，两边低，并向横轴逐渐逼近的对称图形不是一种特例，而是统计偶然误差时出现的普遍规律，并且可以用数学公式表示。

若误差的个数无限增大($n\to\infty$)，同时又无限缩小误差的区间 dΔ，则图 6-1 中各个长条的顶边的折线就逐渐成为一条光滑的曲线。该曲线在概率论中称为正态分布曲线，它完

整地表示了偶然误差出现的概率 P。即当 $n\to\infty$ 时，上述误差区间内误差出现的概率将趋于稳定，称为误差出现的概率。

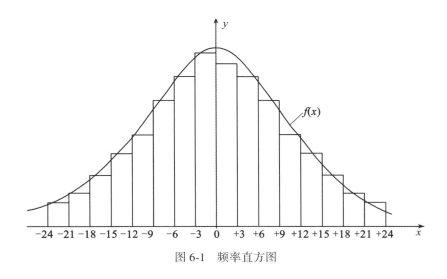

图 6-1　频率直方图

§6.4　衡量精度的指标

所谓精度，就是指误差分布的密集离散程度。观测质量较好，则精度较高；观测质量较差，则精度较低。

实际工作中，常用以下几个精度指标作为衡量测量成果质量和可靠程度的定量性指标。

1. 方差和中误差

在相同观测条件下，一组真误差平方的平均值之极限称为方差。即

$$\sigma^2 = \lim_{n\to\infty}\frac{\Delta_1^2 + \Delta_2^2 + \cdots + \Delta_n^2}{n} = \lim_{n\to\infty}\frac{[\Delta^2]}{n} \tag{6-3}$$

方差的平方根称为中误差或标准差，即

$$\sigma = \pm\lim_{n\to\infty}\sqrt{\frac{[\Delta\Delta]}{n}} \tag{6-4}$$

式中，Δ 为真误差，n 为真误差个数。

实际作业中，观测个数 n 有限，在此情况下，方差和中误差的估值一般用 m^2 和 m 表示，即

$$m^2 = \hat{\sigma}^2 = \frac{[\Delta\Delta]}{n}$$

$$m = \hat{\sigma} = \pm\sqrt{\frac{[\Delta\Delta]}{n}} \tag{6-5}$$

由式(6-5)可知，标准差的大小决定于在一定条件下偶然误差出现的绝对值的大小。由于在计算标准差时取各个偶然误差的平方和，因此，当有较大绝对值的偶然误差出现时，则在标准差的数值中会有明显的反映。

例 6-1   同一段距离用 50m 钢尺丈量 6 次，其观测结果列于表 6-2 内。该段距离真值用因瓦基线尺量测得，精度很高，与钢尺量距精度比，可视真值为 49.982m，试求丈量一次的观测值的中误差。

表 6-2　　　　　　　　　　　　　距离丈量中误差计算

观测次序	观测值（m）	Δ（mm）	ΔΔ	计算
1	49.988	+6	36	
2	49.975	−7	49	
3	49.981	−1	1	$m = \pm\sqrt{\dfrac{131}{6}}$
4	49.978	−4	16	
5	49.987	+5	25	$= \pm 4.7mm$
6	49.984	+2	4	
			131	

在表 6-2 可知，中误差 $m = \pm4.7mm$。

用式(6-5)计算中误差，需知观测值的真误差，但真误差往往无法求得，因而实际运用中，多利用观测值改正数 v 来计算中误差，公式如下：

$$m = \pm\sqrt{\frac{[vv]}{n-1}} \tag{6-6}$$

式中，v_i=最或是值−观测值=$\bar{l}-l_i$，$\bar{l}$ 为观测值的算术平均值，l_i 为某次观测值，n 为观测值个数。

例 6-2   仍以上面钢尺量距为例，见表 6-3：

表 6-3　　　　　　　　　　　　　距离丈量中误差计算

观测次序	观测值(m)	v	vv	计算
1	49.988	−6	36	
2	49.975	+7	49	
3	49.981	+1	1	$m = \pm\sqrt{\dfrac{[vv]}{n-1}}$
4	49.978	+4	16	
5	49.987	−5	25	$= \pm\sqrt{\dfrac{131}{6-1}}$
6	49.984	−2	4	$= \pm 5.1mm$
平均	49.982	$[v]=-1$	$[vv]=131$	

表 6-3 中计算栏内说明每次丈量中误差为±5.1mm。

2. 相对误差

对于有些观测结果，有时单靠中误差还不能完全表达观测结果的优劣。例如，分别丈量了 400m 和 80m 两段距离，测量中误差均为 2cm。显然不能说它们的精度相同。为此，在距离测量中必须再引入另一种方法来衡量精度，即相对误差，它是专门衡量测距的精度指标，即中误差与观测值之比。相对误差为无名数，通常以分子为 1 的分数式来表示，即

$$\frac{m}{L} = \frac{1}{\frac{L}{m}} \tag{6-7}$$

如上例中：$\dfrac{m_1}{L_1} = \dfrac{0.020}{400} = \dfrac{1}{20\ 000}$

$$\frac{m_2}{L_1} = \frac{0.020}{80} = \frac{1}{4\ 000}$$

用相对误差来衡量，显然前者精度高于后者精度。

3. 限差(允许误差)

在实际工作中常采用二倍中误差作为允许误差，即

$$\Delta m = 2m \tag{6-8}$$

允许误差通常又称极限误差或最大误差，它是一组测量误差中允许出现的最大误差，测量规范中一般以此作为限差。

4. 点位中误差

在平面测量中，点的平面位置是用一对平面直角坐标值来确定的，为此需进行一系列观测，才能求称出该点的坐标。由于观测误差的影响，求得的坐标值(x, y)与其真值坐标(X, Y)之间必然存在真误差$(\Delta x, \Delta y)$。

如图 6-2 所示，点位真误差

$$\Delta p = \pm \sqrt{\Delta x^2 + \Delta y^2} \tag{6-9}$$

式中：

$$\Delta x = x - X \qquad \Delta y = y - Y$$

点位真误差也可写成方差形式：

$$\sigma_P^2 = \sigma_X^2 + \sigma_Y^2 \tag{6-10}$$

点位误差都是相对某一点而言的相对位置误差，相对于起算点，则称相对于起算点的点位中误差，相对于相邻点，则称相邻点的点位中误差。

P 点的真误差 ΔP 可投影向 AP 方向和垂直于 AP 的方向上，记为 Δs 和 Δu，同样，有

$$P^2 = \Delta s^2 + \Delta u^2 \tag{6-11}$$

或

$$\sigma_P^2 = \sigma_s^2 + \sigma_u^2 \tag{6-12}$$

式中，s 称为纵向误差，u 称为横向误差。

5. 两点间间距误差

在国外不少发达国家是用两点间的间距误差，即边长误差来衡量精度的。例如，在德国要求地籍控制点相邻点间的间距误差最大不超过 0.04m，中误差为±0.02m。

207

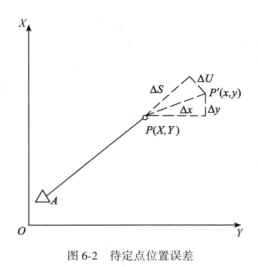

图 6-2　待定点位置误差

边长误差为两点间的测量边长与真实边长之差。

§6.5　误差传播及观测值函数中误差

1. 误差传播一般法则

有些未知量是由观测值间接计算出来的。例如：通过测量房屋的边长求算房屋建筑面积；通过水准测量后视前视读数求得两点间的高差；通过测角量边求算导线点的坐标值等。显然，这些未知量都是观测值的函数，观测值的误差对其求算值同样带来误差，那么，观测值函数的中误差与观测值的中误差之间存在怎样的关系？阐明这种独立观测值和它函数间的误差关系的定律，就叫做误差传播定律，或称为协方差传播律。下面给出误差传播的一般法则。

设有函数

$$Z = F(x_1, \ x_2, \ \cdots, \ x_n) \tag{6-13}$$

式中，x_i 为直接观测量，设其观测值 x_i 的真误差为 Δx_i，由于 Δx_i 的存在，使函数 Z 产生相应的真误差 ΔZ。

真误差为：

$$\Delta z = f_1 \Delta x_1 + f_2 \Delta x_2 + \cdots + f_n \Delta x_n \tag{6-14}$$

其中，f_1，f_2，$\cdots$，f_n 为函数 $F(x_1, \ x_2, \ \cdots, \ x_n)$ 对 x_1，x_2，$\cdots$，x_n 的偏导数。

设观测值 x_1，x_2，$\cdots$，x_n 相应的中误差为 m_1，m_2，$\cdots$，m_n，根据中误差的定义，式 (6-14) 即可写成

$$m_z^2 = f_1^2 m_1^2 + f_2^2 m_2^2 + \cdots + f_n^2 m_n^2 \tag{6-15}$$

2. 观测值函数中误差

（1）和差函数

如果函数 Z 为几个独立观测值的代数和，即

$$Z = X_1 \pm X_2 \cdots \pm X_n \tag{6-16}$$

函数的中误差为：

$$m_z^2 = m_1^2 + m_2^2 + \cdots + m_n^2 \tag{6-17}$$

若属于等精度观测，即 $m_1 = m_2 = \cdots m_n$ 时，则有

$$m_z = \pm \sqrt{n}\, m_n \tag{6-18}$$

例 6-3 房屋某一边长由三段距离 $L_1 = 17.33\text{m}$，$L_2 = 27.64\text{m}$，$L_3 = 12.46\text{m}$ 丈量所得，它们的丈量中误差分别为 $\pm 0.013\text{m}$，$\pm 0.015\text{m}$，$\pm 0.012\text{m}$。求其边长的中误差。

解：设边长为 L，则

$$L = L_1 + L_2 + L_3 = 17.33 + 27.64 + 12.46 = 57.43\text{m}$$

又 $m_L^2 = m_1^2 + m_2^2 + m_3^2$

故 $m_L = \pm \sqrt{(\pm 0.013)^2 + (\pm 0.015)^2 + (\pm 0.012)^2} = 0.023\text{m}$

（2）倍函数

设观测值 L，函数 F 为 L 的 K 倍，L 的中误差为 m_1，求函数 F 的误差 m_F。

$$F = KL \tag{6-19}$$

K 为不带误差的常数，则

$$m_F^2 = K^2 m_L^2$$

即

$$m_F = K \cdot m_L \tag{6-20}$$

上式就是倍数函数式观测值中误差与函数中误差的关系式。

例 6-4 测得一圆形旋转餐厅的半径 $r = 15\text{m}$，利用式（6-18）推求半径测量中误差 $m_r = \pm 0.013\text{m}$，试求出该餐厅周长、面积及其中误差。

解：周长 $c = 2\pi r = 94.20\text{m}$

面积 $s = \pi r^2 = 706.50\text{m}^2$

周长误差：

$$m_c = 2\pi m_r = 2\pi(\pm 0.013) = \pm 0.082\text{m}$$

面积误差：

$$m_s = 2\pi r m_r = c \cdot m_r = 2 \times 3.14 \times 15 \times (\pm 0.013) = \pm 1.225\text{m}^2$$

按照《房产测量规范》二级精度测量中误差公式：$0.02\sqrt{s} + 0.001s$，$s = 706.50\text{m}^2$，二级精度测量中误差为 1.238m^2。

此圆形餐厅面积测量中误差 1.225m^2 小于二级精度测量中误差 1.238m^2，符合二级精度要求。

（3）任意函数

比如，面积计算公式：$s = a \cdot b$，a、b 为边长

$$真误差 \Delta s = f_1 \Delta a + f_2 \Delta b \tag{6-21}$$

其中 $f_1 = b$，$f_2 = a$。

则面积 s 的中误差：

$$m_s = \pm \sqrt{(b m_a)^2 + (a m_b)^2} \tag{6-22}$$

例 6-5 某一房屋为矩形，测得矩形房屋长 $a = 50.78\text{m}$，$b = 12.58\text{m}$，利用式（6-18）推

求边长测量中误差 $m_a = 0.02\text{m}$，$m_b = 0.012\text{m}$，求面积 s 及面积 s 的中误差和限差。

解：$s = 50.78 \times 12.58 = 638.81\text{m}^2$

$$m_s = \pm\sqrt{(12.58 \times 0.02)^2 + (50.78 \times 0.012)^2} = 0.659\text{m}^2$$

$$\Delta s = 2m_s = 1.318\text{m}^2$$

按照《房产测量规范》二级精度测量中误差公式：$0.02\sqrt{s} + 0.001s$，$s = 638.81\text{m}^2$，二级精度测量中误差为 1.144m^2。

此矩形房屋面积测量中误差 0.659m^2 小于二级精度测量中误差 1.144m^2，符合二级精度要求。

§6.6　等精度观测值直接平差

除了标准实体，自然界中任何单个未知量（如某一角度、某一长度等）的真值都是无法确知的。只有通过重复观测，才能对其真值做出可靠的估计。在测量实践中，重复测量的目的还在于提高观测成果的精度，同时也为了发现和消除粗差。

重复测量形成了多余观测，加之观测值必然含有误差，这就产生了观测值之间的矛盾。为了消除这种矛盾，就必须依据一定的数据处理准则，采用适当的计算方法，对有矛盾的观测值加以必要而又合理的调整，给以适当的改正从而求得观测量的最佳估值，同时对观测进行质量评估。人们把这一数据处理的过程称做"测量平差"。

在相同条件下进行的观测是等精度观测，所得到的观测值称为等精度观测值。如果观测所使用的仪器精度不同，或观测方法不同，或外界条件差别较大，不同观测条件下所获得的观测值称为不等精度观测值。

对一个未知量的直接观测值进行平差，称为直接观测平差。根据观测条件，有等精度直接观测平差和不等精度直接观测平差。平差结果是得到未知量最可靠的估值，最接近其真值，称为"最或是值"。

6.6.1　求最或是值

设对某量进行了 n 次等精度观测，其观测值为 l_1，l_2，$\cdots$，l_n，该量的真值为 X，其算术平均值为 $\bar{l}$，真误差为 Δ_1，Δ_2，$\cdots$，Δ_n，其中：

$$\Delta_i = l_i - X(i = 1, 2, \cdots, n) \tag{6-23}$$

取上式的和并除以观测次数 n，得

$$\frac{[\Delta]}{n} = \frac{[l]}{n} - X = \bar{l} - X \tag{6-24}$$

对式（6-24）取极限并顾及式（6-2）：

$$\lim_{n\to\infty}\frac{[\Delta]}{n} = \lim_{n\to\infty}\bar{l} - X = 0$$

由此得

$$\lim_{n\to\infty}\bar{l} = X \tag{6-25}$$

式（6-24）说明，当观察次数 n 趋于无穷大时，算术平均值就趋于未知量的真值。所以，当 n 有限时，通常取算术平均值为未知量的最或是值。

6.6.2 算术平均值的中误差

设对某量进行 n 次等精度观测，观测值为 l_1，l_2，$\cdots$，l_n，中误差为 m，最或是值的中误差 $m_{\bar{l}}$ 的计算公式推导如下：

有算术平均值公式

$$\bar{l} = \frac{[l]}{n} = \frac{1}{n}l_1 + \frac{1}{n}l_2 + \cdots + \frac{1}{n}l_n \tag{6-26}$$

根据误差传播定律，有

$$m_{\bar{l}} = \sqrt{\left(\frac{1}{n}\right)^2 m^2 + \left(\frac{1}{n}\right)^2 m^2 + \cdots + \left(\frac{1}{n}\right)^2 m^2}$$

所以

$$m_{\bar{l}} = \pm \frac{m}{\sqrt{n}} \tag{6-27}$$

顾及式(6-6)，算术平均值的中误差也可表达如下：

$$m_{\bar{l}} = \pm \sqrt{\frac{[V^2]}{n(n-1)}} \tag{6-28}$$

例 6-6 以例 6-2 为例，系用算术平均值 49.982m 作为最后观测成果，该成果精度怎样呢？可用算术平均值的中误差 $m_{\bar{l}}$ 来表示，即

$$m_{\bar{l}} = \pm \frac{m}{\sqrt{n}} = \pm \frac{5.1}{\sqrt{6}} = \pm 2.1$$

从式(6-27)可以看出，算术平均值的中误差与观测次数的平方根成反比。因此，增加观测次数可以提高算术平均值的精度。当观测值的中误差 $m = 1$ 时，算术平均值的中误差 M 与观测次数 n 的关系如图 6-3 所示。由图可以看出，当 n 增加时，M 减小。当观测次数达到一定数值后(如 $n = 10$)，再增加观测次数，工作量增加，但提高精度的效果就不太明显了。因此不能单纯地以增加观测次数来提高测量成果的精度，应设法提高观测值本身的

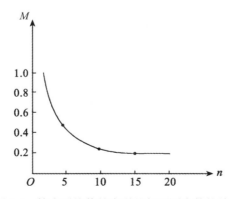

图 6-3 算术平均值的中误差与观测次数的关系

精度。例如使用精度较高的仪器、提高观测技能、在良好的外界条件下进行观测等。

§6.7 不同精度观测值直接平差

在对某量进行同精度观测时,其平均值即为其最或是值。但当对某量进行不同精度观测时,各观测结果的中误差不同。显然,不能将不同精度的各观测结果简单地取其算术平均值作为平差值并评定精度。此时,则需要选定某一个比值来表示各观测值的可靠程度,该比值被称为权。

6.7.1 权的概念

权是用来衡量轻重的概念,其应用较为广泛。在测量工作中权是用来衡量观测结果可靠程度的相对性数值,用 P 来表示。

1. 权的定义

在一定的观测条件下,必然对应着一定的误差分布,同时也对应着一个确定的中误差。对不同精度的观测值来说,其中误差越小,精度越高,观测结果也就越可靠,而将这种可靠程度用数字表示,则称之为权。可靠程度越高则其权值越大,故可用中误差来定义其权。

设有一组不同精度观测值 l_i,其对应的中误差为 $m_i(i=1,2,\cdots,n)$,选定任一大于零的常数 C,定义权

$$P_i = \frac{C}{m_i^2} = \frac{u^2}{m_i^2} \tag{6-29}$$

式中,P_i 为观测值 l_i 的权。对一组已知中误差的观测值而言,若选定一个 C 值,就有一组权与之对应。

2. 权的性质

根据式(6-29)可知权具有如下性质:

①权与中误差均是用来衡量观测值精度的指标,但中误差是绝对性数值,表示观测值的绝对精度;权是相对性数值,表示观测值的相对精度。

②权与中误差的平方成反比,中误差越小,其权越大,表示观测值越可靠,精度越高。

③权是一个相对数值,对于单个观测值而言,权无意义。

④权恒取正值,权的大小随 C 值的不同而异,但其比例关系不变。

⑤在同一问题中只能选定一个 C 值,否则就破坏了权之间的比例关系。

6.7.2 测量中确定权的方法

1. 同精度观测值算术平均值的权

设一次观测值的中误差为 m,则 n 次同精度观测算术平均值的中误差 $M=m/\sqrt{n}$。根据权的定义设 $C=m^2$,则一次观测值的权为

$$P = \frac{C}{m^2} = 1$$

n 次观测算术平均值的权为

$$P_L = \frac{C}{\dfrac{m^2}{n}} = n$$

由此可见，若取一次观测值的权为 1，则 n 次观测算术平均值的权为 n。故权与观测次数成正比。

2. 权在水准测量中的应用

设每一测站观测高差的精度相同，其中误差为 $m_{\text{站}}$，则不同测站数的水准路线观测高差的中误差为

$$m_i = m_{\text{站}} \sqrt{N_i} \ (i = 1, \ 2, \ \cdots, \ n) \tag{6-30}$$

式中，N_i 为水准路线的测站数。

若取单位权中误差 $\mu = \sqrt{C} m_{\text{站}}$（$C$ 为测站数），则各水准路线的权为

$$P_i = \frac{\mu^2}{m_i^2} = \frac{C}{N_i} \tag{6-31}$$

同理可得

$$P_i = \frac{C}{L_i} \tag{6-32}$$

式中，L_i 为水准路线的长度。

由此可见，在各测站高差精度相同的情况下，水准路线的权与测站数或路线长度成反比。

3. 权在距离丈量中的应用

设单位长度的距离丈量中误差为 m，则长度为 S（同单位）的距离丈量中误差为 $\sqrt{s} \cdot m$。取单位权中误差为 $\sqrt{c} \cdot m$，则长度为 S（同单位）的距离丈量中误差为

$$P_i = \frac{\mu^2}{m_s^2} = \frac{C}{S} \tag{6-33}$$

式(6-33)表明，距离丈量的权与长度成反比。

总而言之，在权的确定中，无需预先知道各观测值中误差的具体数值，只要确定了具体的观测方法就可以预先定权。从而说明在测量之前即可事先对最终观测结果的精度进行估算，以便指导实际工作。

6.7.3   不同精度观测值的最或是值（加权算术平均值）计算

设对某量进行了 n 次不同精度观测，观测值为 l_1，l_2，$\cdots$，l_n，其对应的权为 P_1，P_2，$\cdots$，P_n，则可取加权平均值 L 为该量的最或是值，即

$$L = \frac{P_1 l_1 + P_2 l_2 + \cdots + P_n l_n}{P_1 + P_2 + \cdots + P_n} = \frac{[Pl]}{[P]} \tag{6-34}$$

最或是值的改正数为

$$v_i = L - l_i$$

将上式两边乘以相应的权

$$P_i v_i = P_i L - P_i l_i$$

两边求和得

$$[Pv] = [P]L - [Pl]$$

根据式(6-34)，得

$$[Pv] = 0 \qquad (6-35)$$

式(6-35)则可用于计算中的检核。

6.7.4　不同精度观测的精度评定

1. 单位权中误差

在不同精度观测中引入权的概念，则可以建立各观测值之间的精度比关系，以便合理地处理观测数据。例如，假设一次观测值的中误差为 m，其权为 P_0，并取 $C = m^2$，则

$$P_0 = \frac{C}{m^2} = 1$$

我们称等于 1 的权为单位权，而权等于 1 的中误差称为单位权中误差，常用 μ 来表示。

$$\mu = \pm \sqrt{\frac{[P\Delta\Delta]}{n}} \qquad (6-36)$$

式(6-36)即为用真误差计算单位权观测值中误差的公式，也可推出用观测值改正数来计算单位权中误差的公式

$$\mu = \pm \sqrt{\frac{[Pvv]}{n-1}} \qquad (6-37)$$

2. 观测值中误差

对于中误差为 m_i 的观测值，其取权 P_i 为

$$P_i = \frac{\mu^2}{m_i^2}$$

则相应的中误差的另一表达式可写为

$$m_i = \mu \sqrt{\frac{1}{P}} \qquad (6-38)$$

3. 最或是值的中误差

由式(6-34)可知不同精度观测值的最或是值为

$$L = \frac{[Pl]}{[P]} = \frac{P_1}{[P]} l_1 + \frac{P_2}{[P]} l_2 + \cdots + \frac{P_n}{[P]} l_n$$

根据误差传播公式，最或是值 L 的中误差为

$$M^2 = \frac{1}{[P]^2} (P_1^2 m_1^2 + P_2^2 m_2^2 + \cdots + P_n^2 m_n^2) \qquad (6-39)$$

式中，m_1，m_2，$\cdots$，m_n 为相应观测值的中误差。

若令单位权中误差 u 等于第一个观测值 l_l 的中误差，即 $\mu = m_1$，则各观测值的权为

$$P_i = \frac{\mu^2}{m_i^2} \tag{6-40}$$

将式(6-40)代入式(6-39)，可得

$$M^2 = \frac{P_1}{[P]^2}\mu^2 + \frac{P_2}{[P]^2}\mu^2 + \cdots + \frac{P_n}{[P]^2}\mu^2 = \frac{\mu^2}{[P]}$$

则

$$M = \pm \frac{\mu}{\sqrt{[P]}} \tag{6-41}$$

式(6-41)即为不同精度观测值的最或是值中误差的计算公式。

将式(6-37)代入式(6-41)可得

$$M = \pm \sqrt{\frac{[Pvv]}{[P](n-1)}} \tag{6-42}$$

式(6-42)即为用观测值改正数来计算不同精度观测值最或是值中误差的公式。

§ 6.8　由真误差计算中误差

对于一组同精度或不同精度观测值来说，如果已经知道它们的真误差，则可按式(6-5)或式(6-36)计算观测值的中误差或单位权中误差。但是，在一般情况下，由于被观测量的真值不知道，所以真误差也无法知道。这时，就不能直接由真误差计算中误差了。然而，在测量工作中，有时由若干个被观测值函数的真误差可以求得，这时，就可以用真误差来计算中误差了。

下面介绍几种在测量工作中常用到的由真误差计算中误差的公式。

1. 由三角形闭合差求测角真误差

设以同精度观测三角网中各角，由每个三角形的三个内角的观测值 α_i、β_i、γ_i 求出的闭合差 $\omega_i = \alpha_i + \beta_i + \gamma_i - 180°(i = 1，2，\cdots，n)$。按真误差的定义式(6-1)可知，闭合差 ω 就是三角形内角和($\alpha + \beta + \gamma$)的真误差。所以按真误差的定义式(6-5)，得三角形内角和的中误差为

$$m_{(\alpha+\beta+\gamma)} = \pm \sqrt{\frac{[\omega\omega]}{n}}$$

式中：$[\omega\omega] = \omega_1^2 + \omega_2^2 + \cdots\omega_n^2$，$n$ 为三角形的个数。由于三角形内角和是三个观测角之和，即

$$(\alpha + \beta + \gamma) = \alpha + \beta + \gamma$$

设测角中误差为 m，则 $m_{(\alpha+\beta+\gamma)}^2 = 3m^2$

所以

$$m = \frac{m_{(\alpha+\beta+\gamma)}}{\sqrt{3}}$$

$$m = \pm\sqrt{\frac{[\omega\omega]}{3n}} \tag{6-43}$$

上式就是由三角形闭合差计算的测角中误差的公式，名为菲列罗公式。在三角测量中，通常用它来初步评定测角精度。

例 6-7　已知某条有 24 个三角形的三角锁，按同精度测角后，算得闭合差 ω 见表 6-4，试求测角中误差。

表 6-4　　　　　　　　　　　　　　**同精度观测中误差计算**

编号	闭合差	编号	闭合差	编号	闭合差
1	−2.7	9	−0.3″	17	+0.5″
2	−0.6	10	+2.6	18	+1.2
3	+3.2	11	−1.4	19	−2.7
4	−1.9	12	−0.1	20	−0.6
5	+3.0	13	+1.4	21	+1.3
6	+1.7	14	−0.6	22	+1.5
7	+2.5	15	−2.0	23	−1.3
8	−0.8	16	+3.6	24	−0.8

解　按式(6-43)求测角中误差：

$$m = \pm\sqrt{\frac{[\omega\omega]}{3n}} = \pm\sqrt{\frac{83.99}{72}} = \pm 1.08''$$

2. 由同精度双观测值的差数求观测值中误差

在测量工作中，常常对一系列观测量进行两次观测。例如，房屋边长测量中，对每条边长各量两次，这种观测称为双观测。对一个未知量进行的两次观测，称为一个观测对。

设对未知量 X_1，X_2，…，X_n 各同精度观测两次，得观测值：

$$L_1', L_2', \cdots, L_n'$$
$$L_1'', L_2'', \cdots, L_n''$$

对于任何一个被观测量 X_i 来说，由这个量的真值 X_i 组成的差数必为零，即 $X_i - X_i = 0$。现对每个量作为双次观测，得 L_i' 和 L_i''，由于含有观测误差，所以其差数通常就不等于"0"，而有差数 d_i，即

$$L_i' - L_i'' = d_i \quad (i = 1, 2, \cdots, n) \tag{6-44}$$

这里的 d_i 是观测值的差数，而差数的真值为"0"，按式(6-1)可求得差数的真误差为

$$\Delta d_i = d_i - 0 = d_i \quad (i = 1, 2, \cdots, n)$$

可见，d_i 就是差数的真误差，由于所有的观测值都是同精度的，所以 d_i 也是同精度的。按中误差定义式(6-5)，得差数的中误差为

$$m_d = \pm\sqrt{\frac{[dd]}{n}} \tag{6-45}$$

式中：n 为 d 的个数，也就是"观测对"的个数，不是观测值的个数。

设观测值的真误差为 m，由式(6-45)得

$$m_d = \sqrt{2}\,m$$

即

$$m = \frac{m_d}{\sqrt{2}} = \pm \sqrt{\frac{[dd]}{2n}} \qquad (6\text{-}46)$$

在内业计算时，总是取各量的两次同精度观测值的算术平均值作为相应量的最或是值，即

$$\bar{l}_i = \frac{L'_i + L''_i}{2}$$

由于观测值都是同精度的观测值，所以所有的最或是值 x 也是同精度的，其中

$$m_{\bar{l}_i} = \frac{m}{\sqrt{2}} = \pm \frac{1}{2} \sqrt{\frac{[dd]}{n}} \qquad (6\text{-}47)$$

式(6-45)、式(6-46)、式(6-47)分别是求同精度双观测差数的中误差、观测值中误差、算术平均值中误差的公式。

例 6-8   对 8 条边长作等精度双次观测，观测结果见表 6-5。取每条边两次观测的算术平均值作为该边的最或是值，求观测值中误差和每边最或是值的中误差。

表 6-5   **等精度双次观测中误差计算**

边号	$L'(\mathrm{m})$	$L''(\mathrm{m})$	$d(\mathrm{mm})$	dd
1	103.478	103.482	−4	16
2	99.556	99.534	+16	484
3	100.373	100.382	−9	81
4	101.763	101.742	+15	441
5	103.350	103.343	+7	49
6	98.885	98.876	+9	81
7	101.004	101.014	−10	100
8	102.293	102.285	+8	64

$$[dd] = 1\ 316$$

解   因 8 条边长的长度相差很小，是在同样条件下丈量的，所以这些观测值都可以当作等精度的。按式(6-46)求得观测值中误差

$$m = \pm \sqrt{\frac{[dd]}{2n}} = \pm \sqrt{\frac{1\ 316}{16}} = \pm 9.1\mathrm{mm}$$

按式(6-47)求得各边最或是值的中误差

$$m_x = \pm \frac{1}{2} \sqrt{\frac{[dd]}{n}} = \pm \frac{1}{2} \sqrt{\frac{1\ 316}{8}} = \pm 6.4\mathrm{mm}$$

3. 由不同精度双观测值的差数求中误差

在边长测量工作中，经常会遇到不同精度的双次观测的问题。例如，对不同的边长作

双次观测。这时，对一个观测对来说，由于边长的长度相等，它们是同精度的。但是对于不同的观测对来说，它们是不同精度的。下面来推导这类不同精度观测时有关中误差的计算公式。

设对未知量 X_1，X_2，$\cdots$，X_n 进行了双次观测，得观测值：

$$L'_1, \quad L'_2, \quad \cdots, \quad L'_n$$
$$L''_1, \quad L''_2, \quad \cdots, \quad L''_n$$

观测值 L'_1、L''_1 的权为 P_1；L'_2、L''_2 的权为 P_2，L'_n，L''_n 的权为 P_n。而每个观测对，两次观测的差数为

$$d_i = L'_i - L''_i \quad (i = 1, \ 2, \ \cdots, \ n)$$

差数的真误差为

$$\Delta d_i = d_i - 0 = d_i \quad (i = 1, \ 2, \ \cdots, \ n) \tag{6-48}$$

按式(6-35)可知，要求出不同精度观测时的单位权中误差 μ，需要知道真误差及相应的权。根据 $d_i = L'_i - L''_i$，按权倒数传播律可得

$$\frac{1}{p_{di}} = \frac{1}{p_i} + \frac{1}{p_i} = \frac{2}{p_i}$$

$$p_{di} = \frac{p_i}{2} \tag{6-49}$$

将式(6-48)及式(6-49)代入式(6-35)得单位权中误差

$$\mu = \pm \sqrt{\frac{[p_{di}dd]}{n}} = \pm \sqrt{\frac{[p_i dd]}{2n}} \tag{6-50}$$

式中：p_i 是 L'_i 或 L''_i 的权，d_i 为第 i 次观测值之差，n 为观测对的个数，而 μ 是单位权中误差。观测值 L'_i 或 L''_i 的中误差为

$$m_i = \mu \sqrt{\frac{1}{p_i}} = \pm \sqrt{\frac{[pdd]}{2np_i}} \tag{6-51}$$

每个观测对算术平均值 $x_i = \dfrac{L'_i + L''_i}{2}$ 的中误差为

$$m_{xi} = \frac{m_i}{\sqrt{2}} = \pm \frac{1}{2} \sqrt{\frac{[pdd]}{np_i}} \tag{6-52}$$

式(6-50)、式(6-51)、式(6-52)分别是求不同精度双观测差数的单位权中误差、观测值中误差、算术平均值中误差的公式。

◎ **思考与练习题**

1. 试述测量误差产生的主要原因。
2. 试述测量误差的种类。
3. 试述测量误差的特性。
4. 练习例 6-4、例 6-5、例 6-6、例 6-7、例 6-8 例题。

第7章 房地产调查

§7.1 房地产调查概述

房地产调查作为房屋和房屋用地有关信息采集的重要手段，是房地产测量的主要任务之一。房地产调查是根据房地产测量的目的和任务，结合房地产行政管理和权属管理的需要，对房屋和房屋用地的位置、权属、权界、数量、质量及利用状况等基本情况及地理名称和行政境界进行调查。

房地产调查是房地产测量的先行性工作，其他工作是在房地产调查的基础上展开的。

7.1.1 房地产调查的目的和内容

房地产调查的目的是在获取房地产各要素资料的基础上，通过确权审查、实物定质定量，认定房地产权界及其归属，最终充实完善房地产测绘的各种资料，为房地产管理提供可靠并能直接服务的基础资料，并为房地产测量作好准备。因此房地产调查的内容包括：

①房地产坐落调查；

②房屋用地权界即丘界的调查；

③房地产权属状况调查；

④房产权界状况调查；

⑤房屋状况调查；

⑥地理名称和行政境界调查。

7.1.2 房地产调查在房地产测量各阶段中的作用

房地产调查是房地产测绘的重要环节，它贯穿于整个房地产测绘过程的始终。在分幅平面图测绘阶段，通过房地产调查获得各用地单元的范围、坐落及相互关系，并按房地产管理要求对各用地单元编"丘号"。在分丘图测绘阶段，房地产调查是为了确定各用地单元的权属、权界线，对界址点进行等级划分和编号，了解丘内房屋的情况并编立"栋号"。在房屋分栋测绘过程中，房地产调查着重于栋的划分、房屋产权来源、产别、结构、层数、建成年份等房屋基本情况展开，并确定房屋中各部分功能及结构，为合理测算房屋面积作好准备。在多元产权房屋分户测丈阶段，通过房地产调查，确定各分户专有面积范围和公用面积范围，并搜集共有面积的分摊协议或文件。有些房屋在房地产开发建设过程中，通过产权置换开发商已与回迁户签订了回迁合同，要通过向房地产开发商调查，了解备案、自留、回迁房屋的数量、范围和权界等。同时要调查清楚小区中不能被分摊的公用

219

建筑面积部位和权属界线等，并特别加以说明和注记。

7.1.3 房地产调查的方法

房地产调查是一项极其细致而又严肃的工作。房地产调查资料是房地产测绘成果的重要内容，而房地产测绘成果经过确权、登记、发证后便具有法律效力。调查人员应熟练掌握房地产法规、政策、办法以及了解调查的程序，在房地产调查工作中广泛收集包括测绘、土地划拨、房屋批建、房地产等级评估、标准地名及房地产产权产籍等有关资料。

调查分初始测量的调查和变更测量的调查两种。

初始测量的调查资料来源有二：其一是房地产开发商提供的各种房地产基本资料和变更资料以及各栋楼的备案、自留、回迁部位及其数量等资料。其二是请房地产登记主管部门协助调查楼盘的街路号、丘号、栋号房产测量号信息。

变更测量的调查采用"先阅后查"的办法进行。

所谓先阅，即是在实施房地产调查前，就对房地产权属单元的有关权属文件，结合产籍档案资料对照审阅，明确其权属是否合法属实。如资料不全，应及时通知权利人补充有关权属证明文件。否则，如果在毫无准备的情况下，贸然直赴现场调查，往往会因过多权属纠纷或无从下手而影响调查工作的顺利开展和造成大量后续工作"尾巴"，同时也可能因权属调查时的偏听而给调查成果质量留下难以预料的隐患。

所谓后查，即房地产调查在广泛审阅产权产籍资料后再现场进行调查。现场调查的基本原则，一是不允许将产权产籍资料原件带至现场，以防散失；二是调查者通常必须携带工作用图、房屋产权产籍资料复印件、房屋及房屋用地调查表、审阅记录、其他房地产调查用具等到现场；三是调查者应会同房地产各方权利人代表共同到现场指界认定，如果其中一方因故而不能到场，必要时应按法律程序完善委托代理手续；四是必须现场如实记录各权属单元房地产调查情况，并经各方代表签字画押。一经签字即具有法律效力。

7.1.4 房产测量号及其作用

房屋用地的调查与测绘以丘为单元进行。房屋的调查与测绘以栋为单元分户进行。

房屋是一栋栋实实在在的空间实体。为了对房屋这一实体的空间信息和属性信息进行全面描述和有效管理，在房地产管理中引入了街路号(房产区和房产分区)、丘、栋、层、户及不动产权号等概念。任意一个产权单元都需要由街路号、丘、栋、层、户定义和管理并以此来查询。这五者之间存在着包含关系，如图7-1所示。

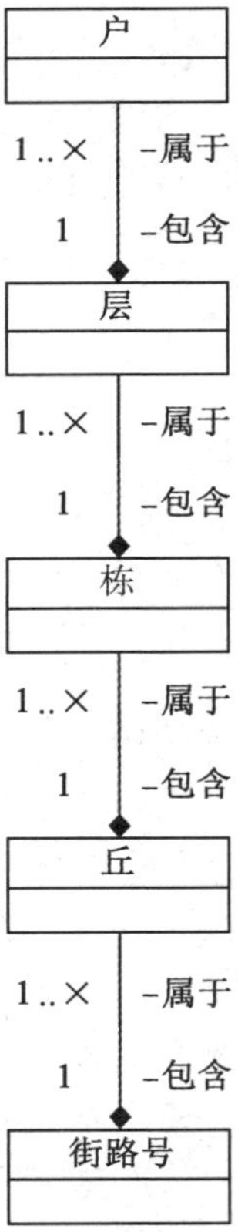

房产区是以市行政建制区的街道办事处或镇(乡)的行政辖

图 7-1 房屋测量号间的关系

区，或房地产管理部门划分的区域为基础划定，根据实际情况和需要，可以街坊或主要街道围成的方块为基础将房产区再划分为若干房产分区。房产区码和房产分区码由当地人民政府和房地产管理部门统一编立。

街路号是房产区和房产分区的简称，房产区和房产分区均以两位自然数字从 01 至 99 依序编列；当未划分房产分区时，相应的房产分区编号用"01"表示。街路号由房产区和房产分区 4 位数组成。

丘相当于土地管理中"宗"的概念。丘作为空间实体，在房产图中表现为一封闭的多边形。每一丘对应着一幅分丘图。丘号是丘的关键标识信息，在同一房产管理的区域内，丘号应具有唯一性，丘的编号以房产分区为编号区，采用 4 位自然数字从 0001 至 9999 编列。同时，丘还具有用地面积、用地坐落、用地等级、使用人、用地单位所有权性质、权源、四至等属性信息。

栋作为空间实体，在房产图中表现为一封闭的多边形。栋号是栋的关键标识信息，在同一丘内，栋号的编制应具有唯一性。除了栋号外，栋还具有房屋坐落、房屋结构、地上总层数、地下总层数、总建筑面积等属性信息。

层的名称是层的主要属性，在同一栋内，层号应具有唯一性。每一层都对应着一个分层分户图形信息。一个丘内至少要包括一个以上的栋，一栋至少包含一层，一层中至少包含了一户。

户是房产管理的最小产权单位，是房产管理最基本的"原子"，产权关系是以户来体现的。在房产管理的栋、层、户三者中，户的信息最重要，也最丰富。户作为一空间实体，在房产图中表现为一封闭的多边形，即分户平面图。不动产权号、房号、所在层次、房屋用途、产权性质、产别、建筑面积、套内建筑面积是户的主要属性。

街路号、丘、栋、层、户是房产现实空间的空间实体，在地图空间中它们对应着相应的房产图形数据。街路号的信息是通过房产分幅平面图来表示的，丘和栋的信息是通过房产分丘平面图来表示的，层和户的信息是通过房产分层平面图和房产分户平面图来表示的，这四类图件是房产管理中最基本的图形数据。它们的关系如图 7-2 所示。

不动产权号是不动产权证的唯一标识号，由于之前房屋管理实施的是属地管理原则，它由街路号+丘号+栋号+层号+户号共同构成，全国房屋系统联网以后，不动产权号应由市代码+市辖区(县)代码+街路号+丘号+栋号+层号+户号共同构成。通过唯一标识号——不动产权号，可以直接定位到某一户，查询其各种信息，包括产权人信息和产权证信息。

街路号、丘号、栋号、层号、户号及不动产权号统称为房产测量号。房产测量号具有下列特征：

①系统性。房产测量号的编立从宏观到微观循序渐进。丘的编号以房产分区为编号区，栋号的编立以丘号为基础，层号的编立以栋号为基础，户号的编立以层号为基础，环环相扣。

②整体性。缺一不可。

③唯一性。绝对不能出现重复现象。若出现重复现象，必然存在错误。

④相对不变性。权利主体发生变化，房产测量号不变。房屋现状发生变化，房产测量

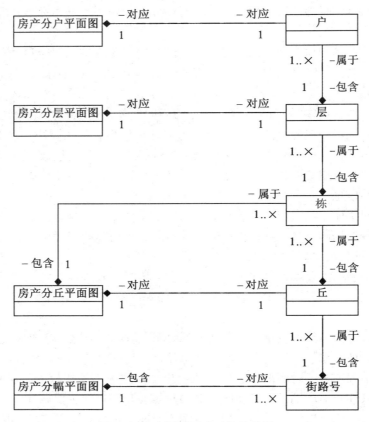

图 7-2　房产图形要素对象关系图

号不变。房屋灭失，办理注销登记后，原房产测量号仍然保留。

§7.2　房屋用地调查

　　房屋用地调查以丘为单位进行，调查内容包括：用地坐落、用地人、用地单位所有权性质、土地性质、用地等级、权源、用地分类、用地面积、界标和用地纠纷等基本情况。房屋用地调查簿应采用专门的"房屋用地调查表"，并绘制用地范围略图。房屋用地调查见表 7-1。

7.2.1　房屋用地单元的划分与编号

　　1. 丘的定义与划分
　　丘是指地表上一块有界空间的地块。一个地块只属于一个产权单元时称独立丘，一个地块属于几个产权单元时称组合丘。权属界限的表示，要绘制分丘图。

表7-1   **房屋用地调查表**

市区名称或代码号＿＿＿＿＿＿ 房产区号＿＿＿＿＿ 房产分区号＿＿＿＿＿ 丘号＿＿＿＿ 序号＿＿＿＿

坐落		区(县) 街道(镇) 胡同(街巷)号					电话				邮政编码	
产权性质		产权主		土地等级				税费				
使用人		住址						所有制性质				
用地来源								用地用途分类				附加说明
用地状况	四至	东	南	西	北	界标	东	南	西	北		
	面积 m²	合计用地面积		房屋占地面积		院落面积		分摊面积				
用地略图					—							

调查者：   年   月   日

有固定界标的按固定界标划分，没有固定界标的按自然界线划分。一般以一个单位、一个门牌号或一处坐落划分为独立丘，当用地单元混杂或用地单元面积过小时划分为组合丘。

2. 丘号的编立方法

丘号，是按照分丘原则划分房屋用地单元地块的编号，它是房地产测量与产权产籍管理中的重要编码，也是房地产档案管理中的重要索引。建立科学的编号方法，实行统一编号，为资料收集、整理，建立房地产管理信息系统做必要的准备。

每一丘均应编号，且组合丘除编丘号外，各房屋用地单元还应分别编立丘支号。

(1)已进行房产区划分的丘编号

丘的编号按市、市区、房产区、房产分区、丘五级进行丘号的编立。

丘号编立格式如下：

市代码+市辖区(县)代码+房产区代码十房产分区代码+丘号

(2位)   (2位)   (2位)   (2位)   (4位)

市码、市辖区(县)代码采用《中华人民共和国行政区划代码》(GB/T2260)规定的代码。

丘号编立顺序，以房产分区为单位，从北到南、从西向东呈反"S"形编列。在变更测量或修补测量中，新增的丘号接原编号顺序连续编立。

(2)没有进行房产区划分的丘编号

223

没有房产分区的区域，丘号以图幅为单位，从左至右，从上到下，用自然数字 0001、0002……顺序按反"S"形编号。当丘跨越图幅时，按主门牌号所在的图幅编立丘号，其相邻图幅不另编丘号，以主门牌所在的图幅的编号加括号表示。无房地产分幅图的区域，丘号可暂不编列，以权属单元名称和坐落代替。待分幅图补测完成后，再统一编号。

3. 丘支号的编立

在组合丘内，各丘支号的编立按面向主丘大门从左到右，从外到内呈倒"S"形顺序编立。丘支号的表示方法为：丘号在前，支号字级小一号，前加短线如"48-6"。丘号、丘支号在使用时，必须同房产分区及以上的编码或分幅图图号一起使用。否则，丘号、丘支号是没有意义的。

在任何情况下，丘的编号在编号单元中皆应具有唯一性；丘的编号一经确定，就不得更改。只有当丘范围发生变更时，才能对变化丘的丘号进行调整。

7.2.2　房屋用地坐落的调查

房屋用地坐落是由地名办统一命名的行政区划名称、自然街道名称和门牌号组成。

调查中，当房屋用地实地位于在较小里弄、胡同、小巷时，坐落前要加注主要自然街道名称；房屋用地临两个以上的街道或有两个以上的门牌号时，均应分别注明，并按其主次顺序注明；当房屋用地暂缺街道门牌号时，可以与毗邻或临近房屋用地坐落的相对位置加以说明，也可以房屋用地中主要标志性建筑物名称代替；组合丘内，应根据各权属单元实际用地的位置加以说明，实际地名改变时，应在老名称前加注一"老"字，新名称前加注一"新"字。

7.2.3　房屋用地情况的调查

1. 产权性质

《中华人民共和国土地管理法》(以下简称《土地管理法》)规定，城市市区的土地属国家所有。农村和城市郊区的土地，除由法律规定属于国家所有以外，属于集体所有。土地的所有制性质不受土地使用权人性质和土地上附着物产权性质的限制。即土地的所有制性质只有国家所有(简注"国有")和集体所有(简注"集体")两种情况。

2. 产权主

产权主是指房屋用地的产权主的姓名或单位名称。

3. 使用人

使用人是指房屋用地使用权人的名称或姓名。用地人的所有制性质按房屋所有人所有制性质填写，分为国有、集体、个人。

4. 土地等级

城镇土地等级是根据市政建设情况、经济繁荣程度、商业发展程度、共有事业及交通状况、城市发展规划、工程地质条件及自然生态环境等条件综合评估而划分的等级，是制定城市土地使用费标准的参考依据。

5. 税费

用地人每年向土地管理部门或税务部门缴纳的费用。其标准可以根据国家的规定或是当地有关部门规定的标准缴纳,以年度缴纳金额为准。

6. 权源

权源即房屋用地使用权的来源。权源调查主要是调查房屋用地使用权的单位和个人取得其使用权的时间、方式及数量。时间以获得土地使用权正式文件的日期为准。取得土地使用权的方式有征收、划拨、出让和转让等。数量以文件中规定范围内的面积为准。

7. 用地的分类调查

城镇房屋用地的类别按表7-2所示分类。一块用地内的房屋类别不完全相同时,以其主要的或多数的类别为准。一般来说,一块用地应分为一类,特殊情况下,可按用地内各栋房屋用地的实际情况分别划分类别。

表 7-2   房屋用地用途分类

一级分类		二级分类		含 义
编号	名称	编号	名称	
10	商业、金融业用地			指商业服务业、旅游业、金融保险业等用地
		11	商业服务业	指各种商店、公司、修理服务部、生产资料供应站、饭店、旅社、对外经营的食堂、文印誊写社、报刊门市部、蔬菜销售转运站等用地
		12	旅游业	指主要为旅游业服务的宾馆、饭店、大厦、游乐园、俱乐部、旅行社、旅游商店、免税商店等用地
		13	金融保险业	指银行、储蓄所、信用社、信托公司、证券交易所、保险公司等用地
20	工业、仓储用地			指工业、仓储用地
		21	工业	指独立设置的工厂、车间、手工业作坊、建筑安装的生产场地、排渣(灰)场等用地
		22	仓储	指国家、省(自治区、直辖市)及地方的储备、中转、外贸、供应等各种仓库、油库、材料堆积场及其附属设备等用地
30	市政用地			指市政公用设施、绿化等用地
		31	市政公用设施	指自来水厂、泵站、污水处理厂、变电(所)站、煤气站、供热中心、环卫所、公共厕所、火葬场、消防队、邮电局(所)及各种管线工程专用地段等用地
		32	绿化	指公园、动植物园、陵园、风景名胜、防护林、水源保护林以及其他公共绿地等用地

续表

一级分类		二级分类		含　义
编号	名称	编号	名称	
40	公共建筑用地			指文化、体育、娱乐、机关、宣传、科研、设计、教育、医卫
		41	文、体、娱	指文化馆、博物馆、图书馆、展览馆、纪念馆、体育场馆、俱乐部、影剧院、游乐场、文艺体育团体等用地
		42	机关、宣传	指党政事业机关及工、青、妇等群众组织驻地,广播电台、电视台、出版社、报社、杂志社等用地
		43	科研、设计	指科研、设计机构用地,如研究院(所)、设计院及其实验室、试验场等用地
		44	教育	指大专院校、中等专业学校、职业学校、干校、党校、中小学校、幼儿园、托儿所、业余进修院(校)
		45	医卫	指医院、门诊部、保健院(站、所)、疗养院(所)、救护站、血站、卫生院、防治所、检疫站、防疫站、医学化验、药品检验等用地
50	住宅用地			指供居住的各类房屋用地
60	交通用地			指铁路、民用机场、港口码头及其他交通等用地
		61	铁路	指铁路线路及场站、地铁出入口等用地
		62	民用机场	指民用机场及其附属设施等用地
		63	港口码头	指供客、货运船停靠的场所用地
		64	其他交通	指车场(站)、广场、公路、街、巷、小区内的道路等用地
70	特殊用地			指军事设施、涉外、宗教、监狱等用地
		71	军事设施	指军事设施用地,包括部队机关、营房、军用工厂、仓库和其他军事设施等用地
		72	涉外	指国外使馆、驻华办事处等用地
		73	宗教	指专门从事宗教活动的庙宇、教堂等宗教用地
		74	监狱	指监狱用地,包括监狱、看守所、劳改(所)场等用地
80	水域用地			指河流、湖泊、水库、坑塘、沟渠、防洪提坝等用地

一级分类		二级分类		含　义
编号	名称	编号	名称	
90	农用地			指水田、菜地、旱地、园地等用地
		91	水田	指筑有田埂(坎)、可以蓄水用于种植水稻等水生作物的耕地
		92	菜地	指以种植蔬菜为主的耕地。包括温室、塑料大棚等用地
		93	旱地	指水田菜地以外的耕地,包括水浇地和一般旱地
		94	园地	指种植以采集果、叶、根、茎等为主的集约经营的多年生木本和草本作物,覆盖度大于50%或每亩株数大于合理株数70%的土地,包括果树苗圃等用地
100	其他用地			指各种未利用土地、空闲地等其他用地

8. 用地面积调查

调查房屋用地面积时应根据用地单位合法取得土地使用权的文件或已进行过房屋用地登记的产权产籍档案资料进行调查。

7.2.4　房屋用地权属界线的调查

1. 房屋用地界址线的调查

房屋用地界址线是指用地单位合法使用土地范围的边界线,它是一闭合的曲折线。房地产调查中对房屋用地界址线调查时,如已进行确权登记的,以相关产权产籍资料为准。如未进行确权的,调查人员必须根据档案资料结合实地情况,会同用地权利人和所涉及相邻关系的权利人现场共同指界确定,这也是确认用地使用权属的工作程序。对于档案资料和双方皆无法确定或存在争议的界址线,调查人员应如实详细做好记录,报请相关主管部门进一步落实解决。

2. 界标

界标指房屋用地范围权属界址线界址标志。界标有"硬界"和"软界"之分。硬界,是有明显和固定的线状地物作为界线,包括房屋的墙沿、围墙、栅栏、铁丝网以及固定的坎、坡等。软界,是没有明显的地物作界线。

线性地物也有一定的面积(如围墙),调查界址线时,一定要确定界址线与硬界界标的位置关系,围墙有自有墙、共有墙、借墙三种,如图7-3所示围墙。

3. 用地的四至关系

房屋用地四邻地块情况为房屋用地的四至。房屋用地的四至一般按东、南、西、北概略方位分别调查。与之相邻的是房屋用地时,调查其权利人名称及其主要情况。与之相邻的是自然街道、沟、渠等一类线性地物或者空地植被时,则应填记自然街道或地形、植被名称。

7.2.5　界址点的标定

1. 界址点的定义及作用

界址点是权属界址线上的特征点,由此可知,房屋及其用地的范围、位置是由界址点

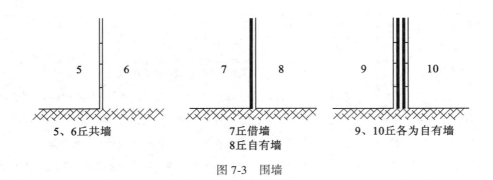

图 7-3　围墙

来确定的,同时,通过界址点坐标,可以获得房地产数量,通过界址点的等级,可以了解房地产的质量,因此,界址点及其成果是房地产测量信息中一个重要的组成部分。

2. 界址点等级的划分及选用

《房产测量规范》中规定,界址点分为三级:

①一级界址点相对于邻近基本控制点的点位中误差不超过±0.02m。

②二级界址点相对于邻近基本控制点的点位中误差不超过±0.05m。

③三级界址点相对于邻近基本控制点的点位中误差不超过±0.10m。

此外,采用比三级界址点精度更低的界址点,可视为等外界址点,等外界址点不能作为实测房地产面积的资料。在进行城市房地产基础测绘时界址点等级的选用,应根据房屋用地的等级在测绘技术设计书中作出明确的规定。在项目测绘中,也可由房地产主管部门或用户根据实际需要协商决定。

通常情况下,对城镇地区的繁华地段,选用一级界址点或二级界址点,其他一般性地区选用三级界址点。

一个房屋用地地块内的界址点原则上应选用一个等级,但由于测量的野外条件有时从技术上限制了界址上点的施测,因此允许存在一个地块内选用两个等级的界址点。

3. 界址点的编号

界址点的编号以丘号为编立单元进行统一编号。在同一编号单元内,则按从北到南,从西到东逐丘顺序编号,同一丘内的界址点则按顺时针顺序编号,各界址点编号前冠字母"J"注记。当以图幅为单元编号时,对于跨图幅丘的界址点的编号,仍按主要界址点所在的图幅编号。

4. 界址点成果表

界址点外业测量结束后通过内业平差计算得出各界址点坐标成果。对界址点一般应以编号单元为单位编制成果表,详见表 7-3。

表中标志类型据实填写"混凝土、石灰、钢筋、钢混、喷涂"等,间距为同一权界线上相邻界址点之间的距离。点位说明主要是指对界标进行说明,有时也可说明界址点与相对地物的相对关系。

在计算房屋用地面积时,界址点成果表也可按丘进行统计。

表 7-3   **界址点坐标成果表**

丘号	界址点编号	标志类型	等级	坐标		间距	点位说明
				X	Y		

测绘单位	填表者	检查者	填表日期　　年　　月

§7.3 房 屋 调 查

房屋是人们直接或辅助生产、生活、办公与学习的场所。它应具备门、窗、顶盖及围护设施。房地产测绘及管理的主要对象即是房屋及其用地，因此对房屋各要素的调查是房地产调查的重要内容。房屋调查应在房屋调查表的配合下进行，并同时绘制出房屋调查略图，房屋调查表见表 7-4。

房屋调查内容包括房屋坐落、产权人、栋号、他项权号、不动产权号、产别、结构、所在层次、层数、建成年份、房屋用途、墙体归属、权源、产权纠纷和他项权利等基本情况，以及绘制房屋权界线示意图。

表 7-4   **房屋调查表**
市区名称或代码号_____　　房产区号_____　　房产分区号_____　　丘号_____　　序号_____

坐落	区(县)	街道(镇)	胡同(街巷)	号	电话		邮政编码			
产权主			住址							
用途				产别			电话			

房屋状况	栋号	他项权号	户号	总层数	所在层次	建筑结构	建成年份	占地面积 m²	使用面积 m²	建筑面积 m²	墙体归属				产权来源
											东	南	西	北	

房屋权界线示意图												附加说明
												调查意见

调查者：　　　年　　月　　日

在他人用地范围内建造的房屋，应加编房地产他项权号。他项权号是在栋号后用标识符号 A 表示，如（1）A。多户共有房屋，在栋号后加编共有权号，共有权号用标识符 B 表示。

7.3.1　房屋单元的划分与编号

1. 栋

（1）栋的定义

栋是指一座独立的，包括不同结构和不同层次的房屋。

（2）栋的编号

栋号以丘为单位，自进大门起，从左到右，从前到后，用数字 1，2，…顺序按倒"S"形编号。栋号注在房屋轮廓线的左下角，并加括号表示。

（3）栋的划分

房屋建筑面积的分摊计算以栋为单位进行，本着产权明晰、使用方便的原则，在分摊计算时，对栋做如下的界定：

原则上，栋以规划部门批准的栋数为依据进行划分（规划许可证及规划总平面图）。规划部门没有明确规定的，按以下方式进行划分：

①独立建筑的房屋为一栋。

②以通廊相连的房屋，各为一栋。

③一栋由多座塔楼和裙楼组成的建筑，当各座塔楼及其相应裙楼之间有两边不相通的伸缩缝或隔墙作为明显界线，且各部分之间无共用的设备间、配电室、值班室、大堂、过道等共有建筑面积的，计算时，可以把不相通的各座塔楼及其相应裙楼作为独立的一"栋"，共有面积分摊在该"栋"范围内独立进行。

④本身为独立的楼房，为了利用楼房间的间隙地，底层（或多层）以不相通裙楼的形式连成一片的房屋，其独立的楼房和裙楼分别分栋。

⑤地面上为多栋的独立楼房，地下以地下室形式连成一片的房屋，地面上按独立的楼房各分为一栋，地下室以独立使用的房屋单独计算。

⑥由出地面的计容积率的半地下室相连通的建筑亦视为一栋。

2. 层

房屋的总层数指房屋的自然层数和地下层数的总和，房屋的假层、附层（夹层）、插层、阁楼、装饰性塔楼，以及突出层的楼梯间、水箱间、电梯机房等不计层数。

①房屋的自然层数按室内地平线以上计算，每一自然层各划分为一层，其编号从室内地平线开始向上按 1、2、3、…编号。

②房屋室内地平线以下的为地下室，其编号从室内地平线开始向下按 -1、-2、-3、…编号。

③采光窗在地平线上，地板在地平线以下的半地下室，按自然层的第一层编号计算。

④层高在 2.20m 及以上的架空层计入房屋自然层。

⑤跃层住宅是套内空间跨跃两楼层及以上的住宅。顶层为跃式住宅时，最上跃层部分不计层数，其他计自然层。

⑥夹层、插层、阁楼等不编层数号，不计入房屋的总层数。

⑦错层房屋其层数按自然层来划分。

⑧突出屋面的楼梯间、水箱间，以及房屋的阁楼(暗楼)等，不编层数号，不计入房屋的总层数。

3. 户

(1)户

户是指房屋各权属单元的权界线所围成的范围。

①成套住宅，一般以一套分为一户。复式结构或跃层结构房屋视为一户。

②独立使用和出售的商业用房、库房按其权界线分户。

③独立使用的地下室按其权界线分户。

④不被分摊的公共部分应视为一户。

⑤权利人房屋产权范围为某一区域(如：一个单元、一个楼层等)，可按一个区域分为一户。

⑥一栋房屋为同一产权人的，一栋房屋可分为一户。

⑦无分隔墙体的商铺、车位等，当有明确的界址线，且界址点埋设有界桩、施工图纸上界线清楚的可按其界址线分户。

(2)分户房屋权界线的确定

①分户房屋权界线应以产权来源为依据。有合法协议约定的，以协议为准确定。

②成套房屋的分户权界线取其分户隔墙和外墙的中线。

③商业铺位、车位等分户权界线取分隔墙中线，无分隔墙时取界址点点间连线，门面临街部位取其分隔物的中线。

④整层为一户时，分户权界线为该层外墙中线。

⑤整单元为一户时，分户权界线为单元间共墙的中线和外墙中线。

⑥一栋为一户时，以各层外墙边线为界线。

(3)分户编号

①成套住宅按单元号、层次、户号编号。

单元号编立时，面向门洞方向将各门洞从左至右依次编为一单元、二单元、…、N单元。层次编号按层的划分编立。户号编立时，在各单元各层内，按从左至右方向依次编立，如二单元(301)、(302)、(401)、(402)等。

②车位、商业铺位按层次、户号编立。

层次编号同①。车位、商业铺位编号时，应面向依街道门牌号方向呈反"S"先分块，再对分户顺序编号。

③按区域分户的户号按栋编立，编立时，从下层至上层对各户顺序编号，当一户用房跨层时，本户各层房屋编同一户号。

7.3.2 房屋坐落的调查

按地名办编制的地名、门牌号调记。同一处房屋坐落有新旧门牌号的，应全部注明；同一栋房屋有两个以上街道门牌号的，应全部注明；房屋坐落没有门牌号的，借用毗连房屋门牌号并加注东、西、南、北方位，也可用小区名称(或地名)第几栋来表示。

对于多元产权房屋中的各权属单元，还应分别按其实际占有的建筑部位，调查单元号、层次、户号。

7.3.3　房屋产权人、产权性质、权源的调查

1. *房屋产权人的调查*

房屋产权人是指依法享有房屋所有权和该房屋占用范围内的土地使用权、房地产他项权利的法人、其他组织和自然人。

调查房屋产权人，一般应与有关房地产产籍资料所记载的依法建设或取得房屋所有权的法人、其他组织或自然人，名称或姓名保持一致，法人和其他组织名称按其法定名称完整注记，不得简化注记，自然人用身份证件上姓名注记。

私人所有房屋，有产权证的按产权证上产权人姓名记录。产权人已死亡的，应注明代理人的姓名；产权是共有的，应注明全体共有人姓名；房屋是典当的，应注明典当人姓名及典当情况；产权人已死亡又无代理人，产权归属不清或无主房地产，以"已亡"、"不清"、"无主"注记。没有产权证的私有房屋，其产权人应为依法建房或取得房屋的户主的户籍姓名，并应调查未办理产权的原因。

单位所有的房屋，应注明具有法人资格的所有权单位的全称，不具备法人资格的单位不能作为房屋的所有权人。主管部门作为所有权人，但房地产为其下属单位实际使用，除注记主管部门全称外，还应注明实际使用房地产的单位全称。

两个以上单位共有的房屋，所有权人应注明全体共有单位名称。

房地产管理部门直接管理的房屋，包括公产、代管产、托管产和拨用产，产权人均应注明市(县)政府房地产管理机关的全称。其中，代管产还应注明代管及原产权人姓名；托管产还应注明托管及委托人的姓名或单位名称；拨用产还应注明拨借单位名称。

2. *产权性质*

土地的产权性质有国有、集体两种，房屋的性质有国有、集体和个人三种。

3. *产权来源*

产权来源是指房屋产权人取得房屋所有权的时间和方式。房屋有两种以上产权来源并存时应分别注明，并分别注明其各权源形式的房产分额。房屋所有权取得的方式，国家标准《房产测量规范》规定有买受、分家析产、受赠、交换、继承、自建、翻建、收购、调拨、价拨、拨用以及房改售房等。时间指房屋所有权人取得该栋房屋所有权的有关文件上规定的日期。

7.3.4　产别、结构、层数、年份等房屋要素调查

1. *房屋产别*

房屋产别是指根据产权占有不同而划分的类别。产别分类见表 7-5。

2. *建筑结构*

房屋的建筑结构是指根据房屋的梁、柱、墙等主要承重构件的建筑材料划分的类别。确定房屋的建筑结构及其分类，基本目的是区别和反映房屋建筑的质量等级，按照其承重

体系所采用的建筑材料而划分建筑结构的类别。房屋建筑结构分类见表7-6。

表 7-5   **房屋产别分类标准**

一级分类		二级分类		内　容
编号	名称	编号	名称	
10	国有房产			指归国家所有的房产。包括由政府接管、国家经租、收购、新建以及国有单位用自筹资金建设或购买的房产
		11	直管产	指由政府接管、国家经租、收购、新建、扩建的房产(房屋所有权已正式划拨给单位的除外),大多数由政府房地产管理部门直接管理、出租、维修,少部分免租拨借给单位使用
		12	自管产	指国家划拨给全民所有制单位所有以及全民所有制单位自筹资金建设或购买的房产
		13	军产	指中国人民解放军部队所有的房产,包括由国家划拨的房产、利用军费开支或军队自筹资金建设或购买的房产
20	集体所有房产			指城市集体所有制单位所有的房产,即集体所有制单位投资建设、购买的房产
30	私有房产			指私人所有的房产,包括中国公民、海外华侨、在华外国侨民、外国人所投资建造、购买的房产,以及中国公民投资的私营企业(私营独资企业、私营合伙企业和私营有限公司)所投资建造、购买的房产
		31	部分产权	指按照房改政策,职工个人以标准价购买的住房,拥有部分产权
40	联营企业房产			指不同所有制性质的单位之间共同组成新的法人型经济实体所投资建造、购买的房产
50	股份制企业房产			指股份制企业所投资建造或购买的房产
60	港、澳、台投资房产			指港、澳、台地区投资者以合资、合作或独资在祖国大陆举办的企业所投资建造或购买的房产
70	涉外房产			指中外合资经营企业、中外合作经营企业和外资企业,外国政府、社会团体、国际性机构所投资建造或购买的房产
80	其他房			指凡不属于以上各类别的房屋,都归于这一类。包括因所有权人不明,由政府房地产管理部门、全民所有制单位、军队代为管理的房屋以及宗教、寺庙等房屋

表7-6   房屋建筑结构分类表

类型		内　容
编号	名称	
1	钢结构	承重的主要构件是用钢材料建造的，包括悬索结构
2	钢-钢筋混凝土结构	承重的主要构件是用钢、钢筋混凝土建造的，如一栋房屋一部分梁柱用钢、一部分梁柱采用钢筋混凝土构架建造
3	钢筋混凝土结构	承重的主要构件是用钢筋混凝土建造的，包括薄壳结构、大模板现浇结构及使用滑模式、升板式等先进施工方法施工的钢筋混凝土结构的建筑物
4	混合结构	承重的主要构件是钢筋混凝土和砖木，如一栋房屋梁是用钢筋混凝土制成，以砖墙为承重墙或者梁是木材制造，柱材料为钢筋混凝土
5	砖木结构	承重的主要构件砖、木材，如砖墙、木柱结构房屋
6	其他结构	凡不属于上述结构的房屋都归此类，如竹结构、窑洞等

　　随着建材工业的更新换代和建筑科学的发展，大量采用新材料、新工艺，设计建造的高层建筑，大型综合楼不断涌现，房屋的结构也从单一趋向多元化。

　　房屋建筑结构调查中，因房屋的粉刷和装饰掩盖了房屋的结构，使其很难直观分辨，因此要仔细勘查确认，必要时还应参考结构设计资料，切忌凭直觉判定。一栋房屋有两种以上建筑结构的，应分别注明。

　　3. 房屋层数

　　房屋层数是指房屋自然层次的总层数。

　　计算房屋层数，一般从房屋室外地坪以上的楼层起算，对于按自然地形起伏变化竖向设计建造的房屋，从首层室外地坪以上起算，如图7-4所示。

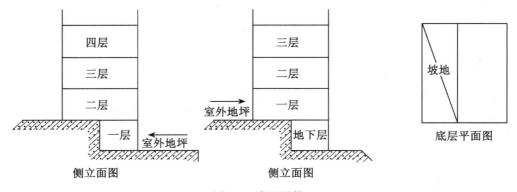

图7-4　房屋层数

　　调查房屋层数应注意以下几个问题：

　　①采光墙在室外地坪以上的半地下室，其室内高度在2.2m(含2.2m)以上的应计自然

层数，为+1层；

②地下室、假层、附层（夹层）、不足2.2m高的技术层、阁楼（暗楼）、装饰性塔楼，以及突出屋面的楼梯间、水箱间等均不计层；

③利用屋面搭盖的与正屋不同结构的房屋不计层；

④房屋建筑无论是现实还是历史的，各地建筑风格不同，形式多样且差异甚大，因此调查房屋层数，不应在室外凭直观获得调查结果，而应到房屋内部勘查。在房屋调查统计汇总时，根据房屋的总层数，对房屋层数分类见表7-7。

表 7-7 房屋按层分类表

房屋	单层	多层	小高层	高层	超高层
房屋	一层	2~6层	7~11层	12~29层	30层以上

层次是本权属单元的房屋在该栋楼房中的第几层。地下层次用负数表示。层次与层数是两个不同的概念。层次是一序号，层数是描述房屋层次多少的一个量，如图7-5所示。多元产权房屋中，层次与户号一起组成该房产权属单元的具体坐落。

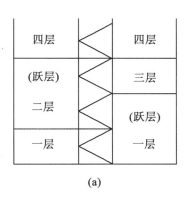 

图 7-5 层数计算

4. 建成年份

房屋建成年份是指实际竣工年份。拆除翻建的，应以翻建竣工年份为准。调查房屋建成年份，不应用建成年代或时期取代。只有当较古老的房屋建筑调查其具体年份确有困难时，方可按建成年代或建成时期或地方上的习惯方法调查填表，但这种情况应是少数。

建成年份仅用数字填表即可。此外，拆除原房后在原基础上翻修重建的房屋，以翻修竣工的年份为准，一栋房屋有两个以上的建成年份，应分别注明。

7.3.5 房屋用途

房屋用途是指房屋的实际用途，见表7-8。一栋房屋有两种以上用途的，应分别调查注明。房屋设计用途是指经规划部门批准的房屋用途。

表 7-8　　　　　　　　　　　　　　　房屋用途分类标准

一级分类		二级分类		内　容
编号	名称	编号	名称	
10	住　宅	11	成套住宅	是指有若干卧室、厨房、卫生间、室内走道或客厅等组成的供一户使用的房屋
		12	非成套住宅	是指人们生活起居的但不成套的房屋
		13	集体宿舍	机关、学校、企事业单位的单身职工、学生居住的房屋。集体宿舍是住宅的一部分
20	工业交通仓储	21	工业	独立设置的各类工厂、车间、手工作坊等从事生产活动的房屋
		22	公用设施	自来水、泵站、污水处理、变电、煤气、供热、垃圾处理、环卫、公厕、殡葬、消防等市政公用设施的房屋
		23	铁路	铁路系统从事铁路运输的房屋
		24	民航	民航系统从事民航运输的房屋
		25	航运	航运系统从事水路运输的房屋
		26	公交运输	公路运输公共交通系统从事客、货运输，装卸，搬运的房屋
		27	仓储	用于储备、中转、外贸、供应等的各种仓库、油库用房
30	商业金融信息	31	商业服务	各类商店、门市部、饮食店、粮油店、菜场、理发店、照相馆、浴室、旅社、招待所等从事商业和为居民生活服务活动的房屋
		32	经营	各种开发、装饰、中介公司从事经营业务活动所用的房屋
		33	旅游	宾馆、饭店、大厦、游乐园、俱乐部、旅行社等主要从事旅游服务活动的房屋
		34	金融保险	银行、储蓄所、信用社、信托公司、证券公司、保险公司等从事金融活动的房屋
		35	电信信息	各种邮电、电信部门、信息产业部门，从事电信与信息工作所用的房屋

续表

一级分类		二级分类		内　　容
编号	名称	编号	名称	
40	教育医疗卫生科研	41	教育	大专院校、中等专业学校、中学、小学、幼儿园、托儿所、职业学校、干校、党校、进修院校、工读学校、电视大学等从事教育活动所用的房屋
		42	医疗卫生	各类医院、门诊部、卫生所（站）、防（检）疫站、保健院（所）（站）、疗养院（所）、医学化验、药品检验等医疗卫生机构从事医疗、保健、防疫、检验所用的房屋
		43	科研	各类研究院（所）、设计院（所）等从事自然科学、社会科学等研究、设计、开发所用的房屋
50	文化娱乐体育	51	文化	文化馆、图书馆、展览馆、博物馆、纪念馆等从事文化活动所用的房屋
		52	新闻	广播电台、电视台、出版社、报社、杂志社、通讯社、记者站等从事新闻出版活动所用的房屋
		53	娱乐	影剧院、游乐场、俱乐部、剧团等从事文娱演出活动所用的房屋
		54	园林绿化	公园、动物园、植物园、陵园、苗圃、花圃、花园、风景名胜、防护林等园林绿化所用的房屋
		55	体育	体育场、馆，健身房，游泳池，射击场，跳伞塔等从事体育活动所用的房屋
60	办公	61	办公	党、政机关，群众团体，行政事业单位等行政、事业机关办公房屋
70	军事	71	军事	中国人民解放军军事机关、营房、阵地、基地、机场、码头、工厂、学校等从事军事活动所用的房屋
80	其他	81	涉外	外国使、领馆，驻华办事处等涉外所用的房屋
		82	宗教	寺庙、教堂等从事宗教活动所用的房屋
		83	监狱	监狱、看守所、劳改场（所）等所用的房屋

7.3.6 墙体归属、产权纠纷和他项权利记录

1. 墙体归属的调查

房屋墙体是房屋的主要结构，严格地讲，墙体和其他结构本身是整栋房屋所公共的，这里讲的墙体归属主要是指墙体投影面积的产权归属，其产权归属涉及产权人的权利与权

力范围与关系，调查房屋墙体归属，是定界确权和测绘房地产分丘图、分户图的重要依据。

墙体归属以权属单元为单位调查。墙体的归属根据具体情况可划分为自有墙、共有墙和借墙三种。墙体归属调查时，依据相应的产权产籍资料，由毗邻各权利人共同确定，并及时在权界示意图中加以记录表示。

2. 产权纠纷

如产权产籍资料及权利人双方对某一界墙的归属存在争议，难以确定时，应及时做好协调工作，并在主管部门的指导下尽量对争议部位的权属依法加以明确。

3. 他项权利

他项权利是由抵押人与抵押权人以契约的形式在房屋所有权上设置的其他权利，是担保物权的一种。它项权利是在房产和地产权的基础上产生的，实际上是对所有权的一种限制。种类有典权、抵押权等。典权，俗称"典当"，是房屋产权人将其房地产以商定的典价典给承典人，承典人取得使用房屋的权利。

抵押权，房屋产权人为清偿自身或他人债务，通过事先约定将自己所有的房地产作为担保物，抵押给抵押权人的权力。

当房屋所有权上发生他项权利时，调查时，应根据产权产籍资料记载事实结合实际情况加以记录。

§7.4　行政境界与地理名称的调查

1. 行政境界调查

行政境界调查按下述要求进行：

①调查应符合国务院、国家测绘行政主管部门，以及地方政府及其测绘行政主管部门的有关法规、办法的要求。调查必须以相应的定界文件等资料为依据。

②各级行政境界调查，在参照收集的有关资料的基础上，必须现场核实并反映最新境界现状。

③有争议的行政境界线，应符合有关法规和办法所规定的要求。

④调查对象，一般调查到县、区、镇以上的境界。其他境界可视其需要调查。

⑤相邻的行政区相互渗透、插花时，也应逐一调查核实。

2. 地理名称调查

地理名称是房地产图成图要素之一，也是读图和用图的直接依据。其调查内容包括自然名称、政府行政机构名称(行政名称)和用地使用单位名称调查。

①自然名称调查：是指对居民点、街道、里、巷等地名和山岭、沟谷、江、河流、湖泊等自然名称的调查。

②行政名称调查：是指对各级政府行政机构的名称的调查。其调查不分级别，视同房屋用地实际使用单位名称调查。

③用地使用单位名称调查：是指实际使用房屋用地的工矿、企事业等单位的名称。行政境界与地理名称调查在房地产图上表示和注记应符合《房产测量规范》规定。

◎ 思考与练习题

一、单选题

1. 房产测量号中，(   )是不动产权证的唯一标识号。

   A. 房产区号　　　　B. 丘号　　　　　　C. 栋号　　　　　　D. 不动产权号

2. (   )是房产管理的最小产权单位，是房产管理最基本的"原子"。

   A. 层　　　　　　　B. 丘号　　　　　　C. 栋　　　　　　　D. 户

3. 丘号编立顺序，以房产分区为单位，从北到南、从西向东呈(   )形编列。

   A. 反"S"　　　　　B. 正"S"　　　　　C. 倒"S"　　　　　D. 自然

4. 可以不计入房屋总层数的有(   )。

   A. 自然层　　　　　B. 楼梯间　　　　　C. 夹层　　　　　　D. 地下室

5. 房屋用地的调查和测绘以(   )为单元进行，房屋的调查和测绘以(   )为单元分户
   进行。

   A. 丘、栋　　　　　B. 图幅、栋　　　　C. 栋、层　　　　　D. 图幅、丘

6. 栋号编立顺序，栋号以丘为单位，自进大门起，从左到右，从前到后，用数字1，
   2，……顺序按(   )形编号。

   A. 反"S"　　　　　B. 正"S"　　　　　C. 倒"S"　　　　　D. 自然

7. 栋号应该注记在房屋轮廓线的(   )，并加括号表示。

   A. 中心　　　　　　B. 左下角　　　　　C. 右上角　　　　　D. 右下角

8. 房屋的自然层数是(   )。

   A. 房屋从室内地平线起算向上统计的总层数

   B. 房屋从地下室起算向上统计的总层数

   C. 房屋室外地面起算向上统计的总层数

   D. 房屋地上按自然分层编号的总层数

二、多选题

1. 房产测量号具有(   )特征。

   A. 系统性　　　　　B. 整体性　　　　　C. 唯一性　　　　　D. 相对不变性

2. 权源即房屋用地使用权的来源。取得土地使用权的方式有(   )等。

   A. 征收　　　　　　B. 划拨　　　　　　C. 出让　　　　　　D. 转让　　　　　　E. 征用

3. 调查界址线时，一定要确定界址线与硬界界标的位置关系，围墙作为线性地物也有一
   定的面积，围墙有(   )三种类型。

   A. 自有墙　　　　　B. 共有墙　　　　　C. 借墙　　　　　　D. 山墙

4. 《房产测量规范》中规定，界址点分为三级，一级、二级、三级界址点相对于邻近基本
   控制点的点位中误差不超过(   )。

   A. ±0.01m、±0.05m、±0.10m　　　　　B. ±0.02m、±0.05m、±0.10m

   C. ±0.025m、±0.05m、±0.10m　　　　 D. ±0.02m、±0.10m、±0.20m

三、论述题

   1. 试述房地产调查在房地产测量各阶段中的作用。

2. 试述房地产调查的方法。

3. 试述房产测量号及其作用。

4. 试述丘、栋、层、户的划分与编立方法。

5. 试述不动产权号与房产测量号关系。

6. 试述产别、结构、层数、年份等房屋要素。

第8章 房产图测绘

房产图按房产产权产籍管理的需要，分为房产分幅平面图（以下简称分幅图），房产分丘平面图（以下简称分丘图），房产分层分户平面图（以下简称分层分户图）。其中，房产分幅图可为房地产管理、规划、信息采集等提供基础资料。房产分层分户图供核发房屋所有权证使用。

房产图的测绘，是在房地产控制测量及房地产调查完成后所进行的对房屋和土地使用状况的细部测量，是房地产图测绘的重要内容，其中，测定房屋平面位置，绘制房产分幅图；测定房屋四至归属及丈量房屋边长，计算本栋房屋的总建筑面积，绘制房产分丘图；测定各权属单元产权面积，绘制房产分层分户图。

房产图的测绘是一项政策性、专业性、技术性、现势性很强的测量工作。首先，从政策性来讲，房地产图是核发房地产所有权和使用权证的法律图件，具有特定的行政行为。其次，从专业性来讲，房产图是专门化的房产管理用图，其中，房产图以房产要素为主，反映房屋和房屋用地的有关信息，为产权产籍管理服务。再次，从技术性来讲，房产图的测绘精度要比地形图测绘精度高。最后，从现势性来讲，房产图测绘应随城市的发展变化和房地产权属变化的需求，必须随时做到图与实况一致。

综上所述，房地产图的测绘，需要投入很大的人力、物力、财力，投资大，见效慢，基础测绘部分资金需要地方财政支持或在房地产登记测绘中获取，才能使房地产图的测绘工作步入良性循环，才能为房地产市场搞好服务。

本章着重介绍房地产图测绘的基本知识，基本内容、成图方法原理，及数字化成图方法等。

§8.1 房产图的基本知识

8.1.1 房产图的分类

房产图是房屋产权、产籍、行业管理的重要资料。按房产管理需要，分为房产分幅平面图、房产分丘平面图和房产分层分户平面图。此外，为满足野外施测的需要，通常还绘制房产测量草图。

8.1.2 房产图的作用

房产分幅图、分丘图、分层分户图以及房产测量草图，因图上所反映的内容不同，各有侧重，因此，房产分幅图、分丘图、分层分户图和房产测量草图所起的作用也各不相同。

1. 房产分幅图的作用

房产分幅图是全面反映房屋及其用地的位置和权属等状况的基本图。是测绘分丘图和分层分户图的基础资料，同时，也是房产登记和建立产籍资料的索引和参考资料。房产分幅图以幅绘制。

2. 房产分丘图的作用

房产分丘图是房产分幅图的局部图，是反映本丘内所有房屋及其用地情况、权界位置、界址点、房角点；房屋建筑面积、用地面积、四至关系、房屋要素代码、权利状态等各项房地产要素。也是绘制和核发房产权证的基本图。房产分丘图以丘为单位绘制。

3. 房产分层分户图的作用

房产分层分户图是在分丘图基础上绘制的细部图，以一户产权人为单位，表示房屋权属范围的细部图。是根据各户房屋的权属状况，对各户房屋的坐落、层次、平面形状、各部位尺寸、阳台面积、墙体归属、权利状态、产权面积、共有分摊面积及其用地范围等各项房产要素进行表达，以明确异产毗连房屋的权利界线，供核发房屋所有权证的附图使用。房产分层分户图以产权登记户为单位绘制。

4. 房产测量草图的作用

房产测量草图包括房产分幅图测量草图和房产分层分户图测量草图。房产分幅图测量草图是地块、建筑物、位置关系和房地产调查的实地记录，是展绘地块界址、房屋、计算面积和填写房产登记表的原始根据。在进行房产图测量时，应根据项目的内容要求绘制房产分幅图测量草图。房产分层分户图测量草图是产权人房屋的几何形状、边长及四至关系的实地记录。

8.1.3　房产图测绘的范围

1. 房产分幅图的测绘范围

房产分幅图的测绘范围包括城市、县城、建制镇的建成区和建成区以外的工矿、企事业单位及与其毗连的居民点的房屋测绘，应与开展城镇房屋所有权登记的范围相一致。

2. 房产分丘图的测绘范围

丘是指地表上一块有界封闭的空间地块。有固定界标的按固定界标划分，没有固定界标的按自然界线划分。房产分丘图以房产分区为单元划分，进行实地测绘或利用房产分幅图和房产调查表编绘而成。

3. 房产分层分户图的测绘范围

房产分层分户图的测绘范围，是以各户的房屋权利范围大小等为一产权单元户，即以一栋房屋和几栋房屋及一栋房屋的某一层中的某一权属单元户为单位绘制而成的分层分户图。

4. 房产测量草图的测绘范围

房产测量草图的测绘范围，一般包括房屋、用地草图测量、全野外数据采集测量草图和房屋分层分户草图测绘。

8.1.4 房产图的坐标系统与测图比例尺

1. 房产图的坐标系统

房产分幅图应与房产平面控制测量系统相一致，采用国家坐标系统或沿用该地区已有的城市独立坐标系统，地方坐标系统应尽量与国家坐标系统联测。根据测区的地理位置和平均高程，以投影长度变形不超过 2.5cm/km 为原则选择坐标系统。面积小于 $25km^2$ 的测区，可不经投影，采用平面直角坐标系统。房产图高程系统采用 1985 国家高程基准。

2. 房产图的测图比例尺

（1）房产分幅图的比例尺

房产分幅图成图比例尺可分为：城镇建成区一般采用 1：500 比例尺测图；远离建成区的工矿区、企事业单位及其相毗连的居民点也可采用1：1 000的比例尺测图。

（2）房产分丘图的比例尺

房产分丘图成图比例尺如按分幅图描绘，可依房产分幅图比例尺大小。如另外测绘，分丘图的比例尺应根据丘面积的大小和需要在 1：100~1：1 000 之间选用。

（3）房产分层分户图的比例尺

房产分层分户图成图比例尺，一般为 1：200，当房屋图形过大或过小时比例尺可适当放大与缩小。

（4）房产测量草图的比例尺

房产测量草图应选择合适的概略比例尺，使其内容清晰、易读，在内容较集中的地方可移位出局部图形。

（5）比例尺的精度

经试验研究，人们用肉眼能分辨出的图上最小距离，是 0.1mm。因此，平面图上 0.1mm 所代表的实地长度，称为比例尺的精度。根据比例尺的精度，不但可以按照比例尺知道地面上丈量距离应准确到什么程度，反过来也可按照测量地面距离规定的精度来确定应采用多大比例尺。如测绘1：1 000比例尺的地形图时，测量地面上距离的精度只需 0.1m，因测量得再精确，在地形图上也表示不出来，又如要求在图上能表示出 0.05m，则所用比例尺不应小于 $\dfrac{0.1mm}{0.05m} = \dfrac{1}{500}$。

显然，比例尺越大，表示的内容就越详细，精度也就越高。反之，比例尺越小，表示的内容就简略，精度就越低。因此，必须根据用图要求选择比例尺，比例尺选择过大，工作量和投资成倍增加，造成大量的浪费。若比例尺选择过小，则达不到用图目的，同样会对建设和管理造成严重的影响。

当然，由于仪器精度及计算机绘图仪分辨率的提高，从分辨角度讲对比例尺选择已经不十分重要，比例尺的选择要主要考虑图面负载因素及实际工作的要求。

8.1.5 房产图的分幅与编号

1. 房产分幅图的分幅与编号

房产分幅图的分幅方式：按《房产测量规范》规定为 50cm×50cm 正方形分幅。

房产分幅图的编号以高斯-克吕格坐标的整公里格网为编号区，由编号区代码加各种比例尺的分幅图代码组成，编号区的代码以该公里格网西南角的横纵坐标公里值表示。编号形式、分幅图代码如图 8-1 所示。

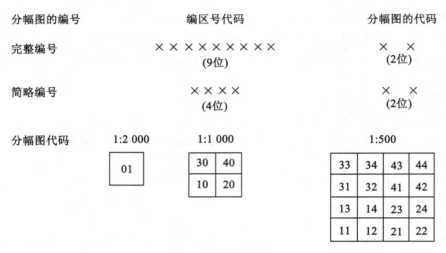

图 8-1　分幅图编号

完整编号：编号区代码由 9 位数组成，第 1、2 位数为高斯投影带的带号，第 3 位数为该公里格网西南角的横坐标的百公里数，第 4、5 位数为纵坐标的千公里和百公里数，第 6、7 位和第 8、9 位数分别为横坐标和纵坐标的十公里和整公里数。

简略编号：编号区代码由 4 位数组成，第 1、2 位和第 3、4 位分别为该公里格网西南角的横坐标和纵坐标的十公里和整公里数。

除正方形分幅与矩形分幅等正规分幅方式和编号方式外，还有流水编号方式、行列编号等。

流水编号法一般是从左到右，从上至下用阿拉伯数字编定。

行列编号法一般由左到右为列，由上而下为行，以一定代号"先列后行"编定。

2. 房产分丘图的编号

房产分丘图是分幅图的局部图，其分幅应与房产分幅图相同。但分丘图的图廓位置，应根据该丘所在位置确定，图廓西南角坐标值不一定是图上方格网的整倍数，图上需要注出西南角的坐标值，以公里数为单位注记小数点后三位。房产分丘图丘的编号按市、市辖（县）、房产区、房产分区、丘五级编号。栋号注在房屋轮廓线内的左下角，并加括号表示。

3. **房产分层分户图的编号**

房产分层分户图是在分丘图基础上绘制的细部图，以一户产权人为单位表示房屋权属范围的详图。分层分户图上房屋的丘号、栋号应与分丘图上的编号一致。若一栋房屋属多元产权时，应编列户号，编号方式以面对分层分户门从左至右顺序编号：01、02、03、04等，如是第 N 层，户号为 N01、N02、N03、N04 等。

8.1.6 房产图的精度要求

1. *房产分幅图(房产要素测量)的精度要求*

房产分幅图只要求图上精度,即分幅图上地物点的平面位置精度。在《房产测量规范》中,规定了模拟方法测绘的房产分幅平面图上的地物点,相对于邻近控制点的点位中误差不超过图上±0.5mm;利用已有的地籍图、地形图编绘房产分幅图时,地物点相对于邻近控制点的点位中误差不超过图上±0.6mm。对全野外采集数据或野外解析测量等方法所测的房地产要素点和地物点,相对于邻近控制点的点位中误差不超过±0.05m。采用已有坐标或已有图件,展绘成房产分幅图时,展绘中误差不超过图上±0.1mm。

2. *房产分丘图(房产界址点)的精度要求*

房产分丘图不但要求图上地物点的平面位置精度,还要求图上实测界址点、房角点的坐标精度,在《房产测量规范》中,规定了房产界址点相对于邻近控制点的点位误差和间距超过50m的相邻界址点的间距误差不超过表8-1的规定。

表8-1   **界址点精度要求**

界址点等级	限差(m)	中误差(m)
一	±0.04	±0.02
二	±0.10	±0.05
三	±0.20	±0.10

间距不超过50m的界址点间的间距误差限差不应超过下式的计算结果:

$$\Delta D = \pm(m_j + 0.02m_j D)$$

式中:ΔD 为界址点坐标计算边长与实量边长较差的限差,m。

m_j 为相应等级界址点的点位中误差,m。

D 为相邻界址点的距离,m。

房角点的坐标精度等级和限差与界址点相同。以上适用于房产测绘对界址点、房角点的精度要求,房产测绘与地籍测绘分开的部门,其地籍界址点的精度要求应执行《地籍测量规范》。

3. *房产分层分户图(产权面积)的精度要求*

房产分层分户图只是图上的描绘精度,不要求图上的点位精度。因房产权利人只注重本户房屋与毗连的他户房屋之间的关系位置或尺寸,以及本户房屋产权面积的精度。由于房屋产权面积都是按实量数据(边长)计算,房产面积的精度分为三级,其面积计算精度与边长精度有关。在《房产测量规范》中,规定了房屋产权面积的精度要求见表8-2,其中 s 为房屋面积。

表 8-2　　　　　　　　　　　　　　　　　**房产面积的精度要求**

房产面积的精度等级	限差（m^2）	中误差（m^2）
一	$0.02\sqrt{s}+0.000\,6s$	$0.01\sqrt{s}+0.000\,3s$
二	$0.04\sqrt{s}+0.002s$	$0.02\sqrt{s}+0.001s$
三	$0.08\sqrt{s}+0.006s$	$0.04\sqrt{s}+0.003s$

8.1.7　房产图测绘内容与要求

1. 房产分幅图测绘内容与要求

房产分幅图应表示的内容包括房产要素、地物要素、数学要素三个方面，如图 8-2 所示。

1）房产要素

房产要素包括行政境界、房产区号、房产分区号、丘号、丘支号、房产权号、用地分类代码、房屋要素等。根据调查资料以相应的数字、代码、文字和符号表示。

（1）行政境界

行政境界一般只表示区、县和乡镇的境界，其他境界根据需要表示。两级境界线重合时，用高一级境界线表示；境界线与丘界线重合时，用境界线表示；境界线跨越图幅时，应在内外图廓间的界端注出行政区划名称。

（2）房产区号与房产分区号

房产区号和房产分区号包括房产区界线与房产分区界线。

（3）丘号

丘号包括丘界线和丘号，以及丘的用地用途代码。

丘界线不分组合丘和独立丘。权界线明确又无争议的丘界和有争议或未明确丘界，分别用丘界线和未定丘界线表示；丘界线与房屋轮廓线重合时，用丘界线表示；丘界线与单线地物重合时，单线地物符号线划按丘界线线粗表示。

（4）房产权号（又称他项权号）

房产权号，因产权性质不同，则分别用不同标识符号表示"A""B""C""D"四种符号，各代表不同的含义。

（5）房屋要素

房屋要素包括栋号、产别、结构、层数、建成年份、房屋边长、阳台尺寸、房屋用途、建筑面积等。

注记过密容纳不下时，丘号、丘支号、栋号和房屋权号必须注记。同时分幅图测绘中在每一栋内必须标注产别、结构、层数三个房屋要素，用 4 位数表示，如图 8-2 所示。

2）地物要素

（1）房屋及其附属设施

一般房屋不分种类和特征，均以实线绘出；临时性的过渡房屋及活动房屋不表示。装饰性的柱、垛和加固墙等均不表示。

房屋附属设施包括廊、阳台、门和门墩、门顶、室外楼梯、台阶等均应测绘，其中室外楼梯以水平投影为准，宽度小于图上 1mm 的不表示；门顶以顶盖投影为准。与房屋相连的台阶按水平投影表示，不足五阶的台阶不表示。

房屋围护物包括围墙、栅栏、栏杆、篱笆和铁丝网等均应实测，其他围护物根据需要表示。临时性的、残缺不全的和单位内部的围护物不表示。

（2）其他地物要素

与房产管理有关的地物要素包括铁路、道路、桥梁、水系和城墙等地物均应表示。铁路以两轨外缘为准，桥梁以外围投影为准，道路以路缘为准，城墙以基部为准，水系以坡顶为准。水塘游泳池等应加简注。亭、塔、烟囱以及水井、停车场、球场、花圃、草地等可根据需要表示。

（3）地理名称注记

地理名称注记包括：自然名称，镇以上人民政府等行政机构名称，工矿、企事业单位名称。

3）数学要素

图廓线、坐标格网线的展绘及坐标注记，埋石的各级控制点的展绘及点名或点号注记、比例尺注记等。

2. 房产分丘图测绘内容和要求

1）房产分丘图具体测绘内容

房产分丘平面图的内容除表示分幅图的内容外，还应表示房屋用地的丘界线、界址点、界址点点号、丘界长度、用地面积、墙体归属和四至关系等各项房产要素，还应表示房屋栋号、产别、结构、层数、建成年份、房屋边长、阳台尺寸、房屋用途、建筑面积等房屋要素。分丘图测绘中在每一栋内必须标注产别、结构、层数、建成年份、建筑面积五个房屋要素，其中产别、结构、层数、建成年份用 8 位数字表示，建筑面积下划单线表示。丘用地面积下划双线以示区别，如图 8-3 所示。

2）测绘邻丘相邻地物的情况

测绘本丘的房屋和用地界线时，应适当绘出邻丘相邻地物。并注明周邻产权单位(或人)的名称，名称注记的字头应朝北或朝西。

3）墙体测绘

共有墙体以中间为界，量至墙体的 1/2 处，借墙量至墙体内侧，自有墙量至墙体外侧。房屋的权界线与丘界线重合时，用丘界线表示。房屋的权界线与轮廓线重合时，用房屋权界线表示。挑廊、挑阳台、架空通廊以外围投影为准。

4）图面检查与图廓整饰

分丘图的图廓位置，根据该丘所在位置确定，图上需要注出西南角的坐标值，以公里数为单位注记至小数点后三位。

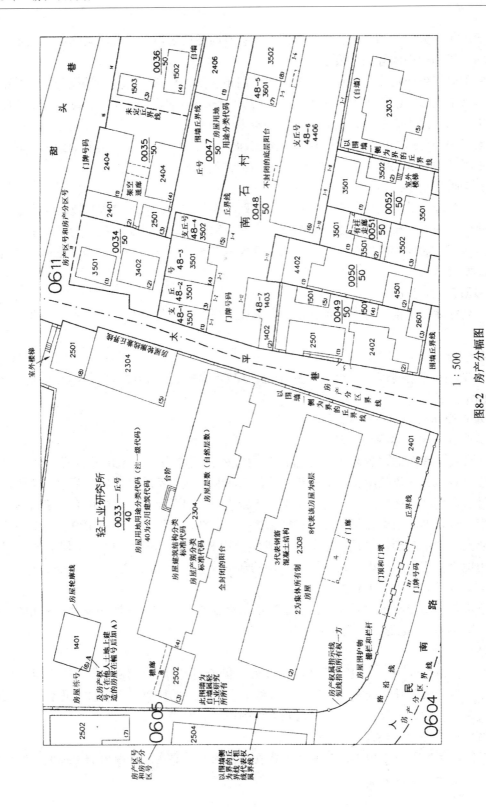

图8-2　房产分幅图

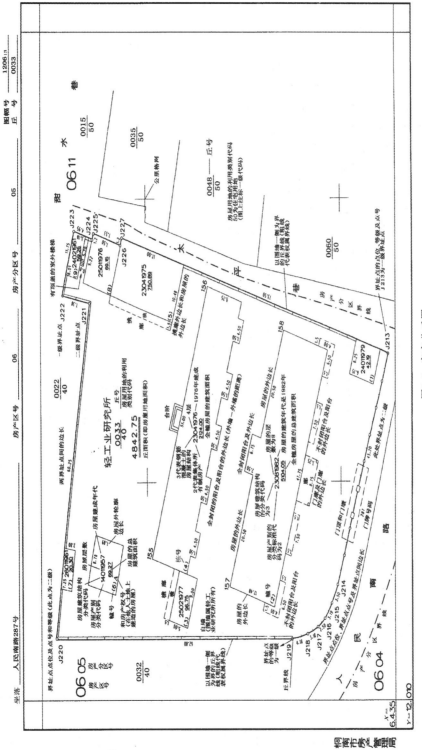

图8-3 房产分丘图

249

5)用地面积测算

(1)用地面积测算的范围

用地面积测算是指丘面积的测算,以丘为单位进行,包括房屋占地面积、其他用途的土地面积测算、各项地类面积的测算。

(2)下列土地不计入用地面积

①无明确使用权属的冷巷、巷道或间隙地;

②市政管辖的道路、街道、巷道等公共用地;

③公共使用的河涌、水沟、排污沟;

④已征用、划拨或者属于原房地产证记载范围经规划核定需要作市政建设的用地;

⑤其他按规定不计入用地的面积。

3. 房产分层分户图测绘的内容和要求

房产分层分户图的内容包括房屋的权界线、房屋边长、墙体归属、楼梯、走道、套内建筑面积、共有建筑面积、层次、户号等。房屋边长应实量,取位注记至 0.01m。不规则房屋边长丈量应加量辅助线,共有部位应在范围内加简注,如图 8-4 所示。

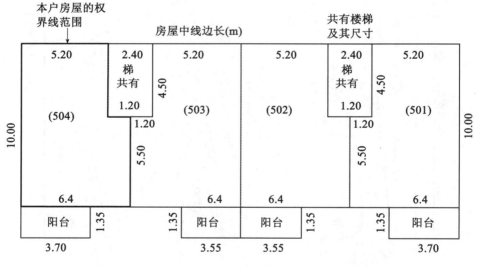

图 8-4 分层分户图

具体注意:

①以户为单位绘制分层分户图(当第 i 至 n 各层分层分户户型完全相同时,第 $i+1$ 至 n 各层分层分户图以第 i 层代替,并在第 i 层后简注(第 $i+1$ 至 n 层同)($i=1,2,3,\cdots,n$)。分层分户户型不同的层次,应逐层绘制分层分户原图。

②跃层、复式房屋的分层分户图应在同一张图纸上绘制,尺寸注记字头朝上或朝左,并绘指北方向。

③房屋内有层高低于 2.20m 的部位,应以虚线区分其范围,注记边长,且在其范围内注记" $h<2.20$ ",如图 9-7、图 9-8 阁楼部分所示。

4. 不动产权证附图

①不动产权证附图是不动产权证的必要组成部分，其作为不动产权证的附件与不动产权证本身一样具有法律效力。

②不动产权证附图是依据产权来源在房产权属调查的基础上，以房产分丘平面图、房屋分层分户平面图为原图清绘而成。

③不动产权证附图的精度标准执行房产分层分户图的标准。

④不动产权证附图的幅面一般在 32 开~4 开之间选用，一丘面积过大时，可扩大幅面，但必须遵守其图廓整饰规定。

⑤不动产权证附图的比例尺，应根据房产权属单元的大小及分布情况在 1:100~1:1 000之间选用。

§8.2 房产图的测绘方法

房产图的测绘方法分航空摄影测量法、编绘法、平板仪测量法以及数字化测图。随着科学技术的不断发展，地面测绘成图手段不断更新，使得过去常用的测绘方法，如平板仪测绘等，逐步被现代化的数字化测图手段取代。本书在介绍房产图成图方法时，重点介绍全野外数字化测量成图方法，平板仪测量基本不用，这里就不介绍了。对于编绘法成图方法只作简单介绍。另外，航空摄影测量，由于一般测量单位不常使用，本书只作简单介绍。

8.2.1 航空摄影测量

航空摄影测量主要适用于大面积的地籍或房产测量工作。该方法是利用航空影像数据，通过外业像片控制测量和外业要素的调查与调绘，在内业通过解析空中三角测量，建立起地面立体模型，然后可采用立体测图、解析测图、全数字摄影测量方法，测定要素的地面位置和几何图形。该方法的优点是外业工作量小，可直接得到数字化图，是实现信息化、自动化房地产图的一种方法。缺点是为了测定界址点，要在摄影前在界址点上布设大量的地面标志，同时摄影还受季节的限制，另外还要在实地测量房檐宽度，因此测量精度和经济效益都将受到很大的影响。故应谨慎地选择这种测量方法。

8.2.2 编绘法成图

编绘法成图即利用已有的地形图、地籍图编绘房产图的成图方法。编绘的图纸资料必须符合《房产测量规范》中实测图的精度要求，比例尺要大于或等于成图的比例尺。编绘工作必须在地形原图或二底图上进行。其图廓边长、方格网尺寸与理论尺寸之差应符合规范要求。查核补测可在二底图上进行，查核补测后的精度与变更测量精度要求一致。补测后需将调查成果准确转绘在二底图上，图上加注房产要素和划丘编号后，按规范和房产图示的要求编绘成房产分幅图底图，图上内容还需经过清绘与图廓整饰。

8.2.3　数字化成图

1. 数字化测图的概念

传统测图是由测绘人员以图解的形式，利用模拟方法将地物、地貌点等测量数据，按图式符号展绘到白纸（或聚酯薄膜）上，所以又称白纸绘图或模拟法绘图。随着计算机技术的发展，测绘仪器已由传统的光学仪器向电子仪器方向转化，随着全站仪，GPS RTK 等测绘仪器的广泛应用，测绘也从白纸绘图向数字绘图方向转变。数字地图就是使用全站仪和 GPS RTK 等测量仪器在野外实地采集地形图的全部要素信息，以电子数字形式记录、储存在数据载体上的数字形式的地图。数字测图的基本过程是通过测绘仪器采集有关地物、地貌的各种信息，然后通过数据传输接口将采集的数据输入给计算机，由计算机进行处理并进而绘制成图，可按需求输出各种比例尺的地形图。数字测图的生产成品可以是输出的各种地图，也可以是存储在磁盘、光盘中的电子地图及其有关资料。

2. 数字化测图的工作过程及作业模式

（1）数字化测图的工作过程

数字化测图的工作过程主要有：数据采集、数据处理、图形编辑和图形输出。按外业、内业工作可分为外业数据采集（包括数据编码）和内业数据处理与成图、成果与图形输出三个阶段。数字化测图过程如图 8-5 所示。

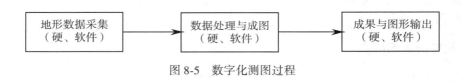

图 8-5　数字化测图过程

（2）数字化测图作业模式

目前，数字化测图的数据采集主要有外业采集和内业采集两种，如图 8-6 所示。

根据数据采集方式的不同，数字测图有不同的作业模式。主要有：外业数字测图模式、原图数字化成图模式。外业数字测图模式使用全站仪或 GPS 采集外业数据，原图数字化成图模式是在内业使用数字化仪或扫描仪采集数据，再通过数字化成图软件室内成图。

3. 外业数据采集方法

目前外业数据采集主要使用全站仪或 GPS RTK，全站仪或 GPS RTK 数据采集方法具体说明见第 4 章。

外业数据采集的作业模式，取决于使用的仪器和数据的记录方式。外业数据采集有三种模式：草图法数字测记模式、电子平板测绘模式和 GPS RTK 测绘模式。

（1）草图法测记模式

草图法测记模式是一种野外测记，室内成图的数字测图方法。野外测记使用的仪器是带内存的全站仪或 GPS，将野外采集的数据记录在全站仪或 GPS 的内存中，同时由草图绘制者绘制出标注各观测点点号的工作草图（注意草图的点号与全站仪的点号必须一致，

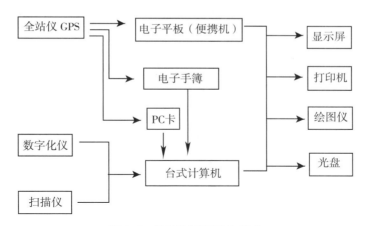

图 8-6 数字化测图作业模式

要经常核对以免出错)。室内成图是将全站仪或 GPS 采集到的测量数据传输到计算机，结合工作草图利用数字化成图软件对数据处理并进而绘制成图。这种作业模式的特点是精度高，内外业分工明确，便于人员分配，成图效率高。

(2)电子平板模式

电子平板通常指安装有数字化测图软件的笔记本电脑。电子平板模式是用笔记本电脑模拟测图平板，在野外直接将全站仪与笔记本连接在一起，测图数据实时传入笔记本电脑，现场加入地理属性信息和连接关系后直接成图，如图 8-7 所示。

电子平板模式实现了数据采集、数据处理、图形编辑现场同步完成。这种作业模式的特点是进度快，现场成图实现了"所见即所得(测)"，可靠性高。但电子平板模式是一种基本上将所有工作放在外业完成的数字化成图方法，过重的外业负担和笔记本电脑待机时间问题，对室外温度要求问题等是阻碍这种作业模式广泛推广的主要原因。

目前利用掌上电脑开发的野外采集成图软件，充分发挥了传统电子手簿的优点，并加入了实用的图形绘制与编辑功能。具有完整的图式符号库，基本具备了电子平板的主要功能。利用掌上电脑和测图软件中的图形符号能够直接绘制地形图，不需要记忆和输入编码，能够完成大部分的成图工作，最后再将数据文件传入计算机，经过少量编辑处理即可生成数字化地形图。

野外数据采集包括两个阶段：控制测量和碎部点采集。控制测量的方法与传统测图中的控制测量基本相似，但主要以导线测量的方式测定控制点位置。碎部点数据采集与传统作业方法有较大差别。图 8-7 为这两种方法的示意图。

(3)GPS RTK 测图模式

GPS RTK 定位技术在第 4 章已有介绍，GPS 数字测图系统已被广泛应用，并逐步在开阔地区取代全站仪进行数字绘图。

GPS RTK 测图模式是利用 GPS RTK 技术快速测出碎部点的位置进而利用数字测图软件绘出地形图。用 RTK 进行碎部测量时，在测区的一个高点(一般为已知点)上安置好基准站进行必要的设置，如输入基准站坐标、参考站坐标等必要的数据。将移动站立在另一

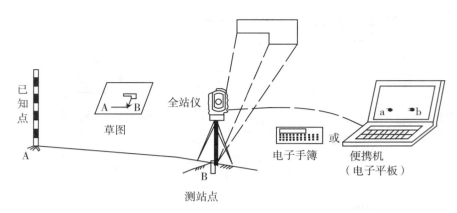

图 8-7　全站仪野外数据采集

已知点上测量其坐标进行校核。校核完成后即可进行碎部测量。通过数据链将基准站观测值及测站坐标信息一起发给流动站的 GPS 接收机。移动站直接接收 GPS 卫星发射的数据并利用基准站发来的数据进行实时差分处理，求得移动站的坐标。外业测量完成后将内存中的数据传输到计算机，利用数字测图软件绘制成图。

利用 RTK 测绘地形图可以不进行图根控制而直接根据分布在测区的一些基准点进行各碎部点的测量。这种测量可以全天候进行，并且可以多个移动站同时进行碎部测量，效率可以成倍提高。RTK 测量不要求点间通视，也不受基准站和移动站之间的地物影响，设一基准后可在半径 10km 范围内采集任意碎部点（前提是必须能够观测到 4 颗以上 GPS 卫星）。

另外，RTK 作业模式与电子平板测图系统连接，可实现一步数字测图。

4. 数字测图的内业工作

数字测图的内业处理要借助数字测图软件来完成。目前，国内市场上比较有影响的数字测图软件主要有南方测绘仪器公司的 CASS、武汉瑞得公司的 RDMS、清华三维公司的 EPSW 电子平板等。它们各有其特点，都能测绘地形图、地籍图，并有多种数据采集接口，成果都能输出地理信息系统（GIS）所接受的格式，都具有丰富的图形编辑功能和一定的图形管理能力。

外业数据采集的方法不同，数字测图的内业过程也存在一定的差异。对于电子平板数字测图系统，由于数据采集与绘图同步进行，因此，其内业只进行一些图形编辑、整饰工作。对于测记法，内业处理包括数据传输、数据处理、图形处理、图形输出。其内业工作流程如图 8-8 所示。

CASS7.1 数字成图软件是一个具有强大功能的软件包，包括测制地形图、测制地籍图、土地详查、白纸图数字化、电子平板成图、工程应用、数字地图管理等功能。房产分幅图与地形图的区别，一是无需表示高程系统，二是在地物要素的基础上增加房产要素。房产分幅图的绘制可以利用 CASS7.1 软件，加上相应房产要素即可完成。

CASS7.1 成图软件在光盘中有详细介绍。

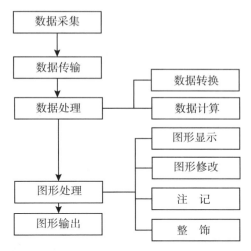

图 8-8 数字成图内业工作流程图

◎ **思考与练习题**

一、单选题

1. 在分幅图上可以不表示的地物有（   ）。

    A. 活动房屋   B. 装饰柱   C. 门顶   D. 门墩

2. 房产分幅图比例尺一般为（   ）。

    A. 1∶500   B. 1∶300   C. 1∶1 000   D. 1∶200

3. 分户图的边长注记精度应为（   ）。

    A. 米   B. 分米   C. 厘米   D. 毫米

4. 全面反映房屋及其用地位置和权属等状况的基本图是（   ）。

    A. 分幅图   B. 分丘图   C. 分户图   D. 房产证附图

5. 测定房屋四至归属、丈量房屋边长并计算本栋房屋总建筑面积，是为绘制（   ）。

    A. 房产分幅立面图   B. 房产分幅平面图

    C. 房产分丘图   D. 房产分户平面网

6. 测定各权属单元产权面积，是为绘制（   ）。

    A. 房产分幅平面图   B. 房产分丘图

    C. 房产分层分户图   D. 地形图

7. 下列关于房产分户图的说法中不正确的是（   ）。

    A. 房产分户图是在房产分丘图的基础上进一步绘制的明细图

    B. 房产分丘图是在房产分户图的基础上进一步绘制的明细图

    C. 房产分户图以某房屋的具体权属为单元

    D. 房产分户图是房产证的附图

8. 在一般情况下土地、房产二级界址点以及相关房地产要素点，相对于临近控制点的点位中误差不大于（   ）。

　　A. ±0.01m　　　　　B. ±0.05m　　　　　C. ±0.10m　　　　　D. ±0.15m

9. 房产面积测量必须达到《房产测量规范》规定的房产面积精度要求。房产面积的精度分
　　为(　　　)级。

　　A. 二　　　　　　　B. 三　　　　　　　C. 四　　　　　　　D. 五

10.《房产测量规范》规定的二级房产面积限差是(　　　)m²。

　　A. $0.02\sqrt{S}+0.0006S$　　　　　　　B. $0.04\sqrt{S}+0.002S$

　　C. $0.08\sqrt{S}+0.06S$　　　　　　　　D. $0.06S$

二、多选题

1. 房地产测量形成的图件有(　　　)。

　　A. 房产分幅平面图　　　　　　　　　B. 房屋用地现状图
　　C. 房产分丘平面图　　　　　　　　　D. 房产分户平面图

2. 房产要素测量也称为房产碎部测量，主要完成(　　　)。

　　A. 房产分幅平面图测制　　　　　　　B. 房产建筑面积测算
　　C. 房产分丘平面图测制　　　　　　　D. 房产分户平面图测制

3. 房地产测量是通过测量和调查房屋的(　　　)，以文字、数据以及图形等表示出来。

　　A. 位置　　　　　B. 界线　　　　　C. 质量　　　　　D. 用途
　　E. 权属　　　　　F. 数量

4. 下列属于房地产测量成果资料的是(　　　)。

　　A. 分幅图　　　　　B. 分户图　　　　　C. 地形图　　　　　D. 分丘图
　　E. 房屋建筑面积　　F. 界址点　　　　　G. 技术设计、总结

5. 房地产测量的目的是(　　　)。

　　A. 房产产权、产籍管理　　　　　　　B. 房产交易、登记
　　C. 房地产开发利用　　　　　　　　　D. 征收税费
　　E. 房屋规划、建设

三、论述题

　　1. 房产图包括哪几类图？这几类图的作用。
　　2. 试述房产分幅图、房产分丘图、房产分层分户图的精度要求。
　　3. 试述房产分幅图的测绘内容与要求。
　　4. 试述房产分丘图测绘内容与要求。
　　5. 试述房地产数字化测图的工作过程及作业模式。
　　6. 试述房地产图测绘外业数据采集方法。

第9章 房屋勘丈、计算与分摊

§9.1 房屋面积计算规则

9.1.1 计算建筑面积应具备的条件

计算建筑面积的房屋原则上应具备以下普遍性的条件：

①应具有上盖；

②应有围护物；

③结构牢固、属于永久性的建筑物；

④层高在 2.20m(含 2.20m，以下同)以上；

⑤可作为人们生产或生活的场所。

9.1.2 一般规定

1. 面积测算

面积测算系指水平投影面积测算。包含房屋面积和用地面积测算。其中房屋面积测算包括房屋建筑面积、产权面积、套内建筑面积、共有建筑面积、公有建筑面积、共有分摊面积、使用面积等测算。房屋建筑面积按栋进行计算。房屋用地面积包含院地面积和占地面积。

2. 房屋建筑面积

房屋建筑面积是指房屋外墙(柱)勒脚以上各层，包括阳台、挑廊、地下室、室外楼梯等，且具备有上盖，有围护物，结构牢固，有实际使用功能，层高 2.20m 及其以上的永久性建筑的外围水平投影面积。

9.1.3 房屋面积计算规则

1. 计算全部建筑面积的范围

①房屋内的夹层、插层、技术层及其楼梯间、电梯间等其高度在 2.20m 以上部分，按其水平投影计算建筑面积。

②穿过房屋的通道，房屋内的门厅、大堂，均按一层计算面积。门厅、大堂内的，层高 2.20m 以上的回廊部分，按其水平投影计算建筑面积。

③楼梯间、电梯(观光梯)井、提物井、垃圾道、管道井等均按房屋自然层计算面积。

④房屋天面上，属永久性建筑，层高 2.20m 以上的楼梯间、水箱间、电梯机房间和斜面结构屋顶层高在 2.20m 以上的部位，按其外围水平投影计算面积。

⑤挑楼、全封闭的阳台、全封闭挑廊，按其外围水平投影计算面积。封闭是指房屋在规划、设计、施工等环节都已确定封闭，自行封闭的，视为不封闭。

⑥独立套(户)内已封闭的入户花园和阳光屋，按其水平投影面积计算。

⑦玻璃幕墙、金属幕墙以及其他材料幕墙等作为房屋外墙的，按其外围水平投影面积计算。

⑧属永久性结构有上盖的室外楼梯，按各层水平投影计算面积。

⑨与房屋相连的有柱(结构柱)走廊，两房屋间有上盖和柱的走廊，均按其柱的外围水平投影计算面积。

⑩房屋间永久性的封闭的架空通廊，按外围水平投影计算面积。

⑪地下室、半地下室及其相应出入口，层高在 2.20m 以上的，按其外墙(不包括采光井、防潮层及保护墙)外围水平投影计算面积。

⑫与房屋相连属永久性的有非单排柱和围护结构的门廊、雨篷、门斗按其柱或围护结构的外围水平投影计算建筑面积。有柱又有围护结构的门斗按围护结构的外围水平投影计算建筑面积。

⑬属永久性有非单排柱的车棚、货棚等建筑物，按柱的外围水平投影面积计算。

⑭建筑物架空层及加以利用的坡地建筑物吊脚架空层，按其高度在 2.20m 以上部位的顶板水平投影计算建筑面积。

⑮对于形成建筑空间的坡屋顶，局部层高在 2.20m 以上部位计算建筑面积。

⑯凸出外墙的落地飘窗，当其窗体高度大于等于 2.20m 时，飘窗视作室内一部分，落地飘窗按投影面积计算套内建筑面积。

⑰有伸缩缝的房屋，若其与室内相通的，具备房屋的一般条件，伸缩缝计算建筑面积。

⑱对于立体书库、立体仓库、立体车库，有围护结构的，应按其围护结构外围水平计算全面积；无围护结构、有围护设施的，应按其结构底板水平投影计算全面积。无结构层的应按一层计算，有结构层的应按其结构层面积分别计算。

⑲室内体育馆按实际层数计算建筑面积。体育馆(场)看台下方空间加以利用的，高度在 2.20 米及其以上的部位，按其外围水平投影计算全面积。

⑳舞台灯光控制室，按围护结构外围水平投影计算全面积。

2. 计算一半建筑面积的范围

①与房屋相连有上盖无柱的走廊、檐廊，按其围护结构外围水平投影面积的一半计算。

②未封闭的阳台、挑廊，按其围护结构外围水平投影面积的一半计算。

③属永久性建筑有独立柱、单排柱的门廊、雨篷、车棚、货棚等，按其上盖水平投影面积的一半计算。

④无顶盖的室外楼梯按各层水平投影面积的一半计算。

⑤有顶盖不封闭的永久性的架空通廊，按外围水平投影面积的一半计算。

⑥独立套(户)内未封闭的入户花园和阳光屋，按其水平投影面积的一半计算。

3. 不计算建筑面积的范围

①层高低于 2.20m 的房屋、夹层、插层、技术层、楼梯间、电梯间、水箱间、走廊、

檐廊、阳台、挑廊、地下室、半地下室、架空通廊等。

②凸出房屋墙面的构件、配件、装饰性的玻璃幕墙、金属幕墙及其他材料幕墙、垛、勒脚、台阶、无柱雨篷等。

③房屋之间无上盖的架空通廊。

④无盖的阳台、挑廊。若阳台、挑廊上盖高度达到或超过两个层高或上盖为镂空、上盖水平投影面积小于阳台、挑廊维护结构水平投影面积一半的，均视为无上盖。

⑤房屋的天面、挑台、天面上的花园、泳池。

⑥建筑物内的操作平台、上料平台及利用建筑物的空间安置箱、罐的平台。

⑦骑楼、过街楼的底层用作道路街巷通行的部分。

⑧利用引桥、高架路、高架桥、路面作为顶盖建造的房屋。

⑨检修、消防等用途的简易楼梯。

⑩其他建筑物、构筑物等，如独立烟囱、亭、塔、罐、池、地下人防干、支线。

⑪与房屋室内不相通的房屋伸缩缝、沉降缝。

⑫楼梯已计算建筑面积的，其下方空间，无论是否利用的。

⑬房屋内的中空部分。

⑭窗台台面高于房屋地面的飘窗，无论窗体高度多少，飘窗均不计算建筑面积。

⑮临街楼房、挑廊下的底层作为公共道路街巷通行的，无论其是否有柱，是否有维护结构，均不计算建筑面积。

⑯与室内不相通的类似于阳台、挑廊、檐廊的建筑，不计算建筑面积。

⑰无柱或无围护结构或围护结构残缺的门廊或门斗，不计算建筑面积。

⑱无柱的雨篷，不计算建筑面积。

4. 面积计算的若干细则

1）室内、外楼梯的面积计算

（1）室内楼梯无论其本身如何设置梯间层，均按建筑物的自然层数计算建筑面积，无盖时，最上一层室内楼梯不计算建筑面积。

（2）穿越夹层的楼梯，夹层不使用的或夹层层高小于2.20m的，其位于夹层的梯间不计算建筑面积。

2）楼房入口的面积计算

建筑物第一层的进门设于凹进的墙体且其顶部为上层建筑所覆盖，如图9-1所示，如主墙体在内，此种情况按凹入式门廊处理，有柱计算全部建筑面积，无柱计算半面积；如主墙体在外，此种情况按门斗处理，计算全部建筑面积。

3）连廊、架空通廊的面积计算

①位于地面一层的两建筑物之间的有盖连廊，按以下情况分别计算建筑面积：

a. 双排柱连廊，按柱外围水平投影计算全部建筑面积。

b. 单排柱及无柱连廊，其上盖高度小于两个自然层时，按上盖水平投影面积一半计算建筑面积；上盖高度达到或超过两个自然层时，不计算建筑面积。若上盖为圆拱形，则以拱形顶计算该连廊的高度。

②连接两建筑物的有盖架空通廊，全封闭时，通廊计算全部建筑面积；不封闭时，若

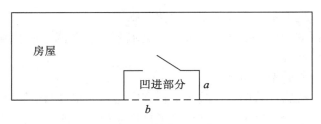

图 9-1　楼房入口处

上盖高度小于两个自然层，通廊计算一半建筑面积，否则，通廊不计算建筑面积。

4）墙体面积的计算

①同一楼层外墙，既有主墙，又有玻璃、金属等其他材料作装饰幕墙的，以主墙为准计算建筑面积，墙厚按主墙体厚度计算。

②各楼层墙体厚度不同时，分层分别计算。

③对倾斜、弧状等非垂直墙体的房屋，墙体向内倾斜的，按距底板 2.20m 以上部位的水平投影面积计算建筑面积。房屋墙体向外倾斜，超出底板外沿的，以其底板水平投影计算建筑面积。

④装饰性幕墙、主墙体外的幕墙均不计算建筑面积。

⑤建筑物墙体外部有保温隔热层的按照维护性幕墙处理，保温隔热层计算建筑面积。

5）阳台、公共阳台的面积计算

①阳台的类型：阳台按结构形态可划分为凸阳台、凹阳台和凸凹复合型阳台（以下简称"复合型阳台"）三种基本类型。凸出房屋外墙的阳台为凸阳台，凹入房屋外墙的阳台为凹阳台，当阳台由凹凸两部分构成时，为复合式阳台，如图 9-2 所示。

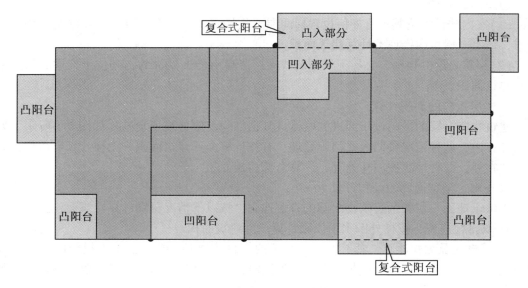

图 9-2　阳台类型及指标计算图示

②住宅建筑中属于一户专有的类似于阳台的空中花园、入户花园等(位于地面层、裙楼顶层的除外),均视为阳台,按阳台规定计算建筑面积。

③两户相连的阳台作为消防通道的仍计入各户的套内建筑面积。

④无顶盖、顶盖与阳台非同期建造、顶盖为非永久性结构、顶盖为镂空、顶盖与房屋主墙体不相连、顶盖水平投影面积小于阳台围护结构水平投影面积 1/2 的敞开式阳台,均视为无顶盖阳台,不计算建筑面积。

⑤阳台顶盖水平投影面积与阳台围护结构外围水平投影面积不一致,且顶盖投影面积大于或等于阳台围护结构外围水平投影面积 1/2 时,按其上盖水平投影面积 1/2 计算建筑面积。

⑥在建筑物中设置的与公共过道相通、具有一面以上直接对外开敞的、用于绿化、休闲的公共建筑空间,称为公共阳台。公共阳台的计算规则与阳台相同。

§9.2 房屋勘丈与计算

9.2.1 房屋数据的采集

房屋边长是计算房屋面积的主要依据,房屋边长数据的来源有两种形式,一是依据设计图纸,即从建筑施工图上获取房屋边长数据;二是依据实测,即通过对已竣工房屋或现有房屋进行现场实测取得房屋的边长数据。根据边长数据来源不同,将计算所得的面积分为"预测面积"和"实测面积"两类,"预测面积"的测绘称为预售测量,"实测面积"的测绘称为竣工测量。

1. 预售测量房屋数据采集

预售测量系指房屋竣工前,房产测绘单位根据房屋规划设计图纸和资料,按照房产测绘技术标准,计算出房屋面积的行为。

1)房屋数据采集的资料来源

①房屋建筑设计图纸。

②房屋销售方案说明。

③建设单位提供的其他资料。

2)房屋数据采集的方法

①从建筑施工图上采集房屋边长数据时,应对对应边进行校核,对分段边长之和与总长度进行校核。校核不符时,应返回建设单位进行修正。

②图纸尺寸经校核后可以直接采集。

③房屋的拐角无特殊注明或说明的,一律视为直角,其组成的房屋按矩形采集边长并计算面积。

④局部位置无标注尺寸并无法通过其他相关数据计算得出的,应向建设单位说明,获取相应的数据。

2. 竣工测量房屋数据采集

竣工测量是指房屋竣工后,到现场对房屋进行实地勘丈。基本规定如下:

①测量过程应遵循先整体、后局部，先外后内的原则。

②测量所得的边长数据应记录在边长记录手簿上或注记在草图上。

③测点两端应选取房屋的相同参考点，测点位置一般应位于墙体100±20cm高处。

④测量时，测量仪器或钢尺两端均应处于水平状态，测量边长、坐标均要独立测量两次，两次读数较差的限差按式(9-2)执行。

⑤对于超过钢尺或测距仪测程的组合边长，应保持各测段处于一条直线上。

⑥参与计算房屋面积的边长数据要进行平差处理，相关数据之间不能相互矛盾。

⑦为校核测量数据的正确性，提高测量结果的准确度，施测时应有多余观测。

⑧测量所使用的仪器、钢尺等必须经过计量检定。

9.2.2　测量工具、丈量方法及其精度

1. 测量工具及精度要求

实地测量房屋边长采用的设备一般包括：经检定的钢卷尺、纤维尺、手持式测距仪等。房屋边长的量测必须满足房产面积相应等级精度的要求，边长中误差公式：

$$m = \pm(0.01 + 0.000\,2D)（二等） \tag{9-1}$$

限差(即两次测量较差)计算公式为：

$$\Delta D = \pm(0.02 + 0.000\,4D)（二等） \tag{9-2}$$

式中：D 为实测房屋边长值，以 m 为单位；

当 D 小于 10m 时，以 10m 计。

实测边长与经批准的图纸设计尺寸较差绝对值满足下式要求时，可认为实际房屋边长与设计值相符(其中 D 为实测边长，以 m 为单位)：

$$|\Delta D| = 0.02 + 0.000\,4D（二等） \tag{9-3}$$

2. 丈量方法

(1)实地量距法

实地量距法是在实地用长度量测工具量取房屋的有关边长，从而计算出房屋的建筑面积。实地量距法是目前房地产测量中普遍使用的面积量算方法。卷尺有钢卷尺和高精度玻璃纤维卷尺。钢卷尺前面已有介绍，高精度玻璃纤维卷尺是由玻璃纤维束与聚氯乙稀构成，形状类似于普通钢卷尺，有 10m、20m、30m、50m 四种长度规格。其特点是不怕潮湿，受温度变化的影响很小，一般认为玻璃纤维的膨胀系数为钢的膨胀系数的 1/10，价格低于钢卷尺，使用方便且无需特别的护理和保养，不需加入湿度、温度改正，适当注意施加标准的拉力。手持式激光测距仪采用可见激光测距，目标点无须站人，在黑暗的环境条件下进行观测，仍清晰可见。其特点是重量轻，测量速度快，精度高，使用起来十分方便，完全能满足房产测量的精度要求。

(2)检核法

在工作当中有时可按经规划部门审查批准的施工图核实房屋尺寸。如果实测外形尺寸与设计值相符，可重点检查各种户型结构尺寸是否有变化，成套住宅须对每种户型尺寸进行核实。非住宅须对每个产权单元尺寸进行核实。如与施工图不符，须实量变化部位尺寸。

9.2.3 数据记录规则

测量草图纸可用 787mm×1 092mm 的 1/32、1/16、1/8 规格图纸，2H 铅笔。

①边长外业测量的记录应在实地完成，不得依据事后回忆或涂改。

②记录字体要规整、清晰，测错、记错的数据划改应能辨别，严禁连环涂改、擦改、就字改字等违规行为。

③边长数值平行于该边注记，并紧靠该边线。

④个别边长很短难以在该边范围内注记时，可采用引出线方式注记。

⑤测量记录应注记：测量员、记录员、测绘日期、使用仪器等基本信息。

9.2.4 CAD 成图法面积计算

面积测算的方法有很多，根据面积测算数据资料的来源，可分为解析法、CAD 成图法等。解析法包括界址点坐标法测算和几何图形法量算。用地面积大多采用界址点坐标法测算，房屋面积现在都采用 CAD 成图法计算。

1. AutoLISP 编程方法的优点

传统房产测量中，在套内建筑面积、共有建筑面积计算过程中采用手工量算法，直接从建筑施工图纸上扒建筑中线尺寸，再用计算机进行计算，费时费力，且精度不高。AutoCAD 在房产项目测量中的应用，改变了传统的计算方法，直接画轴线尺寸图，再利用偏移功能生成中线尺寸图和外墙尺寸图，直接利用面积量算功能(Area)生成面积。在实践中，利用 AutoLISP 编程，在图形内任意位置点击鼠标，即自动生成面积数。根据指定的字体大小将面积数自动生成到点击位置处，并可以进行同属性多块面积自动求和计算。利用 AutoLISP 编程，可在分户图绘制、分丘图绘制、计算书编写中对边长长度自动注记，大大简化了手工操作，减少了人为失误，提高了测量精度。

2. 建筑中线图、建筑外墙图的准确生成

准确生成建筑中线图、建筑外墙图，是精确测定套内建筑面积、共有建筑面积、共有分摊面积的基础。房产项目测量中，成套房屋的：

建筑面积=套内建筑面积+共有分摊面积

套内建筑面积=套内自有面积(套内使用面积+套内墙体面积)+阳台面积

共有分摊面积=套内建筑面积×分摊系数

分摊系数=共有建筑面积之和/套内建筑面积之和

由此可见，要精确测量成套房屋的建筑面积，必须精确测定套内建筑面积和共用分摊面积，而精确测定套内建筑面积和共用分摊面积的基础是准确画出中线尺寸图和建筑外墙图。

传统方法是直接从建筑施工图纸上扒中线尺寸图，即从轴线尺寸外返换算系数(如 49 墙外偏移 0.125m，37 墙外偏移 0.065m 等)画出中线尺寸图，再用计算机绘图计算。计算外墙体面积使用公式(长+宽−墙厚)×墙厚计算。然后利用检核公式：误差=建筑面积−套内建筑面积−共有建筑面积(如墙体、管道井、楼梯等)进行检核，此检核非常重要。如果遇到不规则房屋(圆形、方形房屋除外)利用此方法根本无法计算，中线图形也难以闭合。

在建筑施工图中，轴线是设计、施工的基准线，施工图上标注的尺寸都是轴线间的尺寸。较好的方法是先画出轴线尺寸图，利用计算机软件的偏移功能，生成中线尺寸图（如49 墙外偏移 0.125m、37 墙外偏移 0.065m 等）和外墙尺寸图，然后再精确量测各部位的面积。最后再用检核公式：误差＝建筑面积−套内建筑面积−共有建筑面积（如墙体、管道井、楼梯等）进行检核，误差很小。这样，以轴线尺寸为基准，即可省去加减小数的麻烦、避免了人为出错。用 AutoCAD 画出轴线尺寸图，如果尺寸无误，从一点起，按各线段长度、方向画线，最后回到起点，必然闭合。如不闭合，需重新检查、重画。这是很重要的，也是非常必要的检核条件。传统方法却无法做到。

如轴线尺寸图完全闭合，利用 AutoCAD 偏移功能（offset）偏移生成中线尺寸图、外墙尺寸图。再利用 AutoCAD 面积量测功能（Area）量测出各部位面积。

3. 面积自动生成功能

普通 AutoCAD 具有面积量测功能，具体方法如下：

①如所量测图形为一整体，且为单个图形，可选择 Area 功能，右手键选取目标Object 功能，点击目标上一点，即可自动生成面积，可将生成的面积值粘贴到指定位置处。

②如果所量测图形不为一整体，或不为单一图形或图形与图形相连情况下，可选择Area 功能，然后在需量测图形变化点上逐点点取，最后回车，即可测出面积大小。可将生成的面积值粘贴到指定位置处。此方法不但费时，还易出错。如果点取图形变化点时捕捉不准，也会使面积出错。

利用 AutoLISP 编程，可在传统 AutoCAD 基础上，将此命令以工具条形式出现在窗口界面上，设定工具条名称为"jsmj"，鼠标点击"jsmj（计算面积）"命令按键，不管什么图形，只要是封闭的，就会以事先设定好的字体大小在任意封闭图形内任意位置处点击自动生成面积值，并以指定的颜色在量测的封闭图形内闪烁。如果图形不封闭则无法量测并显示："你指定的点不能确定边界！"

程序代码如下：

```
;;使 stm 对象闪一下
(defun zxmflash(stm / t1 t2)
  (command "hatch" "solid" stm "")
  (setq t1 (getvar "cdate"))
  (setq t2 (getvar "cdate"))
  (while (<= (- t2 t1) 0.00000003) (setq t2 (getvar "cdate")))
  (command "undo" "")
)
;;;;;;;;;;;;;;;;;;;;;;;;;;;;;;
(defun dgmj (PT / AR NENTL PENTL)
  (setq pentl (entlast))
  (command "boundary" pt "")
  (setq nentl (entlast))
```

```lisp
    (if (not (equal pentl nentl))
      (progn (command "area" "o" nentl "")
      (zxmflash nentl)
      (entdel nentl)
      (setq ar (getvar "area"))
      (command "layer" "s" "jsmj" "")
      (command "text" pt 2.5 0 (rtos ar 2 2) "")
      (princ ar)
      )
      ;;else
      (princ "\n 你指定的点不能确定边界!")
    )
  (princ)
)
;;;;;;;;;;;;;;;;;;;;;;;;;;;;;;;;;;;;;

(defun c:jsmj (/ SS PT)
  (setvar "cmdecho" 0)
  (if (/= (getvar "useri1") 11)
    (progn (princ "\n 现在开始量算面积:")
    ;;(setq ss (ssget "x" '((8 . "jsmj")
(0 . "TEXT")))))
    ;;(if ss
      ;;(command "erase" ss "")
      ;;)
      (command "layer" "n" "jsmj" "")
      (setvar "useri1" 11)
    )
)
(while
    (progn (initget 128)
    (setq
    pt(getpoint "\n   e 累加计算的面积/
指定边界内的一点/<EXIT>:")
    )
    (if (/= (type pt) 'LIST)
      (progn (if( = pt "e")
          (ljmj)
```

```
      )
        nil
      )
    ( progn ( dgmj pt ) T )
    )
    )
    )
  ( setvar "cmdecho" 1 )
  ( princ )
)
```

4. 具有相同属性的多块面积自动求和计算

在房产测量中经常遇到相同属性的房屋面积求和计算，如房屋套内建筑面积求和，共有建筑面积求和等，计算量较大。利用 AutoLISP 编程，可在窗口定义一个名为"ljmj"工具条，鼠标点击"ljmj（累加面积）"命令按键，只需在相同属性面积值处逐点点击，最后回车，即可自动生成总和，并准确无误。各相同属性面积总和（如住宅套内建筑面积、车库套内建筑面积、商业套内建筑面积、管道井面积、楼梯面积等）计算只在轻轻点击之间即可完成，大大地缩小了计算工作量，而且精确无误。

累加求和计算程序代码如下：

```
( defun c:ljmj1 ( / ENT I LEN MJ S SS STM )
  ( princ " \nselect number:" )
  ( setq ss ( ssget'( ( 8 . "jsmj" ) ( 0 . "TEXT" ) ) ) )
  ( if ss
    ( progn ( setq i 0 )
    ( setq mj 0 )
    ( setq len ( sslength ss ) )
    ( while ( < i len )
      ( setq stm ( ssname ss i ) )
      ( setq ent ( entget stm ) )
      ( setq s ( atof ( cdr ( assoc 1 ent ) ) ) )
      ( setq mj ( + mj s ) )
      ( setq i ( + i 1 ) )
    )
```

5. 边长长度自动注记

房产项目测量中，绘制分户图、分丘图、编写计算书都有大量的边长长度注记工作量，如果手工注记，不仅费时费力，而且易于出错。利用 AutoLISP 编程，可在窗口定义一个名为"zjcd"工具条，只需鼠标点击"zjcd（注记长度）"命令按键，在注记的边上点击或圈选，即可根据指定的字体大小、离线的距离、字头的朝向，在指定的边长中间位置处自动生成边长数值。不仅省时省力，还避免了人为失误。

程序代码如下：

```
(defun mkptlst (pen1 / bhbj ptlst pen pel pt i pt1 pt2)
;;取出"polyline"或 lwpolyline 的点位,以表的结构返回
(if ( = (cdr (assoc 0 (entget pen1))) "POLYLINE")
  (progn (setq ptlst'())
  (setq pen (entnext pen1))
  (while (/= "SEQEND" (cdr (assoc 0 (entget pen))))
    (setq pel (entget pen))
    (setq pt (cdr (assoc 10 pel)))
    (setq ptlst (append ptlst (list pt)))
    (setq pen (entnext pen))
  )
  (setq bhbj (cdr (assoc 70 (entget pen1))))
  (if ( = (logand bhbj 1) 1)
    (setq ptlst (mkptlst stm))
    (setq n (length ptlst))
    (setq j 0)
    (while (< j (- n 1))
      (setq pt1 (nth j ptlst))
      (setq pt2 (nth (+ j 1) ptlst))
      (setq di (distance pt1 pt2))
      (setq ptm (c:cal "plt(pt1,pt2,0.5)"))
      (setq ang (angle pt1 pt2))
      (setq di (rtos di 2 2))
      (setq entlist (list (cons 1 di)))
        (setq txtlen (car (cadr (textbox entlist))))
        (if (and (< ang ( * 3 (/ pi 2))) (> ang
(/ pi 2)))
      (setq ang (angle pt2 pt1))
    )
        (setq ang1 (+ ang (/ pi 2)))
        (setq pti (polar ptm ang ( * -0.5 txtlen)))
        (setq pti (polar pti ang1 dv))
        (setq pt3 (polar pti ang dv))
        (command "text" pti "" pt3 di)
        (setq j (+ j 1))
    )
    (setq i (+ i 1))
```

```
        )
        )
      )
    (setvar "osmode" os)
 )        (setq ptlst (cons pt ptlst))
      )
      )
      )
    (if ( = (cdr (assoc 0 (setq pen1 (entget pen1)))) "LWPOLYLINE")
      (progn (setq bhbj (cdr (assoc 70 pen1)))
    (setq ptlst'())
      (setq pen (cdr (assoc 90 pen1)))
      (setq pen1 (member'(100 . "AcDbPolyline") pen1))
      (setq i 6)
      ;;数据读取序号初值
      (repeat pen
        (setq pt (cdr (nth i pen1)))
        (setq ptlst (append ptlst (list pt)))
        (setq i (+ 4 i))
      )
      (if ( = (logand bhbj 1) 1)
        (setq ptlst (cons pt ptlst))
      )
      )
  )
    (if ( = (cdr (assoc 0 pen1)) "LINE")
      (progn (setq pt1 (cdr (assoc 10 pen1)))
      (setq pt2 (cdr (assoc 11 pen1)))
      (setq ptlst (list pt1 pt2))
      )
    )
    ptlst
  )
(defun c:zjcd (/ ANG   ANG1 DI DV   ENTLIST   I   J
        LEN   N   PT1   PT2   PT3   PTI   PTLST PTM   SS1
        STM   TXTLEN os
      )
    (if (null cal)
```

```
        ( arxload " geomcal " )
      )
    ( setq os ( getvar " osmode " ) )
    ( setvar " osmode " 0 )
    ( setqss1 ( ssget ' ( ( -4 .  " <OR " )
          ( 0 .  " POLYLINE " )
          ( 0 .  " LWPOLYLINE " )
          ( 0 .  " LINE " )
          ( -4 .  " OR> " )
        )
      )
    )
    ( if ss1
      ( progn ( initget 4 " " )
      ( setq
       dv ( getreal
          ( strcat " \n 输入字高：< " ( rtos ( getvar " textsize " ) ) " > " )
      )
      )
      ( if dv
        ( setvar " textsize "  dv )
      )
      ( initget 4 " " )
      ( setq dv ( getreal ( strcat " \n 输入离线距离：<0. 2> " ) ) )
      ( if ( not dv )
        ( setq dv 0. 2 )
      )
      ( setq i 0 )
      ( setq len ( sslength ss1 ) )
    ( while ( < i len )
      ( setq stm ( ssname ss1 i ) )
```

　　房产项目测量中，涉及大量的人为重复工作量，如果手工完成，不但费时费力，而且容易出错。通过编程很好地解决了这一问题。同时现有的房产测绘软件不但价格昂贵，也并不通用，各地不动产登记机构对要求提交的成果及格式也不尽一致。据作者了解，现有房产测绘软件大多具有面积自动生成功能和边长长度自动注记功能，但都没有相同属性面积自动求和功能。并且要求代码严格保密。自己编写应用程序，不仅极大地提高了工作效率，保证了成果质量，还可以更好地适应本地房产测绘管理的需要。

§9.3　公用建筑面积确定与分摊

一栋房屋具有多个产权人，或者需要按产权单元分别提供产权登记面积的，且存在无法分割的共有部位的，需要确定和计算共有建筑面积。

《民法典》明确规定：建筑区划内的其他公共场所、公用设施和物业服务用房，属于业主共有。《民法典》中的业主共有包括小区内的绿地、道路、规划外车位、公用设施设备、建筑结构等共有，还包括物业服务用房、架空层、公共空间、楼梯走廊、人防工程、会所等建筑面积共有。其中人防工程和会所目前法律界定不是很清晰，现实生活和司法实践中视为约定共有，如图 9-3 所示。

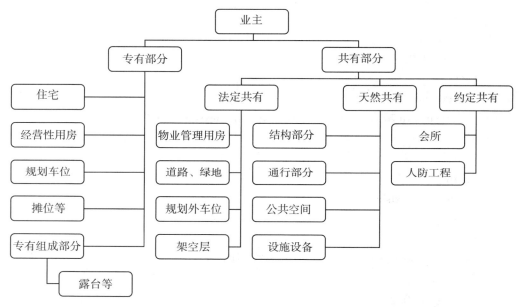

图 9-3　小区物业区分示意图

9.3.1　公用建筑面积的确认

①预售测量，依据经市政府规划行政主管部门核准备案的建筑施工图，划分公用部位的使用功能和服务范围，其功能和服务范围以设计图纸的标注为依据进行确认。

②竣工测量，对公用建筑面积范围的确认，以房屋实际状况为准。

③商业层、车库层、人防层内无间隔墙的权属单元，应埋设永久性界址标志后才能对该层公用建筑面积进行确认。

9.3.2　公用建筑面积的所有权与使用权

①房屋共有建筑面积分摊后，不划分各产权人分摊面积的具体部位，共有建筑面积一

经分摊，未经合法程序任何人不得侵占或改变其原设计的使用功能和结构。

②共有建筑面积的所有权、使用权，由本栋参与共有建筑面积分摊的各产权人共同所有、共同使用。

③公有建筑面积为小区全体业主共同所有、共同使用。未经合法程序任何人不得侵占或改变其原设计的使用功能。《民法典》规定，改变共有部分的用途或者利用共有部分从事经营活动，应当由专有部分面积占比三分之二以上的业主且人数占比三分之二以上的业主参与表决，并应当经参与表决专有部分面积四分之三以上的业主且参与表决人数四分之三以上的业主同意。

9.3.3　公用建筑面积的分类

总建筑面积包括专有建筑面积和公用建筑面积。公用建筑面积分为被分摊的公用建筑面积和不被分摊的公用建筑面积。被分摊的公用建筑面积又称为共有建筑面积。不被分摊的公用建筑面积又称为公有建筑面积。

1. 专有建筑面积
①独立使用的住宅、经营性用房、规划车位、摊位、专有露台。
②独立使用的地下室、半地下室、车库、车棚等。
③为社区提供服务可独立经营使用的配套用房，如设在栋内的储蓄所、娱乐活动室、健身房、阅览室、托儿所、活动中心等。
④产权单位自留、自用的房屋。

2. 共有建筑面积
①共有的楼梯间、电梯间、电梯井、观光井（梯）、提物井、室外楼梯等垂直通道及管道井、垃圾道的建筑面积。
②共有的门厅、大厅、过（走）道、门廊、门斗、雨篷等水平通道的建筑面积。
③共有的突出屋面有围护结构的水箱间、电梯机房间、楼梯间等的建筑面积。
④架空层中层高2.20m以上并加以围护封闭利用的门厅、楼梯、电梯、卫生间和水、电、排风管道井等建筑面积。
⑤设在本栋内且仅为本栋服务的设备用房（变（配）电室、水箱间、换热站、供水房、水泵房、设备间）、管理用房（设备维修管理房、值班警卫室（包括与警卫室相连的值班休息用房，也包括为本栋服务的与警卫室合并使用的接待室、传达室，还包括自动报警控制中心和影像监控室））等。
⑥套与公共建筑之间的分隔墙中线以外半墙水平投影面积。
⑦外墙（包括山墙）中线以外半墙的水平投影面积，简称外半墙面积。

3. 公有建筑面积
①相关权利人合法协议约定的不分摊的公用建筑空间。
②地下室或半地下室中设计作为人防工程的建筑面积。
③小区会所。
④设在栋外为它栋服务的或为多栋服务的设备用房、管理用房、值班警卫室等公用房屋。

271

⑤按规划批建,设在栋内的为社区服务的公用房屋,如物业服务办公用房、物业服务的防盗窃监控室、公共厕所、居委会、派出所等。

⑥设计加以利用的深基础架空层中纯架空部分(不包括架空层中层高 2.20m 以上并加以围护封闭利用的门厅、楼梯、电梯、卫生间和水、电、排风管道井等建筑面积)。

⑦中高层以上建筑中设立的消防避难层(室)的建筑面积。

⑧按规划批建的技术(结构)转换层。

⑨栋与栋之间相连的通廊。

⑩建筑物屋面设置的人防报警(控制)室、消防水箱间。

9.3.4 共有建筑面积的分摊原则

①产权各方有合法权属分割文件或协议的,按文件或协议规定执行。

②无产权分割文件或协议的,根据相关房屋的套(单元)内建筑面积按比例进行分摊。

③共有建筑面积只能被专有建筑面积公摊,不能被公有建筑面积公摊。

④以"栋为单位"进行测量与分摊。分摊的共有建筑面积为本栋内的且只为本栋服务的共有建筑面积,与本栋不相连的共有建筑面积不得分摊到本栋房屋内,本栋共有建筑面积不分摊到它栋。

⑤共有建筑面积分摊后,各分户权属建筑面积之和应等于相应的栋、功能区、层的权属建筑面积。

⑥按"逐级分摊"的原则,由整体到局部依次进行分摊。即先分摊栋,然后分摊功能区,再分摊层,最后把共有建筑面积分摊至套(户)。

⑦功能区内的共有建筑面积应参与分摊功能区间的共有建筑面积。即低一级功能区间的共有建筑面积应参与分摊高一级功能区间共有建筑面积,即局部范围的共有建筑面积应承担分摊整体的共有建筑面积。

9.3.5 共有建筑面积的划分

共有建筑面积按其使用功能及服务范围可划分为:

①整栋共有建筑面积。指为整栋服务(包括不同功能区)的共有建筑面积,该面积在整栋范围进行分摊。

②功能区间共有建筑面积。指仅为一栋建筑的某几个功能区服务的共有建筑面积,该面积在相关的功能区范围内进行分摊。

③功能区共有建筑面积。指专为一栋建筑的某一个功能区服务的共有建筑面积,该面积在该功能区内进行分摊。

④层间共有建筑面积。指仅为某一功能区内的两层或两层以上楼层服务的共有建筑面积,该面积在相关楼层范围内进行分摊。

⑤层内共有建筑面积。指专为本层服务的共有建筑面积,该面积在本层内进行分摊。

⑥套间共有建筑面积。由于功能设计不同,仅由同一层内的多户使用的共有建筑面积,应由相关多户进行分摊。

9.3.6 共有建筑面积计算及分摊的若干细则

1. 划分功能区的不同情况

一栋由裙楼相连的、有多个塔楼的房屋，塔楼应划分为不同功能区。

单一功能房屋存在多个单元时，一般以栋为单位统一分摊共有建筑面积，但如有下列情况之一的，应划分为不同的功能区：

①有的单元设电梯，有的单元不设电梯，按设电梯和不设电梯的单元划分功能区。

②有的单元为通廊式梯间，有的单元为单元式梯间，按梯间不同的单元划分功能区。

③有的单元为多层，有的单元为高层，按多、高层单元划分功能区。

④有的单元为商品房，有的单元为回迁房，按商品房、回迁房单元划分功能区。

⑤有的单元门口处设有门廊、门斗，有的单元门口处没有门廊、门斗，按设有门廊、门斗和没有门廊、门斗单元划分功能区。

2. 地下室

①若地下室有部分区域用作商业或办公等用途，则该部分应列为专有建筑面积，位于该区域内仅与商业或办公相通并使用的走廊、楼梯间、电梯间、扶梯、货梯、观光电梯、卫生间、通风井、烟道、管道井等，均在地下室商业或办公部分进行分摊。

②地下室既有商业、办公等专有建筑面积或其他共有建筑面积，也有人防、设备用房等公有建筑面积时，且共用该区域内的水平通道和其他共有用房时，应在测算出专有建筑面积、共有建筑面积、公有建筑面积后，按比例对本区域共有建筑面积作预分摊计算，以确定各部分的建筑面积。

③当地下停车场中机动车位经批准准予出售并可以拥有独立产权时，机动车位面积可按各停车位实际占用面积的方式计算，也可按实际占用面积加分摊的共有分摊面积的方式计算机动车位的建筑面积。此时，下地下室车道面积、其他专门服务于车位的公共通道面积和公共用房面积均列为各车位应分摊的共有建筑面积。

3. 下地下室楼(电)梯、车道

①由地面下地下室的地下室专用梯，当该专用梯地面出入口为独立出入口并位于建筑物外墙或主体之外时，若：

a. 地下室为人防、设备用房等公有建筑面积时，该专用梯及地面出入口的建筑面积计为不分摊公有建筑面积，并计入地下室建筑面积中。

b. 地下室为商业、办公等专有建筑面积或其他共有建筑面积，该专用梯及地面出入口的建筑面积计为地下室应分摊的共有建筑面积。

c. 地下室既有商业、办公等专有建筑面积或其他共有建筑面积，也有人防、设备用房等公有建筑面积时，如该专用梯仅为商业、办公等专有建筑面积服务或其他共有建筑面积服务，该专用梯及地面出入口的建筑面积直接计为应分摊的共有建筑面积；如该专用梯同时服务于地下室公有建筑面积和其他建筑面积(专有建筑面积或共有建筑面积)，该专用梯及地面出入口的建筑面积应为分摊的共有建筑面积，被专有建筑面积、共有建筑面积、公有建筑面积几个功能区预分摊，并分别计入各功能区建筑面积中。被公有建筑面积预分摊的分摊面积计入公有建筑面积，被专有建筑面积预分摊的分摊面积计入专有建筑面积，被共有建筑面积预分摊的分摊面积计入共有建筑面积，再分别在各自的功能区内被分摊。

②由地面下地下室的地下室专用梯，当该专用梯地面出入口位于建筑物外墙或主体之内时，若：

a. 地下室为公有建筑面积时，则下地下室梯从地表处切断，地下部分的梯间面积计入地下室，列为不分摊公用建筑面积。位于一层的梯间面积计为应分摊共有建筑面积，按其在地面以上的相应服务范围进行分摊计算。

b. 地下室为商业、办公等专有建筑面积或共有建筑面积时，该下地下室的楼梯的地面以下及地面以上部分不再专门划分开来，该楼梯及与之相通的地面一层的门厅、通道等一起在其地面以下的服务范围内共同分摊计算。如其位于地面一层的门厅、通道为其与地面以上相关空间共用，则门厅、通道等应一起在其地面以下和以上的服务范围内共同分摊计算。

③下地下室的车道，其坡道下方回填无建筑空间的，或设计为不可利用的建筑空间的，或车道下方直接为地下二层建筑空间的，该车道对应的地面一层有盖部分作上空处理，车道有盖部分只计一层建筑面积并计入地下一层建筑面积中，如图 9-4(a) 所示；如车道下方在地下一层为可利用空间，那么车道下方层高超过 2.20m 以上部分计算建筑面积，并均计入地下室建筑面积中，如图 9-4(b) 所示。

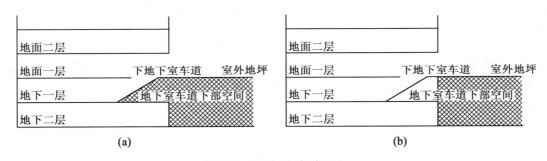

图 9-4　下地下室车道图示

4. 专用楼梯、电梯及梯间

①室内专用楼梯、电梯，当室内专用楼梯、电梯通过"不使用"功能区楼层(如裙塔楼住宅通往地下车库的电梯、楼梯在裙楼功能区不开门，通过裙楼的电梯、楼梯裙楼无法使用)，此时专用电梯、楼梯面积和电梯机房间面积只能列入"使用"功能区共有建筑面积，不能被"不使用"功能区分摊。

②室外专用楼梯、电梯，其梯间建筑面积全部列为"使用"部分建筑的区内共有建筑面积。若第一层的建筑功能、用途与第二层以上的不同，如第二层及以上的为住宅，第一层为商业或办公、厂房、仓库、车库等非住宅用途的，则该室外梯为专用梯，其梯间应为第二层以上功能区分摊共有建筑面积。

③当一裙楼对应有多个塔楼时，在裙楼不能按多个塔楼划分成多栋建筑的情况下，通

过"不使用"功能区楼层的梯间有多个，这些多个梯间面积的总和应列为"使用"功能区共有建筑面积，不能被"不使用"功能区分摊。

5. 非专用楼梯、电梯及梯间

①为整栋服务的楼梯或电梯，整栋分摊(在个别楼层或部分楼层有门不开的，不影响整栋分摊)。如某一楼房，当其室外楼梯上第二层平台，再经平台进室内楼梯上各层，若第一层与第二层以上建筑的功能、用途相同时，该室外梯为非专用梯，其梯间面积为整栋(含第一层)应分摊的共有建筑面积。

②当楼梯或电梯通过的楼层分成多个不同用途建筑(如住宅与办公等)且其对应的梯间平面结构不同时，按不同的梯间平面结构分段确定其服务范围，但屋顶梯间或电梯机房仍为整栋的共有建筑面积。

6. 走廊的处理

①房屋除第一层(地面)外的其他各层的内、外走廊，列为本层的共有建筑面积。

②位于建筑物第一层(地面)的外走廊、檐廊，列为应分摊的共有建筑面积。第一层全部为商铺且各商铺均向走廊(或檐廊)开门时，走廊(或檐廊)的建筑面积列为第一层各商铺应分摊的共有建筑面积。第一层为公寓、办公等用房时，也按此原则处理。除此之外，第一层外走廊、檐廊的建筑面积列为整栋应分摊的共有建筑面积。

7. 架空通廊

①两座建筑物在地面部分由裙楼连成一体，且不能将塔楼和相应裙楼划分成多栋建筑的，架空通廊建筑面积列为整栋应分摊的共有建筑面积。

②两栋独立建筑物之间的架空通廊建筑面积列为不分摊的公有建筑面积。

9.3.7 共有建筑面积分摊

1. 分摊公式

按相关套内建筑面积进行共有建筑面积分摊，共有分摊面积按下式计算：

$$\delta S_i = K \times S_i$$

$$K = \Delta S_i / \sum S_i$$

式中：K 为共有分摊系数；

ΔS_i 为可被分摊的共有建筑面积(m^2)；

S_i 为各单元参加分摊的套内建筑面积(m^2)；

$\sum S_i$ 为参加分摊的各单元套内建筑面积总和(m^2)；

δS_i 为各单元分摊所得的共有分摊面积(m^2)；

2. 分摊方法与步骤

(1)整体分摊

使用功能单一，各户对共有建筑面积共有情况基本一致的房屋适用于整体分摊的方法。

分户共有分摊面积=共有分摊系数×套内建筑面积

共有分摊系数＝共有建筑面积÷套内建筑面积之和

（2）多级分摊

不适用于整体分摊的房屋采用多级分摊。多级分摊应遵循从整体到局部，从大到小逐级分摊的原则。

（1）共有建筑面积分析步骤

在一栋建筑开始计算之前，应按如下步骤对共有建筑面积进行分析：

①确定一栋房屋中所有公用建筑面积的范围和名称。

②将公用建筑面积划分成被分摊和不被分摊两类。

③分析每一部分的共有建筑面积的服务范围并按共有建筑面积服务范围确定共有建筑面积服务功能区。当一栋建筑中有某一共有面积仅服务于某部分建筑空间时（非整栋），该建筑空间为一功能区。仅服务于该功能区的共有建筑面积为区内共有建筑面积。服务于多个功能区的共有面积为多功能区间共有建筑面积，由此相应产生的有功能区内分摊系数和多功能区间分摊系数。

④共有建筑面积分摊先确定服务范围最高级别的区域共有建筑面积先进行分摊。

⑤将多功能区间共有建筑面积分摊后各功能区所得的共有分摊面积分别加到相应的功能区内共有建筑面积中，然后按本功能区内的套（单元）内建筑面积比例进行分摊，即先将高级别的共有分摊面积加到低级别的共有建筑面积中，逐级进行。

⑥在进行区间共有面积分摊后所得的各区分摊面积中，有的可以直接成为区域内共有建筑面积，有的可以成为下一级（服务范围较小）的区间共有面积，这部分共有面积需再进行一次（下一级）区间共有面积分摊，如此一直至区内共有面积分摊。

（2）具体分摊步骤如下：

①第一级分摊：

根据房屋的使用功能和各共有建筑部位的服务范围划分若干功能区，一般按住宅、办公、商业、地下车库、仓库等不同的使用功能或共有部位不相同的区域进行划分。各功能区间共有建筑面积，即栋共有建筑面积，按各功能区范围内的套内建筑面积依比例分摊至各功能区。

功能区的共有分摊面积＝第一级共有分摊系数×该功能区套内建筑面积

第一级共有分摊系数＝功能区间共有建筑面积÷各功能区套内建筑面积之和

②第二级分摊：

某一功能区通过第一级分摊得到的共有分摊面积加上本功能区内各层之间的共有建筑面积，即为该功能区的共有建筑面积，依照第一级分摊的方法，按各层套内的建筑面积依比例分摊至各层。

层共有分摊面积＝第二级共有分摊系数×该层套内建筑面积

第二级共有分摊系数＝（第一级共有分摊面积＋层间共有建筑面积）÷各层套内建筑面积之和。

③第三级分摊：

第二级分摊得到的共有分摊面积加上各层的层内共有建筑面积，按层内各套房屋的套内建筑面积依比例分摊至各套。

分套共有分摊面积＝第三级共有分摊系数×该套内建筑面积

第三级共有分摊系数＝(第二级共有分摊面积+层内共有建筑面积)÷各套内建筑面积之和。

④第 n 级分摊：

前面讲的第二级、第三级分摊不是绝对的，在某几个功能区间或某几层间或某几户间存有共有建筑面积时还需要进一步分割时，参照上述方法在上一级分摊的基础上再进行分摊计算。

9.3.8 共有建筑面积分摊模型

1. 传统分摊计算模型

按"逐级分摊"的原则，由整体到局部依次进行分摊。即先分摊栋，然后分摊功能区，再分摊层，最后把共有建筑面积分摊至套或户，传统分摊模型如图 9-5 所示。

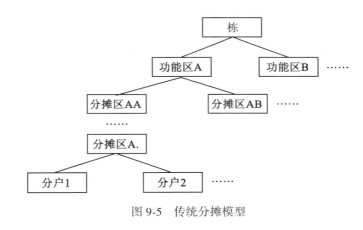

图 9-5 传统分摊模型

(1)住宅楼共有建筑面积分摊

根据整栋的共有建筑面积和整栋套内面积的总和求得整栋住宅楼的共有分摊系数，再按各套房屋的套内建筑面积，依比例求得各套房屋的共有分摊面积，计算公式如下：

$$\delta S_{Ti} = K_z \times S_{Ti}$$

$$K_z = \Delta S_z / \sum S_{Ti}$$

式中：K_z 为整栋房屋共有分摊系数；

S_{Ti} 为套房屋的套内建筑面积(m^2)，i 为套号；

δS_{Ti} 为各套房屋的共有分摊面积(m^2)，i 为套号；

ΔS_z 为整栋房屋的共有建筑面积(m^2)；

$\sum S_{Ti}$ 为整栋房屋各套内建筑面积的总和(m^2)。

(2)多功能综合楼共有建筑面积分摊

多功能综合楼是指具有三种以上用途的建筑物，即一栋建筑物内有住宅、有商业用房、有办共用房，等等，各共有建筑面积的功能与服务对象也不相同。因此，对多功能综合楼就不能和普通住宅楼一样，用一个分摊系数一次进行分摊，而是应按照谁使用谁分摊的原则，对各共有建筑面积，按照各自的功能和服务对象分别进行分摊，即进行多级分摊。

按国家标准《房产测量规范》的规定，采取由整体到局部、由大至小的分摊模式，即首先分摊整栋的共有建筑面积，把它分摊至各功能区。功能区再将分摊到的共有分摊面积和功能区本身自有的共有建筑面积加在一起，再分摊至功能区内各个层，然后层再将功能区分摊到的共有分摊面积和层原来自身的共有建筑面积加在一起，最后分摊至各套或各户。套内建筑面积加上套共有分摊面积，就得到了各套或各户的产权面积。如果各功能区内，各层的结构相同，共有建筑面积也相同，则可免去层这一级分摊，由功能区直接分摊至套或户。

（1）栋共有建筑面积的分摊

$$\delta S_{Gi} = K_Z \times S_{Gi}$$

$$K_Z = \frac{\Delta S_Z}{\sum S_{Gi}}$$

式中：K_Z 为栋共有分摊系数；

S_{Gi} 为栋内各功能区的套内建筑面积（m^2）；

δS_{Gi} 为栋内各功能区的共有分摊面积（m^2）；

ΔS_Z 为整栋房屋的共有建筑面积（m^2）；

$\sum S_{Gi}$ 为本栋各功能区套内建筑面积之和（m^2）。

（2）功能区共有建筑面积的分摊

$$\delta S_{Ci} = K_G \times S_{Ci}$$

$$K_{Gi} = \frac{\Delta \delta S_G}{\sum S_{Ci}}$$

$$\Delta \delta S_G = \Delta S_G + \delta S_G$$

式中：K_G 为功能区共有分摊系数；

S_{Ci} 为功能区内各层的套内建筑面积（m^2）；

δS_{Ci} 为功能区内各层的共有分摊面积（m^2）；

$\Delta \delta S_G$ 为功能区的共有建筑面积之和（m^2）；

$\sum S_{Ci}$ 为功能区内各层套内建筑面积之和（m^2）；

ΔS_G 为功能区自身原有的共有建筑面积（m^2）；

δS_G 为栋分摊给功能区的共有分摊面积（m^2）。

（3）层共有建筑面积的分摊

$$\delta S_{Ti} = K_C \times S_{Ti}$$

$$K_C = \frac{\Delta \delta S_C}{\sum S_{Ti}}$$

$$\Delta\delta S_C = \Delta S_C + \delta S_C$$

式中：K_C 为层共有分摊系数；

$\qquad S_{Ti}$ 为层内各套房屋或户的套内建筑面积(m^2)；

$\qquad \delta S_{Ti}$ 为各套房屋的共有分摊面积(m^2)；

$\qquad \Delta\delta S_C$ 为层内共有建筑面积之和(m^2)；

$\qquad \sum S_{Ti}$ 为本层内各套(户)房屋套内建筑面积之和(m^2)；

$\qquad \Delta S_C$ 为各层本身原有的层共有建筑面积(m^2)；

$\qquad \delta S_C$ 为功能区分摊给本层的共有分摊面积(m^2)。

(4)套(户)内产权面积的计算

$$S_{Ei} = S_{Ti} + \delta S_{Ti}$$

式中：S_{Ei} 为各套(户)房屋的产权面积(m^2)；

$\qquad S_{Ti}$ 为各套(户)房屋套内建筑面积(m^2)；

$\qquad \delta S_{Ti}$ 为各套(户)房屋的共有分摊面积(m^2)。

共有分摊面积计算的检核：

$$\sum S_{Ei} = \sum S_{Ti} + \Delta S_Z + \Delta S_{Gi} + \Delta S_{Ci}$$

式中：$\sum S_{Ei}$ 为本栋房屋中各套(户)房屋产权面积之和(m^2)；

$\qquad \sum S_{Ti}$ 为本栋房屋中各套(户)房屋的套内建筑面积之和(m^2)；

$\qquad \Delta S_Z$ 为整栋共有建筑面积(m^2)；

$\qquad \Delta S_{Gi}$ 为各功能区的共有建筑面积(m^2)；

$\qquad \Delta S_{Ci}$ 为各层的共有建筑面积(m^2)。

2. 自动分摊模型

房产面积自动分摊计算的软件开发设计中，为实现计算机编程需要可将公用建筑面积的分摊分为以下几种：按文件或协议分摊、不分摊、整栋分摊、功能区间分摊、功能区内分摊、层间分摊、层内分摊、套间分摊等。

公用建筑面积的分摊归纳如下：

1)按文件或协议确定

当该建筑物有几个相关权利人，并且就该相关建筑物的面积分割或分摊达成协议的，应该按照协议来进行。

2)不分摊

不分摊的公用建筑面积是指不能被分摊的公用建筑面积，如作为人防工程的地下室等。此时，这部分公用建筑面积的分摊系数 K 为 0。

3)整栋分摊

使用功能单一，各户对共有建筑面积共有情况基本一致的房屋适用整体分摊的方法。即共有建筑面积为该栋所有户必须分摊。在模型中，整栋分摊的共有建筑面积 ΔS 等于参与整栋分摊的共有建筑面积之和。参加摊算的建筑面积 $\sum S$ 为整栋房屋内所有套的建筑面积之和。

4）功能区间分摊

功能区是按照建筑物的不同使用功能来进行划分的。当建筑物有两个以上功能区时，其服务于特定功能区的共有建筑面积应在该功能区内分摊，而不应进行整栋分摊。功能区间分摊适用于那些应在特定的几个功能间进行分摊的共有建筑面积。参加功能区间分摊的共有建筑面积按各功能区内的套内建筑面积的比例分摊。在模型中，参与功能区间分摊的共有建筑面积 $\Delta\delta S$ 等于参与分摊的两个功能区（或多个功能区）之间共有的建筑面积之和，参加摊算的建筑面积 $\sum S$ 为参与分摊的两个或多个功能区区内建筑面积之和。

5）功能区内分摊

仅为某一功能区服务的共有建筑面积适用于功能区内分摊。在模型中，区内分摊的共有建筑面积 $\Delta\delta S$ 等于本功能区内的共有建筑面积，参加摊算的建筑面积 $\sum S$ 为本功能区内的所有层的建筑面积之和。

6）层间分摊

层间分摊是指当某些共有建筑面积仅为特定的几层服务时所进行的面积分摊。在模型中，参与层间分摊的共有建筑面积 $\Delta\delta S$ 等于参与分摊的两个层（或多个层）层间共有建筑面积之和，参加摊算的建筑面积 $\sum S$ 等于这两个层（或多个层）层内所有套的建筑面积之和。

7）层内分摊

层内分摊是指仅服务本楼层，并且该层的所有套都参与分摊的共有建筑面积。在模型中，层内分摊的共有建筑面积 $\Delta\delta S$ 等于本楼层内的参与层内分摊的共有建筑面积之和，参加摊算的建筑面积 $\sum S$ 为本楼层内所有套（户）建筑面积之和。

8）套间分摊

套间分摊是指仅服务于某一楼层内部分用户的共有建筑面积，即该楼层部分用户参与公摊的共有建筑面积。

公用建筑面积分摊模型如图9-6所示。

其中，被分摊的公用建筑面积称为共有建筑面积。不被分摊的公用建筑面积称为公有建筑面积，二者合称为公用建筑面积。在以往只计算共有建筑面积，不计算公有建筑面积，房屋的总建筑面积中不包含公有建筑面积。在《物权法》出台后，明确规定小区的公用建筑面积归小区业主共同所有。既然权属已经明确，公有建筑面积就应该计算，小区业主就应该知晓自己享有的公有建筑的部位和面积。不被分摊的公有建筑面积能不能办理权利证书应该是下一步思考的问题。

9.3.9 房产面积计算与分摊示例

1. 单一功能房屋

例9-1 一纯住宅楼，一梯两户，每层四户。一到六层结构相同。六层有阁楼，与六层一起构成跃层。根据§9.2.4"CAD成图法面积计算"介绍的方法，利用AutoCAD绘制成中线尺寸图和外墙线尺寸图，图形如图9-7所示。为了方便CAD量测，在计算过程中我们引入了一个新概念，即自有建筑面积，自有建筑面积指使用面积和套内墙体面积之

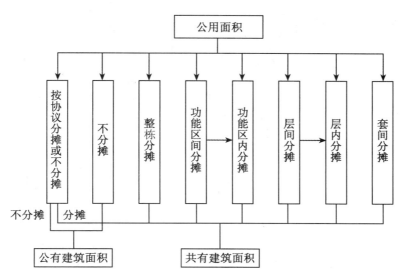

图 9-6　便于计算机实现的公用建筑面积的分摊模型

和，即产权单元权属界线以内的面积（不包括阳台面积），此面积加上阳台面积即为套内建筑面积。如果没有阳台，此面积即等于套内面积，如商业用房、门市用房等。利用§9.2.4 编程软件量测出各套（户）自有建筑面积、阳台面积，各套（户）自有建筑面积加上阳台面积等于各套（户）套内建筑面积，标注于各套（户）户型内。再量测出各层主体建筑面积、中线面积、楼梯面积、管道井面积等。各层主体建筑面积为各层主外墙体以内的建筑面积，各层中线面积为各层墙体中线以内的建筑面积，主体建筑面积减去中线建筑面积=外半墙面积。主体建筑面积+附属设施面积=总体建筑面积。本例中附属设施只有阳台，主体建筑面积+附属设施的阳台面积=总体建筑面积。各层总体建筑面积之和即为本栋楼总建筑面积。

　　阁楼面积指阁楼中层高超过 2.20m 部位的建筑面积，通常情况下老虎窗都有 2.20m高，且有外墙体厚度，计算建筑面积。斜坡屋顶部分通过坡度计算求出 2.20m 处，以粗单线表示，单线以外层高不足 2.20m，不计算建筑面积。

　　在每一层计算中都要进行严格的检核，用 AutoCAD 测算出各部位的面积后，利用§9.2.4 节编程软件的累加功能，累加房屋主体内各部位的面积之和，本案例中累加自有建筑面积、楼梯面积、阳台面积、管道井面积，并与主体建筑面积比较进行检核，如果误差较大，需要重新测算。如果误差较小，可以将此误差配赋给外墙体。

　　各层面积检核无误后，累加并列出如图 9-7 所示图形下面的各项汇总数据。同时根据各部位的功能，确定计算出总建筑面积、套内建筑面积、共有建筑面积等，并进行分摊计算。总建筑面积指整栋建筑面积。套内建筑面积指各产权单元套内面积之和，共有建筑面积指各层共有面积之和。在进行分摊计算时还需进行检核，即总套内建筑面积与总共有建筑面积之和等于总建筑面积。分摊系数可取小数点后六位，原则上保证每一产权单元的共有分摊面积保留到小数点后两位即厘米级即可。

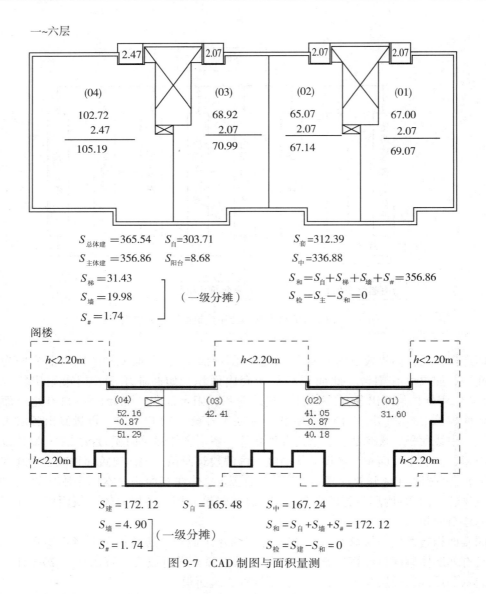

一~六层

$S_{总体建}=365.54$　　$S_{自}=303.71$　　$S_{套}=312.39$

$S_{主体建}=356.86$　　$S_{阳台}=8.68$　　$S_{中}=336.88$

$S_{梯}=31.43$

$S_{墙}=19.98$　　　　　（一级分摊）　　$S_{和}=S_{自}+S_{梯}+S_{墙}+S_{#}=356.86$

$S_{#}=1.74$　　　　　　　　　　　　　$S_{检}=S_{主}-S_{和}=0$

阁楼

$S_{建}=172.12$　　$S_{自}=165.48$　　$S_{中}=167.24$

$S_{墙}=4.90$　　　　　　（一级分摊）　　$S_{和}=S_{自}+S_{墙}+S_{#}=172.12$

$S_{#}=1.74$　　　　　　　　　　　　　$S_{检}=S_{建}-S_{和}=0$

图 9-7　CAD 制图与面积量测

总建筑面积＝365.54×6+172.12＝2365.36

套内建筑面积：住宅　　　（303.71+8.68）×6+165.48＝2039.82

共有建筑面积：外墙　　　19.98×6+4.99＝124.78

　　　　　　　　管道井　　1.74×7＝12.18

　　　　　　　　楼梯间　　31.43×6＝188.58

K_1＝共有建筑面积/套内建筑面积

　　＝（124.78+12.18+188.58）/2039.82＝325.54/2039.82＝0.15959251

计算各户共有分摊面积时，可以利用 Excel 电子表格进行，由于电子表格具有较强的编程功能，而提交的成果具有固定的格式，可以通过编程计算各户的共有分摊面积和建筑面积。如表 9-1 所示，只需要输入总建筑面积、各套(户)套内建筑面积，其他由表格自动计算，省时省力，非常方便。计算顺序如下：先输入总建筑面积，再分别输入各套(户)套内建筑面积，由输入的各套(户)建筑面积累加计算出总套内建筑面积，总建筑面积-总套内建筑面积=总共有建筑面积。总共有建筑面积除以总套内建筑面积=共有分摊系数。共有分摊系数乘以各套(户)套内建筑面积等于各套(户)共有分摊面积，各套(户)套内建筑面积+共有分摊面积=各套(户)建筑面积。并在表格中注以房间号和户型，并在备注一

表 9-1 　　　　 **大众嘉园** 小区 （5#楼）**房屋分套建筑面积计算成果表**

	户型	跃层	跃层	跃层	跃层		年份：2003
六层	房间号	601	602	603	604		结构：混合
	建筑面积	116.74	124.45	131.50	181.45		
	套内建筑面积	100.67	107.32	113.40	156.48		层数：六
	共有分摊面积	16.07	17.13	18.10	24.97		
五层	户型	2-1	2-1	2-1	2-1		套数：24
	房间号	501	502	503	504		
	建筑面积	80.09	77.86	82.32	121.98		用途：住宅
	套内建筑面积	69.07	67.14	70.99	105.19		
	共有分摊面积	11.02	10.72	11.33	16.79		备案(m²)：2365.36
四层	户型	2-1	2-1	2-1	2-1		
	房间号	401	402	403	404		回迁(m²)：
	建筑面积	80.09	77.86	82.32	121.98		
	套内建筑面积	69.07	67.14	70.99	105.19		自留(m²)：
	共有分摊面积	11.02	10.72	11.33	16.79		
三层	户型	2-1	2-1	2-1	2-1		户号排列：由东向西
	房间号	301	302	303	304		
	建筑面积	80.09	77.86	82.32	121.98		
	套内建筑面积	69.07	67.14	70.99	105.19		
	共有分摊面积	11.02	10.72	11.33	16.79		用途体现部位：
二层	户型	2-1	2-1	2-1	2-1		全为住宅
	房间号	201	202	203	204		
	建筑面积	80.09	77.86	82.32	121.98		
	套内建筑面积	69.07	67.14	70.99	105.19		备注：
	共有分摊面积	11.02	10.72	11.33	16.79		六层含阁楼面积
一层	户型	2-1	2-1	2-1	2-1		
	房间号	101	102	103	104		
	建筑面积	80.09	77.86	82.32	121.98		
	套内建筑面积	69.07	67.14	70.99	105.19		
	共有分摊面积	11.02	10.72	11.33	16.79		

　　总建筑面积　2365.36　　总套内面积　2039.82　　总共有面积　325.54　　系数：共有面积\套内面积=0.15959251

栏中注记：建成年份、结构、层数、套数、用途、备案、回迁、自留、户号排列、用途体现部位等。在电子表格中还可以方便地进行检核，用自动生成的套内建筑面积、自动生成的分摊系数与 AutoCAD 计算书中的总套内面积和分摊系数进行比较，以防出错。还可在表格的右下角处自动累加各户的建筑面积与总建筑面积进行校核。

2. 商住房屋

例 9-2　一商住楼房，一层为车库，二层以上为住宅。六层有阁楼，与六层一起构成跃层。同样根据§9.2.4 介绍的方法，利用 AutoCAD 绘制成中线尺寸图和外墙线尺寸图，图形如图 9-8 所示。首先利用§9.2.4 编程软件量测出一层车库各套（户）自有建筑面积（由于一层没有阳台，自有建筑面积即为套内建筑面积），标注于各套（户）户型内。再量测出一层主体建筑面积、中线面积、楼梯面积等。一层由于没有如阳台、室外楼梯等附属设施，主体建筑面积即为一层的建筑面积，建筑面积−中线建筑面积=外半墙面积。

一层量测完后，量测二层以上的各部位面积，方法同上。各套（户）的自有建筑面积+阳台面积=套内建筑面积。本例中，各套（户）有南北两个阳台，自有建筑面积加上两个阳台的面积即为各套（户）套内建筑面积。二层以上有阳台附属设施，先量测出主体建筑面积，主体建筑面积+阳台面积=总体建筑面积。主体建筑面积−中线建筑面积=外半墙面积。

阁楼面积指阁楼中层高超过 2.20m 部位的建筑面积，通常情况下老虎窗都有 2.20m 高，且有外墙体厚度，计算建筑面积。斜坡屋顶部分通过坡度计算求出 2.20m 处，以粗单线表示，粗单线以外层高不足 2.20m，不计算建筑面积，但须在图上用虚线标注出来。

各层总体建筑面积之和即为本栋楼总建筑面积。

在每一层计算中都要进行严格的检核，用 AutoCAD 测出各部位的面积后，利用§9.2.4 编程软件的累加功能，累加房屋主体内各部位的面积之和。本例中一层车库只需累加自有建筑面积、楼梯面积，二层以上需累加自有建筑面积、楼梯面积、管道井面积、阳台面积，并与主体建筑面积比较进行检核，如果误差较大，需要重新测算。如果误差较小，可以将此误差配赋给外墙体。

各层面积检核无误后，累加并列出如图 9-8 所示的图形下面的各项汇总数据。同时根据各部位的功能，确定计算出总建筑面积、套内建筑面积、共有建筑面积，其中共有建筑面积部分还需确定服务对象，明确分摊级别，再进行分摊计算。本例中整栋分为两个功能区，一是车库，二是住宅，多功能建筑根据"谁使用谁公摊"原则，一级分摊部位面积为外墙体面积，住宅二级分摊为一层的楼梯面积、二层以上楼梯面积、管道井面积。

在进行分摊计算前还需进行检核，即总套内建筑面积与总共有建筑面积之和等于总建筑面积。分摊系数可取小数点后六位，原则上保证每一产权单元的共有分摊面积保留到小数点后两位即厘米级即可。

一层

(112) 19.22	(111) 18.10	⊠	(110) 18.10	(109) 18.96	(108) 18.96	(107) 18.10	⊠	(106) 18.10	(105) 18.96	(104) 18.96	(103) 18.10	⊠	(102) 18.10	(101) 19.22
(113) 24.23	(114) 32.60		(115) 32.60	(116) 23.91	(117) 23.91	(118) 32.60		(119) 32.60	(120) 23.91	(121) 23.91	(122) 32.60		(123) 32.60	(124) 24.23

$S_{建} = 628.97 \quad S_{中} = 609.10 \quad S_{自} = 562.58$

$S_{梯} = 46.53($ 二级分摊$) \qquad S_{和} = S_{自} + S_{梯} + S_{墙} = 628.97$

$S_{墙} = 19.86($ 一级分摊$) \qquad S_{检} = 0$

二~六层

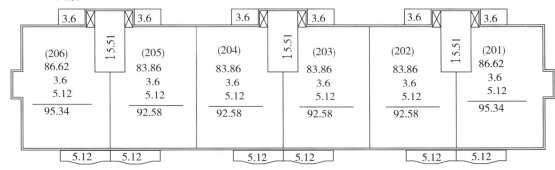

$S_{总体建} = 635.52 \qquad S_{自} = 508.68 \qquad S_{套内} = 561.00$

$S_{主体建} = 583.20 \qquad S_{阳台} = 52.32 \qquad S_{中} = 562.15$

$S_{墙} = 21.03 \quad ($ 一级分摊$)$

$\left.\begin{array}{l} S_{\#} = 6.96 \\ S_{梯} = 46.53 \end{array}\right\}($ 住宅二级分摊$) \qquad \begin{array}{l} S_{和} = S_{自} + S_{梯} + S_{墙} + S_{\#} = 583.20 \\ S_{检} = S_{建} - S_{和} = 0 \end{array}$

阁楼

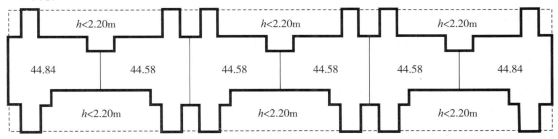

$S_{建} = 281.29 \qquad S_{自} = 268.00$

$S_{中} = 268.00 \qquad S_{和} = S_{自} + S_{墙} = 281.29$

$S_{墙} = 13.29($ 一级分摊$) \qquad S_{检} = S_{建} - S_{和} = 0$

图 9-8 CAD 制图与面积量测

总建筑面积：4087.86

套内建筑面积：车库(562.58)　　住宅：(3073.00)

共有建筑面积：(一级分摊)墙体：138.30　(二级分摊)　一层楼梯：46.53

二层以上楼梯：232.65

管道井：34.80

一级分摊系数：K_1＝一级共有建筑面积/套内建筑面积

＝138.30÷(562.58+3073.00+46.53+232.65+34.80)＝138.30/3949.56＝0.03501656

$S_{车库}$＝562.58×(1+0.03501656)＝582.28

$S_{住宅}$＝(3073.00+46.53+232.65+34.80)×(1+0.03501656)＝3505.58

二级分摊系数：$K_{车库}$＝(582.28−562.58)÷562.58＝0.035017

$K_{住宅}$＝(3505.58−3073.00)÷3073.00＝0.1407680

在一级分摊计算时，被分摊的面积 138.30m² 为一级分摊的共有建筑面积，参与分摊的面积为车库的套内建筑面积 562.58m²、住宅的套内建筑面积 3073.00m² 和二级分摊的共有建筑面积(46.53+232.65+34.80m²)之和。即低一级功能区间的共有建筑面积应参与分摊高一级功能区间共有建筑面积，即局部范围的共有建筑面积应承担分摊整体的共有建筑面积。

至此，房屋总建筑面积已经根据使用功能分为车库和住宅两部分。车库建筑面积为 582.28m²。住宅建筑面积为 3505.58m²。再分别利用 Excel 电子表格进行面积分摊计算，计算方法同上例，车库和住宅分套建筑面积计算成果见表 9-2 和表 9-3。

计算顺序如下：在表 9-2 和表 9-3 中，分别先输入车库、住宅总建筑面积，再分别输入车库、住宅各套(户)套内建筑面积，由输入的各套(户)建筑面积累加计算出总套内建筑面积，总建筑面积−总套内建筑面积＝总共有建筑面积。总共有建筑面积÷总套内建筑面积＝共有分摊系数。共有分摊系数×各套(户)套内建筑面积等于各套(户)共有分摊面积，各套(户)套内建筑面积+共有分摊面积＝各套(户)建筑面积。并在表格中注以房间号和户型，并在备注一栏中注记：建成年份、结构、层数、套数、用途、备案、回迁、自留、户号排列、用途体现部位等。还可以用电子表格中自动生成的套内建筑面积、自动生成的分摊系数和 AutoCAD 计算书中的总套内面积和分摊系数进行比较，作为检核程序之一，以防出错。还可在表格的右下角处自动累积各户的建筑面积与总建筑面积进行校核。

3. 多功能房屋

多功能楼分摊计算同商住方法。

表 9-2　　**大众嘉园　小区　（8#楼　车库）房屋分套建筑面积计算成果表**

二~六层	户型	住宅						年份：2003
	房间号							
	建筑面积							结构：混合
	套内建筑面积							
	共有分摊面积							层数：六
	户型							
	房间号							套数：24
	建筑面积							
	套内建筑面积							用途：车库
	共有分摊面积							
一层	户型							备案(m²)：582.28
	车库号	101	102	103	104	105	106	
	建筑面积	19.89	18.73	18.73	19.62	19.62	18.73	回迁(m²)：
	套内建筑面积	19.22	18.10	18.10	18.96	18.96	18.10	
	共有分摊面积	0.67	0.63	0.63	0.66	0.66	0.63	自留(m²)：
	户型							
	车库号	107	108	109	110	111	112	户号排列：由东向西
	建筑面积	18.73	19.62	19.62	18.73	18.73	19.89	
	套内建筑面积	18.10	18.96	18.96	18.10	18.10	19.22	
	共有分摊面积	0.63	0.66	0.66	0.63	0.63	0.67	用途体现部位：
	户型							一层为车库
	车库号	113	114	115	116	117	118	二层以上为住宅
	建筑面积	25.08	33.74	33.74	24.75	24.75	33.74	
	套内建筑面积	24.23	32.60	32.60	23.91	23.91	32.60	备注：
	共有分摊面积	0.85	1.14	1.14	0.84	0.84	1.14	
	户型							
	车库号	119	120	121	122	123	124	
	建筑面积	33.74	24.75	24.75	33.74	33.74	25.08	
	套内建筑面积	32.60	23.91	23.91	32.60	32.60	24.23	
	共有分摊面积	1.14	0.84	0.84	1.14	1.14	0.85	

总建筑面积：582.28　总套内面积：562.58　总共有面积：19.70　系数：共有面积\套内面积=0.035017

表 9-3　　　　**大众嘉园　小区　（8#楼　住宅）房屋分套建筑面积计算成果**

	户型	跃层	跃层	跃层	跃层	跃层	跃层	年份：2003
六层	房间号	601	602	603	604	605	606	
	建筑面积	159.91	156.47	156.47	156.47	156.47	159.91	结构：混合
	套内建筑面积	140.18	137.16	137.16	137.16	137.16	140.18	
	共有分摊面积	19.73	19.31	19.31	19.31	19.31	19.73	
五层	户型	2-1	2-1	2-1	2-1	2-1	2-1	层数：六
	房间号	501	502	503	504	505	506	套数：30
	建筑面积	108.76	105.61	105.61	105.61	105.61	108.76	
	套内建筑面积	95.34	92.58	92.58	92.58	92.58	95.34	用途：住宅
	共有分摊面积	13.42	13.03	13.03	13.03	13.03	13.42	
四层	户型	2-1	2-1	2-1	2-1	2-1	2-1	备案（m²）：3505.58
	房间号	401	402	403	404	405	406	
	建筑面积	108.76	105.61	105.61	105.61	105.61	108.76	回迁（m²）：
	套内建筑面积	95.34	92.58	92.58	92.58	92.58	95.34	
	共有分摊面积	13.42	13.03	13.03	13.03	13.03	13.42	自留（m²）：
三层	户型	2-1	2-1	2-1	2-1	2-1	2-1	
	房间号	301	302	303	304	305	306	户号排列：由东向西
	建筑面积	108.76	105.61	105.61	105.61	105.61	108.76	
	套内建筑面积	95.34	92.58	92.58	92.58	92.58	95.34	
	共有分摊面积	13.42	13.03	13.03	13.03	13.03	13.42	用途体现部位：
二层	户型	2-1	2-1	2-1	2-1	2-1	2-1	二层以上为住宅
	房间号	201	202	203	204	205	206	一层为车库
	建筑面积	108.76	105.61	105.61	105.61	105.61	108.76	
	套内建筑面积	95.34	92.58	92.58	92.58	92.58	95.34	备注：
	共有分摊面积	13.42	13.03	13.03	13.03	13.03	13.42	六层含阁楼面积
一层	户型							
	车库号							
	建筑面积			车库				
	套内建筑面积							
	共有分摊面积							

　　总建筑面积：3505.58　　　总套内面积：3073.00　　　总共有面积：432.58　　　系数：共有面积＼套内面积＝0.140768

◎思考与练习题

一、单选题

1. ( )是指房屋外墙(柱)勒脚以上各层的外围水平投影面积。

  A. 房屋使用面积　　B. 房屋建筑面积　　C. 房屋共有建筑面积　　D. 房屋产权面积

2. ( )是指产权人依法拥有房屋所有权的房屋面积,它由直辖市、市、县房地产主管部门登记确权认定。

  A. 房屋产权面积　　B. 房屋竣工面积　　C. 房屋使用面积　　D. 房屋套内面积

3. 根据《房产测量规范》,计算一半建筑面积的是( )。

  A. 无柱的雨篷　　　　　　　　B. 有顶盖、不封闭的永久性架空通廊

  C. 房屋内高度在2.20m以上的技术层　　D. 与室内不相通的装饰性类阳台

4. 楼梯已计算建筑面积的,( )不再计算建筑面积。

  A. 其下方空间不论是否利用　　　　B. 其下方空间不利用的

  C. 其下方空间高度不超过2.20m的　　D. 其下方空间被利用的

5. 人防工程的地下室面积( )建筑面积。

  A. 属于不应分摊的公有　　　　B. 属于分摊的共有

  C. 不属于共有　　　　　　　　D. 属于物业公司所有

6. 不用参与分摊共有建筑面积的有( )。

  A. 电梯间　　　B. 地下车库　　　C. 架空层　　　D. 门廊

7. 根据房产测量相关规定,下列应分摊的共有建筑面积有( )。

  A. 为建筑造型而建设、无实用功能的建筑面积

  B. 建在栋内且为本栋服务的配电房

  C. 为多栋综合楼服务的物业管理用房

  D. 人防用的地下室

8. 公有建筑面积为小区全体业主共同所有、共同使用。未经法定程序任何人不得侵占或改变其原设计的使用功能。《民法典》规定,改变共有部分的用途或者利用共有部分从事经营活动,应当由专有部分面积且人数占比( )以上的业主参与表决,并应当经参与表决专有部分面积且参与表决人数( )以上的业主同意。

  A. 二分之一、三分之二　　　　B. 三分之二、四分之三

  C. 二分之一、二分之一　　　　D. 三分之二、三分之二

二、多选题

1. 房屋面积测算包括( )等测算。

  A. 房屋建筑面积　　B. 共有建筑面积　　C. 套内建筑面积

  D. 使用面积　　E. 产权面积

2. 房屋建筑面积测算的必要条件有( )。

  A. 结构牢固　　B. 有上盖　　C. 有明确的用途

  D. 层高不小于2.2m　　　　E. 产权明晰

3. 房屋共用建筑面积通常包括( )。

  A. 栋外半墙面积　　B. 梯面积　　　C. 走廊面积

D. 开放的公共卫生间面积　　　　　E. 天井面积

4.《物权法》明确规定：建筑区划内的其他（　　　），属于业主共有。

A. 公共场所　　　B. 公用设施　　　C. 物业服务用房　　D. 车库

5. 房产测量以（　　　）为单位，房产登记以（　　　）为单位。

A. 栋、层　　　B. 栋、户　　　C. 小区、户　　　D. 丘、户

三、判断题

1. 楼梯已计算建筑面积的，其下方空间，无论是否利用的不计算建筑面积。

2. 有顶盖不封闭的永久性的架空通廊，按外围水平投影面积的一半计算。

3. 挑楼、全封闭的阳台、全封闭挑廊，按其外围水平投影计算面积。封闭是指房屋在规划、设计、施工等环节都已确定封闭，自行封闭的，视为不封闭。

4. 与室内不相通的类似于阳台、挑廊、檐廊的建筑，计算全部建筑面积。

5. 临街楼房、挑廊下的底层作为公共道路街巷通行的，无论其是否有柱，是否有维护结构，均不计算建筑面积。

6. 未封闭的阳台、挑廊，按其围护结构外围水平投影面积的一半计算建筑面积。

7. 有顶盖的室外楼梯按各层水平投影面积的一半计算建筑面积。

8. 未封闭的入户花园和阳光房，按其围护结构外围水平投影面积的一半计算建筑面积。

9. 窗台台面高于房屋地面的外飘窗，按其围护结构外围水平投影面积的一半计算建筑面积。

10. 骑楼、过街楼的底层通道计算一半建筑面积。

11. 无柱或无围护结构或围护结构残缺的门廊、门斗、雨篷，计算一半建筑面积。

12. 属永久性建筑有独立柱、单排柱的门廊、雨篷、车棚、货棚等，按其上盖水平投影面积的一半计算。

13. 与房屋相连属永久性的有非单排柱和围护结构的门廊、门斗、雨篷按其柱或围护结构的外围水平投影计算全部建筑面积。

14. 与房屋相连有上盖无柱的走廊、檐廊，按其围护结构外围水平投影面积的一半计算。

15. 以"栋为单位"进行测量与分摊。分摊的共有建筑面积为本栋内的且只为本栋服务的共有建筑面积，与本栋不相连的共有建筑面积不得分摊到本栋房屋内，本栋共有建筑面积不分摊到它栋。

16. 按"逐级分摊"的原则，由整体到局部依次进行分摊。即先分摊栋，然后分摊功能区，再分摊层，最后把共有建筑面积分摊至套（户）。

17. 设在本栋内且仅为本栋服务的设备用房、管理用房是共有建筑面积可被分摊。

18. 为多栋服务的设备用房、管理用房、值班警卫室等公用房屋是共有建筑面积可被分摊。

19. 按规划批建，设在栋内的为社区服务的公用房屋，如物业服务办公用房、物业服务的防盗窃监控室、公共厕所、居委会、派出所等是共有建筑面积可被分摊。

20. 地下人防工程改造的车库车位可被公摊。

四、论述题

1. 预售测量与竣工测量的区别是什么？

2. 试述专有建筑面积、共有建筑面积、公有建筑面积的区别。

3. 试述共有建筑面积的分摊原则。

第10章 变更测量

随着城镇建设的不断发展，房屋及其用地现状和权属状况经常发生变化，各种与房地产有关的要素不断变更。作为房地产测量的重要工作之一，为了保证房地产测量资料与现状的一致性，需要及时进行房地产变更测量。

§10.1 变更测量的定义

变更测量一般指一栋建筑，在完成第一次房屋建筑面积测量之后，因建筑的改建或扩建、建筑功能的改变、建筑内部空间划分修改、一户或多户专有面积的权属界线变更，或建筑的相关属性更改等涉及权界调整和面积增减变化等而重新进行的房屋建筑面积测量。

§10.2 变更测量的内容与要求

1. 变更测量的内容

变更测量包括现状变更测量和权属变更测量。

（1）现状变更测量内容

房屋的新建、拆迁、改建、扩建；房屋的结构、层数的变化；房屋的损坏与灭失，包括全部拆迁与部分拆迁、倒塌和烧毁；围墙、篱笆、栅栏、铁丝网等维护物以及房屋附属设施的变化；房屋及其用地面积的增减变化。

（2）权属变更测量内容

房屋分割、合并等引起的权属的转移；房屋用地界线、界址的变化，包括合并、分割、塌没和截弯取直；征拨、出让、转让土地而引起的土地权属界线的变化；他项权利（抵押、典当）的变化和注销。

2. 变更测量的要求

变更测量时，应做到变更有合法依据，如变更登记申请书、产权证明文件等。对原有已登记发证而确认的权属位置和面积等合法数据、附图不得随意更改。房地产的分割应无禁止分割文件，分割处必须有固定界标。

§10.3 变更测量的一般原则

①变更测量适用于已竣工且已进行过"竣工测量"的建筑。

②对已登记发证的房屋，在变更测量时，除登记面积来源不明、明显违规或确属计算

错误的，一般情况下应维持原来的面积计算成果。

③一般情况下，变更测量应采用原计算规则，但由变更引起的新产生的、属于变更范围内部分摊的共有建筑面积，按现行规范进行分摊计算；如所有产权人书面同意，在不涉及其他产权人时，也可全部按现行规范进行。

④由变更部分房屋的套内建筑面积、共有建筑面积重新分摊计算引起非变更部分建筑面积发生变化的，如变化在规定的允许范围内时，则不必改变其他功能区各户原有的房屋建筑面积。

§10.4　变更测量的方法和程序

10.4.1　变更测量的方法

1. 现状变量测量

①变更范围小，可根据图上原有房屋或设置的测线，采用钢卷尺定点测量。

②变更范围大，可采用解析法测量或全野外数字化测量，应在实地布设好足够的平面控制点，设站逐点进行现场的数据采集。

2. 权属变更测量

进行权属变更测量，必须依据变更登记申请书标示的房产及其用地位置草图、权利证明文件，约定日期，通知申请人到现场指界，实施变更测量。

①现有的平面控制点、界址点、房角点都可以作为变更测量的基准点。

②有时法院或仲裁部门的裁定要求分割出一定数量的建筑面积，可以按实量数据计算后，再计算分界线在图上的位置，通过放样测量的方法在实地标定出分界线，并要求申请人做出分割墙体。

③变更测量之后，应对现有房产、原有资料进行修正和处理。

10.4.2　变更测量的程序

1. 准备工作

在变更测量之前，应到城建规划部门、房地产登记中心、房地产管理部门、拆迁管理单位等部门收集房地产变更信息资料并进行归类、列表，调阅已有房地产图集等资料，作为现场调查的基础资料。确定修测范围，并根据原图上的平面控制点的分布情况和现有的测量仪器设备，选择变更测量方法。

2. 变更要素调查

根据所收集的变更资料，实地进行房地产变更要素调查，掌握各项房地产要素变更的具体情况，包括现状变更和权属变更调查。

现状变更调查是利用调查表，对照房地产图，对房屋及其用地的自然状况(包括地名、门牌号、建筑结构、层数、建成年份、用途、用地分类状况)进行调查和核实。

权属变更调查是利用申请表，对房屋及其用地的状况(包括权利种类、权利人、他项权利人、权利范围、四至状况)实施调查和核实。对于新的权利界址的认定，不论采取何种方式指界，必须得到相邻产权人的认可并签章，有时还应设立四至界标，或对"四面墙界表"进行签认。

3. 修测

对变更后的房屋及其用地的位置及形状进行修测，应根据原有的近邻平面控制点、界址或明显的固定地物点，在原图或二底图上进行。现状变更范围较小时，可采用卷尺或钢尺丈量，用几何作图法进行修测。现状变更范围较大时，应先补测图根控制点，然后采用解析法或全野数字测图。所有已修测过的地物点均不得作为变更测量的依据。

4. 界址点测量

随着权界的变更，界址点也应作相应的调查并重新测定其坐标。变更界址点的测量精度与原界址点的测量精度相同。

5. 用地面积测算

根据变更界址点应达到的精度等级可采取相应的方法进行用地面积的测算。测算方法包括解析法和图解法，利用界址点的坐标或实测边长重新计算用地面积。

房产分割后各户建筑面积之和与房屋建筑面积的不符值、用地分割后各丘面积之和与原丘面积的不符值应符合房产测量规范的限差。房产合并后的建筑面积，取合并建筑面积之和；房屋用地合并后的面积，取合并的各丘面积之和。

§10.5 变更测量的精度

变更测量的精度包括房产图图上精度和解析度。图上精度指的是分幅图图上精度。解析度指的是新增界址点的点位精度以及面积计算精度。

①按《房产测量规范》模拟方法测量的房产分幅平面图上的地物点，相对于邻近控制点的点位中误差不超过图上±0.50mm。

②对全野外采集数据或野外解析测量等方法所测的房产要素和地物点，相对于邻近控制点的点位中误差不超过±0.05m。

§10.6 特殊情况的具体处理方法

①一栋房屋增加部分建筑空间，且增加部分不能成为独立的一栋，而是成为原有建筑的一部分，与原有建筑共享全部或部分公共空间时，整个建筑或相应的功能区应重新分摊计算，新增部分的房屋边长等应按现状进行测量采集，对原有建筑部分，如现状无明显改变且原测量无明显错误，可采用原测量报告中的相关数据。

②当一栋房屋只需计算和提供整栋建筑面积时(不分户)，且新增加部分的建筑空间借用原建筑外墙，新增加部分面积按原建筑外墙外边线和新加的外墙的外边线范围计算。当新增加部分的建筑空间没有借用原建筑外墙时，新增部分的全部墙体计入新增部分的建筑面积。新墙与旧墙之间的伸缩缝在与室内相通时计入新增部分的建筑面积。

③一栋房屋中应分摊的共有建筑面积的范围(面积)、功能发生变化时，与该共有建筑面积相关的各户的共有分摊面积需重新计算。

④对不涉及共有建筑面积的房屋分户权界分割或合并变更测量，如一户分割成两户或两户合并为一户，产权人应实地砌筑分隔墙体后方可提出测量申请，测量人员现场实测计算。

⑤对已进行过测量的房屋或已取得房地产证的房屋，在对其进行分割测量时，可只对各分户的套内建筑面积进行实测，取原测量面积或产权证面积与各分户套内建筑面积和的差值作为各分户应分摊的共有建筑面积，按各分户套内建筑面积进行分摊计算。

⑥在变更测量中，因一户分割为多户新产生的共有建筑面积，如分割后形成的过道、本层使用的卫生间、厨房、储藏间等，应由原一户的专有面积范围内的新分割各户进行分摊，或按相关权利人共同签署的关于共有建筑面积的合法分割协议或文件进行分摊计算。

⑦当实地存在加建或违建，如加建或违建部分属永久性建筑，则加建或违建部分应参与重新测量与分摊计算。如加建或违建不属于永久性建筑或无法确认是否属于永久性建筑，则该部分可暂不参与重新测量与分摊计算。上述两种情况均须在测量说明中予以说明，并在分层平面图上将加建和违建部分专门标识出来。对不能确认是否属于永久性建筑的加建和违建，应特别说明，并在主管部门核准并确认予以保留后，将原测量报告收回，重新分摊计算后出具新的测量报告。

⑧对变更测量中发现功能变更的，用途应按现状用途确定，在测量报告中对功能变更情况予以说明。

⑨早期建设的住宅楼，当设计图纸上设计为未封闭阳台，现状测量时发现系由业主入住后将阳台自行封闭的，应按原设计的未封闭阳台计算建筑面积。

⑩无论预售测量、竣工测量、变更测量，凡涉及商铺建筑面积计算的，当商铺中包含柱、剪力墙等建筑支撑体时，均须在测量报告中的房屋建筑面积分户汇总表、房屋建筑面积分户平面图上加注套内建筑面积中所含承重支撑体面积的备注说明。

§10.7 丘号、栋号、界址点号、房号的调整

房地产合并、分割和调整后，应根据变更的情况，及时调整有关丘号、界址点号及栋号，调整规则如下：

①丘号、丘支号、栋号、界址点号、房角点号、房产权号、房屋共有权号都不能重号。其中房产权号、房屋共有权号除了整栋房屋拆除须注销权号，一般不予调整。

②丘合并时，须重新编立丘号，新增丘号沿房产分区或房地产分幅平面图内最大丘号续编。

③用地合并，四周外围界址点维持原点号；用地分割或扩大，新增界址点沿房地产分幅平面图内最大界址点续编。

④用地单元中房屋被部分拆除或扩建，仍保留原栋号。新建和改建房屋沿丘内最大编号续编。

⑤对于申请变更房号的，应提供该房屋尚未销售的相关证明，凡已预售、现售的房屋均不得进行房号变更。可以进行房号变更的，须在测量说明中予以说明，并建立"房屋新旧房号对照表"附于新出具的测量报告中。

§10.8　变更测量示例

变更测量后，原丘号、丘支号、栋号、新增界址点点号的调整和面积计算举例如下：

例 10-1　房产分析

(1)分割前(图 10-1)

丘支号：1240-1

栋号：(2)

房屋产权面积：(已知)$S = 100.50 \text{m}^2$

(2)分割后(图 10-2)

丘支号：1240-2、1240-3

栋号：(8)(9)

实算面积：32.98m^2、68.12m^2

面积闭合差：$(32.98 + 68.12) - 100.50 = 0.60 (\text{m}^2) < 1.40 \text{m}^2$

房产面积限差：(三级)$0.08\sqrt{S} + 0.006S = 1.40 (\text{m}^2)$

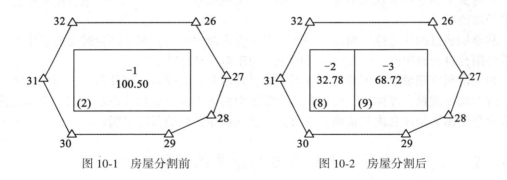

图 10-1　房屋分割前　　　　　　图 10-2　房屋分割后

改正后面积：$32.98 \times [1 + (-0.60/101.10)] = 32.78 (\text{m}^2)$

$\qquad\qquad\quad 62.12 \times [1 + (-0.60/101.10)] = 67.72 (\text{m}^2)$

例 10-2　用地分割

(1)分割前(图 10-3)

丘号：1258；

用地面积(已知)：$S = 2500.50 \text{m}^2$。

(2)分割后(图 10-4)

丘号：1281、1282；

新增界址点点号：86；

按界址点坐标计算用地面积：1300.60m^2、1210.90m^2；

面积闭合差：$(1300.60 + 1210.90) - 2500.50 = 11.00 (\text{m}^2) < 15.50 \text{m}^2$；

用地面积限差：$\Delta S = 2m \times \sqrt{\dfrac{1}{8} \times \sum\limits_{i=1}^{n} D_{i-1,\,i+1}^2} = 15.50 (\text{m}^2)$；

改正后面积：$1300.60 \times [1+(-11.00/2511.50)] = 1294.65 (m^2)$

$\qquad\qquad\quad 1210.90 \times [1+(-11.00/2511.50)] = 1205.85 (m^2)$。

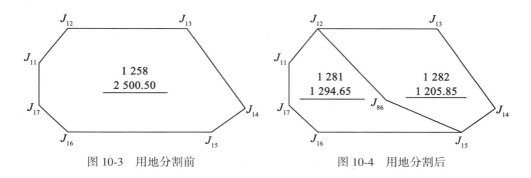

图 10-3　用地分割前　　　　　图 10-4　用地分割后

◎ **思考与练习题**

　1. 变更测量的定义。

　2. 变更测量的方法与程序。

第 11 章　房地产测绘管理

房地产测绘资料是在房产测绘的设计、生产过程中形成，由各用户申请登记，经过主管部门审核确认后，成为核发房屋所有权证与国有土地使用权证的依据，是房地产产权产籍的重要资料之一。其特点如下：

①具有延续性，是房产历史和现状的真实记录。

②具有基础性，是进行房地产管理工作的必要条件和重要依据。

③具有准确性，是根据房产测量标准采用科学的方法使用测量仪器设备测绘的成果。

④具有现势性，市场经济条件下房地产的交易十分活跃，城镇建设日新月异。由于城市现状的不断变更以及房屋和房屋用地的经常转移，需要进行变更测量。为了保证产权产籍的动态管理，保持图的现势性和房产档案的真实性，变更测量必须及时。

⑤具有法律性，是进行产权登记、产权转移和处理产权纠纷的依据，是审查确权、颁发权证、保障房地产所有者和使用者合法权益的重要依据。

⑥具有共享性，它不仅是房地产开发利用、交易、征收税费以及城镇规划建设的重要数据和资料，也是国家基础空间数据库的重要组成部分，为城市规划、土地利用规划、交通规划、地籍管理，公安消防管理及城市管网管理等提供信息资源。

房地产测绘管理包括房产测绘行业管理、房产测绘市场化管理、房地产测绘队伍的管理、房地产测绘质量管理和房地产测绘成果管理。

§11.1　房地产测绘行业管理

《房产测绘管理办法》的颁布实施促进了房地产测绘行业的健康发展，对规范房地产测绘行为和房地产测绘管理意义重大。《房产测绘管理办法》内容如下(不包含附则)：

第一章　总　则

第一条　为加强房产测绘管理，规范房产测绘行为，保护房屋权利人的合法权益，根据《中华人民共和国测绘法》和《中华人民共和国城市房地产管理法》，制定本办法。

第二条　在中华人民共和国境内从事房产测绘活动，实施房产测绘管理，应当遵守本办法。

第三条　房产测绘单位应当严格遵守国家有关法律、法规，执行国家房产测量规范和有关技术标准、规定，对其完成的房产测绘成果质量负责。房产测绘单位应当采用先进技术和设备，提高测绘技术水平，接受房地产行政主管部门和测绘行政主管部门的技术指导和业务监督。

第四条　房产测绘从业人员应当保证测绘成果的完整、准确，不得违规测绘、弄虚作假，不得损害国家利益、社会公共利益和他人合法权益。

第五条 国务院测绘行政主管部门和国务院建设行政主管部门根据国务院确定的职责分工负责房产测绘及成果应用的监督管理。

省、自治区、直辖市人民政府测绘行政主管部门（以下简称省级测绘行政主管部门）和省、自治区人民政府建设行政主管部门、直辖市人民政府房地产行政主管部门（以下简称省级房地产行政主管部门）根据省、自治区、直辖市人民政府确定的职责分工负责房产测绘及成果应用的监督管理。

第二章 房产测绘的委托

第六条 有下列情形之一的，房屋权利申请人、房屋权利人或者其他利害关系人应当委托房产测绘单位进行房产测绘：

（一）申请产权初始登记的房屋；

（二）自然状况发生变化的房屋；

（三）房屋权利人或者其他利害关系人要求测绘的房屋。

房产管理中需要的房产测绘，由房地产行政主管部门委托房产测绘单位进行。

第七条 房产测绘成果资料应当与房产自然状况保持一致。房产自然状况发生变化时，应当及时实施房产变更测量。

第八条 委托房产测绘的，委托人与房产测绘单位应当签订书面房产测绘合同。

第九条 房产测绘单位应当是独立的经济实体，与委托人不得有利害关系。

第十条 房产测绘所需费用由委托人支付。房产测绘收费标准按照国家有关规定执行。

第三章 资格管理

第十一条 国家实行房产测绘单位资格审查认证制度。

第十二条 房产测绘单位应当依照《中华人民共和国测绘法》和本办法的规定，取得省级以上人民政府测绘行政主管部门颁发的载明房产测绘业务的《测绘资格证书》。

第十三条 除本办法另有规定外，房产测绘资格审查、分级标准、作业限额、年度检验等按照国家有关规定执行。

第十四条 申请房产测绘资格的单位应当向所在地省级测绘行政主管部门提出书面申请，并按照测绘资格审查管理的要求提交有关材料。省级测绘行政主管部门在决定受理之日起 5 日内，转省级房地产行政主管部门初审。省级房地产行政主管部门应当在 15 日内，提出书面初审意见，并反馈省级测绘行政主管部门；其中，对申请甲级房产测绘资格的初审意见应当同时报国务院建设行政主管部门备案。申请甲级房产测绘资格的，由省级测绘行政主管部门报国务院测绘行政主管部门审批发证；申请乙级以下房产测绘资格的，由省级测绘行政主管部门审批发证。取得甲级房产测绘资格的单位，由国务院测绘行政主管部门和国务院建设行政主管部门联合向社会公告。取得乙级以下房产测绘资格的单位，由省级测绘行政主管部门和省级房地产行政主管部门联合向社会公告。

第十五条 《测绘资格证书》有效期为 5 年，期满 3 个月前，由持证单位提请复审，发证机关负责审查和换证。对有房产测绘项目的，发证机关在审查和换证时，应当征求同级房地产行政主管部门的意见。在《测绘资格证书》有效期内，房产测绘资格由测绘行政主管部门进行年检。年检时，测绘行政主管部门应当征求同级房地产行政主管部门的意见。对年检中被降级或者取消房产测绘资格的单位，由年检的测绘行政主管部门和同级房地产行政主管部门联合向社会公告。在《测绘资格证书》有效期内申请房产测绘资格升级的，依照本办法第十四条的规定重新办理资格审查手续。

第四章　成果管理

第十六条　房产测绘成果包括：房产簿册、房产数据和房产图集等。

第十七条　当事人对房产测绘成果有异议的，可以委托国家认定的房产测绘成果鉴定机构鉴定。

第十八条　用于房屋权属登记等房产管理的房产测绘成果，房地产行政主管部门应当对施测单位的资格、测绘成果的适用性、界址点准确性、面积测算依据与方法等内容进行审核。审核后的房产测绘成果纳入房产档案统一管理。

第十九条　向国(境)外团体和个人提供、赠送、出售未公开的房产测绘成果资料，委托国(境)外机构印制房产测绘图件，应当按照《中华人民共和国测绘法》和《中华人民共和国测绘成果管理规定》以及国家安全、保密等有关规定办理。

第五章　法律责任

第二十条　未取得载明房产测绘业务的《测绘资格证书》从事房产测绘业务以及承担房产测绘任务超出《测绘资格证书》所规定的房产测绘业务范围、作业限额的，依照《中华人民共和国测绘法》和《测绘资格审查认证管理规定》的规定处罚。

第二十一条　房产测绘单位有下列情形之一的，由县级以上人民政府房地产行政主管部门给予警告并责令限期改正，并可处以 1 万元以上 3 万元以下的罚款；情节严重的，由发证机关予以降级或者取消其房产测绘资格：

(一)在房产面积测算中不执行国家标准、规范和规定的；

(二)在房产面积测算中弄虚作假、欺骗房屋权利人的；

(三)房产面积测算失误，造成重大损失的。

第二十二条　违反本办法第十九条规定的，根据《中华人民共和国测绘法》、《中华人民共和国测绘成果管理规定》及国家安全、保密法律法规的规定处理。

第二十三条　房产测绘管理人员、工作人员在工作中玩忽职守、滥用职权、徇私舞弊的，给予行政处分；构成犯罪的，依法追究刑事责任。

§11.2　房地产测绘市场化管理

为了规范房地产市场，国家于 2000 年 8 月 1 日起实施了国家标准《房产测量规范》，这是中华人民共和国成立以来第一部国家标准的房产测量规范，确保了房地产测量的严肃性、统一性，规范了房地产测绘市场。同时，2000 年建设部在全国房地产市场会议上明确提出，要求各地加快房产测绘市场化的步伐，开放房地产测绘市场，将房地产测绘监督管理与测绘经营行为分离，形成竞争有序的房地产测绘市场。经过几年的市场运作，各地纷纷成立了不少房地产测绘公司，房地产测绘市场已初步形成。同时《房产测绘管理办法》规定：房地产测绘实行"市场准入制度"。进入测绘市场从事房地产测绘的单位必须取得相应等级的测绘资质证书，具有与从事的房地产测绘活动相适应的专业技术人员、技术装备和设施，有健全的技术、质量保证体系和测绘成果及资料档案管理制度，具有国务院测绘行政主管部门规定的其他条件。

我国目前基本实行的是房产测绘属地管理原则，本地房地产测绘市场基本是由本地且经本地房地产管理部门备案认可的测绘公司方可从事房地产测量工作。

§11.3 房地产测绘队伍管理

房地产测绘的专业特点突出，房地产测量与传统意义上的测量有很大的区别。传统测量主要是表达地物的空间位置，房地产测量的重要目的是得到房屋权属关系和面积。因此，要求测绘单位的技术人员和测绘人员必须掌握产权、产籍管理和房屋建筑面积计算方面的知识，要精通各种现代化的测绘仪器及测绘技术，熟练掌握测量规范。房地产测绘单位拥有技术强、业务精的专业技术人员是立足于市场的必要条件。房地产测绘单位是中介服务机构，要有规定数目的专业技术人员，并且在资质允许的范围内执业。因此，房地产测绘人员要加强业务学习，获得房地产测绘执业资格，掌握全面的测绘技术和技能。

§11.4 房地产测绘质量管理

1. 生产过程中的质量管理

生产过程是测绘产品质量直接形成的过程，也是设计意图转化为有形产品的过程。它取决于工序能力和工序质量管理水平。大量统计资料表明，产品质量问题大多数产生在这个过程，所以加强生产过程的质量管理，是保证和提高产品质量的关键，是质量管理的中心环节。

生产过程质量管理的任务是建立能够稳定生产合格和优质产品的生产系统，抓好每个生产环节的质量管理，严格执行技术标准，保证每道工序的作业质量；通过质量分析，找出产生缺陷的原因，采取措施把不合格品消灭在生产过程中，使产品质量持续稳步上升。

首先要保证测绘仪器、设备、工具和材料的质量，产品的品种、规格和性能满足生产要求。仪器设备要建立定期检修保养制度。

生产过程中的质量管理关键要做好"三环节"管理，即事前指导、中间检查、事后验收：

（1）事前指导

必须组织参加作业及担任检查验收工作的人员，学习技术标准、操作规程和技术设计书，并对仪器、设备进行检验。对于较大项目，必须向作业组进行事前指导，对工作组的技术设计书提出意见和建议，从宏观上进行总体质量和进度控制。测绘生产基层单位要结合承担的任务，成立质量管理小组，开展各种形式的质量攻关活动。作业员对所完成作业的质量要负责到底。参加作业及担任各级检查、验收工作的人员，要经过房地产测绘的培训，考核合格后方可上岗工作。

（2）中间检查

①作业时，各级领导、管理干部和质检人员应深入作业现场，抓好每个生产环节的质

量管理。严格执行技术标准，做到有章可依，按章执行，违章必究，不准随意放宽技术标准。检查或验收人员发现产品中的问题要提出处理意见，交被检验单位改正。当意见有分歧时，检查中的问题由测绘生产单位的总工程师裁决，验收中的问题由测绘生产单位上级行政主管部门的质量管理机构裁定。

②测绘生产单位各工序的产品必须符合相应的技术标准和质量要求，并由质检人员按规定签署意见后，方可转入下一工序使用。下一工序有权退回不符合要求的产品，上工序应及时进行改正。

（3）事后验收

最后由主任工程师或总工负责验收。

2. 房地产测绘成果检查验收的目的和要求

房地产测绘成果检查验收是为了保证测绘成果的质量，提高测绘人员的高度责任感，强化各生产环节的技术管理和质量管理，建立健全房地产测绘产品生产过程中各项技术规定并严格执行各项技术规范。确保房地产测绘成果的法律效力和维护产权人的合法权益，规范房地产市场。

按照《房产测量规范》要求制定各生产环节的检查验收标准。各级检查验收工作都必须严肃认真，根据自身的实际情况按照房地产测量规范要求建立成果质量检查验收体系，将检查验收工作渗透到每个生产环节，把错误和遗漏消灭在生产过程中。测绘成果不仅要正确可靠，而且还要清楚整齐，体现测绘成果的可续性和严肃性。

3. 房地产测绘成果检查验收的办法与体系

房地产测绘工作是十分细致而复杂的工作，为了保证成果的质量，测绘人员必须具有高度的责任感、严肃认真的工作态度和熟练的操作技术。同时，还必须有严格的质量检查制度。

（1）检查验收的办法

房地产测绘产品实行"二级检查，一级验收"制度。"一级检查"是在全面自查、互检的基础上，由专职或兼职检查人员对产品质量实行过程检查。"二级检查"是在一级检查的基础上，由测绘单位或上级测绘单位指定的专职检查人员对产品质量实行的最终检查。

①自查。自查是保证测绘质量的重要环节。作业人员在整个操作过程应该经常检查自己的作业方法。对每一天完成的任务要当天查，一旦发现遗漏或错误，必须立即补上或改正，把遗漏、错误消灭在生产第一线。在上交成果以前要作全面的最后检查。

②互查。互查是测绘成果在全面自查的基础上，作业人员之间相互委托检查的方法。被委托的互检人员要进行全面的检查。互查不仅能避免自查不容易发现的错误，而且还是一种互相学习、取长补短的有效方法。

③一级检查。一级检查是在作业人员自查互检的基础上，按《房产测量规范》、"生产任务技术设计书"和有关的技术规定，对作业组生产的产品所进行的全面检查。

④二级检查。二级检查是在一级检查的基础上，对作业组生产的产品进行再一次的检查。在确保产品质量的前提下，生产单位可根据单位的实际情况，参照产品验收详查项目制订出"测绘产品最终检查实施细则"。

⑤验收工作。验收工作应在测绘产品经最终检查合格后进行。由生产任务的委托单位

组织实施，或由该单位委托专职检验机构验收。

（2）检查、验收体系

各级检查、验收工作必须独立进行，不得省略或代替。检查验收是保证房地产测绘产品质量的一项重要工作，必须严格执行检查验收的各项规定，建立必要的质量管理机构。

一级检查主要由专职或兼职人员承担。二级检查主要由队（所、科）的质量管理机构负责。验收工作由生产任务的委托单位组织实施，或由该单位委托专职检验机构验收。

生产单位的行政领导必须对本单位的产品质量负责，各级检验人员应对其所检验的产品质量负责，生产人员对其所完成的产品作业的质量负责到底。

在检查、验收中发现有不符合技术规定的产品时，应及时做好记录并指出处理意见，交被检验单位进行改正。当问题较多或性质较严重时，可将部分或全部退回被检验单位，令其重新检查和处理，然后再进行检查、验收。

§11.5　房地产测绘资料管理

房地产测绘资料按内容和表示方法不同可分为调查原始资料、测量资料、测量成果计算资料和房地产图。具体包括：房地产测绘设计书、测绘成果报告书、控制测量成果资料、房屋及房屋用地调查表、界址点坐标成果表、房屋分户计算表和各种房产图以及检查验收报告。房地产测绘资料是房地产管理部门进行房产产权、产籍管理，房地产开发利用、交易、征收税费的重要依据，是城市规划部门进行城镇规划建设的重要资料，是国家的宝贵财富。因此，必须科学的管理，妥善地保管，充分地利用。房地产测绘资料管理工作，应根据国务院制定的《科学技术档案工作条例》和建设部颁布的《城市建设档案管理条例》，根据本地区测绘行政主管部门制定的测绘资料管理办法进行，使测绘资料管理步入科学化、现代化的轨道。

11.5.1　资料的整理

房地产测绘资料通过整理实现其条理化并进行定位排架。同时，通过整理还可以检验资料的完整性。所以整理工作是管理工作的基础。将整理好的房地产测绘资料分门别类装订成册，按类别编号登记入柜，建立账卡，做到有目录、有索引，便于查找，易于管理。因此，整理工作对于充分发挥测绘资料的作用，实现测绘资料的档案化管理及有效利用具有重要的意义。

房地产测绘资料只有经过整理才能成为房地产管理部门所需的房产簿册、房产数据集和房地产图集。房地产测绘资料的整理包括房地产测绘数据成果资料和房地产图的整理。

各地由于技术力量和历史原因，有些地区已经完成了数字化房地产图的工作，有些地区还在沿用已有的传统测量图纸资料。已完成数字化房产图的地区，房产测量采用全数字测图技术，测绘数据成果资料的整理，是将测绘数据成果输入计算机建立房产数据库，与房地产图形数据库形成城镇地理信息系统房地产管理子系统。

11.5.2　资料的管理

房地产测绘资料的日常管理，包括资料的存放保管和调阅。一般来说，房地产测绘资料的日常管理工作是一项经常性的业务工作，应在集中管理的原则指导下，制定完善的管理制度，采取必要的技术设施，克服和限制损毁资料的各种不利因素，维护资料的完整、准确、系统和安全。只有做好存放保管工作，才能使集中起来的测绘资料的完整性和安全性得到有效保证。只有严格执行资料的调阅制度，才能充分发挥资料的作用。

1. 资料的存放保管

由于各种图纸的质地和用途不同，应分开存放在特制的铁柜或木柜内。为了防尘，保持原图的划线清晰，应将原图装在特制的大纸袋内，平放在图柜中保存。蓝晒图可以折叠存放，折叠时应将图名、图号折在外面，以便查阅。各种复制图也应妥善存放和保管，以提高其使用率。

数字化成图微机管理的房地产测绘资料，应将房地产界址数据和图形数据复制到软盘或刻录在光盘上 1~2 份并分别存放。

房地产测绘资料的保管工作，应该从两个方面入手。一是物的因素，即必须提供必要的保管条件，图纸资料库必须坚固适用，库房内必须保持适当的温度、湿度，具有抗震、防盗、防水、防火、防尘、防潮、防虫、防鼠、防高温、防强光等设施。二是人的因素，图纸资料室应配备数量足够和能胜任管理工作的管理人员，其中必须包括一定数量的工程技术人员。资料管理人员必须具备事业心和高度的责任感，认真执行国家档案工作条例的有关内容，自觉遵守保密制度，刻苦钻研业务，对接收的图纸资料进行造册登记建档，经常分析和掌握造成图纸资料损毁的因素，研究和改进图纸资料的保护技术，尽量延长图纸资料的寿命，对已破损和字迹退色的重要图纸资料及时进行修复和复制。要制定严格的防护措施，对所属的图纸和资料的保管情况进行定期检查，遇到特殊情况立即检查，及时处理。坚持以防为主、防治结合的原则，并依据保密法做好保密工作。

2. 图纸资料的查阅

房地产测绘资料的调阅和使用是经常性的、频繁的。一是为保持房地产图与实地现状的一致性，要调出图纸修测。二是复晒使用的图纸，要调出晒制。三是处理房地产有关事宜，要调出查阅。为了防止图纸资料的遗失、损坏和泄密，必须配备专职管理人员，制定严格的管理制度和调阅登记制度。调出的图纸资料，必须在规定的期限内归还，逾期未还的管理人员有责任催还。管理人员应对图纸资料的利用情况及时准确地进行统计。

◎ 思考与练习题

1. 试述房地产测绘行业管理。
2. 试述房地产测绘质量管理。
3. 试述房地产测绘资料管理。

附录　房地产测量实习实践

实验一　普通水准测量(闭合水准)

1. 仪器及工具

①由实验室借领：S3 水准仪一台，水准脚架一个，水准尺两根，尺垫两个，记录板一块。

②小组自备：铅笔(2H)一支，小刀一个。

2. 实验方法与步骤

指导老师讲解本次实验的内容和方法。人员分工：二人扶尺，一人观测，一人记录，每人至少观测一站，轮换进行。

首先选定两个已知高程点 BM1 和 BM2，作为附合水准线路的已知点，再选定 4~8 个待求高程点。如下图所示，BM1 选择 260E81 点，位于国交小运动场旁的情侣路上，高程 13.737m，BM2 位于校名石前，高程 12.356m，再选定路线上的 1、2、3、4、5、6、7、8 点作为待测点，最后计算 8 个待测点的高程。

小组共同施测一条附合水准线路，可以按顺时针路线测也可以逆时针测。顺时针路线是从 BM1 开始，经过 1、2、3、4、5、6、7、8 到 BM2，逆时针路线反向。

①一站观测步骤：在两水准尺中间架设水准仪，概略整平、照准后尺、调焦、消除视差、调节附合水准管影像重合(如果是自动安平水准仪，可免此步骤)、读数、记录，先读后尺黑面读数，紧接着照准前尺，读取前尺黑面读数，再读取前尺红面读数，用同样方法读取后尺红面读数。读数顺序是后(黑)—前(黑)—前(红)—后(红)，至此一测站水准测量完毕。

②同步骤①叙述的方法依次测完全部的附合水准线路。

③观测时要求观测人员读出数据时，声音洪亮，吐字清晰，记录员要重复观测员的读数，经观测员默许后方可记录表 A-1 中。

④观测结束后，立即算出闭合差 $f_h = \sum h_i$。如果 $f_h \leqslant f_h$ 容 $= 40\sqrt{L}$(或 $40\sqrt{n}$)(L 为水准路线长度，以 m 为单位，n 为测站数)说明观测成果合格，即可算出各点高程。否则，要分析原因，重新进行观测。

⑤计算 1、2、3、4、5、6、7、8 点的高程 H_i。

3. 注意事项

①借领的仪器及工具在实验过程中要保管好，防止损坏、丢失，注意架腿螺丝要拧紧。

②观测员读数必须读出四位，记录员必须记满四位，"0"不可省略，不读小数点。

③水准尺要扶直，临时转点要放置尺垫。记录时转点处在点名称栏内记录转点。

④记录员记录严禁涂改、转抄，必须用2H铅笔记录，字迹工整。

⑤水准仪距前、后尺距离应尽量相等，以消除或减少仪器 i 角误差及地球曲率和大气折光的影响。

⑥水准尺必须有人看管扶持，并注意防止碰到高、低压电力线。

表 A-1   水准测量记录（双面尺法）

仪器型号：_____   仪器编号：_____   观测日期：_____

测站编号	点名称	标准读数		$K+$ 黑—红	高差中数 h（平均数 mm）	高程 H（m）
		黑面	红面			
	起始点（　）					
	前（　　）					
	后—前					
	后（　　）					
	前（　　）					
	后—前					
	后（　　）					
	前（　　）					
	后—前					
	后（　　）					
	前（　　）					
	后—前					
	后（　　）					
	前（　　）					
	后—前					
	后（　　）					
	前（　　）					
	后—前					
	后（　　）					
	前（　　）					
	后—前					
	后（　　）					
	前（　　）					
	后—前					
	后（　　）					
	前（　　）					
	后—前					

续表

测站编号	点名称	标准读数		$K+$ 黑—红	高差中数 h (平均数 mm)	高程 $H(\text{m})$
		黑面	红面			
	后(　　)					
	前(　　)					
	后—前					
	后(　　)					
	前(　　)					
	后—前					
	后(　　)					
	前(　　)					
	后—前					

平差计算

高差闭合差 $f_h=$

改正数 $v=-1/n\times f_h=$

改正前、后各段高差 h_i、$\hat{h}_i$(在图上标注出来)：

各个待求点 1、2、3、4、5、6、7、8 高程 H_i。

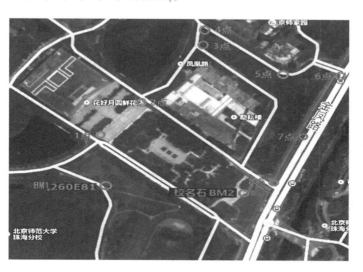

班级：＿＿＿＿＿＿　　小组：＿＿＿＿＿＿　　学号：＿＿＿＿＿＿　　姓名：＿＿＿＿＿＿

学号：＿＿＿＿＿＿　　姓名：＿＿＿＿＿＿

学号：＿＿＿＿＿＿　　姓名：＿＿＿＿＿＿

学号：＿＿＿＿＿＿　　姓名：＿＿＿＿＿＿

学号：＿＿＿＿＿＿　　姓名：＿＿＿＿＿＿

实验二　用测回法观测水平角（观测三角形三个内角）及竖直角

1. 仪器及工具

①由实验室借领：经纬仪 J6 一台，脚架一个，测杆两根，标记笔一支，记录板一块。

②自备：铅笔（2H）一支，小刀一个。

2. 实验方法与步骤

（1）水平角

指导老师讲解本次实验的内容和方法。

①在地面上选择三个点 A、B、C，如图 A-1 所示，用标记笔在地面上标出 B 点，B 点用于安置经纬仪，A、C 点插上花杆或测钎，要求点与点之间的距离不能小于 50m。

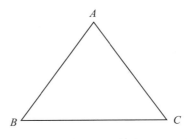

图 A-1　三角形结构位置图

②在点 B 上对中整平仪器后，以盘左位置照准左方 A 目标，读出此读数 $A_左$，记录员听到读数后，立即复读回报观测者。经观测者默许后，立即记入测角记录表中，记录表格式见表 A-2。

③顺时针旋转照准部，照准右方目标 C，读出水平度盘读数 $C_左$，并记入测角记录表 A-2 中，上半测回角值 $\beta_左 = C_左 - A_左$。

④将经纬仪置于盘右位置，先照准右方目标 C，读出水平度盘读数 $C_右$，并记入测角记录表中，其读数与盘左时的同一目标 C 的读数大约相差 180°。

⑤逆时针旋转照准部，再照准左方目标 A，读出水平度盘读数 $A_右$，并记入测角记录表中，其读数与盘左时的同一目标 A 的读数大约相差 180°，$\beta_右 = C_右 - A_右$。

⑥至此便完成了一测回的观测。如果限差 $\beta_左 - \beta_右 \leqslant 40''$，则取其平均值作为一测回的角度观测值，也就是两个方向之间的水平角。

⑦如果观测不止一个测回，而是要观测 n 个测回，那么在每测回要重新配置水平度盘起始读数，即对左方目标每测回在盘左观测时，应以 $\dfrac{180°}{n}$ 为增量来配置水平度盘进行观测。

⑧要求小组中每人独立观测一测回，其他人协助做好其他工作。

⑨同样的方法，顺序在点 C、点 A 上对中整平仪器后测出三角形的另外两个内角。

⑩检查观测质量：计算∠A+∠B+∠C=180°。

表 A-2　　　　　　　　　　　　　　　**测回法观测记录表**

仪器型号：＿＿＿＿＿＿＿　　仪器编号：＿＿＿＿＿＿＿　　观测日期：＿＿＿＿＿＿＿

测站	目标	盘位	水平度盘读数 ° ′ ″	水平角		备　注
				半测回值 ° ′ ″	一测回值 ° ′ ″	
B	A	L				
	C					
	A	R				
	C					
C	B	L				
	A					
	B	R				
	A					
A	C	L				
	B					
	C	R				
	B					

测量三角形内角和

（2）竖直角

指导老师讲解本次实验的内容和方法：

①首先在 B 点安置好经纬仪，盘左位置照准目标 A(目标标志自己确定)读出竖盘数值 $L_{读}$，记录者将 $L_{读}$记入竖直角观测记录表 A-3 中。

②根据盘左竖直角计算公式，计算出盘左竖直角，并填入竖直角观测记录表中。

③再用盘右位置照准同一目标，并读出竖盘读数 $R_{读}$，记录者将 $R_{读}$记入竖直角观测记录表中。

④根据盘右竖直角计算公式，填入竖直角观测记录表中。

⑤竖盘指标差的计算：指标差 $=\dfrac{1}{2}(L_{读}+R_{读}-360°)$，填入竖直角观测记录表中。

⑥一测回竖直角的计算取盘左盘右平均值，填入竖直角观测记录表中。

⑦要求小组中每个学生至少独立完成一个点一测回竖直角的观测、计算。

⑧同样的方法，顺序在 C 点、A 点上完成竖直角观测，填入竖直角观测记录表中。

3. 注意事项

①借领的仪器及工具在实验过程中要保管好，防止丢失。

②仪器一定要严格对中整平。电子经纬仪必须对中整平后才可开机。开机后望远镜在

纵向方向必须旋转 360°。

　　③在记录前，首先要搞清楚记录表格的填写顺序和填写方法。

　　④在测水平角照准目标时，要用十字丝竖丝瞄准目标的明显地方，最好瞄准目标下方点位，上半测回瞄准什么部位，下半测回仍瞄准这个部位。

　　⑤在测竖直角照准目标时，要用十字丝横丝瞄准目标的同一位置。

　　⑥在竖盘读数前，必须使竖盘指标水准管汽泡居中。

表 A-3 　　　　　　　　　　　　　　　　**竖角观测记录表**

仪器型号：＿＿＿＿＿＿　　　仪器编号：＿＿＿＿＿＿　　　观测日期：＿＿＿＿＿＿

测站	目标	盘位	竖盘读数 ° ′ ″	竖 角 值 θ		指标差 ″
				半测回竖角值 ° ′ ″	一测回值 ° ′ ″	
B	A	L				
		R				
	C	L				
		R				
C	B	L				
		R				
	A	L				
		R				
A	C	L				
		R				
	B	L				
		R				

班级：＿＿＿＿＿＿　　　小组：＿＿＿＿＿＿　　　学号：＿＿＿＿＿＿　　　姓名：＿＿＿＿＿＿

　　　　　　　　　　　　　　　　　　　　　　　　学号：＿＿＿＿＿＿　　　姓名：＿＿＿＿＿＿

　　　　　　　　　　　　　　　　　　　　　　　　学号：＿＿＿＿＿＿　　　姓名：＿＿＿＿＿＿

　　　　　　　　　　　　　　　　　　　　　　　　学号：＿＿＿＿＿＿　　　姓名：＿＿＿＿＿＿

　　　　　　　　　　　　　　　　　　　　　　　　学号：＿＿＿＿＿＿　　　姓名：＿＿＿＿＿＿

实验三　距离测量(钢尺量距和光电测距)

1. 仪器及工具

①由实验室借领：30m钢尺1把，测钎2根，标杆2支，记录板1块。光电测距仪一台，脚架一个，棱镜一套，棱镜杆一副。

②自备：铅笔(2H)一支，小刀一个。

2. 实验方法与步骤

(1)钢尺量距(经纬仪定线)

①往测：在地面上选定相距约120m左右的A、B两点，如图A-2所示，A点安置经纬仪，B点插测钎作为标志。指挥员甲站在A点，用望远镜准确瞄准B点，自动水平螺旋。后尺员手执钢尺零点端对准A点，前尺手持尺及测钎向AB方向前进，至一尺段钢尺全部拉出时停下，指挥员用望远镜指挥前尺员乙左右移动标杆，直到指挥员通过望远镜看到三支标杆在同一直线上为止。同法可定出直线上的其他点。为了不挡住甲的视线，前尺员乙持标杆时，应站立在直线的左侧或右侧。前、后尺手拉紧钢尺，由前尺手喊"预备"，后尺手对准零点后喊"好"，前尺手在整30m处插下测钎，完成一尺段的丈量，依次向前丈量各整尺段。到最后一段不足一尺段时为余长，后尺手对准零点后，前尺手在尺上读出B点测钎读数(读至mm)；记录者在丈量过程中在表A-4"钢尺量距"上记下整尺段数及余长，得到往测总长。

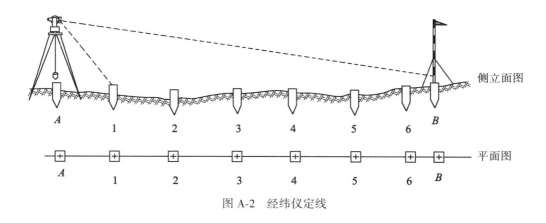

图A-2　经纬仪定线

②返测：由B点向A点用同样方法丈量。

③根据往测和返测的总长计算往返差数、相对误差(平坦地区要求达到1/3 000)。

(2)光电测距

在刚才进行钢尺量距的两端点(如A、B)上安置测距仪和棱镜(包括对中、整平)，用测距仪照准棱镜。按测距要求进行电磁波测距，往返记录在表A-5"光电测距"上。

3. 注意事项

①钢尺量距的原理简单，但在操作上容易出错，要做到三清：零点看清——尺子零点不一

定在尺端，有些尺子零点前还有一段分划，必须看清；读数认清——尺上读数要认清 m、dm、cm 的注字和 mm 的分划数；尺段记清——尺段较多时，容易发生少记一个尺段的错误。

　　②钢尺容易损坏，为维护钢尺，应做到"四不"：不扭、不折、不压、不拖。用毕要擦净后方可卷入尺壳内。

表 A-4　　　　　　　　　　　　　　　　　　**钢尺量距**

仪器型号：_____　　仪器编号：_____　　观测日期：_____

线段名称	往返	观测次数	整尺段数 n	余长 q(m)	线段长度 D(m)	平均长度 $\overline{D}$(m)	相对误差	备注
AB	往							
	返							
BC	往							
	返							
CA	往							
	返							
	往							
	返							
	往							
	返							

测量三角形三边长

表 A-5　　　　　　　　　　　　　　　　　　**光电测距**

仪器型号：_____　　仪器编号：_____　　观测日期：_____

线段名称	往返	水平距离 D(m)	平均长度 $\overline{D}$(m)	相对误差	备注
AB	往				
	返				
BC	往				
	返				
CA	往				
	返				
	往				
	返				

测量三角形三边长

班级：_____　　小组：_____　　学号：_____　　姓名：_____

学号：_____　　姓名：_____

学号：_____　　姓名：_____

学号：_____　　姓名：_____

学号：_____　　姓名：_____

实验四　全站仪闭合导线测量

1. 仪器及工具

①由实验室借领：全站仪一台，脚架一个，测杆二根，钢尺（50m）一把，标记笔一支，记录板一块。

②自备：铅笔（2H）一支，小刀一个。

2. 实验方法与步骤

指导老师讲解本次实验的内容和方法。

①在地面上找出用于作闭合导线的两个已知控制点，同时在地面上选出 4~8 个待求控制点，做出标记，编好控制点号。从已知控制点测起，按顺时针顺序观测前进方向左角，测回已知控制点，参考图 5-15 所示。

②测量数据包含两类，一类数据为相邻边之间的水平角，另一类数据为点与点之间的水平距离。

③测角：每个水平角观测一测回，按一测回测角方法记簿、计算，详细操作方法参照《测回法观测水平角》的实验报告，角度记录在表 A-6 中。

④光电测距：往返观测一测回，相对精度 $K \leqslant 1/10\,000$，见表 A-7。

⑤导线内业计算先后顺序为：起始坐标方位角、修正坐标方位角、角度闭合差、允许角度闭合差、角度改正数、改正后角值、各未知边坐标方位角、x 轴方向坐标增量、y 轴方向坐标增量、x 轴方向闭合差、y 轴方向闭合差、导线全长闭合差、相对精度、x 轴方向改正数、y 轴方向改正数、改正后的 x 轴方向坐标增量、改正后的 y 轴方向坐标增量、计算 x、y 坐标。闭合导线坐标计算见表 A-8。

3. 注意事项

①借领的仪器及工具在实验过程中要保管好，防止丢失。

②安置仪器时应将仪器中心连接螺旋旋紧，防止仪器从脚架上脱落下来。

③按操作规程操作，仪器不能没有人看管。

④本次实验工作量比较大，组长在实验之前必须做好计划，组员要互相配合。

⑤每步实验操作及记录必须认真仔细，尽量杜绝实验后导线不合格。

表 A-6　　　　　　　　　　**水平角读数观测记录（测回法）**

仪器型号：＿＿＿＿＿＿　　仪器编号：＿＿＿＿＿＿　　观测日期：＿＿＿＿＿＿

测站	目标	盘位	水平度盘读数	半测回值	一测回值	备注
		左				
		右				
		左				
		右				

续表

测站	目标	盘位	水平度盘读数	半测回值	一测回值	备注
		左				
		右				
		左				
		右				
		左				
		右				

表 A-7　　　　　　　　　　　　光 电 测 距

仪器型号：_____　　仪器编号：_____　　观测日期：_____

线段名称	往返	水平距离长度 D(m)	平均长度 $\overline{D}$(m)	相对误差	备注
	往				
	返				
	往				
	返				
	往				
	返				
	往				
	返				

班级：_____　小组：_____　学号：_____　姓名：_____

学号：_____　姓名：_____

学号：_____　姓名：_____

学号：_____　姓名：_____

学号：_____　姓名：_____

表 A-8

闭合导线坐标计算表

点号	观测角 β (° ′ ″)	改正数 V (″)	改正角 $\hat{\beta}$ (° ′ ″)	坐标方位角 $\hat{\alpha}$ (° ′ ″)	边长 D (m)	坐标增量				改正后的坐标增量		坐标值		点号
						Δx (m)	v_x (m)	Δy (m)	v_y (m)	$\Delta\hat{x}$ (m)	$\Delta\hat{y}$ (m)	$\hat{x}$ (m)	$\hat{y}$ (m)	
1	2	3	4	5	6	7	8	9	10	11	12	13	14	15
总和					$\Sigma D=$									

备注:

$\alpha_{BA理} =$

$\alpha_{BA测} =$

$f_\beta =$

$f_允 = \pm 60'' \sqrt{n} =$

$f_x =$

$f_y =$

导线全长闭合差 $f = \sqrt{f_x^2 + f_y^2} =$

导线全长相对闭合差 $K = \dfrac{f}{\sum D} =$

导线全长相对闭合差容许值 $K_允 = \dfrac{f_允}{\sum D} =$

315

实验五　数字房产图外业数据采集

1. 仪器及工具

①由实验室借领：全站仪一台（两块电池），脚架一个，对中杆和棱镜两套，测杆一根。

②自备：U 盘。

2. 实验方法与步骤

实验场地在分校小足球场。

（1）选择控制点

在地面上选择两个已知控制点 B、A（如果没有已知控制点，可以假定坐标系，分别假定为 $X_B = 1\,000$，$Y_B = 1\,000$，$H_B = 10$；$X_A = 1\,100$，$Y_A = 1\,100$），用标记笔在地面上标出，要求两点之间的距离不能小于 100m，如图 A-3 所示。

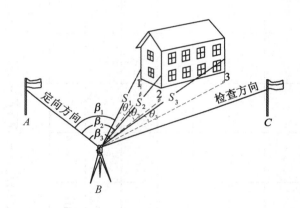

图 A-3　测图原理

将选定好的两个控制点 B、A 作为已知点，B 作为测站点，A 为后视点。

（2）三维坐标测量的观测步骤

①全站仪安置在测站点 B 上，对中、整平，完成后开机。全站仪望远镜要在横轴上旋转 360°，直至听到"嘀"的一声，才可以进行测量。

②按 MENU 菜单进入图 A-4"菜单"界面，按 F1 键选择"数据采集"选项，进入如图 A-5 界面，通过"输入"键，建立一个新文件（以后各组观测的数据就存储在此文件夹中）。

③输入测站点 B 的已知坐标值、仪器高。

新文件夹建立后，按回车键，进入如图 A-6（a）"数据采集"菜单，按 F1 键进入图 A-6（b）菜单，输入测站号、编码（可省略）、仪器高后，按 F3 测站键，进入图 A-7（a）菜单，按 F3 坐标键，进入图 A-7（b）菜单，输入测站点 X、Y、H 坐标后按回车键，返回到图 A-6（a）"数据采集"菜单，按 F2 键输入后视点 B 的已知坐标值和棱镜目标高 v（编码可以省略），如图 A-8（a）、（b）、（c）所示。

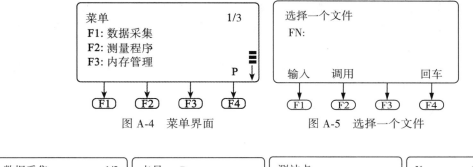

图 A-4 菜单界面　　　　　　　　图 A-5 选择一个文件

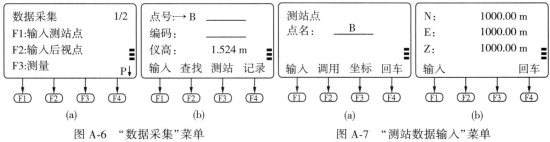

图 A-6 "数据采集"菜单　　　　　　　　图 A-7 "测站数据输入"菜单

④转动望远镜，精确瞄准后视点 A 进行方向确认，这一步骤非常重要，也是同学们容易忽视的步骤，认真对准后视方向后必须进行确认。如图 A-8(d)所示，精确瞄准后视点 A 后，仪器屏幕显示有三种选择——角度、斜距和坐标。按"角度"直接显示后视坐标方位角；按"斜距"进行斜距测量；按"坐标"键进行三维坐标测量，此测量坐标应与后视点理论坐标相差无几。至此，仪器设置完成，开始进行房产要素测量。

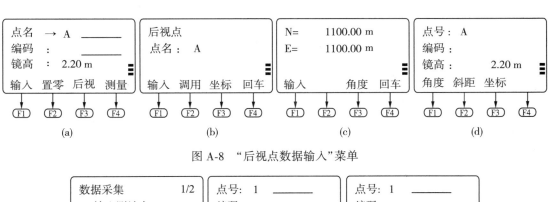

图 A-8 "后视点数据输入"菜单

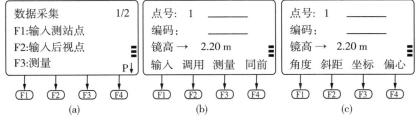

图 A-9 测量菜单

　　⑤在"数据采集"1/2 菜单下按"F3"键测量。如图 A-9(a)所示，先按 F3 键进入 A-9(b)界面，输入点号 1，编码省略，棱镜高如果没有变化可以不变。再按"测量"、"坐标"键，三维坐标测量完成，数据存储到内存中。第一点测量完成，点号自动变成 2，开始第二点的测量，方法同上。

　　⑥将测量坐标数据导入到电脑中。目前全站仪都具有 U 盘数据导出功能，可将数据导出到 U 盘，方便内业成图使用。

　　⑦利用外业数据和内业成图软件绘制房产图。

实验六 放 样

1. 仪器及工具

①由实验室借领：全站仪一台，脚架一个，棱镜两套，标记笔一支，记录板一块。

②自备：铅笔(2H)一支，小刀一个。

2. 实验内容

全站仪在房地产测量中的应用——坐标测量与坐标放样。

3. 实验方法和步骤

本实验主要简述 NTS-302R⁺ 全站仪坐标放样的操作方法和步骤。

实习前先用 GPS 测量出控制点 *A*、*B*、*C*、*D*、*E*……若干个点的三维坐标，每组提供两个已知控制点坐标，用作测站点和后视点。要求每组测量出附近房角点、路牙线坐标，并进行标记。然后再将这些点用全站仪放样到实地上来，通过对照学习，使同学们掌握全站仪坐标测量和坐标放样的方法。

(1)三维坐标测量

①找取测站点和后视点，全站仪安置(对中、整平)在测站点上。

②输入测站点的已知坐标值、仪器高。

③输入后视点的已知坐标值、棱镜高。

④精确瞄准后视点后，方向确认。至此，仪器设置完成，开始房角点路牙线等碎部点测量。

⑤按教学要求，每组精确瞄准目标点后，选择三维坐标测量功能。

⑥屏幕显示目标点的三维坐标值，记录并存储。并对重要点位(欲放样)进行标记。

⑦重复步骤⑤⑥，直至按教学要求完成其他点碎部点的坐标测量。

(2)三维坐标放样

对以上测量出的三维坐标进行放样步骤如下：

①选取测站点和后视点，安置仪器(对中、整平)在测站点上。

②输入测站点的已知坐标值、仪器高。

③输入后视点的已知坐标值、棱镜高。

④精确瞄准后视点后，确认方向。(以上过程和坐标测量相同，如果仪器没有变动，此步骤可以省略。)

⑤在 Menu 菜单中利用存储管理功能调取刚才已经测出的各个点的坐标，作为要放样点进行放样，选择放样功能进行放样。

⑥指挥司镜员进行放样测量。

屏幕显示当前点和目标点的三维坐标差值，根据差值大小，前后左右上下移动，直到差值为零，此点即为放样点。

⑦重复步骤⑤⑥，直至按教学要求完成其他点的坐标放样。

⑧最后，核实测量点和放样点是否是同一个点，进行误差分析比较，找出原因。

实验七　手持激光测距仪房屋勘丈计算

1. 仪器及工具

①由实验室借领：手持激光测距一台，反光片一块，标记笔一支，记录板一块。

②自备：铅笔(2H)一支，小刀一个。

2. 实验方法与步骤

①在校园内选取一栋本组学生居住的宿舍楼为样本。

②用手持激光测距仪先测取外墙尺寸。

③再逐一顺序测取各房间的内墙尺寸，注意在测量过程中要格外注意各个房间的墙体厚度(先大致判断)，将各个尺寸和墙体厚度标注在草图上。

④外业测量完毕，应进行检核校对，外墙尺寸总长应等于各个房间内墙尺寸长之和加上各墙体厚度。如果不等，检查是否是量测问题。如果测量没有问题，应进行平差计算。

⑤最后手工绘制成草图。

3. 注意事项

①测量过程应遵循先整体、后局部，先外后内的原则。

②测量所得的边长数据应记录在边长记录手簿上或注记在草图上。

③测点两端应选取房屋的相同参考点，测点位置一般应位于墙体 100±20cm 高处。

④测量时，测量仪器两端均应处于水平状态，边长测量要独立测量两次，两次读数较差符合要求。

⑤对于超过测距仪测程的组合边长，应保持各测段处于一条直线上。

⑥参与计算房屋面积的边长数据要进行平差处理，相关数据之间不能相互矛盾。

实验八　AutoCAD 绘图与分摊计算

1. 仪器及工具

①在计算机房进行，每人一台计算机，需安装 AutoCAD 软件。

②建筑施工平面图、立面图、剖面图一套。

2. 实验方法与步骤

①将试验七手工绘制的草图利用 AutoCAD 软件绘制成图。如果未做实验七，可以使用教师提供的建筑施工图。

②根据教材 §9.2.4 CAD 成图法面积计算一节，进行面积量算。

③再根据教材 §9.3.9 房产面积计算与分摊示例一节，进行分摊计算。

④利用电子表格自动计算各房间的套内建筑面积、共有分摊面积和房屋建筑面积。

3. 注意事项

①如果尺寸无误，从一点起，按各线段长度、方向画线，最后回到起点，必然闭合。如不闭合，需重新检查、重画。

②仔细生成中线尺寸图和外墙线尺寸图，外墙尺寸图要进行编辑处理，合并成一个整体。

③面积量算要认真，校核要仔细。

④要注意分析共有建筑面积的服务范围和分摊级别。

⑤要经常对面积计算表（CAD）和分户建筑面积计算成果表（Excel）进行相互对照检查。

参 考 文 献

[1]国家质量技术监督局. GB/T 17986—2000 房产测量规范[S]. 北京：中国标准出版
　　社，2000.

[2]刘权，尹贡白. 测量与地图[M]. 武汉：武汉大学出版社，2012.

[3]吕永江. 房产测量规范与房地产测绘技术[M]. 北京：中国标准出版社，2001.

[4]詹长根，唐祥云. 地籍测量学[M]. 武汉：武汉大学出版社，2007.

[5]南京工业大学测绘工程教研室. 测量学[M]. 北京：国防工业出版社，2006.

[6]王国恩. 城市规划管理与法规[M]. 北京：中国建筑工业出版社，2002.

[7]周国君. 测量学[M]. 哈尔滨：哈尔滨地图出版社，2003.

[8]张正禄. 工程测量学[M]. 武汉：武汉大学出版社，2005.

[9]梁勇，齐建国. 工程测绘技术[M]. 北京：中国农业大学出版社，2000.

[10]覃辉. 土木工程测量[M]. 上海：同济大学出版社，2005.

[11]郭玉社. 房地产测绘[M]. 北京：机械工业出版社，2005.

[12]潘正风，等. 数字测图原理与方法[M]. 武汉：武汉大学出版社，2004.

[13]武汉测绘科技大学测量学编写组. 测量学[M]. 第3版. 北京：测绘出版社，1994.

[14]顾孝烈. 房地产测绘[M]. 北京：中国建筑工业出版社，1996.

[15]建设部住宅与房地产业司. 房地产测绘[M]. 北京：中国物价出版社，2000.

[16]姬玉华. 测量学[M]. 哈尔滨：哈尔滨工业大学出版社，2004.

[17]洪波. 地籍测量与房地产测绘[M]. 北京：中国电力出版社，2007.

[18]李宝平. 房地产测绘[M]. 郑州：黄河水利出版社，2007.

[19]中国有色金属工业总公司. GB 50026_93 工程测量规范[S]. 北京：中国计划出版
　　社，2001.

[20]陆国胜. 测绘学基础[M]. 北京：测绘出版社，2006.

[21]李天文. 现代地籍测量[M]. 北京：科学出版社，2004.

[22]刑继德. 房地产测绘[M]. 重庆：重庆大学出版社，2008.

[23]郭宗河. 测量学实用教程[M]. 北京：中国电力出版社，2006.

[24]王延亮，林富明. 房产面积计算模型研究与程序设计[J]. 黑龙江工程学院学报，
　　2001，(3)：25-27.